文物里
——的——
中华文明

任 疆 ● 著

此间鸟兽

北京理工大学出版社
BEIJING INSTITUTE OF TECHNOLOGY PRESS

图书在版编目（CIP）数据

此间鸟兽：文物里的中华文明 / 任疆著 . -- 北京：
北京理工大学出版社，2024.7

　　ISBN 978-7-5763-2859-2

　　Ⅰ . ①此… Ⅱ . ①任… Ⅲ . ①文物 – 中国 – 通俗读物
②中华文化 – 通俗读物Ⅳ . ① K87–49 ② K203–49

　　中国国家版本馆 CIP 数据核字 (2023) 第 172245 号

责任编辑：张文峰　　　**文案编辑**：顾学云
责任校对：周瑞红　　　**责任印制**：李志强

出版发行 / 北京理工大学出版社有限责任公司
社　　址 / 北京市丰台区四合庄路 6 号
邮　　编 / 100070
电　　话 /（010）68944451（大众售后服务热线）
　　　　　　（010）68912824（大众售后服务热线）
网　　址 / http://www.bitpress.com.cn

版 印 次 / 2024 年 7 月第 1 版第 1 次印刷
印　　刷 / 北京地大彩印有限公司
开　　本 / 680 mm×930 mm　1/16
印　　张 / 40.5
字　　数 / 458 千字
定　　价 / 198.00 元

推荐序

习近平总书记在 2024 年新年贺词中饱含深情地说道："泱泱中华，历史何其悠久，文明何其博大，这是我们的自信之基、力量之源。"在辽阔的中华大地上，文物如漫天星斗，向我们讲述着百万年的人类史、一万年的文化史、五千多年的文明史。这些穿越时空的文物见证了跌宕起伏的王朝更迭，以及它们背后的精彩传奇、兴衰脉络。

文化是通过载体呈现出来的，文物和文化遗产承载着中华民族的基因和血脉，是不可再生、不可替代的中华优秀文明资源。鲁迅先生曾说："唯有民魂是值得宝贵的，唯有他发扬起来，中国才有真进步。"我们的祖先留下的最宝贵的遗产，不仅仅是那些珍贵的文物，更是隐藏在文物背后的中华民族的记忆和精神。它们是连接过去与现在的桥梁，向一代代中华儿女"言说"着我们从哪里来，我们要到哪里去。我们从中叩问来路，也从中汲取力量。

文物是"活"的文明。作家冯骥才在雄浑的贺兰山前，面对着一幅幅原始古朴的岩画，不禁感慨道："岁月失语，唯石能言。"时光荏苒，那些逝去的历史，伴随着耳熟能详的神话传说、丰富多彩的风俗习惯，定格在一件件文物中，代代流传。本书以文物中的动物意象为观照对象，一共展现了来自国内外 80 多家博物馆和考古机构的 300 余件文物，文物中所呈现出的或抽象凝练、或栩栩如生的动物意象，承载着过去，连接着未来。这些动物意象并非一成不变，而是随着时代的更替不断演变。作者通过对传世典籍的严谨考据，以一个个妙趣横生又浪漫迷人的故事，向我们解读了数千年来文物上动物意象背后的诸多内涵，讲述了中华文明数千年来的变迁与发展，在有趣的细节中探索、回顾了中华优秀传统文化的成就与多元文化融合发展的历史进程。

自古以来，动物意象就是人类文化生活的重要组成部分。通过对不同动物特质的理解，古人赋予了每种动物不同的精神寄托。从新石器时代的玉鸮、玉熊龙，到商周时期的象形青铜器，再到周代以来的虎节、虎符，汉唐时期的伏羲、女娲人面蛇身像，宋代的狮形瓷枕，明代的青花百鹿尊……形态各异的珍贵文物，体现了我们祖先对自然规律的哲学认知，凝聚了人与自然和谐共生的价值理念。这些兼具艺术与实用功能的文物，既是古人生活的再现，也是古人审美的体现，更是古人精神世界的象征。

灵动传神的动物意象，始终与中华文明同生共长，密不可分。细数国内各大博物馆的镇馆之宝，许多都与动物有关：比如中国国家博物馆的青铜犀尊、南京博物院的豹形金镇、辽宁博物院中宋徽宗手绘的瑞鹤图、湖南省博物馆藏画有龟蛇龙豹等诸多动物的马王堆一号汉墓 T 形帛画、成都金沙博物馆的太阳神鸟金饰……这些文物中的动物意象，反映了中华文明在不同时代、阶段，观念和风俗的传承与嬗变。它们或是承载了古人的原始信仰，成为武力、生殖力、生命力（死而复生、长生不老）等人类原始欲望的象征，或是融入了古人的日常生活，成了祭祀、庆典、娱乐、对外贸易等活动的见证者，抑或是寄托了古人的思想智慧与生命哲理，从中可以一窥古人不断认知自我、认识自然与社会的过程。经过一代又一代的演变和发展，这些形形色色的动物意象构成了中国社会的鲜明标识，成了源远流长的中华文明的独特基因。

讲好文物中的动物故事，我们可以更好地理解文物的历史内涵；透过这些宝贵的文物与文化遗产，我们可以更好地理解中华文明的璀璨壮阔。一字一句绘山河，一文一物溯文明。我相信，当你读完这本《此间鸟兽：文物里的中华文明》，再次走进博物馆时，那些曾经难以读懂的"冷冰冰"的文物，会变得生动鲜活起来，而你也将"摇身一变"，成为我们中华文明的传承者、中华文脉的守护者、中国故事的讲述者。

章宏伟

故宫博物院研究馆员、故宫出版社社长

序 言

中国人的性格中向来就有既现实又浪漫的一面。这种"中国式的浪漫"，着眼于当下的现实之需，以无限的创意与无穷的想象力，创造出了中华文明特有的文化底色。在中华文明的历史长河中，独特的动物文化就是这种"中国式浪漫"的代表作：不同时代的古人基于现实的需要，根据每种动物的特点，为它们赋予了丰富多彩的角色和寓意，形成了独特的动物文化。

这些动物文化并非亘古不变，而是随着时代的发展不断变化；在每种动物的意象变迁背后，既反映了中华民族的祖先不断认知世界与认识自我的历史，又展现了中华文明筚路蓝缕，兼容并蓄，傲然屹立于世界文明之巅的壮阔历程。所有这一切，都定格在了带有动物图案的珍贵文物中。

如果说历史是一条经线，那么书中的每个章节就是一条纬线，在这16章中，一共讲述了16种动物，通过解读这些动物在中国历史上曾经扮演的角色和不同时期承载的政治、经济与文化"使命"，我们便可以更好地理解动物文化如何成为传统文化的一部分。

新石器时代，不同地域的原始部落有不同的动物图腾信仰：在鹿的身上，古人希望四时有鹿（禄），吃穿不愁。在蛙与蛇的身上，古人寄托了子孙绵延的祈盼，在此基础上创造出女娲、伏羲的神话；在熊的身上，古人从冬眠里衍生出对永生的渴望。根据太阳中不时出现的暗点（太阳黑子），古人创造出金乌负日的传说，并基于对太阳的持续观测，创造了历法。与此同时，古人在龟背上发现了河图洛书的玄妙，演绎出八卦，发明了龟甲占卜。

在神巫文化盛行的商代，无数刻有卜辞的甲骨让我们窥见了崇尚鬼神的商文明，商王是如此希望预知天启和与逝去的祖先对话，从而获得庇佑，于是在"虎啸生风"的观念下，产生了神秘的升天仪式，也因此诞生了天命君权的滥觞。这一时期，被商人奉为始祖鸟的鸮大放异彩，不论是祭器、兵器，还是佩饰，都上演了鸮文化在中国文化史上空前的绝唱。

商灭周兴，周人将鸮打入十八层地狱，并创造出"枭"的恶词，凡带有"枭"的词汇皆贬义，取而代之的是"报喜鸟"乌鸦。不仅如此，随着礼乐制度的建立，周人在各种繁复的仪礼中融入了众多动物形象：以虎、豹比喻君子，以熊、蛇寓意生下儿女的福泽……除此之外，不少动物还带上了象征性的隐喻：周天子的德政泽被四海，人们歌颂"麀鹿濯濯，白鸟翯翯"的太平图景；后来周王室衰微，奸佞当道，人们悲叹"有兔爰爰，雉离于罗"的无奈结局。

汉代以来，随着大一统中央集权帝国的建立，中华文明的影响力迅速扩大，异邦纷纷遣使朝觐，犀牛、大象进入中原，并在此之后的上千年里，见证了一代代炎黄子孙建构天下秩序的努力。在这一时期，原产于西域的狮子首次踏上中华大地，并与传说中的辟邪、天禄相结合，演绎出驱邪辟凶的文化，影响深远。受秦朝和黄老学说的影响，汉代寻仙求道思想盛行，谶纬之学和巫蛊文化兴起，动物们纷纷出现在仙人的世界里，动物异象从此成为吉凶的预兆。

魏晋南北朝的动荡乱世催生了志怪文学的发展，动物成为天然的主角。狐狸登上历史的舞台，演绎了众多脍炙人口、光怪陆离的狐妖故事，折射出现实社会的人情世故。在灵犀的犀角照亮的隐秘世界背后，是世人对世道的失望和对仙境的向往。在这种背景下，道教、佛教在这一时期迅速传播，有些动物以护法的身份出现，另一些动物则被融入了降妖伏魔的故事中，后来甚至卷入了佛、道的纷争。

隋唐大一统帝国的重建，让中国重新屹立于世界的东方。大唐以史无前例的开放与包容，成为东方世界的中心。中西合璧的骆驼载乐团游走于长安的街巷；来自西域的舞狮与中原礼乐相结合，缔造出举世无双的盛世乐章；融合了现实与神话的珍禽异兽首次出现在了帝国官员的袍服上。唐玄宗夜游月宫，用大唐盛世独有的时代浪漫创造了流传至今的嫦娥玉兔神话。市民文化的兴起，带来了唐代传奇文学的繁荣，《白蛇传》的雏形就此产生，历经后世千年的演绎，成就了如今妇孺皆知的经典。

宋元时期，市民文化进一步发展，民间狮文化迎来了高潮。然而，南宋王朝偏安一隅，引得一位诗人仰天长叹，"佛狸祠下，一片神鸦社鼓"，使得天底下的乌鸦全都遭了殃。与此同时，在唐代备受尊崇的狐仙，遭遇了宋代的低谷，在元代又以守印大仙的身份重新崛起。另一些沉寂许久的动物意象也重新焕发生机：宋人用谐音将鹿、猴、马等动物形象组合起来，如"马上封侯""爵禄封侯"等，寓意官运亨通、福禄绵长；又将"熊"

字拆解，从此，熊与火灾联系在一起。

明代诸帝，自永乐迁都北京后，几乎皆养豹，驯豹成为明代尚武崇德的重要表现形式，"豹房"则逐渐成为宫廷腐化堕落的象征。猎熊则是清朝皇帝心目中的无上荣耀。在这一时期，讳龟风俗的出现，让龟名誉扫地，传承千年的"龟趺 ¹ 碑碣"最终变成了赑屃 ² 的形象。此时，融合了世俗文化与佛教文化的"太平有象"风靡京城，洗象节成为京城里最热闹的节日之一。除此之外，拜月传统和月兔下凡救人的传说演绎出了兔儿爷文化，还有由刘海戏金蟾所演绎的招财文化，深受民众推崇。

文载于物，族髓附间。运脉牵连，兴者襄见。上万年的时光岁月，不断变化的动物角色与意象在文物上慢慢沉淀，再借助于史料的考证，我们慢慢挖掘出了它们背后的故事，也一步步走进了古人的内心世界：在那些遥远的时代，他们在动物身上寄托了怎样的情感，潜藏着哪些现实的诉求？在此过程中，我们可以深刻地感受到长久以来中国人所特有的思维与处事方式，这让我们得以更好地理解我们的文明、文化，还有我们自身；同时也有利于更好地保护与传承中华文明的优秀文化遗产。

任疆

2023 年 8 月 22 日于北京

---

1 趺（fū）：碑下的石座。

2 赑屃（bì xì）：《本草纲目·介部》载，"赑屃者，有力貌，今碑趺象之"。

目录｜Catalogue

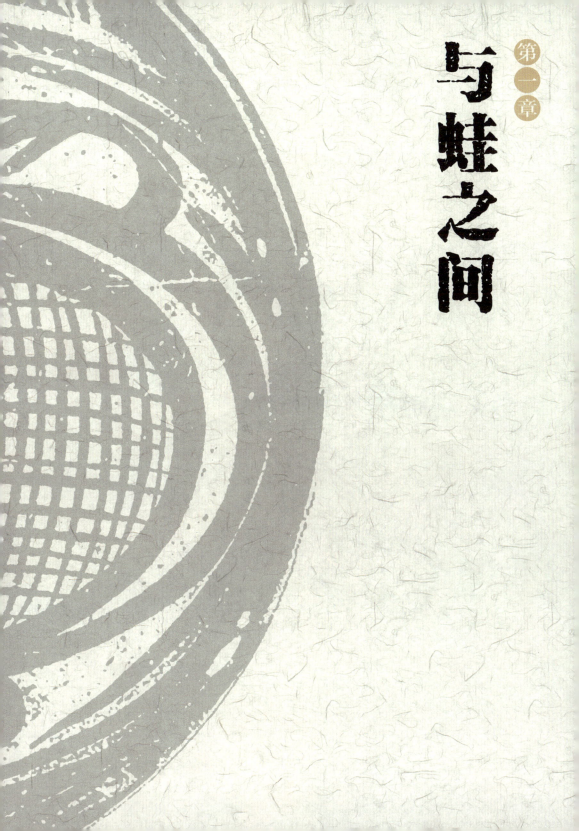

第一章

与蛙之间

这件绢画纵 144.3 厘米、横 101.7 厘米，出土于新疆吐鲁番哈拉和卓西北部地区的一座古墓，当时墓主口中衔两枚钱币，一枚为唐代"开元通宝"，另一枚为波斯银币，据此推断墓主是唐朝人。画上描绘了经典的伏羲女娲"人面蛇身"交尾形象，他们被日月星辰所环绕，日中有三足金乌，月中有桂树、蟾蜍和玉兔。在出土时，绢画被盖在墓主身上，身为创世神的伏羲女娲既可以庇佑逝者的灵魂升天，也可以保佑逝者的后代子孙兴旺发达。

女娲是青蛙"变"的？

数千年来，民间一直流传着女娲开天辟地、捏土造人的神话。每当我们想象这位华夏民族创世女神的相貌，映入脑海的往往是她与她的夫君伏羲经典的"人面蛇身"交尾造型（图1-1）。在那一瞬间，你有没有过这样的疑问：为什么女娲偏偏是蛇？当我们透过尘封于地下的文物，会发现一个令人震惊的真相：女娲被人为"改造"了，她最初的样子不是蛇，而是蛙！

这要从一件距今大约8000年的文物说起。在辽宁阜新查海遗址出土的陶罐上，有两组十分有趣的雕刻（图1-2）：一组刻有一只向上攀爬的蛙；另一组则是一只一跃而起的蛙，循着它逃离的方向看去，下面有一条蛇正朝它张开血盆大口。在当时的条件下，刻画得如此惟妙惟肖实属不易，其背后隐藏着怎样的深意？原来，上古时期的蛙和蛇带有性的隐喻：蛙代表女性，蛇代表男性；这件陶罐上蛇捕蛙的场景可以被视为原始氏族社会父权觊觎母权，并向其发起挑战的最早实证。

那么，蛙为什么能够代表女性呢？在春夏之交的池塘里，我们会发现一群群肚子鼓鼓的蛙，在薄薄的皮肤下，一个个蛙卵依稀可见。这些即将孕育生命的"种子"，在新石器时期的先民们眼中，是上天赋予的一种神秘而神圣的力量。对处在生产力尚不发达、对环境适应能力十分有限的远古部族而言，高生育率是维系部族繁衍的重要保证，于是，他

[图 1-2]

[新石器] 『蛇衔蛙』陶罐及细部

阜新查海遗址博物馆藏

这件出土于辽宁阜新查海遗址的敞口筒形夹砂陶罐，在罐体的下腹部刻有两组浮雕，描绘了蟾蜍和蛇捕食蟾蜍的场景。这件陶罐不仅是一件原始艺术品，也是远古部落图腾崇拜的象征。

[图 1-3]

[战国] 铜蛙饰

辽宁省博物馆藏

这组铜饰出土于辽宁凌源三官甸子墓，其中最大的一件"蛇衔蛙"（右下）长20.0厘米、宽5.7厘米，也是唯一以蛇衔蛙为造型的铜饰。蛙的背部和眼睛镶嵌有绿松石，蛙的前肢向前撑立，后肢已被两只头呈三角形的毒蛇牢牢咬住。在整体造型上与伏羲女娲交尾图竟有几分相似，或许意味着那时的东胡部落正经历母权向父权的更迭。

图 1-4...............................

[新石器] **鱼蛙纹深腹彩陶盆**
陕西历史博物馆藏

....

这件出土于陕西临潼姜寨遗址的仰韶文化时期陶盆并不是日常用具，而是瓮棺葬中所使用的棺盖。这件泥质红陶盆高 12.8 厘米、口径 30.4 厘米，在陶盆内壁绘有两组对称的图案：两条"比目鱼"象征着夫妻恩爱，而蟾蜍则寓意多子多孙，饱含着对逝者在另一个世界里的祝福。

们便将蛙奉为神，希望它能保佑广大妇女多多生育后代。随着蛙崇拜的流行，最终人们塑造了创世女神——女娲的形象。

关于"女娲"的得名，《说文解字·女部》对"娲"的释义为："古之神圣女，化万物者也，从女，呙声。"也就是身为创世女神的女娲，拥有"化生万物"的无限的生育能力。在对"娲"字的解读上，目前有两种观点：第一种是"以声为义"[1]，即以带"呙"为声旁的字多与圆形

1　该观点见于：黄承吉《梦陔堂文集》卷二之《字义起于右旁之声说》，章太炎《国故论衡·语言缘起》，《左庵集》卷四之《字义起于字音说》，梁启超《饮冰室文集》卷六七之《从发音上研究中国文字之源》。

或容器有关，将"娲"与女性的子宫联系在一起，新石器时期彩陶上的蛙纹以十分夸张的腹部暗含了这层隐喻（图1-5、图1-6）。第二种则更为直接，"娲"与"蛙"原本就是谐音，女娲就是女蛙，是主管生育的蛙女神，在那个时代，她决定着人类文明的接续传承。中医也将女性的产道口称为"蛤蟆口"。在古代，蟾蜍和青蛙并没有现代生物学意义上的严格区分。

当蛙成为保佑妇女多生育的神后，便如众星捧月般被供奉起来。不仅在新石器晚期不同地域的聚落中发现了玉蛙和以蛙纹、变体蛙纹装饰

图 1-5...

[新石器] 彩陶蛙纹人头瓶（残）
兰州马家窑文化研究会藏

....

这是一件仰韶文化大地湾类型的彩陶瓶，残高20.0厘米、腹径最宽12.0厘米。瓶身上的蛙与蛙纹陶盆上的蛙造型十分接近。虽然瓶口的堆塑人头像大部分缺失，只有一耳残存，但对比同一时期的人头瓶造型，可以推断，这是一件以母性生殖为主题的器物，寄托了古人的蛙神信仰。

图 1-6 ....

[新石器]蛙纹陶盆
甘肃马家窑彩陶文化博物馆藏

....

马家窑文化是仰韶文化向西传播过程中所形成的区域类型。在这件马家窑文化马家窑类型的蛙纹陶盆中，陶盆内底几乎被一只体态夸张的蛙所填满，鼓起的双眼和跳跃的四足是蛙最显著的特征，但最重要的还是那撑满到近乎变形的腹部，带有一种生殖崇拜的隐喻。

图 1-7 ....

[新石器]马家窑文化彩陶蛙纹敞口罐
美国哈佛艺术博物馆藏

....

Wide-mouthed jar with pictorial decoration, Harvard Art Museums/Arthur M. Sackler Museum, Partial gift of the Walter C. Sedgwick Foundation and partial purchase through a fund established by Ernest B. and Helen Pratt Dane for the purchase of Asian art, Photo ©President and Fellows of Harvard College, 2006.170.14

这件陶罐高 19.2 厘米、直径最宽 23.2 厘米，在罐腹饰有一圈爬行中的蛙。蛙的四肢与蛙蹼完全伸展，蛙首凸出为圆形，上面勾勒出似人的面孔，有两只眼睛和一只嘴巴，仿佛熟睡中婴儿的样子，在它们周围还有如繁星一般的"十"字，寄托了原始先民对多子多孙的美好祈盼。

的器物（图 1-8、图 1-9），甚至还可以见到用青铜打造的蛙佩饰（图 1-10）。蛙神信仰影响深远。商周之际，有一支生活在西北地区的少数民族沿东北方向长途迁徙，最终定居在了燕山脚下，被中原人呼为"山戎"；在他们曾经生活过的地方，出土了一件蛙面蹲坐石人（图 1-11），刻画的似乎是一位戴着蛙面具的巫觋模样。不但北方如此，南方也不例外。时至今日，在壮族的传说里，仍然流传着蛙是天女的故事，并且每年春节之际，红水河畔的壮族男女老幼都要聚集在蚂亭（社亭）周围，以载歌载舞的方式祭祀蛙神，祈求新的一年风调雨顺，五谷丰登，人畜兴旺。

图 1-8
〔新石器〕马家窑文化蛙纹双耳罐
美国明尼阿波利斯艺术博物馆藏

Funerary Storage Jar, Minneapolis Institute of Art, Gift of funds from Louis W. Hill, Jr, 86.43

这件彩陶罐通高 48.3 厘米、底径 12.0 厘米，属于马家窑文化晚期的马厂类型。在陶罐两侧的图案中，圆形网格状的蛙身尚在，蛙的四足依稀可辨，但陶罐正背面已没有了蛙身，看上去更像是人的躯体，或许上面的"蛙人"正是人们扮作蛙神的样子。

图 1-9 ....

　　这件玉蛙佩饰长 4.3 厘米、宽 3.2 厘米、厚 0.3 厘米，出土于湖南澧县孙家岗遗址内唯一的瓮棺墓，墓主人很可能是来自湖北石家河文化的女性。在她客死他乡后，当地人以其故乡特有的葬俗将她埋葬，并将她生前佩戴的玉蛙佩饰作为随葬品，永世守护。

图 1-10 ....

[夏] 铜蛙
临汾博物馆藏

　　这只出土于龙山文化陶寺遗址的铜蛙，是迄今所发现的中国历史上最早的金属蛙。铜蛙体长 5.2 厘米、宽 4.7 厘米，身上有两个对称的圆孔，据此推断这是一件佩饰。陶寺遗址在学界普遍认为是尧的都城，尧的陶唐氏部落是当时部落联盟的共主，这件佩饰的主人或许便是陶唐氏部落中一位地位显赫的女子。

图 1-11..........................

[东周] 蛙面蹲坐石人
滦平县博物馆藏

....

　　这个石人通高 9.7 厘米，只见他头戴一顶齐肩宽的巨型蛙头面具，面具看上去是如此沉重，以至于需要双手托起，并且借助手肘将一部分重量传递到膝盖上。面具上的蛙头双目圆鼓，平静中透着一种威严；面具和人物衣服上拥有相同的装饰图案，说明他不是即兴而起，而是在举行一种神秘的仪式。

不死与永生信仰

　　由于生产力的发展和父权社会的建立，蛙女神逐渐失去了往日的荣光；然而，随着部落之间的攻伐兼并越演越烈，人们在蛙的身上又寻找到了新的力量。这一切皆得益于蛙冬眠的习性，它们能够经历冷酷的严冬，并在来年春天如约苏醒，这在先民的眼中，是一种"死而复生"的永生力量。于是，古人将蛙形玉饰佩戴在身上（图 1-12），抑或将蛙的图案刻铸在兵器上（图 1-13 至图 1-15），以期蛙神可以

图 1-12 ....

[商] **玉蛙佩饰**
　　美国明尼阿波利斯艺术博物馆藏

....

Toad Inlay, Minneapolis Institute of Art,
Bequest of Alfred F. Pillsbury, 50.46.273
　　这件玉蛙佩饰直径大约 5 厘米。蛙的头鼻高仰，双目圆瞪，四肢呈俯卧状，脚趾清晰可见。蛙身饰有商代流行的云雷纹样，正中央穿一圆孔，用于系挂穿绳。

图 1-13 ....

[商] **蛙纹钺**
　　陕西历史博物馆藏

....

　　这件陕西洋县出土的商晚期青铜钺恐怕是蛙第一次出现在兵器上。蛙的冬眠春醒在古人眼中被视为具有"死而复生"的神力，于是人们希望蛙可以保佑执钺之人，在残酷血腥的短兵相接的战场上，能够幸运地活下来。

图 1-14..........................

云南省博物馆藏

....

　　古滇人的青铜文化发轫于商周之际，从这件以蛙为饰的青铜矛中可以看出中原文化的影响，但又带有浓郁的地方特色。面对滇王那句"汉孰与我大"的灵魂拷问，汉武帝发兵西南，手执蛙矛的滇人就算是死而复生、再复生，也无力阻挡大汉的铁军。

图 1-15

[唐] 吴道子《送子天王图》（局部）
日本大阪市立博物馆藏

这幅《送子天王图》长卷由唐代著名画家吴道子根据佛教经典《瑞应本起经》所创作。吴道子信奉道教，后改名"道玄"。于是，我们在佛教天王的盾牌上，发现被道教视为可以闪避兵器伤害的"万岁蟾蜍"也就不足为奇了。

保佑自己在血腥的战场上活下来。道教中的"蟾蜍辟兵"或许便是来源于此。《抱朴子·内篇·仙药》中记录了如何识别和捕获"万岁蟾蜍"，然后将其风干后佩戴在身上便可以躲避兵器的伤害[1]。

到了汉代，蟾蜍的不死信仰与西王母神话相结合，演绎出了捣炼不死灵药的蟾蜍形象。西汉末年，关东地区连年大旱，数十万灾民在"传行西王母筹"的感召下奔赴长安，从此西王母信仰风靡一时。在东汉墓葬的画像石上，发现了大量与西王母有关的主题，其中经常可以见到蟾蜍捣药的场景。在大多数时候，蟾蜍和兔子一起搭档：有时它俩一起奋力捣药，挥汗如雨；有时蟾蜍双臂将药臼高高举起，两只兔子挥动药杵（图 1-18）；有时兔子负责捣药，而蟾蜍则负责将捣好的药搓成药丸（图 1-19）。

采取神药若木端，玉兔长跪捣药虾蟆丸。

奉上陛下一玉柈，服此药可得神仙。

——汉乐府《董逃行·吾欲上谒从高山》

若木在建木西，末有十日，其华照下地。

——《淮南子·坠形训》

那么，灵药到底有何特别之处，可以让人服用后长生不死呢？所有

---

1 《抱朴子·内篇·仙药》："肉芝者，谓万岁蟾蜍。头上有角，颌下有丹书八字再重。以五月五日日中时取之，阴干百日，以其左足画地，即为流水。带其左手于身，辟五兵，若敌人射己者，弓弩矢皆反还自向也。"

图 1-16 ....

［战国·秦］蟾蜍纹瓦当
　　西安秦砖汉瓦博物馆藏

....

　　这件瓦当出自陕西凤翔雍城遗址，直径14.0厘米。雍城是战国时期秦国的都城，自秦德公元年（前677）至秦献公二年（前383）定都此地，先后有19位秦国国君在这里执政。瓦当面有一蟾蜍，四肢自然弯曲，双目圆睁，脊柱隆起，背部花纹清晰，十分逼真，见证了战国时代的人们对蟾蜍永生信仰的热衷。

图 1-17 ....

［东汉］蛙纹璧
　　睢宁县博物馆藏

....

　　这件玉璧外径8.6厘米、内孔径1.4厘米、厚0.7厘米。古人以苍璧礼天，璧形器在某种意义上就代表了上天。三只蛙围绕石璧中央的圆孔首尾相接，无限循环中化为永恒，其中寄托了逝者灵魂不灭、升天永生的信仰。

图 1-18 ....

[东汉] 西王母画像砖拓片
山东嘉祥宋山祠堂藏

....

画像砖最早出现于战国，经秦代和西汉的发展，至东汉达到鼎盛。汉代画像砖主要用于砌筑墓室。上面这两件画像砖均出自山东嘉祥宋山祠堂。西王母头戴方胜，正襟危坐在中央，身旁有人面和兽面羽人侍奉左右。画面的左侧是蟾蜍和玉兔忙碌的身影，它们正热火朝天、干劲十足地炼制不死灵药。

图 1-19 ....

[东汉] 西王母画像石及拓片
睢宁县博物馆藏

....

这是一个来自 2000 年前的"广告"，代言人是西王母本尊，只见她抬起右手，将托盘中的五颗不死灵药展示给列位看官，在她身旁的一只兔子正疯狂鼓掌、拼命叫好；而画面的背景则是一群"制药工人"：两只玉兔在捣药，一只蟾蜍在搓药丸。

的奥秘就隐藏在灵药的制作材料中：

　　原来，灵药取材于上古神树若木末端的太阳，而太阳对于世界万物都是永恒的存在。于是，从亘古不灭的太阳那里取得的原料，经过不死神兽蟾蜍的一番捣制，最终炼成了不死灵药。更为有趣的是，灵药不仅能给人们带去长生的希望，还被一个风情万种的女子带到月亮上，缔造出了流传千古的浪漫神话——嫦娥奔月（图1-21）。

蟾蜍与月亮的彼此成就

　　在神话中，嫦娥偷吃了羿向西王母讨来的灵药，请算命先生占卜。占得吉兆后，便义无反顾地孤身奔月。《灵宪》[1]描述道，"羿请无死之药于西王母，姮娥以之奔月。将往，枚筮之于有黄。有黄占之，曰：'翩翩归妹，独将西行，逢天晦芒，毋惊毋恐，后且大昌。'姮娥遂托身于月，是为蟾蜍"[2]；《诗推度灾》[3]中记录了嫦娥奔月后带来的一系列变化——"月三日成魄，八日成光，蟾蜍体就，穴鼻[4]始明"，也就是在天空晦暗无光之时，嫦娥来到月亮上，让月亮有了精魄，然后开始发光，月亮上蟾蜍和兔子的身影也显现了出来。

---

1 《开元占经》卷一《天体浑宗》。
2 《古今事文类聚·前集》卷二《天道部·月》。
3 《天中记》卷一。
4 宋均注：穴，决也。决鼻，兔也。

图 1-20 ....

[东汉] 陶辟邪座
成都博物馆藏
....

这原本是一棵摇钱树的底座，此树并非凡间之物，只应天上有。不信你看：辟邪正扇动着翅膀，叱咤在风起云涌之间，连老虎都只能望而却步；跪坐在辟邪背上的蟾蜍，面对着迎面而来的疾风，只好紧闭双目，牢牢抱紧灵药。

　　然而，不论嫦娥长得再怎么闭月羞花、沉鱼落雁，终究是无法让月亮发光的；实际上，是她服下的不死灵药中来自太阳的成分将月亮点亮的。如果联想到现代科学所证实的月亮光是来自太阳光的反射，你一定会惊叹于古人的非凡智慧！对蟾蜍而言，它就如同铸剑时的活人献祭一样，在将不死灵药的力量带给月亮的同时，也将灵魂永远留在了上面。（图 1-21、图 1-22）从此，月亮被称为蟾宫。汉武帝时修建的观赏月影的高台被命名为"眺蟾台"[1]；唐代许昼题《中秋月》诗云，"应是蟾宫别有情，每逢秋半倍澄清"。有时蟾蜍也被直接用来代指月亮，李白《雨后望月》诗云："四郊阴霭散，开户半蟾生。"

　　当蟾蜍成为月亮的代名词，月亮便赋予了蟾蜍新的天赋。首先，月亮将光芒与蟾蜍共享。《酉阳杂俎·天咫》中记载了长庆[2]年间，在一个八月十五月圆之夜，有人在森林中发现了一只会发光的金背蟾蜍，怀疑它来自月亮。《茅亭客话》中记载了伪蜀的一位王姓医工从村夫那里买了一只白蟾蜍，并把它扣在了一个石臼里面，结果傍晚时分，蟾蜍身上发出的光居然将石臼照得像灯笼一样。惊骇之余，王医工选好良辰吉日，斋戒沐浴后辞别家人，带着行李和蟾蜍归隐青城山，也因此躲避了北宋伐蜀的战乱。

　　其次，古人认为月是生水之地。《河图·帝览嬉》[3]中写道，"月者，金之精也"，而五行中金生水，于是蟾蜍也拥有了生水的技能：

---

1 东汉郭宪《汉武洞冥记》。

2 唐穆宗李恒的年号，821—824 年使用。

3 《初学记》卷一《天部上》。

图 1—21

[东汉] "嫦娥奔月" 汉画像石
南阳市汉画馆藏

这块画像石长 141.0 厘米，上面刻画了嫦娥奔月的神话形象。只见嫦娥人首蛇身，头梳高髻，宽袖长襦，是汉代贵族女子的典型装束。她面朝月轮，遨游天际，周围云气蒸腾，九星散布其间，圆月中可见一只蟾蜍的身影。

图 1—22

[西汉] 马王堆 1 号汉墓 "T" 形帛画（局部）
湖南博物院藏

在湖南长沙马王堆汉墓帛画的左上角有一弯新月，月中的蟾蜍口含芝草，正朝着前方的玉兔飞奔而去。月下的嫦娥悠闲地坐在那里，似乎听到了动静，便回过头静静地观望着这一切。帛画在古代被称为 "非衣"，出殡时像引魂幡一样挑着作为引导，入葬时盖在内棺之上。帛画兴起于战国中期的楚国，流行于西汉。（关于这件帛画的详细解读，参见本书第五章）

图 1-23 ....

[东汉] **月神画像砖**
四川博物院藏

....

　　这件画像砖出土于四川彭州市太平乡，共有一对，分别表现了日神和月神背负日月的场景，寓意阴阳和谐，日月同辉。日神和月神皆为人首鸟身，它们头戴冠帽，彼此注视着对方，展翅向对方飞去，华丽的翅膀和尾羽之上，分别承载着日月。在月轮中，可以清楚地看到桂树之下，一只蟾蜍正手舞足蹈。

图 1-24 ....

[辽] **唐王游月宫铜镜**
美国克利夫兰艺术博物馆藏

....

Octafoil Mirror with Lunar Palace, Cleveland Museum of Art, Gift of Drs. Thomas and Martha Carter in Honor of Sherman E. Lee 1995.375

　　这件圆钮八瓣菱花铜镜直径21.3厘米，刻画了唐玄宗夜游月宫的情景：参天的桂树下，唐玄宗正走在桥上，桥下腾龙在云海中遨游，桥头蟾蜍和玉兔在热火朝天地捣药，三位仙人正在不远处恭候；在他们身后，云雾缭绕，宫殿巍峨，一位门童正探出脑袋向外张望。《唐逸史》中记载了唐玄宗与道士罗公远在中秋夜游月宫，在月宫城阙"见仙女数百，皆素练宽衣，舞于广庭"，玄宗默记心中，回到人间后"依其声调，作《霓裳羽衣曲》"。

肉芝者，谓万岁蟾蜍。头上有角，颔下有丹书八字再重。以五月五日日中时取之，阴干百日，以其左足画地，即为流水。

——《抱朴子·内篇·仙药》

在端午节那天，古人将头上长角、下颌有丹书的"万岁蟾蜍"捕捉风干后，用它的左足在地上比画就可以出水。后来，民间将水旱灾害与蟾蜍联系在一起。《旧唐书·五行志》中记载了神龙年间，渭河里突然出现了一只超大蟾蜍，"大如一石鼎"，引得周围百姓纷纷围观，结果那一年全国许多地方都遭受了水灾："大水漂溺京城数百家"，商州"水入城门"，襄阳"水至树杪"。因此，每当发生水灾，便会有人想到要将蟾蜍除掉，《论衡》中记载道："雨久不霁，攻阴之类，宜捕斩兔、蟾蜍。"

与之相反，当遇到旱灾时，人们便会祭蟾祈雨。《焦氏易林·大过》中写道："虾蟆群聚，从天请雨。云雷集聚，应时辄与，得其所愿。"董仲舒在《春秋繁露》中记下了汉代祈雨仪式的细节：在里巷中先引水设见方八尺、深一尺的水祭坛，接着将五只蟾蜍依次放置在祭坛中，然后准备清酒、干肉，斋戒三日，最后身着春季的青衣跪拜祈祷。宋辽之际，据《契丹国志·岁时杂记》载，契丹人在立春之日，由妇女进献春书，"以青缯为帜，刻龙象衔之，或为虾蟆"，而龙和蟾蜍皆与降雨有关，这也是不同民族文化融合的特殊见证。到了明代，《万历野获编》中记载了有一年天下大旱，给事中胡似山上书皇帝禁止捕捉蟾蜍，以感召上苍祈雨，结果反倒被汤显祖嘲笑为"蛤蟆给事"。虽然汉人不再信仰蛙神，这种古老的习俗却被其他民族代代相传，延续至今。每年春天，红水河沿岸

图 1-25 ....

[西汉] 蟾蜍座铜五枝灯
南京博物院藏

....

　　这件五枝灯出土于江苏淮安盱眙大云山 1 号汉墓，墓主为汝南王刘非，出土时有一组形制完全相同的两件。通高 60.8 厘米、最宽 97.0 厘米，由灯盏、灯柱、灯座三部分组成。灯盏呈碗形，径长 9.8 厘米，盏底有一方锥形支钉，插入灯柱的接口中；灯柱饰竹节纹，下与底座通过蟾蜍背上伸出的銎相连。蟾蜍是永生的象征，由它所承载的长明灯，或许照亮了一代帝王君臣灵魂不灭的梦想。

图 1-26 ....

[西晋] 青瓷蛙形水丞
美国明尼阿波利斯艺术博物馆藏

....

Frog-shaped Container, Minneapolis Institute of Art, Gift of Funds from Cliff and Sue Roberts, 95.35.2
　　这是一件越窑青瓷器，通高 4.6 厘米、长 8.9 厘米、宽 7.9 厘米。蛙身与器身合为一体，蛙的肚子被水撑得鼓鼓的，以至于四脚悬空，肚皮着地，蛙的表情也因喝了太多的水而显得有几分不自然。越窑青瓷的烧制始于东汉，一直持续至两宋之际，是中国持续时间最长、影响范围最广的窑系。

的壮族村寨都要祭祀蚂拐（蟾蜍），祈求风调雨顺，五谷丰登。

正因蟾蜍可以"生水"，于是自汉代以来，人们便将储水器具制作成了蟾蜍的样子，其中既有文房中的水注和水丞[1]（图1-26至图1-28），也有佛教中的军持法器（图1-29）。《子略·纬略》中记载了西汉恶名昭著的广川王刘去在盗掘晋灵公的墓葬时，发现了一件玉蟾蜍，"大如拳腹，空容五合水，光润如新"，然后就拿去当作了盛水的砚滴。后来，随着晋代以来"蟾宫折桂"[2]观念的流行，蟾蜍形水注因带有金榜题名的吉祥寓意，更加风靡后世。唐代刘禹锡有诗云"玉蜍吐水霞光静，彩翰摇风绛锦鲜"[3]，南宋刘克庄也曾写下《蟾蜍砚滴》一诗："铸出爬沙状，儿童竞抚摩。背如千岁者，腹奈一轮何。器蛟瓶罂小，功于几砚多。所盛涓滴水，后世赖余波。"

除此之外，在古建筑的引水和泄水构件上，也出现了蟾蜍的形象。《水经注·洧水》中记载了东汉弘农太守张伯雅的墓地："旧引绥水南入茔域而为池沼……皆蟾蜍吐水，石隍承溜[4]。"《三国志·魏书·明帝纪》中记载了曹丕称帝后，在洛阳大兴土木，在新建的太极宫中，"通引谷水过九龙殿前，为玉井绮栏，蟾蜍含受，神龙吐出"，也即将谷水引入宫殿，进水口饰以蟾蜍，出水口饰以神龙。到了唐代，唐高宗在洛阳修

---

1 有嘴为水注，无嘴为水丞；水注中存水不多的为砚滴，多的为水盂。

2 该典故出自《晋书·郤诜传》：晋武帝年间，一位自视甚高的大臣自诩"贤良对策，为天下第一，犹桂林之一枝，昆山之片玉"。

3 《唐秀才赠端州紫石砚，以诗答之》。

4 石隍（huáng）：石砌的壕沟。承溜（liù）：《礼记·檀弓上》郑玄注："承溜以木为之，用行水，亦宫之饰也……今宫中有承溜，云以铜为之。"

图 1-27..........................

....

这件蟾蜍砚滴是越窑青瓷中的极品，通高 6.7 厘米、长 10.4 厘米，带有吴越国"秘色瓷"的遗风。惠风吹卷的荷叶之上，一只三足蟾蜍正仰望天空，"第三足"足尖点地尽显体态轻盈之美。每只眼睛各有一道长长的眼影，看上去犹如两只长耳。蟾蜍后背饰有芝草纹，举目投足间灵气满满，又透着几分意气风发。

图 1–28 ....

[宋至明] 铜蟾蜍砚滴
　　　　台北故宫博物院藏

....

　　这件砚滴高 6.4 厘米、长 12.8 厘米、宽 7.7 厘米，以三足蟾蜍为造型，只见它双目鼓起，凝目直视；嘴巴紧闭，下巴的气囊微微鼓起，仿佛可以听到呱呱的鸣叫。蟾蜍通身以镶嵌细银丝圈纹来表现疣斑；在它的两眼上方同样有一道长长的"眼影"，凸显其灵性的同时，也成为宋代蟾蜍最显著的特征。蟾蜍的背部有孔，里面插有管状滴柱。

图 1-29................................

［明］万历青花蟾形军持
美国大都会艺术博物馆藏

....

Frog-Shaped Pouring Vessel (Kendi),
Metropolitan Museum of Art, Purchase, The
Vincent Astor Foundation Gift, 2009.107

　　这件军持高 18.4 厘米，器身为一
只昂首望天的蟾蜍，它的身上饰以被称
为"五福花"的五瓣梅花。"军持"一
词来源于印度，是梵语 knudikā 的音译，
最初随佛教传入中国，是僧侣云游时携
带的贮水器。长颈上的口用于饮水，肩
腹部的流用于汲水。使用时用手抓住颈
部，将瓶身浸入水中没过肩腹部的口，
水满后即可提出，方便省力。后来，随
着佛教的发展，军持逐渐演变为佛教法
器，出现在各种法事和僧尼的受戒灌顶
仪式上。

图 1-30................................

［唐］石蟾蜍泄水构件
洛阳博物馆藏

....

　　这件石蟾蜍泄水构件长 100.0 厘米、宽 76.0 厘米、高 45.0 厘米。
上阳宫内溪流纵横，这些天然的水道经人工整治后，与亭台楼阁
相映成趣，使得上阳宫不仅宏伟壮丽，而且风光旖旎，即便是小
小的泄水构件也都趣味盎然。

建了人类历史上最大规模的宫殿——上阳宫，并引洛水入宫，正所谓"上阳花木不曾秋，洛水穿宫处处流"[1]；后来，在上阳宫遗址出土了蟾蜍形石泄水（图1-30）。

来自蟾蜍的灵异预言

亘古不变的爱恋可以是一种信仰，但未必能够成为现实，蟾蜍和月亮同样如此。尽管它们彼此成就，但在人们心目中，仍然会时不时"闹矛盾"。如今我们习以为常的"月食"天象，在清代"天狗蚀月"出现前的1000多年里，人们皆将其归咎于蟾蜍所为。《淮南子·说林训》载，"月照天下，食于詹诸（蟾蜍）"，"月食"这一名称便来源于此。有时候，闹了矛盾的蟾蜍甚至会"离月出走"，在古人眼中，这给天下带来了无尽的灾祸：

蟾蜍去月，天下大乱。

——《河图》[2]

月望而月中蟾蜍不见者，月所宿之国，山崩、大水、城陷、民流亡，亦为失主，宫中必不安。

——《黄帝占》[3]

---

1 王建《上阳宫》。
2 《开元占经》卷十一《月占一·月兔不见九》。
3 同上。

月中蟾蜍去月，经三辰，天下道俱有逆事，臣勉君战，不出三年。

——《易纬》

不仅如此，现实中的蟾蜍灵异还预示了血光之灾，最初从东汉朝臣的反叛被诛，发展为隋唐时期你死我活的皇位之争。东汉初年，大将军彭宠为光武帝刘秀平定河北立下大功，受到的封赏却不如自己的部下，甚至还屡屡遭到幽州牧朱浮诬构陷害，于是在饱受猜忌中发动叛乱。随后，汉军主力北上平叛，面对重兵压境，彭宠府中怪事连连，《东观汉记》中记载了彭宠府衙的火炉下传来了虾蟆（蛤蟆）声，结果他命人刨地三尺，仍然不见蟾蜍的踪迹，最终彭宠被其奴仆所杀。

隋代，《北史·艺术传》中记载了太子杨勇所居住的东宫闹鬼，隋文帝请来了道术高深的阴阳家萧吉前去平息灾异。萧吉首先向西南方祭拜了土地神，然后设天门、地户、人门、鬼门四坛，并在坛上安放了五帝的牌位，接下来发生了十分诡异的一幕：原本寒冷的季节突然蹦出了一只蟾蜍，跳入人门后，又跳上了赤帝的灵位，不一会儿又跳出人门，蹦跶两下后忽然消失不见。最终，杨勇不仅失掉了太子之位，还被杨广矫诏赐死。

唐代从高宗时到玄宗即位初，蟾蜍更是预言了一场场血雨腥风的宫廷政变：

唐高宗尝患头风，召名医于四方，终不能疗。宫人有自陈世业医术，请修药饵者，帝许之。初穿地置药炉，忽有一虾蟆跃出，色如黄金，背有朱书"武"字。宫人不敢匿，奏之。帝颇惊异，遽命放于苑池。宫人别穿地，得蝦蟆如初。帝深以为不祥，命杀之。其夕，宫人暴卒。后武后竟革命。

——《潇湘录》[1]

唐高宗身患中风，征召天下名医却毫无办法，宫中有人自称祖上是行医世家，高宗就同意他在宫中熬药，结果在挖放置药炉的坑时，突然从地底下蹦出一只背上写有朱书"武"字的金蟾，高宗惊异之余将其放归太液池，结果那宫人换个地方重新挖坑时那只金蟾又蹦了出来，高宗认为这是不祥之兆，于是便命宫人将其杀死。然而，那名宫人当晚便暴病而亡，后来不久武则天发动"武周革命"，篡夺了李唐的江山。

武周末年，太子李显发动政变复辟唐朝，却在五年后被韦后和安乐公主合谋毒杀。同年，李隆基联合太平公主发动政变，史称"唐隆政变"，李旦被推上帝位。太子李隆基与太平公主是当时朝中最大的两股势力，他们暗中较劲，势同水火，随着李旦的让位而公开决裂。《新唐书·五行志》中记载了当时京城里发生了蛇和蟾蜍争斗的异象：

先天二年（713）六月，京师朝堂砖下有大蛇出，长丈余，有大虾蟆如盘，而目赤如火，相与斗，俄而蛇入于大树，虾蟆入于草。蛇、虾蟆，皆阴类；朝堂出，非其所也。

——《新唐书》志第二十六《五行三》

---

1 《太平广记》卷一百三十九《征应五》。

　　长近四米的大蛇与身大如盘子一般的蟾蜍在朝堂的地砖下打斗而出，预示着朝堂上的争斗已经白热化，一个月后，李隆基先发制人，彻底铲除了太平公主的势力，史称"先天政变"。从此以后，接二连三的蟾蜍异象总算告一段落，大唐终于迎来了太平盛世。

　　然而，蟾蜍的灵异并没有彻底消失。《旧唐书·五行志》中记载了乾元[1]年间时任礼部侍郎李揆，在他被任命为宰相的一个月前，有一只大如床的蛤蟆出现在房间里，然后又突然间不知去向，算命先生认为这是福报，李揆却在宰相之位上惨遭罢黜，后来甚至还经历了"家百口，贫无禄，丐食取给……流落凡十六年"[2]的凄惨命运。

　　为了安抚不安分的蟾蜍，也出于对蟾蜍的敬畏，民间又兴起了蛙（蟾蜍）神祭祀。清代蒲松龄在《聊斋志异·青蛙神》中记载了长江中游一带的百姓笃信蛙神："江汉之间，俗事蛙神最虔。祠中蛙不知几百千万，有大如笼者。或犯神怒，家中辄有异兆。蛙游几榻，甚或攀缘滑壁，其状不一，此家当凶。人则大恐，斩牲禳[3]祷之，神喜则已。"在那里有专门祭祀蛙神的祠庙，里面一些蛙甚至大如灯笼。在当地百姓看来，一旦触犯了蛙神，家中就会遭逢厄运，而蛙的种种异常行为也是家有变故的凶兆；只有向蛙神进献贡品，虔心祈祷，让蛙神欢喜，才能免除灾难。

---

1 唐肃宗李亨的年号，758—760 年使用。

2 《新唐书·李揆传》。

3 禳（ráng）：祈祷消除灾殃、驱邪除恶之祭。

戏蟾登仙和金蟾吐金

战国时代，在巫术盛行的楚地，出现了羽人骑蟾的形象（图1-31）；自此以后，骑蟾登仙的观念流行后世数千年。唐代杜光庭《题北平沼》诗云"宝芝[1]常在知谁得，好驾金蟾入太虚"，"入太虚"即得道成仙。汉魏时期，承载凡人升仙的蟾蜍出现在了仙班的图景中，而且被人们赋予了"长袖善舞"的天赋。在《西王母宴乐图》中，不同动物演奏着仙乐，蟾蜍舞者是其中一道靓丽的风景（图1-32）。魏晋时期，《神仙传》中记载了蟾蜍在道教灵宝派祖师葛玄的"指挥"下，翩翩起舞："玄手拍床，虾蟆及诸虫、飞鸟、燕雀、鱼鳖之属，使之舞，皆应弦节如人。玄止之，即止。"

五代时，《神仙济世良方》中记载了全真教北五祖之一的刘海蟾在辽国担任宰相期间，偶遇吕洞宾的点化，决定远离朝堂，归隐秦岭，最终得道成仙，而其中最关键的一步便是"偶戏金蟾成正果"。宋元时期，"金蟾舞"和"琼花开"成为升仙的吉兆（图1-35）：

> 山下洞穴有千岁金蟾，见者当得道；山顶琼花，叶若白檀，花开即有人升天。兴于此山九载修炼，忽见琼花吐艳，金蟾跳跃，云

---

1 宝芝：灵芝。

图 1-31 ....

［战国］漆木彩绘蟾座凤鸟羽人
荆州博物馆藏

....

这件漆木雕出土于湖北荆州天星观 2 号楚墓，通高 65.7 厘米，通体髹黑漆为底，上绘朱红、黄、蓝色花纹。羽人长有尖喙、生有羽翼，化为鸟爪的双脚立于凤鸟的头顶之上；凤鸟展开双翅和尾羽，正欲振翅飞翔；凤鸟之下则是一只蟾蜍，它仰面朝天，脚蹼做划水状，似乎是在云端遨游。《楚辞·远游》中写道"仍羽人于丹丘兮，留不死之旧乡"，意即跟随羽人一起，便可以来到昼夜长明的地方，留在长生不死神仙的居所。这件漆木雕寄托了楚人遨游九天、羽化成仙的美好愿望。

图 1-32..........................

[东汉] **西王母宴乐图（局部）**
陕西定边郝滩乡汉墓

这幅壁画出土于陕西定边县郝滩乡汉墓，描绘了西王母与列仙共同观看仙兽乐舞表演的场景。在画面左侧，西王母与侍女端坐在五指状山峰长出的巨型蘑菇伞盖上，旁边不远处是坐在太一神帷幔下的列仙，他们正在观看一场十分热闹的乐舞表演，其中有飞龙腾舞、白象弹琴、斑豹吹箫，其下还有仙兽敲击编钟和编磬；画面右侧，墓主人正乘坐侍从驾驭的鱼车赶来。有趣的是，画面中的九尾狐成为捣药的侍者，正与一只蟾蜍在伞盖上忙碌。另一只蟾蜍去哪儿了？原来，它正在那里跟随仙乐，载歌载舞，早已将自己的职责忘到了九霄云外。

....

图 1-33 ....

[东汉] **西王母宴乐画像砖**
四川博物院藏

....

　　"接着奏乐，接着舞！"原来，蟾蜍喜欢跳舞不是一时兴起，而是天性使然。在另一场宴会上，西王母笼袖坐在龙虎座上，蟾蜍扭动着曼妙的舞姿站在舞台中央，舞台边的观众除了两位跪坐的仙人，还有九尾狐、三足乌、持灵芝的玉兔和手执戈矛的卫兵。

图 1-34

[元]《蛤蟆仙人像》

日本京都知恩寺藏

这幅由元代画师颜辉所作的《蛤蟆仙人像》与另一幅《铁拐像》于明代流入日本，画中刘海蟾右手托着背上的金蟾，左手拈一枝盛开的琼花，一副怡然自得的模样。自宋代以后，金蟾就成了来自月宫的"三足蟾"，邵桂子在《海蟾》中写道："三足老蟆太阴精，夜载阿姮[1]。"

---

1 即嫦娥，嫦娥原名姮娥，因避汉文帝刘恒讳而改为嫦娥。

图 1-35

［明］"刘海戏金蟾"螺钿漆盒
美国明尼阿波利斯艺术博物馆藏

Small Circular Box, Minneapolis Institute of Art, Gift of Ruth and Bruce Dayton, 2001.156.2a,b

这是一件明代首饰盒，高2.5厘米、直径7.8厘米。以黑褐色漆为底，上面嵌螺钿。螺钿是源于中国的一项古老工艺，是用螺壳与海贝磨制成人物、花鸟等薄片镶嵌在器物表面的装饰技法。这件漆盒盖上所表现的是刘海坐在松树下，从竹篓里吊出一条小鱼，戏弄金蟾的场景。

图 1-36

［东汉］蛙首人身陶插座
南京博物院藏

这件陶座出土于四川彭山江口镇东汉中晚期崖墓，是一件摇钱树的底座。通高 39.5 厘米，泥质灰陶，用前后两半模合制而成。蛙首人身，双眼圆睁，嘴巴宽大；袒胸露乳，大腹便便，双手抚膝而坐，简洁古拙中难掩气度轩昂，凸显了汉代造型艺术中以简胜繁、以质胜文的风格特点。

车来迎，白日升天。

——南宋曾慥《集仙传》[1]

二更里，人静万事都无染。一对金蟾，上下来盘旋。吓退三尸[2]，奔走如雷电。白雪漫漫，降下琼花片。

——《挂金索·二更里》

明清之际，金蟾吐金风靡一时。实际上，早在东汉时期，就出现了以蟾蜍为造型的摇钱树（图 1-37、图 1-38），但后来逐渐消失；金蟾吐金的"复兴"源于民间对刘海蟾故事的改编[1]：金蟾觊觎刘海妻子的宝珠，于是就化身为一个和尚诓骗刘海，结果反被察觉，不仅没有得到宝珠，反而连之前辛辛苦苦修炼的仙丹也被刘海夺去。为了取回仙丹，金蟾不得不听从刘海的号令，吐出金钱接济四方百姓。在这一时期的民间生活和戏剧作品中，也常常可以见到刘海戏金蟾的一幕：明代《金瓶梅词话》第十五回记载了在上元灯会上，有"刘海灯，倒背金蟾，戏吞至宝"；清代乾隆万寿庆典的"花鼓献瑞"戏曲节目中，唱词中也有"好个刘海仙，行行步步撒金钱，脚踹着金蟾子，又把那丹来献"。

实际上，金蟾之所以能够吐金，源于中国古老的五行八卦原理。清

---

1 《类说》卷三。
2 北宋张伯端《悟真篇》载，"杀尽三尸道可期"。道教认为人体有上、中、下三个丹田，各有一神驻跸其内，统称"三尸"，其中上尸好华饰，中尸好滋味，下尸好淫欲。早期道教认为，斩"三尸"，恬淡无欲，神静性明，积众善，方可成仙。

图 1-37..............................

[东汉] **陶辟邪摇钱树座**
　　　　重庆市文物考古研究院藏

....

　　这件陶辟邪摇钱树座通高61.0厘米、长61.0厘米、宽42.0厘米，以半圆形平板为底盘，上方以辟邪绕柱为主要造型。辟邪昂首挺胸，身生羽翼，头朝左盼，双角竖立，似在咆哮，它的脚下象征神木（中间的摇钱树也长在神木之上）的扁柱作为承托。辟邪背上载有一人，踞坐拱手，正闭目养神；在他身旁有一蟾蜍正悄悄爬来。辟邪前肢下伸出一龙，后肢下探出一虎，它们怒目相对，互相咆哮。

图 1-38 ....

［明］**刘海戏金蟾铜熏炉**
天水市博物馆藏
....

　　明清时期出现了大量以刘海戏金蟾为主题的香炉。在这件香炉上，三足蟾昂首屹立，刘海左脚踩蟾背，右腿弓起，身体微微向前倾，双拳正挥向蟾蜍。焚香时，香料从刘海左足下的小盖放入蟾蜍腹中，香气则顺着他背后的宝瓶飘出。

代道士刘一明在《西游记百回详注》第九十五回中写道，"蟾者，金蟾……土能生金……广寒为纯阴之地，即'坤'之象，土在'坤'宫则为真，而能生物"，也就是在五行中土可以生金，而土只有在坤宫中才能发挥作用；蟾蜍所代表的月亮是纯阴之地，在八卦中坤为阴，正因如此，"土生土长"的蟾蜍才能吐出金子来，并被人们冠以"金蟾"的美誉。后来，百姓们将金蟾供奉起来，以求招财进宝，这一风俗影响至今。

---

1 《通俗编》"刘海蟾舍金钱"载："刘元英，号海蟾子……今俗呼刘海，更言刘海戏蟾，舛缪之甚。"

图 1-39

　　《升平乐事图》是一套描绘清宫仕女与孩童们一起庆祝上元灯节的图册，一共包含了12幅折页。在这幅折页中，一个童子正挑着一根长竿，上面吊着刘海戏金蟾的花灯，正在向众人卖力"炫耀"，并成功吸引了一旁仕女的目光。但是站在假山上的童子似乎并不为所动，只顾摇着手里的铃铛，与躲在另一位仕女身后的童子玩起了捉迷藏。

第二章

与龟之间

龟灵崇拜与天鼋

河图、洛书历来被视为蕴含宇宙终极奥秘的"无字天书"；关于其来历，可谓中华文明史上的千古之谜。传说中，河图、洛书是被神龟带到了人间。隋代《水饰图经》[1]中记录了上巳节皇家水上表演中的一幕："有神龟负八卦出河，进于伏牺[2]……玄龟衔符出洛……并授黄帝。"尧帝在位时，《龙鱼河图》[3]中记载了"大龟负图来授尧"；《尚书中候》[4]中记载了"尧沉璧于洛，玄龟负书出"。然而实际上，这些上古领袖很可能是从龟的背甲纹路中获得灵感，从而创造出了八卦与河图洛书。商周时期，随着文字的出现，神龟又带来了"天命"：《竹书纪年》载，"又有黑龟（出），并赤文成字，言'夏桀无道，汤当代之'"；《尚书中候》载，"成王顾于洛[5]，沉甄，礼毕，王退。有玄龟青纯苍光，背甲刻书"。不管是神秘的符号，还是直白的文字，神龟究竟何德何能，能够担负起如此重大的使命？这恐怕还要从最早的龟灵崇拜说起。

在大约 8000 年前的河洛地区贾湖文化的一座墓葬中，出土了八个

---

1 《太平广记》卷二百二十六《伎巧二》。

2 伏羲。

3 《艺文类聚》卷九十九《祥瑞部下》。

4 《初学记》卷三十《鳞介部》。

5 洛水，洛河的古称。

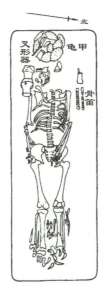

北

龟甲

叉形器

骨笛

［新石器］贾湖遗址 344 号墓出土人骨和龟甲

图 2—1

这位贾湖遗址的墓主人或许是中国历史上最早的巫师，透过墓中的文物，我们似乎被带回了那个遥远的时代：在骨笛空灵的笛声中，一位头发上插着骨叉，头戴面具的巫师手舞足蹈，他手握装有石子的龟甲，在不断撞击的叮叮咚咚中，最终石子如天女散花般倾泻而出，将世间的祸福吉凶展现在世人面前。

图 2-2 ....

[新石器] 陶龟和算筹
　　　　　　大汶口遗址出土

....

　　陶龟的腹部有一个小孔，占卜时将算筹从小孔塞入陶龟，然后随着巫师咒语的摇晃，算筹便从陶龟背部的五个小孔掉出。尽管我们无法得知古人如何使用，但不妨大胆推测：三支算筹分别代表可、不可、待定，而五个小孔则代表大吉、吉、一般、凶、大凶。于是，算筹的掉落便冥冥中注定了事情的结局。

盛有石子的龟甲，其中一个龟甲上还出现了刻符（图 2-1），这是龟灵崇拜的最早实证：龟甲内的石子用于发声，墓主的身份很有可能是巫师或乐师[1]，而最早的乐便源于巫术。后来，在贾湖文化东迁发展出的大汶口文化[2]中，出土了盛放有算筹的陶龟（图 2-2）。陶龟的外壳上留有规

---

1 张居中：《舞阳贾湖遗址出土的龟甲和骨笛》，《华夏考古》，1991 年第 2 期。

2 金荣权在《先秦淮河流域族群演化与文化融合》中认为：北辛—大汶口文化的主要源头即贾湖文化，而之后的山东龙山文化—岳石文化又是继承大汶口文化发展而来。

图 2-3 ···

牛河梁红山文化遗址第五地点一号墓玉龟及出土现场
辽宁省博物馆藏

任疆　摄

···

在不同地域之间的交流中，龟文化还影响了北方的红山文化[1]。图中一位风烛残年的老人在平静中逝去，他的双耳佩戴着环形玉璧，腰间佩挂着云形玉佩，右手戴着玉镯，双手各握一只通灵的玉龟，这些通灵宝玉是他与上天沟通的法器。

----

1 李新伟在《中国史前玉器反映的宇宙观——兼论中国东部史前复杂社会的上层交流网》一文中认为良渚的兴起与凌家滩先民的拥入有关，而红山文化中的龟文化也来自南方。

图 2-4...........

[新石器] "**玉龟（鼋）衔符**"
故宫博物院藏

....

　　这套玉龟和玉版出土于安徽含山县凌家滩遗址，玉龟长 9.4 厘米、高 4.6 厘米、宽 7.5 厘米；玉版长 11.0 厘米、宽 8.2 厘米。玉龟的背甲和腹甲天然成为天地的缩影。在两者之间夹有一块长方形玉版，同样反映出"天圆地方"的古老观念：玉版内侧同心圆象征太阳，外侧同心圆象征天空；玉版方形的轮廓象征大地。太阳的光芒呈圭形向四面八方射去，点亮天空，普照大地。

图 2-5...........

[西周] **玉龟佩饰**
美国哈佛艺术博物馆藏

....

Small Jade Turtle in the Round, Harvard Art Museums/Arthur M. Sackler Museum, Bequest of Grenville L. Winthrop, Photo © President and Fellows of Harvard College,1943.50.175

　　这件玉龟长 3.8 厘米、宽 2.1 厘米、厚 1.0 厘米，呈半透明的灰绿色。作为一件佩饰，它并没有表现龟在爬行时伸出的前后足（以避免划伤），而是通过头向左转，尾巴向右摆动，巧妙地将龟行进中停下来探路的瞬间表现出来，既富有动感，又栩栩如生。在龟腹的前足之间有一个横向穿孔，用于系挂项链。

则的钻孔，算筹经摇晃后从钻孔而出，占卜之人便可以根据结果去解读事件的吉凶。继大汶口文化之后发展起来的凌家滩文化中，出土了更为精致的"玉龟衔符"（图2-4），从中我们发现了"神龟"的奥秘：正如《礼统》[1]所言，"神龟之象，上圆法天，下方法地"，原来在古人的心目中，神龟就是天地的象征！

　　然而，凌家滩玉龟的背甲上并没有龟背纹，所以从严格意义上来讲，这是一只鳖，古人称之为"鼋"，《说文解字》释义："鼋，大鳖也。"当玉鼋将来自上天的预示带给整个部族，族人便称其为"天鼋"。后来，天鼋成为部族的图腾。商周之际，有一支以天鼋为氏的商人强宗大族，在他们铸造的青铜器上，有100多件都刻有天鼋族徽（图2-7），这也是"龟鼎"名称的由来。《国语·周语下》载，"我姬氏出自天鼋"，身为周王族的姬姓居然也声称自己是天鼋的后代。为何众人对天鼋"趋之若鹜"？原来，天鼋自古以来就是天命正统的象征；据《古史》载，"黄帝，轩辕氏，姬姓，亦曰有熊氏"，而郭沫若认为"轩辕"就是"天鼋"的拟音转写[2]。

　　后来，龟鼎成为皇位的象征，李贤在《后汉书》注中写道，"龟鼎，国之守器，以谕（同'喻'）帝位也"。"迁龟鼎"就意味着改朝换代：《后汉书·宦者列传》序载，"自曹腾说梁冀，竟立昏弱。魏武因之，遂迁龟鼎"。讲述了曹操的祖父曹腾勾结外戚梁冀，将昏庸的汉桓帝推上皇位，从此东汉王朝日薄西山，最终被曹氏家族篡夺了皇位。《旧唐

---

1 《初学记》卷三十《鳞介部》。
2 郭沫若《殷彝中图形文字之一解》："是则轩辕、单阏，均天鼋之音变也。"

图 2-6..

[东汉] 石龟砚台
  美国明尼阿波利斯艺术博物馆藏

Ink tablet in the form of a turtle, Minneapolis Institute of Arts, The William Hood Dunwoody Fund, 32.54.4a,b

上古时代的先民们从龟甲中发现了解构天地玄妙的八卦，继而演绎出神龟背负八卦进献伏羲的神话。这件汉代石龟砚台便塑造了神龟进献八卦图的那一幕：只见它昂首驻足，四脚正努力地将背甲挺起。在背甲六边形的纹路中，八卦符号呈环形排列，清晰可见。

....

图 2-7

［西周］献侯鼎及其内壁所刻 "天鼋" 族徽铭文
台北故宫博物院藏

　　这件西周早期青铜鼎通高 24.2 厘米、口径 18.0 厘米、腹深 11.2 厘米，鼎上的铭文记载了殷商旧族献侯参加周成王在宗周举行的祭祀，并用周王的赏赐给丁侯铸造了青铜器——丁侯鼎。这两件鼎在落款的地方皆刻有 "天鼋" 族徽，姬姓国族相传便是 "天鼋" 中的一支。

书·刘幽求传》中记载了 "外戚专政，奸臣擅国，将倾社稷，几迁龟鼎"，讲述了韦后临朝，外戚大权独揽，图谋篡逆，差一点就倾覆了李唐江山。宋代张齐贤《洛阳缙绅旧闻记·梁太祖优待文仕》中记载了 "梁祖既有移龟鼎之志，求宾席直言骨鲠之士"，即后梁太祖胸怀改朝换代的大志，拼命网罗刚正忠直的士人，以为其所用。

龟甲占卜与甲骨文

在神巫文化盛行的商代，商人眼中的灵龟可以预知吉凶。相传箕子向周武王呈上的《洪范·五行》[1]中写道："龟之言久也，千岁而灵，此禽兽而知吉凶者也。"于是，商代贵族创造性地发明了龟甲占卜：先将加工好的龟甲用火灼烧，然后通过呈现出的纹路来预判吉凶。美国学者艾兰认为，将水龟用火烤，意味着将中国人传统观念里代表宇宙中最基本的两种自然力——阴和阳相融合，从而释读出上天的预言[2]。在占卜结束后，卜人会将整个事件和占卜结果刻在龟甲上，这便是中华民族最古老的文字——"甲骨文"。透过那些数以万计的龟甲卜辞，我们拼贴起历史的碎片，还原了那个神秘而遥远的时代。

那么，商人如何举行龟甲占卜的仪式？或许我们可以在《周礼》中窥见一二。尽管周灭商后建立了礼制社会，但龟甲占卜并未彻底消失，周公在制定周礼时，仍然保留了龟甲占卜的传统。《周礼·天官》中记录了专门捕捉龟鳖的"鳖人"；《周礼·春官》中记载了负责占卜的"大卜"——"掌三兆之法，一曰玉兆，二曰瓦兆，三曰原兆。其经兆之体，

---

1 《初学记》卷三十《鳞介部》。
2 ［美］艾兰《龟之谜——商代神话、祭祀、艺术和宇宙观研究》（增订本），汪涛译，商务印书馆，2010年，第136—138页。

图 2-8

[商] **作册般鼋**
　　中国国家博物馆藏

　　这件青铜鼋通高 10.0 厘米、长 21.4 厘米、宽 16.0 厘米、重 1.6 千克。在鼋的背甲上插着四只箭头，旁边的铭文讲述了它的来历：有一天，商王来到洹水岸边，向一只大鳖射出一箭，近臣作册般紧随商王射出三支箭，箭无虚发。商王十分高兴，便命他铸造这件庸器 **1** 铭记此事，以示嘉奖。

图 2-9

[商] **龟甲卜辞**
　　台湾"中央研究院"历史语言研究所藏

　　这件龟甲卜辞出土于河南安阳殷墟小屯 127 号灰坑，收录于《殷墟文字丙编》0063 号。上面的文字是关于"雨"和"不雨"的对贞卜辞。有趣的是，占卜的并不只是一天的天气，而是在甲辰这一日，占卜甲辰、乙巳、丁未连续三天会不会下雨，或许这段时间商王室有重要的活动要进行。

---

1 记功铜器。

皆百有二十，其颂皆千有二百"。所谓"兆"即龟甲灼烧之后形成的裂纹，"三兆"即裂纹所呈现的与玉、瓦和田地相近的纹路；"经兆之体"指的是所反映的金、木、水、火、土的兆象，据此便可以解读出卜辞。此外，《周礼·春官》中还列举了用龟甲占卜的具体事由——"以邦事作龟之八命，一曰征，二曰象，三曰与，四曰谋，五曰果，六曰至，七曰雨，八曰瘳"，即是否打仗，天气如何，是否参与，谋议是否可行，事情结果如何，某人是否顺利到达，天气是否下雨（图2-9），疾病是否痊愈……可以说，涉及了军事、政治、农业、外交、王室成员身体状况等诸多事宜。

《周礼·春官》中还对各种事项的占卜规则和程序进行了翔实的记载。"凡国大贞，卜立君，卜大封，则视高作龟；大祭祀，则视高命龟"，即对于新立国君和分封诸侯这样的重大国事，以及重要祭祀活动，主管祭祀的大宗伯需要亲自参加；"凡小事，莅卜"，即不那么重要的事，大卜可以代为执行。"国大迁、大师，则贞龟。凡旅，陈龟。凡丧事，命龟"，即当国家大规模迁徙或者发动大规模战争时，需要将龟甲端正地放在卜位上；当周天子或诸侯祭祀山川举行"旅祭"时，需要陈列龟甲；而当举行丧事时，则需要在龟前宣读悼词。

玄武与金龟婿

龟上承天命，预知人事，早在先秦时期就位列四灵之一。《礼记·礼运》载："麟、凤、龟、龙，谓之四灵。"对于四灵所扮演的角色，书中写道，"故龙以为畜，故鱼鲔[1]不淰[2]；凤以为畜，故鸟不獝[3]；麟以为畜，故兽不狘[4]；龟以为畜，故人情不失"，也就是四灵分别守护一方动物，龙守护鱼类，凤守护鸟类，麒麟守护兽类，而龟则守护人类。

到了汉代，四灵的内涵和作用发生了变化，《三辅黄图》中记载："苍龙、白虎、朱雀、玄武，天之四灵，以正四方，王者制宫阙殿阁取法焉。"四灵变成了四方神，其中作为北方守护神的"玄武"最初指的就是龟："武"和"冥"的古音相通，玄是玄龟，冥是幽冥。但实际上，在此之前的四方神体系中，并没有龟（图 2-10）；汉代人将四灵与原来的四方神相融合，重新建构出新的五方神体系，《礼运》[5]载："龙，东方也；虎，西方也；凤，南方也；龟，北方也；麟，中央也。"

自汉代以来，四灵被人们视为祥瑞。《高僧传》中写道，"夫王者德化洽于宇内，则四灵表瑞"；道教更是将"四灵"吸纳成为护法神：宋代王契真《上清灵宝大法》中写道，"遍布玄坛，四灵翊卫，万神森列"。于是，从日常使用的铜镜到帝国的宫殿建筑，四灵成为常见的装饰图案。自西汉至莽新，四灵的形象经过了一系列演绎，逐渐定型，其中最大的变化发生在玄武身上：在汉初的四神纹铜镜上，玄武还是龟的形象（图 2-11）；后来，玄武开始以龟蛇互搏的形象出现（图 2-12、图 2-14）；再后来，出现了龟衔蛇、蛇缠龟的混合形象（图 2-15、图 2-16）；直

---

1 鲔（wěi）：鲟鱼，此处泛指鱼类。
2 淰（shěn）：惊骇逃散的样子。
3 獝（xù）：惊飞。
4 狘（xué）：惊走。
5 《礼记正义》卷二十二《礼运第九》。

图 2-10..

[西周] 鸟兽纹铜镜
中国国家博物馆藏

....

　　这件铜镜出土于河南三门峡上村岭虢国墓地 1612 号墓，直径 6.70 厘米、缘厚 0.35 厘米，镜背正中有两个平行的弓形纽，上面饰有鹿纹，抬头前伸，身躯细长，短尾后翘。在镜纽的左右上下，分别饰以四方神鸟兽，左青龙、右白虎十分清晰，它们都张牙舞爪，显得凌厉异常；南朱雀是一只展翅的飞鸟，翼上的平行斜线象征羽毛的纹理；北方的神兽不明，但是走兽无疑，还不是龟的样子。

图 2-11..

[西汉] 四神纹铜镜
美国弗利尔美术馆藏

....

Mirror, Freer Gallery of Art and Arthur M. Sackler Gallery, S2012.9.2395
　　这件青铜镜直径 6.5 厘米、厚 0.2 厘米，与如今女孩出门随身带的化妆镜尺寸相当。圆形镜纽，四周以莲花纹装饰，镜面有四个小乳钉，将四神的图案分隔开来，四神呈逆时针行走状。值得注意的是，龟的身上还看不到蛇的踪影，这很可能是一件西汉初期的铜镜。

图 2-12 ....

［西汉］四神瓦当
　　西安秦砖汉瓦博物馆藏

....

　　这一组四神瓦当出土于陕西西安北郊坑底寨村，虽然出土地点并不在汉代长安城址内，但从规制上属汉代瓦当无疑，而且从瓦当中央没有圆纽，依然延续了秦瓦风格可以推断，年代应属汉代初期。瓦当直径19.5厘米，龙腾虎跃极其夸张，充满动感，白虎的身上还插有双翅；玄武中的龟蛇尚未融为一体，而是龟正在与二蛇拼命格斗，趣味盎然。

图 2-13...................................

［西汉］四神云气图壁画
河南博物院藏

....

　　这幅壁画是河南商丘永城芒砀山梁共王刘买墓的天顶壁画，是目前中国现存时代最早、墓葬级别最高的壁画，长 5.14 米，宽 3.27 米。刘买的父亲就是大名鼎鼎的梁孝王刘武（详见本书第八章）。画面以"芝草穿壁纹"环绕，玉璧象征天地之交，芝草是不死仙草。逶迤腾飞的巨龙穿梭于云气中，几乎占据了整个画面，虎和雀点缀在龙身之间，而龙的舌尖则卷着另一只神兽，从造型上看并不是玄武龟蛇，而更像是马王堆 T 形帛画中的鲸鲵（详见本书第五章）。

图 2–14....................

[西汉] 四神玉带扣
　　台北故宫博物院藏

....

　　带扣最早是北方游牧民族所使用的服饰束带，西汉时逐渐被中原地区的人们所接受。这件玉带扣长 9.6 厘米、宽 5.8 厘米、高 2.2 厘米，与另一件已经佚失的有扣针的带扣共同组成了四神图案。在这件带扣上，雕琢出了玄武、苍龙和朱雀的半个鸟身；另一件带扣的扣针应为朱雀的鸟首，以及完整的白虎图案。其中，玄武的形象依然是龟与两蛇相搏，并将二蛇踩于足下。

图 2–15....................

[西汉] 四神纹玉铺首
　　茂陵博物馆藏

....

　　这是一件汉代绝无仅有的四神纹玉铺首，通高 34.2 厘米、宽 35.6 厘米、厚 14.7 厘米，重 10.6 千克，采用灰绿色的蓝田玉雕琢而成。它出土于茂陵外城，应当是城门或墓门上的构件。独具匠心的汉代工匠在上面雕刻了苍龙、白虎、朱雀、玄武四神像，象征着大汉天子统御天下四方的威仪。其中的玄武形象上，龟首次以衔蛇的方式示人。

图 2-16...........................

[西汉]长杨宫四神瓦当
　　西安秦砖汉瓦博物馆藏

....

　　长杨宫为战国时秦昭王所建，为秦汉两代帝王游猎的地方。《三辅黄图·秦宫》载："长杨宫在今盩厔县（今为周至县）东南三十里，本秦旧宫，至汉修饰之以备行幸。宫中有垂杨数亩，因为宫名；门曰射熊馆。秦汉游猎之所。"汉成帝曾在这里观看斗熊表演（详见本书第十五章）。在这件出土自长杨宫遗址的四神瓦当上，与汉武帝时期不同的是，除了龟衔蛇，蛇也已缠绕于龟背之上。

图 2-17

[新] 王莽九庙四神瓦当
西安秦砖汉瓦博物馆藏

王莽创立新朝后，恢复"周礼"，创造了"九庙"的宗庙建筑形式。虽称"九庙"，但实际上包括了12座建筑，顾颉刚认为多出的三座应是王莽自留庙及预留给后世子孙有功德者而为祖、宗之庙，符合西汉生前立庙但不称"庙"的传统。"九庙"始建于地皇元年（20），每座建筑雕梁画栋，以金银为饰，斗拱用铜皮包裹，远远望去熠熠生辉。虽然只使用了一年便被绿林军付之一炬，瓦当上的四神图案却成为流传后世的经典形象。

图 2-18 ……………………………

[东汉] **四神画像石**
　　南阳市汉画馆藏
……………………………

　　这件画像石高 130.0 厘米、宽 48.0 厘米，上面完整地刻画了四神的图案：苍龙与白虎龙腾虎跃，分别代表东方和西方；朱雀振翅飞舞代表南方；玄武龟蛇闲庭信步代表北方。

图 2-19 ·······················

[东汉]"盘龙丽匣"四神飞天铭文青铜镜
美国哈佛艺术博物馆藏

·································

Circular Mirror with Decoration of the Animals of the Four Quadrants, the Eight Trigrams, and Flying Apsarases. Harvard Art Museums/Arthur M. Sackler Museum, Bequest of Grenville L. Winthrop, Photo © President and Fellows of Harvard College, 1943.52.164

这面铜镜直径 24.8 厘米，圆形镜纽，花瓣纹纽座，纽座外一周是左苍龙、右白虎、前朱雀、后玄武的四神，它们舒展身姿，极富动感。四神的外圈环绕铭文："盘龙丽匣，舞凤新台，鸾惊影见，日曜花开，团疑璧转，月似轮回，端形鉴远，胆照光来。"在铭文的外侧，八个方位刻有并列的八卦符号和八音（金、石、土、革、丝、木、匏、竹）文字，飞天的形象装饰其间。

图 2-20 ....

[隋]"仙山并照"四神青铜镜
美国克利夫兰艺术博物馆藏

....

Mirror with Four Spirits, Cleveland Museum of Art, Gift of Drs. Thomas and Martha Carter in Honor of Sherman E. Lee 1995.339

这面铜镜直径19.8厘米，重870克，圆形镜纽，双矩形纽座，纽座内四角各有一个神兽首；纽座外环绕一圈四神图案，四神相互之间被双矩形的一角所隔开，角中还各有一神兽首，与纽座内的神兽遥相呼应，充满趣味。在铜镜外圈环绕铭文："仙山并照，智水齐名，花朝艳采，月夜流明，龙盘五嵩，鸾舞双情，传闻仁寿，始验销兵。"

图 2-21 ....

....

龟纽印章是汉代除皇帝、诸侯王之外最高等级的印章。《汉旧仪》载："列侯黄金印，龟钮，文曰'某侯之章'。丞相、太尉与三公前后左右将军黄金印，龟钮，文曰'章'。"南越王赵佗被刘邦封为列侯。这件龟纽金印刻"泰子"印文，"泰子"即太子。国内有学者推断，这枚金印应为第二代南越王赵眜[1]所有。

到王莽篡汉，建立新朝后，在"九庙"的四神瓦当上，才最终出现了经典的龟蛇相交侧面像（图 2-17），并为后世所沿用（图 2-18 至 2-20）。

然而，这并不是说从此玄武就只剩下了龟蛇形象，在唐代，人们仍然将龟视为玄武。武则天称帝后，认为其姓"武"带有"玄武"之意，于是四灵之一的玄武一下子"身价百倍"。不仅官员上朝时佩戴的用于

----

1 史书称赵胡，公元前 137—前 122 年在位。

区分身份等级的鱼袋改为了龟袋，调兵所用的鱼符也都改为了龟符（图2-22）。《唐会要·舆服》载，"天授元年（690），改内外官所佩鱼为龟……久视元年（700），职事三品已上龟袋宜用金饰，四品用银饰，五品用铜饰"。

后来，"神龙政变"爆发，武则天被逼退位；使用了不到20年的龟袋被废除，重新"依旧式佩鱼袋"。然而，尽管龟袋制度被废止，但官

图 2-22.............................

[武周] **龟符（正、侧面）**
吉尔吉斯斯坦唐碎叶故城出土

这件出土于碎叶城遗址的龟符，一分为二，龟身上的阳文和阴文"同"恰好可以完美地拼合在一起，形成"符合"，龟身侧面也有"合同"的字样作为双重防伪。龟符上的文字"左豹韬卫翊府右郎将员外置石沙陀"，从名字上推断，这应是效忠于大唐帝国的粟特军人。

图 2-23.

[唐] 银鎏金「论语玉烛」龟形酒筹筒

镇江博物馆藏

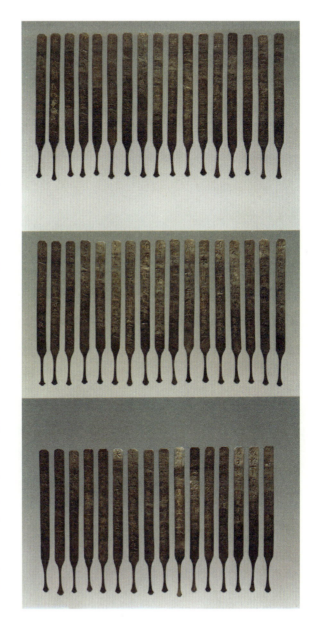

这件酒筹银筒出土于江苏丹徒丁卯桥，通高34.2厘米、龟身通长24.6厘米、筒深22.0厘米。唐代是一个饮酒成风、酒令盛行的时代。宋代蔡宽夫在《诗话》中写道："唐人饮酒，必为令以佐欢。"银龟昂首曲尾，背负双层莲花座的"玉烛"。《尔雅·释天》中有"四时和谓之玉烛"，龟与玉烛皆有太平盛世的寓意；而莲花"出淤泥而不染"，寓意饮酒之人的品质高尚。莲花形筒盖中盛放有50根酒令筹，上面巧妙地将《论语》中的章句与酒令（饮、劝、处、放）相结合，比如，"乘肥马，衣轻裘，衣服鲜好处十分（罚一杯）"，"与朋友交，言而有信，请人伴十分（与好友共饮一杯）"，"己所不欲，勿施于人，放（这轮皆不饮）"。白居易在《与梦得沽酒闲饮，且约后期》中有"闲征雅令穷经史，醉听清吟胜管弦"，从行酒令中就可以一瞥文风鼎盛的大唐气象。

员们依然将其作为身份与地位的象征。李白在《对酒忆贺监序》[1]中写道："太子宾客贺公，于长安紫极宫一见余，呼余为谪仙人，因解金龟换酒为乐。"贺知章对李白有知遇之恩，在贺仙逝后，李白回忆起当年道观初见，贺惊呼自己为仙人下凡，并带自己来酒楼吃饭，因身上没有带钱，就用金龟佩饰换酒喝，成就了"金龟换酒"的佳话。后来，李商隐在《为有》中写道："无端嫁得金龟婿，辜负香衾事早朝。"女子抱怨丈夫因赴早朝而不能陪她共度春宵，"金龟婿"就是佩戴金龟的女婿，身份高贵，这一词语也被后世所沿用。

长寿龟与"龟息"大法

长久以来，龟在中国人的心目中是长寿的象征。《述异记》载："龟，千年生毛。龟，寿五千年，谓之神龟，万年曰灵龟。"在神话中，龟的寿命堪比天齐：《列子·汤问》中记载了东海上的五座仙山由于山根互不相连，天帝担忧其随潮水漂走，于是下令海神禺疆"使巨鳌十五举首而戴之。迭为三番，六万岁一交焉。五山始峙而不动"。每座仙山由一只巨鳌托起，三只巨鳌负责一座仙山，每六万年交替一次。随着汉代神仙信仰的流行，人们将神话中的仙山化作了博山炉的模样，在烟气缭绕中，追寻一种仙人的乐趣（图2-24）。

---

1 《唐诗纪事》卷十八。

图 2-24

[汉] 青铜博山炉
美国哈佛艺术博物馆藏

Censer with Dragon Base and Openwork Lid in the Form of a
Mountain (Boshan lu), Harvard Art Museums/Arthur M. Sackler Muse-
um, Bequest of Grenville L. Winthrop, Photo ©President and Fellows
of Harvard College, 1943.52.71

这件博山炉通高 19.7 厘米，造型取材于神龟背负仙山
的神话。汉代贵族将来自域外的名贵香料放入炉罩内，并
在炉底放入炭火，烟雾缭绕中，仿佛海上的仙山若隐若现，
氤氲的香气也令人飘飘欲仙。

与此同时，人们对长生的渴望，也在龟的身上找到了寄托。《史记·龟策列传》中记载了"南方老人用龟支床足，行二十余岁，老人死，移床，龟尚生不死，龟能行气导引"，龟竟然仅凭呼吸吐纳就能不吃不喝20多年。最终，有人在一次意外中偶然发现了"龟息"的奥秘。《抱朴子》[1]中记载了方士郗俭不小心坠落至古墓，正饥肠辘辘时，"见冢中先有大龟，数数回转，所向无常，张口吞气，或俛（同'俯'）或仰"，于是他"乃试随龟所为，遂不复饥"，在古墓里撑了100多天后最终得救；回到家后他继续修炼，终于习得了"咽气断谷"[2]的龟息大法，从此声名大噪。魏文帝曹丕听闻后，还专门请他来表演，"置土室中，闭试之，一年不食，颜色悦泽，气力自若"。然而事实上，所谓"一年不食"只是不吃谷类，不然他可真要被活活饿死了，正如《后汉书·左慈传》注中所写，"郗俭善辟谷，食茯苓"。

但不管怎样，自此之后，"龟息"大法风靡后世。李白在《代寿山答孟少府移文书》中写他自己"乃蚪蟠龟息，遁乎此山"。习得龟息之法可以长寿富贵，《芝田录》[3]中记载了袁天纲给李峤相面，"睡气从耳出，名'龟息'，必大贵寿"。于是，唐代人纷纷将寓意大贵大寿的龟放在了名字中，比如，我们所熟知的乐师李龟年，还有著名诗人陆龟蒙。尽管元代以后，人们将龟与行为不检点联系在一起，龟的詈辞也不断出现，

---

1 《艺文类聚》卷七十五《方术部》。
2 即"辟谷食气"，即通过不食五谷和呼吸空气来祛病延年的修行之法。马王堆汉墓帛画上也出现了有关"却谷食气"的文字记载。
3 《韵府群玉》卷二十。

但并不影响人们对修行"龟息大法"的热情：元代岑安卿《和李宰韵》诗云，"常怀却世纷，宴坐学龟息"；清代姚鼐《定州遇雪》诗云，"入舆坐龟息，下帷任所诣"。可以说，龟息成为流行于文人贵族圈中的一种生活方式。

龟负仙人和石碑

如今，我们在参观古代陵墓时，往往会看到古碑下有一只"龟"。有人也许会立刻站出来更正："这不是龟，而是龙九子之一的赑屃。"但实际上，从东汉到明代的1000多年里，墓碑下面的确实是龟。古人为何开创了龟负碑的传统？这还要从西周谈起。神龟给世人带来了上天的旨意，在人们眼中，它拥有了往返天地之间的神秘力量；随着求仙信仰的流行，人们塑造出了脚踏神龟的仙人形象，为逝者的灵魂升天导引指路（图2-25、图2-26）。到了汉代，不但逝者的灵魂要升天，他生前所创造的功业也要流芳百世，而神龟既能背负重物，又恰好是"寿比天齐"，于是便产生了神龟背负的石碑墓志。

自汉代以来，龟负碑的风潮逐渐席卷大江南北。迄今为止考古所发现的最早的龟负碑是建于东汉末年的"王舍人石碑"（图2-27）。魏晋时期，龟负碑在江南一带已经十分流行，在世家大族的墓葬中出土的魂瓶"谷仓罐"上，经常可以见到堆塑的龟负碑装饰（图2-28、图2-29）。南北朝时期，在梁代萧秀的陵园神道上，发现了目前年代最早、保存最完整的龟负碑（图2-30）。直到隋代，龟负碑正式被纳入官方制度，成

图 2-25..

[西周] 漆木人俑及龟形座

这两件一米多高的漆木人俑出土于山西翼城大河口西周1号墓二层台上，他们脚踏神龟，双手似有所指。他们或许是世间的巫师，或许是来自天上的仙人，在其指引下，墓主的灵魂得以升天。

图 2-26..

[东汉] 仙人乘龟图画像石
南阳市汉画馆藏

这件出土于河南南阳麒麟岗汉墓的画像石上，仙人手捧芝草，跪坐于龟背之上。《楚辞·远游》云，"时暧曃[1]其曭莽[2]兮，召玄武而奔属"，在日光惨淡，天地之间一片朦胧中，神人下凡接引墓主的灵魂升天。

1 暧曃（ài dài）：日光昏暗的样子。
2 曭（tǎng）莽：晦暗朦胧的样子。

图 2-27 ·······························

[东汉] **王舍人石碑（残）**
　　　青岛平度市博物馆藏

·······························

　　这件王舍人石碑立于东汉灵帝光和六年（183），据残碑中"灵台之格，展浑仪之枢"推断，王舍人生前曾担任灵台待诏，灵台即汉代的国家天文台，王舍人就在那里负责观测天象。这也是中国目前发现的最早的龟负碑。

图 2-28..

[西晋]青釉堆塑谷仓罐
美国芝加哥艺术博物馆藏

Funerary Urn (Hunping), Art Institute of Chicago, Through prior bequests of Mary Hooker Dole and Grace Brown Palmer; through prior gifts of Josephine P. Albright in memory of Alice Higinbotham Patterson, and Mrs. Kent S. Clow; Russell Tyson, Robert C. Ross endowments, 1987.242

堆塑谷仓罐是三国两晋时期长江中下游地区十分常见的陪葬品，也被称为"魂瓶"，用以保护、供奉和取悦逝者的灵魂。这件谷仓罐通高 48.7 厘米、罐体最宽 27.5 厘米，罐身饰以持戟的镇墓武士，并由八位弓背弯腰的仆人托举起上部建筑群。建筑群下层矗立着阙门和龟跌碑座，其间是一群魏晋名士打扮的陶俑，他们头戴纶巾，手执羽扇，抚膝盘腿而坐；建筑群上层耸立着恢宏的殿宇楼阁，有一群飞禽正在啜饮大缸中的琼浆玉露，让整个谷仓罐生气盎然。

....

为帝国高级官员去世后所享有的一项特权。《隋书·礼仪志》载，"三品已上立碑，螭首龟跌。跌上高不得过九尺"，这一规制后来被唐代所沿用。

到了宋代，《营造法式·石作》中专门记载了"造赑屃鳌坐碑之制"——"其首为赑屃盘龙，下施鳌坐"，也即碑首由螭变成了赑屃和盘龙，但碑座仍是龟鳌。与此同时，"碑身每长一尺，则广四寸，厚一寸五分，鳌坐长倍碑身之广，其高四寸五分"，也就是对碑的高度不再设限，碑身和碑座的长、宽、高可以等比例放大。明代之后，碑座上的龟才逐渐被赑屃所取代，但皇家律例中仍沿袭唐例写作"龟跌螭首"。之所以出现这种转变，恐怕与这一时期人们将龟与女子不洁联系在一起所引发的讳龟所致。在这一时期，石碑上的内容不再仅限于墓主人的生平，也包括了重要事件的记载，如建筑的重修、重建，或者来自皇帝的旨意（图 2-31）。

图 2-29
［西晋］青釉堆塑谷仓罐
美国大都会艺术博物馆藏

Funerary Urn (Hunping), Metropolitan Museum of Art, Charlotte C. and John C. Weber Collection, Gift of Charlotte C. and John C. Weber, 1992.165.21

　　这件谷仓罐通高 45.4 厘米、罐体最宽 30.3 厘米，罐身饰以神兽纹。堆塑上层除了阙门、龟负碑和楼阁亭台之外，还有熊、鹿、象、虎、凤等鸟兽和伎乐、仆从杂居其间。但最值得注意的是堆塑最下层的一圈佛陀像，他们结跏趺[1]坐，施禅定印，头顶象征彻悟的肉髻，身披通肩袈裟，纤细的贴身衣纹让人联想到印度的"湿衣佛像"，使其成为佛教传入中国的最古老见证。佛陀出现在丧葬风俗中，或为超度逝者的亡魂，永葆后世子孙吉祥平安。

---

1 跏（jiā）趺：佛教中修禅者的坐法，两足交叉置于左右股上称"全跏坐"；单以左足押在右股上，或单以右足押在左股上，叫"半跏坐"。

图 2-30..

［南朝梁］萧秀墓龟负碑
谢阁兰（Victor Segalen）
摄于 1909 年

....

在萧秀墓的神道上，一共矗立着四座刻有墓志的龟负碑。萧秀是梁武帝萧衍同父异母的弟弟，在他去世后，当时著名的文人王僧孺、陆垂、刘孝绰、裴子野分别为他撰写了一篇碑文，难分伯仲，于是最后决定"四碑并建"，形成了中国历史上空前绝后的奇观。

巡幸畿辅道經昌
多被斫伐向来守
耳現存樹木永禁
不時嚴加巡察爾
陝虞持諭欽此

图 2-31..........................

[清] 赑屃石碑
明十三陵长陵内
任疆 摄

....

这件赑屃石碑立于清顺治十六年（1659），具有典型的龙头、鹰爪、龟背、蛇尾的赑屃形象特征。碑文记载了顺治皇帝巡视京畿，路过昌平明代帝陵时，看到陵园内殿宇墙垣倾圮，古树被人砍伐，于是谕令增设陵户进行日常看护，并且责令昌平道台不定期巡察。

第三章

与蛇之间

人面蛇身的祖先

在我们的认知中，西方世界人类文明的起源是从亚当和夏娃开始的，他们被伊甸园中的一条蛇诱骗，偷食了禁果，结果成为人类的原罪。然而，在中国的文化中，蛇最初是我们的祖先信仰的图腾之一。它蛰伏蜕皮，被视为永生的象征；同时它还被寄托了原始的生殖崇拜[1]。上古神话中，"人面蛇身"的创世神——伏羲横空出世。关于伏羲的身世，《河图》[2]中写道，"大迹出雷泽，华胥履之而生伏羲"，华胥踩在雷泽中巨大的脚印上，感孕生下了伏羲；另《山海经·海内东经》载："雷泽中有雷神，龙身而人头，鼓其腹。"那时龙、蛇混同，直到如今民间仍习惯称蛇为"小龙"，可见伏羲是继承了雷神的相貌。

雷神的"人面蛇身"并非凭空捏造，而是源于远古时代的蛇图腾信仰。雷泽位于今天的豫东、鲁西一带，这里曾经是九黎部落联盟的势力范围。他们以蛇为图腾，其文明开化程度要高于华夏部落联盟。然而，最终由黄帝率领的华夏联盟在涿鹿之野大败蚩尤所率领的九黎联盟，后者中有一部分归服华夏，文明成果也被其吸纳[3]；另一部分则南下江汉平原，成

---

1 杨甫旺《蛇崇拜与生殖文化初探》，《贵州民族研究》1997 年第 1 期。

2 《太平寰宇记》卷十四。

3 何星亮在《中国图腾文化》一书中认为："为了稳定社会秩序，维持自己的领导地位，黄帝部落不得不采用被征服者的文化。"

图 3-1 ....

[东汉] 武梁祠伏羲女娲画像石拓片
美国弗利尔美术馆藏

Rubbing of stone relief, Freer Gallery of Art and Arthur M. Sackler Gallery, FSC-R-201

这是一幕十分有趣的"家庭情景剧"：伏羲、女娲人首蛇身，交尾向背，他们夫妇二人似乎是闹了点不愉快，各自都找来一旁的羽人"评理"：女娲右手持规，还没等她开口，羽人便早已"逃之夭夭"，避之唯恐不及；伏羲左手持矩，正在跟身旁的羽人倾诉。在他们之间，有一对羽人正跳着爱情的舞步，他们的眼中此时此刻只有彼此，与伏羲、女娲形成了鲜明对比。

为后来三苗部落的主体，并保留了蛇图腾信仰[1]。后来，三苗部落叛服无常，自尧帝以来，华夏部落不断对其发动征伐战争，《六韬》中记载了"尧伐有苗于丹水之浦"；《淮南子·修务训》中记载了舜帝"南征三苗，道死苍梧"；直到禹在三苗遭遇地震、洪涝等自然灾害时，乘机出兵将

---

1 《国语·楚语下》载，"三苗复九黎之德"，"三苗，九黎之后也"。

其彻底击败¹。在禹号令四方的旗帜上，除了位于中央象征华夏部落的"中正之旗以熊"外，代表南方苗蛮部落的是"南方之旗以蛇"。

在我们的印象中，伏羲往往不是单独出现，而总会和同样是"人面蛇身"的女娲在一起（图3-1）。尽管女娲是比伏羲更为古老的神，但伏羲被创造出来时，早已是父权制的天下，因此，女娲被迫"改造"为伏羲的妹妹和伴侣。《春秋世谱》²中写道："华胥生男子为伏羲，女子为女娲，故世言：女娲，伏羲之妹，风姓，人首蛇身，乘（承）伏羲制度，作笙簧。"女娲曾经的种种创世壮举，在伏羲开创的制度面前都黯然失色。《尚书序》³中写道，"古者伏羲氏之王天下也，始画八卦，造书契，以代结绳之政"；蔡邕在《琴操》中写道，"昔伏羲氏作琴，所以御邪僻，防心淫，以修身理性，反（返）其天真也"；《帝王世纪》中也写道，"制嫁娶之礼，取牺牲以充庖厨，故号庖牺氏，是为牺皇"。也就是伏羲作八卦来推演世间万物的变化，以刻符取代结绳记事；同时发明了最早的琴，通过音乐教化百姓，修养身心；而且制定了婚嫁的礼仪，教导百姓蓄养牲畜以供生活和祭祀之用。

秦汉时期，求仙思想盛行，在贵族们追求死后升天的憧憬中，伏羲、女娲人面蛇身的造型以绘画、雕刻等多种方式出现在墓葬中（图3-2）。与此同时，随着丝绸之路的开辟，这种文化也逐渐传播到了西北地区。

---

1 《墨子·非攻下》载，"昔者三苗大乱，天命殛之。日妖宵出，雨血三朝，龙生于庙，犬哭乎市，夏冰，地坼及泉，五谷变化，民乃大振。高阳乃命玄宫，禹亲把天之瑞令，以征有苗，四电诱祗，有神人面鸟身，若瑾以侍，搤矢有苗之祥。苗师大乱，后乃遂几"。

2 《通志·三皇考》。

3 《太平御览》卷六百一十八《学部十二》。

数百年后，在唐代高昌国和西州国的
墓葬中，仍然可以看到半人半蛇的绢
画。这些绢画有的被覆盖在棺上，也
有的被盖在墓主人身上或置于身旁，
还有的则用木钉固定在墓顶上。画面
中，伏羲执矩象征地，女娲执规象征
天，环绕他们的日月星辰则构成了宇
宙的缩影。（图 3-3）

图 3-2.......................................

[东汉] **伏羲女娲画像石**
　　徐州汉画像石艺术馆藏
....

　　这件画像石出土于江苏徐
州铜山县（今为铜山区）利国
汉墓，高 92 厘米、宽 21 厘米，
刻画了人首蛇身的伏羲女娲交
尾形象，伏羲头戴长冠，女娲
头梳高髻，他们都身穿交领右
衽、宽袍大袖的汉代典型服饰。
也许是这件画像石柱的空间有
限，相比武梁祠中的伏羲女娲
形象，这里的夫妻二人似乎尽
显恩爱。

在这件出土于新疆阿斯塔纳唐墓的绢画中，伏羲、女娲皆为人首蛇身，他们拥有胡人的面孔，身穿窄衫小袖的绛红色胡装；伏羲左手执矩，女娲右手执规，两人交尾相拥。画面上方有红日，下方有满月，周围星辰环绕。这类绢画出土时通常被木钉钉在墓顶，正面朝下，寓意天国。

玩蛇、舞蛇的众神相

　　上古时代以蛇为图腾的并不只有九黎部落,在广大的南方地区,蛮族、百越的祖先同样流行着蛇的信仰。《说文解字·虫部》写道:"蛮,南蛮,蛇种;闽,东南越,蛇种。""虫"字最初的象形就是蝮蛇直立的样子,而蛇数千年来一直被人称为"长虫"。蛮、闽被称为"蛇种",即为蛇的后代,而这两个字的字形上也包括"虫"。蛇之所以能够成为蛮、越共同尊奉的图腾,是因为南方河湖密布,古人在这种环境中生产、生活,自然希望得到蛇的庇佑,甚至还将蛇身上的花纹绘在身上,正如《淮南子·原道训》所载,"九嶷[1]之南,陆事寡而水事众,于是民人披发文身,以象鳞虫"。这些崇蛇的传统延续数千年,影响至今[2]。

　　后来,当中原进入夏商周时期,由于尚未形成后来的中央集权国家,中原王朝与王畿之外的方国是一种朝贡关系,实际控制力十分有限[3],更不用说偏远的苗、蛮和百越了,所以南方的少数民族一直延续着上古以

---

1 九嶷(ní)山,又名苍梧山,位于今湖南永州宁远县境内。

2 清代陆次之在《峒溪纤志》中写道:"疍(dàn,百越遗民)族,其人皆蛇种,故祭皆祀蛇神。"今天在南方的一些古镇上,每逢重大节日,游蛇、舞蛇、拜蛇的传统活动依然在上演。

3 在《尚书·禹贡》所记载的天下秩序中,以王畿为中心,向外每隔500里画一圈,形成被称为甸服、侯服、绥服、要服、荒服的五个同心圆;距离王畿越近的地区,相互之间交往也越密切,来自王畿的影响越大;距离越远的地方,交往也越少。按照这一标准,苗蛮、百越基本都属于最外圈的"荒服"之地。

来的传统和神话传说。在他们的文化中，蛇是原始巫术的一部分，巫觋往往都是舞蛇的高手，因为只有掌控了蛇，才能够掌握天地之间最神秘的力量。这也是《山海经》中之所以出现大量"珥蛇"（以蛇贯耳）和"践蛇"（脚踏蛇）神人的原因：

> 东海之渚中，有神，人面鸟身，珥两黄蛇，践两黄蛇，名曰禺䝞。
>
> ——《山海经·大荒东经》

> 西海陼[1]中，有神，人面鸟身，珥两青蛇，践两赤蛇，名曰弇兹。
>
> ——《山海经·大荒西经》

> 北海之渚中，有神，人面鸟身，珥两蛇，践两赤蛇，名曰禺彊。
>
> 大荒之中，有山名曰北极天柜，海水北注焉……又有神，衔蛇执蛇，其状虎首人身，四蹄长肘，名曰彊良。
>
> 大荒之中，有山名曰成都载天。有人珥两黄蛇，把两黄蛇，名曰夸父。
>
> ——《山海经·大荒北经》

> 巫咸国在女丑北，右手操青蛇，左手操赤蛇。在登葆山，群巫所从上下也。
>
> ——《山海经·海外西经》

---

1 通"渚"，水中的小块陆地。

　　虽然这些神人有的是虎首人身，有的是人面鸟身，虎首、鸟身来自虎与鸟的图腾崇拜，反映出不同族群之间的文化融合，而他们无一例外都"玩蛇"：或是用蛇作为耳饰（珥蛇），或是踩蛇（践蛇），抑或执蛇（衔蛇、操蛇、把蛇）。显然，他们是在通过这种方式，获得灵蛇所具有的特殊能力。巫咸国，顾名思义，是一个巫觋荟聚的国度，《山海经·大荒西经》中记载了灵山巫咸国拥有10位著名的巫觋，而他们全都是双手执蛇之人。这些古老的观念在后来的考古发现中也可以找到实证（图3-4）。

　　然而，文化上的影响永远不会是单向的，纵使中原王朝在生产力和文化发展程度上更占优势，蛮越之地的文化仍然逐渐传入了中原地区。在《列子·汤问》中，愚公为了移山开路，惊动了"执蛇之神"，该神在禀报天帝后，命夸娥氏的两个儿子搬走了太行、王屋二山，而这两座山均位于中原王朝的核心地带。在这个寓言故事中，"执蛇之神"拥有沟通天地的力量，显然来自以蛇为图腾的民族。除此之外，华夏第一个王朝创立者启，同样以蛇为耳饰：

　　　　西南海之外，赤水之南，流沙之西，有人珥两青蛇，乘两龙，名曰夏后开[1]。开上三嫔于天，得《九辩》与《九歌》以下。此天穆之野，高二千仞，开焉得始歌《九招》。

　　　　　　　　　　　　　　　　　　　　——《山海经·大荒西经》

1　汉代为了避刘启的讳将"启"改为"开"。

图 3-4..........................

[南越] 人执蛇镏金铜托座
南越王博物院藏

....

这件铜托座是屏风右下方的转角构件，通高 31.5 厘米，由青铜铸造，通体镏金，分为上下两部分：上半部分是可 90度展开的合页，下半部分是一个力士托座。只见他凸鼻大眼，身穿右衽葛衣，短裤，跣足，是典型的南越人装束；他口中衔两蛇，双手也各操一蛇，双足跪坐还夹有一蛇，五条蛇相互缠绕。这与《山海经》中衔蛇、执蛇的神人形象十分相像。

夏启以两条青蛇为耳饰，乘着两条龙飞上九天，然后将象征礼乐文明的《九辩》与《九歌》带到人间。实际上，在这一过程中，夏启的角色是一名能够与上天沟通交流的巫觋，而蛇和龙便是帮助其升天的助手。当巫觋死去后，昔日里陪护他们的灵蛇并不会舍他们而去，而是永远地

图 3-5.........................

[战国] **硬陶建鼓座**
南京博物院藏
....

古代音乐的产生最初源于神巫文化，早在红山文化时期，就出现了彩陶筒形器的"陶鼓"。先秦时期，鼓是巫觋沟通天地的"法器"，在他们死后，鼓会被作为随葬品。夏商周发展出了三种鼓的形制，《隋书·音乐志》载："建鼓，夏后氏加足，谓之足鼓。殷人柱贯之，谓之楹鼓。周人悬之，谓之悬鼓。近代相承，植而贯之，谓之建鼓，盖殷所作也。"这件出土于江苏无锡鸿山越国墓的硬陶鼓从形制上来看，是建鼓无疑。鼓座底径 32 厘米、高 26 厘米，上面四蛇交缠在一起，蛇头直挺靠在中间的插孔上，目光朝外，警惕地注视着四方，守护着墓主人的亡魂。

图 3-6 ....

[战国] 青瓷建鼓座
南京博物院藏

....

这件青瓷建鼓座同样出土于江苏无锡鸿山越国墓，座径 31.1
厘米、高 18.8 厘米。座身呈覆钵状，从上至下分为五层，以四
道呈同心圆的弦纹凸起隔开，每一层皆绘有细密的水波纹；在座
身中间是一个管状插孔，用于放置架鼓的木杆。鼓座上贴有九条
堆塑盘蛇，全都朝着中央插孔的方向小心翼翼地移动。

停留在他们的墓冢周围，守护着他们的主人：

> 汉水出附禺之山，帝颛顼葬于阳，九嫔葬于阴，四蛇卫之。
>
> ——《山海经·海外东经》

> （轩辕之丘）在轩辕国北，其丘方，四蛇相绕。
>
> ——《山海经·海外西经》

"轩辕之丘"指的是黄帝被安葬的土丘，由四条灵蛇守护。颛顼是黄帝的孙子，死后被葬在汉水的北岸，他的九位妃子则葬于汉水南岸，他们的墓地同样有四条灵蛇护卫。这些灵蛇庇佑主人灵魂升天，这种古老的思想一直延续到东周：在越国贵族的墓葬中出土了以盘蛇为装饰的建鼓座（图3-5、图3-6），而在楚国贵族的墓葬中也出土了蛇座凤鸟悬鼓架（图3-7）。在神圣的鼓声中，墓主的灵魂完成了升天的最后仪式。

中原地区的蛇文化

当蛇文化融入中原文化，许多礼制器物中开始出现蛇的图案。在偃师二里头出土的一件祭祀用器，其主体便是一条蛇的身体（图3-8）；在同一时期出土的陶器残片上也发现了蛇的纹饰，或以单体的形式出现，抑或以身体对称、首端合而为一的形态出现。到了商周时期，原始的蛇

图 3-7 ....

[战国] **蛇座凤鸟悬鼓架**
　　美国克利夫兰艺术博物馆藏

Cranes and Serpents, Cleveland Museum of Art, Purchase from the J. H. Wade Fund 1938.9

　　这件悬鼓架出土于湖南长沙楚国贵族墓，高132.1 厘米。由于楚国的悬鼓架绝大多数都是凤鸟踏虎的造型，因此这件显得十分另类。它以黑漆为底，用赤色和黄色颜料勾勒出蛇与凤鸟的纹饰细节。鼓座为两条蜷缩匍匐的蛇，它们齐头并进，目视前方；鼓架为两只向背而立的凤鸟，正张开双翼，振翅欲飞，微微张开的嘴巴是鼓悬挂的地方。在悬鼓声中，墓主灵魂在蛇与凤鸟的庇佑下得以升天。

纹图案经过不断演变，发展出了蟠螭纹、虺蛇纹等各种纹饰，大量出现在青铜礼器上：有的是以单体的形式，作为主体造型的一部分（往往是翅膀），如殷墟妇好墓出土的鸮尊翅膀（详见第五章），以及翼兽形铜提梁盉上的神兽翅膀（图3-9）均为蛇的造型；还有的蛇纹与其他动物纹饰共同出现，蕴含了更加丰富的寓意（图3-10）。

图 3-8..

[夏] **嵌绿松石龙形器**
二里头夏都遗址博物馆藏

....

　　这件嵌绿松石龙形器出土于二里头遗址三号宫殿区，出土时被安放在墓主人的胸腹部，旁边还放有一件铜铃。该器由2300多片绿松石粘嵌而成，通长64.5厘米，身上有12组模仿鳞纹的菱形图案，还有一条蜷曲的尾巴；头部以半圆形实心青、白玉柱组成鼻梁，下面是绿松石的蒜头鼻，还有一双棱形、白玉眼球的大眼睛。如果联系到同一时期出土的绿松石兽面铜牌，此器或许是蛇与某种夸张兽面的结合。从它旁边的铜铃可以推断，这应是祭祀时使用的一件器物；而它的主人，就是一位掌管祭祀活动的巫师。

图 3-9

[春秋] **翼兽形铜提梁盉**
甘肃省博物馆藏

　　这件提梁盉通高 30.2 厘米、长 22.5 厘米、宽 20.8 厘米，整体造型是一只四足怪兽。兽首微昂，张嘴为流，略翘的短尾为鋬[1]；器腹深圆，两侧各浮雕有一条回望的蛇，蛇身遍饰鳞纹，上面还增添了五只飞扬的羽翼，共同构成了怪兽的翅膀。粗短的趾爪作为盉的四足，盉盖中心饰以一只小凤鸟为纽，提梁上则饰以龙纹。

---

1 鋬（pàn）：器物侧边供手提拿的部分。

图 3-10............................

[商] 虺蛇纹蝉纹三足鼎
美国克利夫兰艺术博物馆藏

....

Tripod Cauldron (Ding), Cleveland Museum of Art, Gift of the John Huntington Art and Polytechnic Trust 1960.288

　　这件青铜鼎通高 14.3 厘米，鼎身上腹部饰有一圈虺蛇纹，下腹部饰有一圈蝉纹。蛇和蝉都是会休眠的生物，在古人眼中，被视为拥有死而复生的神秘力量。这件青铜鼎作为祖先祭祀的用具，或许便是后人寄希望于能够与逝去先祖的灵魂沟通，从而庇佑子孙后代，永享平安喜乐。

图 3-11

[西周] 青铜蛇形饰
美国圣路易斯美术馆藏

Ornament in the Form of a Coiled Snake, late 11th–10th century BC; Chinese, Western Zhou dynasty; bronze; 1 1/8 x 9 3/4 x 9 1/8 inches; Saint Louis Art Museum, Gift of J. Lionberger Davis Art Trust 124:1951

这件青铜蛇饰出土于河南西村镇，长 24.8 厘米、宽 23.2 厘米、高 2.9 厘米，以螺旋形的盘蛇为造型，蛇首位于中央。蛇除了出现在祭祀场景外，在周王畿一带贵族的心目中，还是"女子之祥"的吉兆，所以这件蛇形饰也很有可能出现在贵族的生活用具上，如作为马车的装饰。

西周时期，灵蛇甚至可以与神熊 [1] 相提并论。《诗经·小雅·斯干》中写道，"吉梦维何？维熊维罴，维虺 [2] 维蛇"，周人认为的好梦就是梦见熊罴和虺蛇。熊罴是华夏部族的主神，梦见熊罴就能生下男孩，等他长大后便可以继承爵位，所以便有了"维熊维罴，男子之祥"；而与之相对，"维虺维蛇，女子之祥"，梦见虺蛇就能生下女孩，而贵族女子长大后要门当户对地嫁给贵族男子，成为后者的"贤内助"——"无非无仪，唯酒食是议，无父母诒罹 [3]"，也就是贵族女子要谨言慎行、行事端庄，料理好家务，不要让父母担心。

以蛇象征贵族女子的观念影响深远。《左传·文公十六年》记载了公元前 611 年的夏天，鲁国"有蛇自泉宫出，入于国，如先君之数。秋八月辛未，声姜薨，毁泉台"，汉代刘向认为"蛇从之出，象宫将不居也"，"又蛇入国，国将有女忧也" [4]，也就是蛇从泉宫出来，意味着不在泉宫居住；蛇又爬进国都，意味着妇人的灾殃，这一切都预示着鲁文公的母亲——声姜的噩耗。刘安在《淮南万毕术》 [5] 中写道，"蛇无故斗于君室，后必争立。小死，小不胜；大死，大不胜；小大皆死，皆不立也"，以蛇之间的争斗寓意后宫之争。

---

1 关于神熊在中国文化史上的地位，详见本书第十五章。
2 虺（huǐ）：小蛇。从体形上，虺与熊相对，蛇与罴相对。《国语·吴语》中有"为虺弗摧，为蛇将若何"，意为小蛇不打死，等它长成大蛇就难办了。
3 诒（yí）罹：带来忧愁。《毛诗故训传》："罹，忧也。"
4 《汉书》卷二十七《五行志》。
5 《开元占经》卷一百二十《龙鱼蛇虫占·蛇斗》。

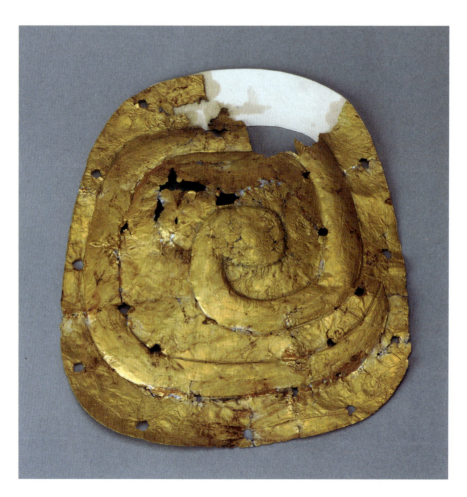

图 3-12............................

[商周] **蛇纹圆角梯形金箔**
成都金沙遗址博物馆藏

这件金箔长 16.10 厘米、宽 13.50 厘米、厚 0.02 厘米，以圆角梯形为底，上面錾刻有一条盘蛇：蛇头位于金箔正中，蛇身向外螺旋展开。从金箔表面等距打有规则圆孔，以及只在正面做抛光处理可以推断，这原本应用作器物表面的装饰。尽管如此，这件金箔的重要意义在于它是楚文化和中原文化西进，从而影响了巴蜀地区的实证。

蛇是国君天命的隐喻

由于楚地的蛇图腾崇拜，在楚文化中，蛇成为国君的隐喻。春秋时期，郑国深受楚文化的影响，《左传·庄公十四年》中记载了公元前 674 年，郑国都城南门出现了诡异的一幕——"初，内蛇与外蛇斗于郑南门中，内蛇死。六年而厉公入。"也就是两蛇相斗，结果城外的蛇杀害了城内的蛇，这预示了六年后流亡的郑厉公杀害了在位的郑子仪，重新夺取了

图 3-13 ....

[西周] **蛇纹青铜戈**
　　美国弗利尔美术馆藏

....

Dagger-axe (ge) with snake, Freer Gallery of Art and Arthur M. Sackler Gallery, Gift of Charles Lang Freer, F1916.28

这件青铜戈长 21.4 厘米、宽 9.7 厘米，戈脊上铸有一虺蛇，蛇身修长，上饰鳞纹；蛇首直指敌人的咽喉。敌人的侧脸刻画得十分夸张，从他惊愕的目光和张口结舌的表情中，能够感受到无比的惶恐与畏惧。可见，作为古老图腾的蛇依然在延续着战场上的神威。

图 3-14..........................

[西周] **人头銎内钺**
宝鸡青铜器博物院藏

....

　　这件青铜钺出土于陕西宝鸡竹园沟弓鱼国墓地 13 号墓，通长 14.3 厘米、刃宽 7.8 厘米，重 450 克。钺体呈长方形，上面饰蛇纹和兽面纹；舌形宽刃，刃部上方两侧与銎的两端出齿之间有一对回首攀缘的立虎；銎上齿端接有中空人头，内有木柲、铆孔和榫头与钺身相连。人首应是以弓鱼国的战士为原型，方脸尖下巴，额前有刘海，脑后有发辫，正威严怒目注视前方的敌人。这种带有人首造型的兵器在国内十分罕见。

王位。之所以为"六年",《春秋左传正义》中引东汉服虔的解释为:"蛇,北方水物,水成数六。"也就是将水性的蛇与风水命理学中"天一生水,地六成之"联系在一起。诚然,在这则故事中不乏附会的成分,但以蛇喻国君并非孤例。

在汉代,历史上著名的"斩白蛇起义"也带有浓厚的楚文化色彩。刘邦是沛县人,沛县最早属于楚地,《史记·高祖本纪》中记载了刘邦在押送犯人前往骊山的途中,犯人逃跑大半,他深知无法脱责,便也决定逃亡。当时刘邦喝得酩酊大醉,遇到一条白蛇挡道,趁着酒劲便把白蛇一切为二,后来人们在他斩杀白蛇的地方看见了一个哭泣的老妇人,问她为何哭泣,老妇人说:"吾子白帝子也,化为蛇,当道,今为赤帝子斩之,故哭。"也就是那条白蛇是白帝儿子的化身,而刘邦是赤帝的儿子,这也预示了刘邦将来要登上帝位。

后来,汉武帝在位时,《汉书·五行志》中记载了太始四年(前93)七月赵地发生了一件异象:"赵有蛇从郭外入,与邑中蛇斗孝文庙下,邑中蛇死。"这与春秋时期郑国国都南门的两蛇相斗颇为类似,只不过这次城外的蛇指的是汉武帝,而城中的蛇指的是卫太子刘据,预示着两年之后父子之间上演的杀伐——"后二年秋,有卫太子事,事自赵人江充起",刘据因受到武帝宠臣江充的构陷,无奈之下发兵反叛,最终兵败逃亡,后来行踪败露自杀。

到了东汉,《后汉纪·孝殇皇帝》中记载了"初,清河王庆子祜,生而有神光、赤蛇之异",清河王刘庆的儿子刘祜是东汉第六位皇帝,在他生下来的时候,出现了神光、赤蛇的异象。究竟是何种异象?《后汉书·孝安帝纪》更为详细地描述道："帝自在邸第，数有神光照室，又有赤蛇盘于床第之间。"神光应为天子的龙虎气所发出的光芒，如果联想到刘邦是赤帝的儿子，那么赤蛇便是赤帝之子的化身，这预示了刘祜将来会承袭大统。

蛇孽是上天的警诫

当蛇与国君的命运联系在一起，国君无道失政就会出现蛇的异象，被称为"蛇孽"或"龙蛇之孽"。《淮南万毕术》[1]中写道，"君失春政，则仓蛇见于邑，即岁多祸；君失夏政，则赤蛇见；君失秋政，则白蛇见；君失冬政，则黑蛇见"，不论一年四季，只要国君贻误国政，总有一种蛇会在城中出现。《灾异图》[2]中写道，"外镇王侯不祗上命，克暴百姓，则龙蛇见"，镇守四方的诸侯王如果不对皇帝恭敬，欺压百姓，龙蛇就会现身。《洪范五行传》[3]中写道，"皇之不极，是谓不建，厥咎眊[4]，厥罚恒阴，厥极弱……时则有龙蛇之孽"，意思就是君主昏庸，就无法坚持原则，导致国势衰微，就会有龙蛇的异象出现。

---

1 《开元占经》卷一百二十《龙鱼蛇虫占·五色蛇》。
2 同上。
3 《汉书》卷二十七《五行志》。
4 眊（mào）：昏聩。

关于国君的"蛇孽"，史书上有大量记载。《会稽典录》[1]中记载了"桓帝即位，有大蛇见德阳殿上"，正是在桓帝和灵帝的手上，东汉王朝迅速走向衰落，以至于诸葛亮在《出师表》中，将此二帝作为"亲小人，远贤臣"的反面典型，"未尝不叹息痛恨于桓、灵也"。《京房易妖占》[2]中记载了"大蛇见神寺，不出三年，有大兵，国有大忧，时王敦作逆"，晋元帝身为东晋开国皇帝，在位时未能处理好皇权与门阀士族的关系，导致王敦叛乱，最终大权旁落，"王与马共天下"的政治格局几乎被王氏一门所取代。《陈书》[3]中记载了陈后主"昏淫政乱"，秘书监傅縡上书谏诤，结果陈后主逼迫其自尽；在灵堂上，"有恶蛇上屋来灵床当前，受祭酹而去"，不久之后陈国被隋所灭。

尽管"蛇孽"有着浓厚的迷信色彩，但不可否认，这种异象在中国封建社会的政治教化中扮演了重要角色。当贤明的国君认识到"蛇孽"是来自上天的惩戒时，那么就会反思自己的言行，励精图治：

晋文公出畋，前驱还白："前有大蛇，高若堤，横道而处。"文公曰："还车而归。"其御曰："臣闻'祥则迎之，妖则陵之'。今前有妖，请以从吾者攻之。"公曰："不可。吾闻之曰：'天子梦恶则修道，诸侯梦恶则修政，大夫梦恶则修官，庶人梦恶则修身，若是则祸不至。'今我有失行，而天招以妖我，我若攻之，是逆天

1　《开元占经》卷一百二十《龙鱼蛇虫占·蛇入都邑宫庙》。
2　同上。
3　《太平御览》卷九百三十三《鳞介部五》，但正史中未见记载。

命。"乃归。斋宿而请于庙曰："孤实不佞，不能尊道，吾罪一；执政不贤，左右不良，吾罪二；饬政不谨，民人不信，吾罪三；本务不修，以咎百姓，吾罪四；斋肃不庄，粢盛不洁，吾罪五。请兴贤遂能，而章德行善，以导百姓，毋复前过。"乃退而修政。居三月，而梦天诛大蛇，曰："尔何敢当明君之路！"文公觉，使人视之，蛇已鱼烂矣。文公大说，信其道而行之不解，遂至于伯。故曰："见妖而迎以德，妖反为福也。"

——《贾谊书》

图 3-15............................

[宋] 釉陶人首蛇身俑
陕西历史博物馆藏

....

　　这件陶俑长 27.0 厘米、高 12.0 厘米，塑造了人首蛇身的一对男女，身体交缠，相背而立的样子。这种双人首共一蛇身的陶俑从北齐时开始出现，经历了自北向南的传播，深受各地贵族喜爱，一直流行至宋代。蛇身有曲有直，双人首或为同性，或为异性。有学者根据广东海康元墓出土地砖上此类图像上方的"地轴"刻字，结合成书于金元时期的《大汉原陵秘葬经》中的记载，认为这便是地轴的形象。《秘葬经》中写道："凡大葬后，墓内不立盟器神煞，亡灵不安，天曹不管，地府不收，恍惚不定，生人不吉，大殃咎也。"地轴作为神煞之一，庇佑着逝者的灵魂，虽然迷信，却体现了古代中国人独特的丧葬观。

　　在这则故事中，晋文公出行游猎，先头队伍发现一条巨蛇挡住了前方道路，晋文公下令返回。他身边的侍卫建议迎击巨蛇，晋文公却认为，梦见不吉利的事情，身为天子要修行天道，身为诸侯要修明政教，身为大夫则要修养身心，只有做到这些为善之举，灾祸才不会降临；并且反思巨蛇的降临是上天对自己有失德行的警诫，如果攻击蛇就是违背天意。于是，回去以后，晋文公斋戒独宿，祭拜宗祠，修明政教，三日之后便梦见上天已将巨蛇斩杀，他命人再去查看，果然挡道的巨蛇已死去。

蛇妖故事与《白蛇传》

　　魏晋时期，随着志怪小说的流行，民间演绎出了大量蛇妖幻化成人形，作妖害人的故事。最初，蛇往往通过障眼法来迷惑人，如伪装成高门大户的富贵之家来诱骗女孩子。这样的故事不胜枚举：

　　　　晋太元[1]中，有士人嫁女于近村者，至时，夫家遣人来迎女。女家别遣发，又令乳母送之。既至，重门累阁，拟于王侯。廊柱下有灯火，一婢子严妆直守，后房帷帐甚美。至夜，女抱乳母涕泣，而口不得言。乳母密于帐中以手潜摸之，得一蛇，如数围柱，缠其女，从足至头。乳母惊走出外。柱下守灯婢子，悉是小蛇，灯火乃是蛇眼。

　　　　　　　　　　　　　　　　　　　　——《搜神后记》卷十

---

1 东晋孝武帝司马曜的年号，376—396 年使用。

在这个故事里，女孩嫁给了一个读书人，男方家的门户楼阁重重叠叠，堪比王侯之家，极其富贵。但是到了晚上，陪嫁过去的乳母看到女孩在哭泣，然后就悄悄把手伸进帐内，结果居然摸到了一条大蛇，把女孩从头到脚缠了起来，吓得她慌忙跑出门外，但一看周围的婢女，竟然也全都是小蛇，廊柱下的灯火竟然是蛇女的眼睛在发光。

如果说这一时期的蛇妖故事中人物都还无名无姓，那么到了唐代，蛇妖故事中竟然出现了历史上有明确记载的人物：

> 华阴县令王真妻赵氏者，燕中富人之女也，美容貌，少适王真。洎随之任，近半年，忽有一少年，每伺真出，即辄至赵氏寝室。既频往来，因戏诱赵氏私之。忽一日，王真自外入，乃见此少年与赵氏同席，饮酌欢笑，甚大惊讶。赵氏不觉自仆气绝，其少年化一大蛇，奔突而去。真乃令侍婢扶腋起之，俄而赵氏亦化一蛇，奔突俱去，王真遂逐之，见随前出者俱入华山，久之不见。
>
> ——《潇湘录》[1]

历史上的王真是华州华阴人，曾先后辅佐庆王和忠王，担任寻阳参军和尚辇奉御[2]。在这个故事中，王真的妻子赵氏原本是一条蛇，她化为人形，伪装成容貌姣好的燕地富家女，后来，当王真赴任华阴县令后，

---

1 《太平广记》卷四百五十六。
2 属从五品上。

却有一个美少年与赵氏暗通款曲，结果有一天被王真撞见，赵氏与美少年双双化蛇而去。故事中的王真是华阴县令，而历史上的王真是华阴人，天底下绝不会有如此巧合的事，显然这是有人假借故事中的情节对现实中的王真进行诽谤和污蔑。

这一时期，中国历史上最为经典的蛇妖故事——《白蛇传》的雏形开始出现。这个家喻户晓的蛇妖故事，经过了上千年的加工改编，才有了如今我们所看到的样子。最初的故事并不叫《白蛇传》，而是《博异志》中的《李黄》篇：元和二年（807），家境优渥的李黄有一天在长安东市遇见了"绰约有绝代之色"的白衣美人，他不仅帮其还清了三万钱的欠债，还在美人的住所"一住三日，饮乐无所不至"，结果回到家后的李黄已是"身渐消尽""唯有头存"，最后家人四处打听，才知晓那宅院本是一座空宅，"往往有巨白蛇在树下，便无别物"。

到了宋代，《西湖三塔记》为《白蛇传》贡献了更多的细节。从这个话本开始，《白蛇传》的舞台正式被搬到了宋代的杭州西湖，这也是后世《白蛇传》中白娘子和许仙初次相见的地方。故事的主人公名叫奚宣赞，从名字的读音上，已能够看出与"许仙"的相近之处。故事讲述了奚宣赞因帮助迷路的女孩，与化身为白衣美妇的白蛇精相遇，却两次三番差点被其所害，后来幸得其叔父奚真人相救，最终将白蛇妖镇于西湖三塔下。

到了明代，冯梦龙在《警世通言》中所辑录的话本《白娘子永镇雷峰塔》构建了我们熟知的《白蛇传》的基本架构，不仅情节更加丰富，而且对人物的刻画也更加丰满。白娘子虽然妖气尚未脱尽，但已经是一

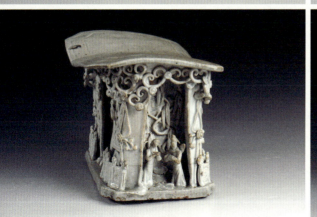

图 3-16 ....

［元］青白釉《白蛇传》戏剧景物枕
丰城市博物馆藏

....

这件景德镇湖田窑青白釉瓷枕长 22.3 厘米、宽 13.8 厘米、高 14.0 厘米。枕身四面均采用透雕的手法表现了彩棚戏台演出《白蛇传》的场景。棚台两侧有彩门，以六瓣栀子花连弧图案为窗棂；棚台前左右立栏杆，栏杆扶手饰仰莲图案；棚台内分别演出《白蛇传》中断桥、借伞、还伞、水漫金山四出经典剧目。

个大胆追求爱情的"义妖"，所作所为只为自己的心爱之人；而许宣则是一个庸俗、怯懦的小市民，听风便是雨，与白娘子形成了鲜明对比。除此之外，故事中的道士已不复当年，其粗陋的法术沦为了人们的笑柄；能降伏蛇妖的人变成了得道高僧。

　　清代在前代的基础上进一步发展，晚清的《浙江杭州府钱塘县雷峰宝卷》终于形成了圆满的故事（图3-16），不仅交代了许宣与白娘子的姻缘前世注定，而且通过白娘子为了救夫盗取仙草、水漫金山，以及被法海收服后妻离子散，再到后来两人的儿子许梦蛟祭塔认父、金榜题名，最终救出母亲，将人世间的夫妻、孝子之情演绎得淋漓尽致。可以说，经过1000多年的演变，《白蛇传》已经从原本荒诞不经的故事演变成为一个完美彰显封建家庭人伦的教化之作。

恶毒的蛇蝎心肠

　　尽管《白蛇传》中将蛇妖演绎成一个有情有义的角色，但在更多时候，蛇妖魅惑害人的形象更为深入人心。直到近代，鲁迅在《从百草园到三味书屋》中还讲述了小时候长妈妈给他讲美女蛇吃人肉的故事。之所以人们世世代代用蛇妖的故事吓人，就是因为人们畏蛇，所谓"一朝被蛇咬，十年怕井绳"。于是，人们由畏生恨，将蛇与毒蝎合在一起，用来形容人心的歹毒。

图 3–17..........................

[民国]小孩与蛇石雕
南京博物院藏

....

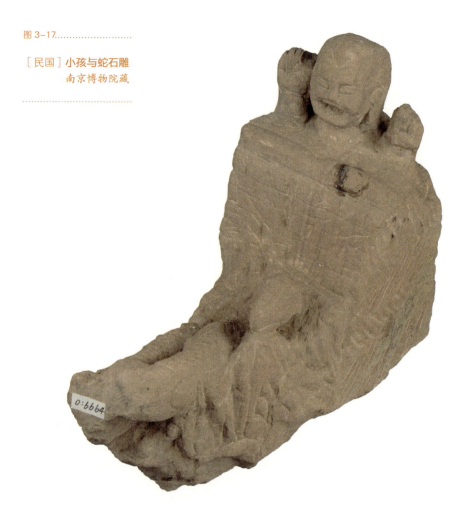

　　这件砂岩石雕高 22.0 厘米、长 26.0 厘米，生动描绘了孩童看见蛇后，举手大哭的场景。鲁迅在《从百草园到三味书屋》里，讲述了小时候他们家的保姆长妈妈给他讲"美女蛇"的故事：有一个读书人住在古庙里，听到有人在叫他，"却见一个美女的脸露在墙头上，向他一笑，隐去了"，后来被找他夜谈的老和尚识破，告诉他这叫"美女蛇"，"这是人首蛇身的怪物，能唤人名，倘一答应，夜间便要来吃这人的肉的"。想必旧社会的时候，无数孩童都在"美女蛇"的故事中长大，而蛇也成为他们心头挥之不去的阴影。

唯天有二气，一阴而一阳。

阴毒产蛇蝎，阳和生莺凰。

安得蛇蝎死，不为人之殃。

安得凤凰生，长为国之祥。

——邵雍《唯天有二气》

　　在北宋邵雍的这首诗中，蛇、蝎是"阴毒"的产物，与之相对应，莺、凰则是"阳和"的结果。人们希望蛇蝎死，免除人间的灾祸，也希望凤凰生，迎来国家的福祉。南宋僧人普济在《五灯会元》卷二十中写道，"古今善知识，佛口蛇心；天下衲僧，自投笔槛"。《达摩宝传》将"佛口蛇心"解释为"貌慈悲，心毒恶"，与"人面兽心"意思相近，显然也是沿用了这一意象。

　　到了元代，人们基于蛇、蝎的阴毒，衍生出了"蛇蝎心肠"的成语。元代杂剧《金水桥陈琳抱妆盒》讲述了宋真宗时宫女寇承御和内使陈琳救太子的故事，在故事的开头，李美人为宋真宗生下太子，刘皇后心怀嫉妒，密遣宫女寇承御将太子刺死，于是第二折结尾写道："刘皇后，肯耽待？便是蛇蝎心肠，不似般恁毒害！"后来，人们便用"蛇蝎心肠"来比喻人的狠毒，沿用至今。

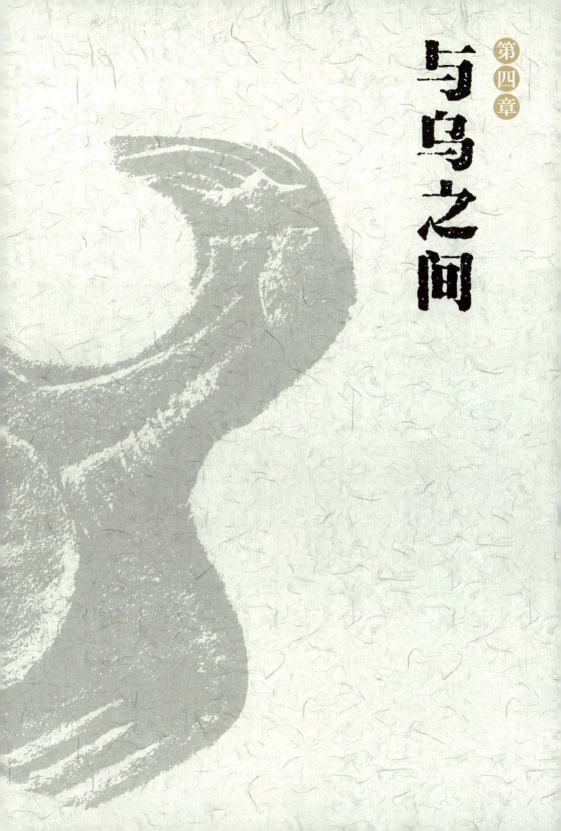

第四章

与鸟之间

金乌负日的信仰

在中华文明的历史上，金乌负日的传说源远流长。这并非古人天马行空的杜撰，而是源于现实的浪漫想象。随着农业文明的发轫，我们的祖先逐渐认识到了太阳的重要性。《长歌行》有云"**阳春布德泽，万物生光辉**"；太阳滋润万物，自然也关乎农业的收成，于是，古人便开始了对太阳的持续观测。有时，太阳的表面会出现一些黑影[1]，并且经常飘忽不定[2]，就像有一只乌鸟在上面飞一样，于是古人便创造出了"金乌负日"的想象。这也是《山海经·大荒东经》中"**汤谷上有扶木，一日方至，一日方出，皆载于乌**"的滥觞。

然而，另一种观点则认为，"金乌负日"源于太阳崇拜和鸟图腾崇拜的结合[3]，最早发轫于东夷，然后逐渐向西传播。在长江下游的河姆渡文化遗址中，发现了最早的"双鸟负日"图案（图 4-1）。在大汶口文化出土的陶器上，也出现了"鸟负日"和"日鸟山"的纹饰[4]。随着不同地域之间的交流与往来，飞鸟负日也传播到了黄河流域和长江中游地区：在仰韶文化庙底沟遗址中的陶器上，背负太阳的飞鸟在鸟尾和鸟趾的地

---

1 应为太阳黑子。

2 清代王筠《文字蒙求》载："日中有黑影，初无定在，即所谓三足乌也。"

3 参见宋杰《"羿射九日"浅探》一文，但文中强调这发生在"商族灭夏建国之后"，显然与考古证据相悖。

4 安立华：《汉画像"金乌负日"图象探源》，《东南文化》，1992(Z1):66-72.

图 4-1

［新石器］双鸟朝阳纹牙雕
浙江省博物馆藏

这件象牙雕出土于浙江余姚河姆渡遗址，长 16.6 厘米、残宽 5.9 厘米、厚 1.2 厘米。牙雕正面阴刻双鸟朝阳的图案：两只鸟昂首相望，它们外侧的羽翼用力舒展，内侧的羽翼则融为一体，托举起一颗燃烧的太阳。除此之外，牙雕上还钻有六个小圆孔，上四下二，疑为代表了不同时节太阳的运行轨迹。

图 4-2

［新石器］金乌负日
安徽省文物考古研究所藏

这件玉饰出土于安徽含山凌家滩遗址，长 8.4 厘米、高 3.5 厘米、厚 0.3 厘米。主体是一只展翅欲飞的乌鸟，因拥有钩状喙而被人们称为"玉鹰"，但它的身上出现了与玉版相似的纹饰：内侧同心圆是太阳，外侧同心圆是大地，太阳的光芒从四面八方普照大地。除此之外，乌鸟的翅膀还雕刻成了猪头的样子，有学者因此认为，这代表着古凌家滩文化对太阳崇拜、鸟崇拜和猪崇拜三位一体的结合。

方出现了三个分岔，这或许便是三足乌的缘起；而在凌家滩文化出土的玉器中，金乌负日则融入了当地原始的猪图腾崇拜，产生了新的组合纹饰（图4-2）。到了商周时期，金乌负日的传说来到了长江上游，成为古蜀王祭天仪式的重要组成部分（图4-3、图4-4）。

图 4-3.......................................

[商] **太阳神鸟金饰**
　　　 成都金沙遗址博物馆藏

　　这件金饰直径12.50厘米、厚0.02厘米，重量仅20克。上面的图案分为内外两层：外层由四只首尾相接、沿逆时针方向飞行的三足金乌组成；被金乌所环绕的是一个顺时针旋转的太阳，12条弧形锯齿象征着太阳的光芒，也代表了一年有12个月。三足金乌和十二月历法是中原文化向西南传播，与古蜀当地的太阳崇拜相结合的实证。2000多年前，这件金饰或许曾亲历了古蜀王盛大的祭天仪式。

图 4-4...........................

[商周]太阳神鸟金箔
　　成都金沙遗址博物馆藏
....

　　这是一件"蛙形"金箔,长6.90厘米、宽6.00厘米、厚0.05厘米。尽管弯曲的手臂看上去像是蛙的四肢,但是它的正面形象无疑有一张长着尖喙的面孔;同时,这件金箔中部有一道明显的折痕,或许只有把它从中间对折后,"四肢"变为"两肢",才能还原出它本来的样貌:一只振翅飞翔的金乌神鸟。

　　这一时期,古蜀的金乌信仰很可能来自中原王朝。殷商人最早创立了"以十日为一旬"记日的历法,后来逐渐演绎出"天上有十日"的传说[1]。《山海经·海外东经》载"汤谷上有扶桑,十日所浴……九日居下枝,一日居上枝",也就是在一旬的周期内,每天只有一个太阳站在高枝上,照亮整个世界,而剩下的九个太阳则在矮枝上休息。后来,在三星堆文化[2]中,十日以金乌的样子出现在了高大的青铜神树上(图4-5)。

　　古人认为,历法顺应天意,是王朝正统的象征。《汲冢书》[3]中记载了"胤甲居于河西,天有妖孽,十日并出"的异象;实际上,这反

---

1 即每月分为上、中、下三旬。这种观点早在宋代朱熹《楚辞集注》中对"羿焉彃日,乌焉解羽"的注释中就已指出:"按此十日,本是自甲至癸耳(从甲到癸的天干记日,循环往复),而传者误以为十日并出之说。"

2 公元前 2800—前 1100 年。

3 《太平御览》卷四《天部四》。

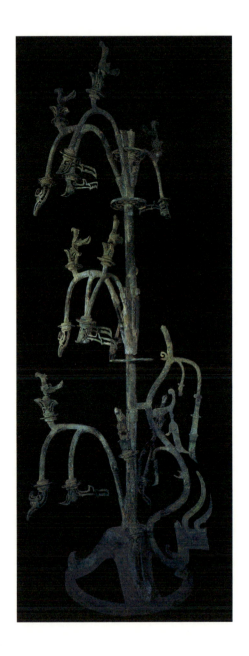

图 4-5...

［商］**青铜神树**

　　四川广汉三星堆博物馆藏

....

　　青铜神树作为古蜀文明的代表，是青铜铸造工艺的集大成者，也是古蜀文明与华夏文明交流融合的重要见证。这件高近四米的青铜神树，再现了华夏神话中的场景：三山相连作为基座，神树从山巅拔地而起，向上分出了三层枝干，每一层枝干又分出了若干条枝杈，在枝杈上一共站立着九只神鸟，这便是"九日居下枝"；残缺的树顶上原本还有一只神鸟，即"一日居上枝"。

映了夏王胤甲[1]在位期间，商的势力开始兴起，而夏的影响力则缩小到了河西一带[2]的社会现实。对夏人而言，"十日并出"是"妖孽"异象，预示着夏王朝岌岌可危；而对商人而言，"十日并出"则是商朝崛起的象征。

然而，当商朝的国运开始衰微，商王又难以力挽狂澜，失去了民心，这时，商王就会被人扣上"失德"的帽子，再也无法承续天命，而"十日历"也就走到了尽头。"十日并出"的异象是商王朝的荣光，却被一个即将走上历史舞台的新王朝视为让世间经历灾祸的元凶：

> 逮至乎商王纣，天不序其德，祀用失时。兼夜中十日，雨土于薄，九鼎迁止，妇妖宵出，有鬼宵吟，有女为男，天雨肉，棘生乎国道，王兄自纵也。
>
> ——《墨子·非攻下》

> 逮至尧之时，十日并出。焦禾稼，杀草木，而民无所食。猰貐、凿齿、九婴、大风、封豨、修蛇皆为民害。尧乃使羿诛凿齿于畴华之野，杀九婴于凶水之上，缴大风于青丘之泽，上射十日而下杀猰貐，断修蛇于洞庭，擒封豨于桑林。万民皆喜，置尧以为天子。
>
> ——《淮南子·本经训》

---

1 姓姒名厪（jǐn），夏朝的第十三位国君。
2 位于今河南省洛阳市到陕西省华阴市之间。

在周人看来，"十日并出"让天地之间充斥着混乱，自然灾害频发，妖魔鬼怪横行，民不聊生。最终，周人成功推翻了商代的统治，也颠覆了十日历，重新推出了新的历法[1]。这一过程被周人以一个神话故事作为隐喻——羿射九日。从最早收录这则神话的《淮南子》中，也可以证实这应为周人假借上古君王的"伪作"，其目的就是凸显周天子是像尧帝一样的贤明君主，他终结了旧秩序的混乱，开启了太平盛世的新局面。从此，"十日并出"再也没有出现在后世的历史中[2]。

周王朝的吉祥鸟

周人以赤乌的祥瑞宣告了一个新时代的到来。《尚书大传》[3]中写道："周将兴之时，有大赤乌衔谷之种，而集王屋之上者，武王喜，诸大夫皆喜。"周人的先祖因擅长农耕而被舜封为后稷，赤乌衔谷寓意丰收的好年景，代表了来自祖先的庇佑。《墨子·非攻》中记载："赤乌衔珪，降周之岐社，曰：'天命周文王伐殷有国。'" 赤乌衔着象征王权的

---

1 周代商后，打破了商代的历法，改为了"月行四分制"，与今天的星期已十分接近。

2 后世文献中多有"三日并出""五日并出"的记载，但这些并非"幻日"的天文现象，宋杰在《"羿射九日"浅探》中认为这些"主要是用来隐喻当时社会动乱、许多政权分立和相互兼并的割据局面"，他还以《晋书·天文志》中"三日并出，不过三旬，诸侯争为帝"等为证。

3 《春秋繁露·同类相动》。

圭[1]，降临到周人的神社，这预示着改朝换代的天命。武王伐纣时，"天赐武王黄鸟之旗"，赤鸟、黄鸟[2]实际上指的都是传达天命的乌鸦。后来，周文王在灵台之上建造了"相风铜乌"，用于观测天象，这一传统被汉代所延续，《述征记》[3]中记载了"长安灵台，上有相风铜乌，千里风至，此乌乃动"（图4-6）。

自西周以来，"乌鸦报喜"的吉祥寓意逐渐深入人心。《诗经·小雅·正月》中写道，"瞻乌爱止，于谁之屋"，乌鸦落在谁家的屋顶，便可以给这家人带来吉祥富贵。《诗经·小雅·小弁[4]》中写道，"弁彼鸒[5]斯，归飞提提，民莫不穀"，感叹乌鸦快乐地飞翔，成群结队地归来，百姓家家美满幸福。周代所建立的礼制社会，深刻地影响了后世中国，乌鸦也成为国人眼中的报喜鸟。在汉代，乌鸦的形象也出现在墓主人升天的场景中。在唐代，《酉阳杂俎·羽篇》中写道，"人临行，乌鸣而前引，多喜"；唐代诗人张籍更是生动地描绘了长安百姓听到乌鸦鸣叫的欢喜：

秦乌啼哑哑，夜啼长安吏人家。

吏人得罪囚在狱，倾家卖产将自赎。

---

1 "珪"同"圭"，《尚书正义》卷六《禹贡》载，"禹锡玄圭，告厥成功……禹功尽加于四海，故尧赐玄圭以彰显之"，也就是大禹治水成功，被尧赐予玄圭，于是玄圭便成为对做出重大功绩之人的赏赐，而这些人后来则成为君王。

2 清代孙诒让《墨子间诂》解释为："黄与朱色近，故赤旗谓之黄鸟之旗。"

3 《三辅黄图校证》。

4 弁：通"昪"（pán），快乐的样子。

5 鸒（yù）：寒鸦。

图 4-6

[金] 相风铜乌

圆觉寺塔原址保存

遗产君　摄

这座圆觉寺砖塔位于山西省浑源县，建于金正隆三年（1158），塔高九层，属密檐式砖塔。塔刹上面有一只三足乌，它的两足微向后弓，第三足与铁杆融为一体，向下连接一圆盘，盘下由一段套筒与刹杆套连；三足乌尾巴向上舒展，双翼微张，昂首伸颈，似在引吭高歌。当起风时，三足乌便会随风旋转。

图 4-7

[西周] 大鸟尊
宝鸡青铜器博物院藏

这是一件以三足乌为造型的盛酒器，出土于陕西宝鸡茹家庄強国墓地 1 号墓。通高 23.5 厘米、首尾长 31.2 厘米，重 3469 克。乌鸟体态丰满，通身饰羽纹，它正驻足凝望着天空；鸟尾十分奇特，呈阶梯状的方形，上面雕刻有长短不一的五条羽鳞纹饰。鸟的背部有长方形尊口，尊盖已佚。三足乌是太阳的化身，太阳的光芒滋养大地，让人们能够获得好的收成，在农业时代这是一个社会兴旺发达的前提，这便是"乌鸦报喜，始有周兴"的内涵。

少妇起听夜啼乌，知是官家有赦书。

下床心喜不重寐，未明上堂贺舅姑。

少妇语啼乌，汝啼慎勿虚。

借汝庭树作高巢，年年不令伤尔雏。

——张籍《乌夜啼引》

图 4-8 ....

[辽] 三足乌镏金圆形饰片
　　内蒙古文物考古研究所藏
　　荀耀阳　摄

....

这件镏金饰片出土于内蒙古赤峰阿鲁科尔沁旗耶律羽之墓，耶律羽之曾辅佐耶律阿保机建立了大辽契丹王朝，官居宰相。这件饰片应为金冠饰的冠底，上面錾刻一只三足乌，羽毛鲜亮华丽，四根长长的尾羽犹如凤凰一般。饰片上留有圆孔，应为固定金冠上的装饰（如立体金乌或金步摇）所用。

乌鸦半夜飞到了因获罪被囚禁的官员家，官员妻子听到乌鸦叫就知道肯定是皇帝发布了赦免诏书，激动得一晚上睡不着觉，天还没亮就跑去把喜讯告诉公婆。回到家后，她还一本正经地对乌鸦说："你可千万别假传圣旨，我可以让你在门前的树上筑巢，然后保证绝不伤害你的幼鸟。"

《旧唐书·柳仲郢传》中记载了柳仲郢"*每迁官，群乌大集于升平里第，廷树戟架皆满，凡五日而散。诏下，不复集，家人以为候*"，家人们都习惯了群乌到来是在提前报告喜讯。后来，当柳氏被任命为天平军节度观察使时，群乌一反常态没有出现，结果不久之后他便客死在藩镇。

到了北宋，《文献通考·物异考》中记载了"*乌变为鹊，民从贼之象；鹊复变为乌，贼复为民之象*"，也就是在宋代人的认知里，乌鸦和喜鹊代表了吉凶的两端，而二者的身份是可以互相转化的[1]。在北宋，乌鸦是吉祥鸟，喜鹊是不祥鸟，如果出现乌鸦变成喜鹊的异象，就象征着百姓要跟着反贼闹事了，而如果喜鹊变成了乌鸦，则是跟随反贼的暴民弃恶从良。

乌鸦感知战场态势

东周以来，军事作战中可以通过乌鸦的行为判断敌情。《左传·庄公二十八年[2]》记载了楚国子玄率领 600 辆战车讨伐郑国，"*诸侯救郑，*

---

1 从现代生物分类学上，乌鸦和喜鹊同属鸦科，不得不叹服古人将二者如此进行对照的"智慧"。
2 公元前 666 年。

楚师夜遁。郑人将奔桐丘，谍告曰："楚幕有乌。"乃止"。在得知其他诸侯国赶来救援后，楚军连夜撤退，留下营帐作为掩护；郑国的探子从营帐上落下乌鸦判断楚军已经撤离，于是便放弃了追击。《左传·襄公十八年[1]》中记载了晋平公讨伐背弃盟约的齐灵公，晋军在山野里遍插旗帜，又下令用战车拉着树枝来回跑弄得尘土飞扬，齐灵公见状以为大军来犯，灰溜溜地逃回了国都。师旷听到了"乌乌之声乐"，就告诉晋平公"齐师其遁"。叔向也观察到"城上有乌"，推断出齐国已经撤兵。

《全唐词·占飞禽》中记载了诸多有关乌鸦的军中卜辞，"兵发日，前面有群乌，乱叫众鸣防伏截，忽然有战莫先图，详缓却无虞"；"军行次，横阵列乌来，防有伏兵冲阵位，搜罗前后用心猜，不信必为灾"；行军过程中，群乌乱叫意味着很有可能有埋伏，要小心提防。"城营内，乌鹊忽围墙。当有外兵来打寨；不然，疾病火灾殃，营内欲他降。"古代军队为了长期驻守，通常都筑城为营，当一群乌鸦围到了城墙上，很可能就是在野外受到敌军的惊吓，由此便可以知晓敌军很可能即将发起进攻。《晋书·苻坚载记》中记载了"时有群乌数万，翔鸣于长安城上，其声甚悲，占者以为斗羽不终，年有甲兵入城之象"，之所以数万只乌鸦聚集在长安城上空，就是因为守城里暴发疫病，引发了大量人员死亡，在这种情况下是很难继续坚守的，于是便成为开城投降的先兆。

---

1 公元前 555 年。

乌鸦衔火与道教仙鸟

随着秦汉大一统王朝的建立，楚地文化中的"引魂升天"出现在汉代贵族的丧葬文化中[1]。在这一时期墓葬中的壁画和帛画上，出现了墓主人灵魂升天的场景，其中天界的太阳中便有一只或展翅飞翔，或驻足凝视的乌鸦（图4-8）。《淮南子·精神训》载，"日中有踆[2]乌"；张衡《灵宪》载，"日者，阳精之宗，积而成鸟，象乌而有三趾"。于是，后来太阳也被称为"乌阳"，《旧唐书·李密传》载："乌阳既升，爝火[3]不息。"

在古人看来，太阳永恒不灭，于是金乌成为神仙世界里的仙鸟。随着西王母信仰的流行，三足乌一跃变身为西王母的侍者。司马相如《大人赋》载，"吾乃睹西王母……亦幸有三足乌为之使"；《括地图》[4]载，"有三足神乌，为西王母取食"。金乌的"三足"或许最早就源自道家"三生万物"[5]的理念。除此之外，地上的乌鸦也成为修道者眼中可以延年益寿的秘方。《抱朴子·内篇·金丹》中的"石先生丹法"写道："取乌鷇[6]之未生毛羽者，以真丹和牛肉以吞之；至长，其毛羽皆赤，乃煞（杀）

---

1 姜生：《马王堆帛画与汉初"道者"的信仰》，《中国社会科学》2014年第12期。

2 踆（cūn）：鸟兽行走之貌。

3 爝（jué）火：火炬，火把。

4 《太平御览》卷九百二十《羽族部七》。

5 《道德经》第四十二章："道生一，一生二，二生三，三生万物。"

6 鷇（kòu）：雏鸟。

图 4-9 ....

[西汉] 金乌纹瓦当
　　西安秦砖汉瓦博物馆藏

....

　　这件瓦当出土于陕西西安汉长安城遗址，这组瓦当由"金乌神鸟""玉兔蟾蜍"（见第八章）和"益延寿"组成，寓意"日月同辉、天人合一、多福长寿益延年"，应为延寿观建筑用瓦。据《史记·孝武本纪》载，武帝晚年欲求延寿，因为方士公孙卿说"仙人好楼居"，于是在建章宫旁修建了延寿观。瓦当面直径 22.0 厘米，边轮为三角形规矩形纹，向内一周连珠纹，正中表现了一只展翅飞翔的金乌，似乎嘴里还衔着一串星火。

图 4-10 ....

[魏晋]伏羲红日彩绘画像砖
高台县博物馆藏

....

这件彩绘画像砖出土于
甘肃张掖高台县骆驼城西南
苦水口 1 号墓，被用在墓前
室顶部的藻井处。砖长 41.0
厘米、宽 21.0 厘米。伏羲
人首蛇尾，头戴三梁冠，着
交领广袖袍，手中持规，腹
部绘一轮红日，日中有一只
飞舞的三足乌。可见，来自
中原的伏羲、女娲和三足乌
的传说也影响了广大的河西
地区。

之，阴干百日，并毛羽捣服一刀圭，百日得寿五百岁。"

随着金乌成为太阳的象征，"乌鸦衔火"开始在民间流传。《本草纲目·禽部》中记载了"蜀徼有火鸦，能衔火"。《封神演义》第六十四回"罗宣火焚西岐城"中有"罗宣将万鸦壶开了，万只火鸦飞腾入城，口内喷火，翅上生烟"的生动描写。《清史稿·灾异》中更是记录了现实中乌鸦衔火所引发的严重火灾："顺治十四年（1657），武昌鸦啣¹火，集人庐，辄灾，一月始息。"为了让火鸦不搞破坏，百姓们就将它们供奉起来，《清稗类钞》中记载了"儋州²有乌鸦，能食火，每卸火置人屋上，以翅煽焚，则群鸣飞舞，其名曰火鸦，居人多以食物禳之"。到了民国时期，鲁迅还以火鸦放火比喻自己对旧制度的抨击，在写给友人的信中，他写道："不知怎地我这几年忽然变成火老鸦，到一处烧一处。"

孝乌和仁乌的祥瑞

当周人开创了礼制社会，身为报喜鸟的乌鸦成为君主仁德、慈孝、爱民的盛世象征。《孙氏瑞应图》³中写道："文王时见苍乌者，王者孝悌⁴而至。""苍乌者，贤君帝主，修行孝慈，被于万姓，不好杀生，则来。"

---

1 啣：同"衔"。

2 儋（dān）州：清属琼州府管辖，位于今海南省西北部。

3 《艺文类聚》卷九十九《祥瑞部下》。

4 孝悌（tì）：孝敬父母，友爱兄弟。

"赤乌……王者不贪天下而重民命，则至。"可以说，只有君主贤明，不贪慕财富，泽被天下百姓，乌鸦才会降临。晋成公在《绥乌赋》[1]的序言中写道："有孝乌集余之庐，乃唱尔而叹曰'余无仁惠之德，祥禽曷为而至哉，夫乌之为瑞久矣，以其反哺识养，故为吉乌。'"晋成公竟因乌鸦降临而受宠若惊，慨叹自己不够仁义爱民，却能够得到吉乌的眷顾。

诚如晋成公所言，乌鸦因"反哺"而被时人视为孝乌。《禽经》中写道："慈乌反哺，慈乌曰孝乌，长则反哺其母。"实际上，这源于一种美好的"误解"：乌鸦幼鸟的羽毛蓬松，看上去体形比成鸟大，再加上幼鸟不会飞，总是等着成鸟来喂食，古人就误以为是母鸟年老飞不动了，儿女们衔食前来哺喂。后来，乌鸦便出现在了儒家彰显孝道的故事中：它们或是被孝行所吸引，如《古今注》中所载，"有虞至孝，三足集其庭[2]；曾参锄菰，三足萃其冠[3]"；或是帮助孝子垒坟，如《说苑》中的东阳人颜乌"亲亡，负土为大冢，群鸦数千，衔土相助焉。乌既死，群鸦又衔土葬之"[4]；抑或一起哀鸣，如《北齐书·萧放传》记载萧放的父亲去世后，"所居庐室前有二慈乌来集，各据一树为巢，自午以前，驯庭饮啄，午后更不下树，每临时，舒翅悲鸣，全似哀泣"。

---

1 《艺文类聚》卷九十二《鸟部下》。

2 舜即位后国号为"虞"，历史上称他为"虞舜"，舜的生母很贤惠，但在舜很小的时候就去世了，后来舜的父亲和继母生下了象，三人经常一起欺负舜，舜却仍然孝敬父母，友爱兄弟，于是三足乌就聚在了舜家中的院子里。

3 曾子有一次在田里给瓜秧除草，却不小心把瓜秧的根锄断了，他的父亲拿起棍子狠狠抽打曾子，曾子一下子就被打昏过去，但曾子并没有责怪父亲，于是三足乌就落在了曾子的帽子上。

4 后来这个地方被命名为乌伤，王莽改为乌孝。唐武德七年（624），将乌孝、华川合并，改为义乌县。

古人认为乌鸦因仁而孝，正如《春秋运斗枢》**1**中所载，"乌为阳，阳气仁，故反哺"，因此乌鸦也被视为仁鸟。《拾遗记》中记载了介之推陪伴晋文公重耳度过了艰苦的流亡岁月，待重耳回到晋国并夺取王位后，介之推带着母亲归隐绵山。晋文公为了找到他，"焚林以求介之推，有白鸦绕烟而噪，或集之推之侧，火不能焚"，白鸦以血肉之躯守护了被山火围困的介之推，其仁义令晋文公深受震撼，于是晋文公下令禁捕白乌，并称其为"仁乌"。因晋文公后来成就了晋国的霸业，白乌成为国家安定强大的象征，《宋书·符瑞志》中写道，"白乌，王者宗庙肃敬则至"，白乌现世的祥瑞也见诸史料记载。

乌鸦集仁孝于一身，自然被古人视为祥瑞。《春秋运斗枢》**2**中写道："乌三足，礼义循，物类合。"三国时期，《三国志·吴主传》记载了孙权因乌鸦降临皇宫，改年号为赤乌："间者赤乌集于殿前，朕所亲见……改年宜以赤乌为元。"南北朝时期，《北史·周本纪》记载了北周明帝二年（558），因地方进献三足乌而天下大赦、百官晋级："群臣上表称庆，于是大赦，文武普进级。"与此相反，乌鸦的远离也是国君有失儒家道义的隐喻。曹操在《短歌行》中痛惜"乌鹊南飞"，就是因为他违背了君臣之道，"挟天子以令诸侯"；然而在曹操看来，吴、蜀的国君并不比他强到哪里去，于是他又发出了"绕树三匝，何枝可依"的慨叹。

---

1 《事类赋》卷十九。
2 同上。

图 4-11..

....

　　这是出自敦煌石窟第 17 窟壁画上的一位供养人画像，从她的穿着打扮上可以看出，这是一位北宋时期的贵妇，凤冠霞帔，口点朱唇，额描花钿，细弯的黛眉之下，目光温柔而平和。在左右脸颊的腮红之上，有两只相对而飞的金乌，与腮红的底色刚好构成了日中金乌的图案。

图 4-12.............................

[元] 须弥山曼陀罗缂丝唐卡
美国大都会艺术博物馆藏

....

Cosmological Mandala with Mount Meru, Metropolitan Museum of Art, Purchase, Fletcher Fund and Joseph E. Hotung and Michael and Danielle Rosenberg Gifts, 1989.140

这件缂丝唐卡纵 94.6 厘米、横 96.5 厘米、厚 6.0 厘米，表现了佛教世界的中心——须弥山的主题。须弥山上有一朵莲花，是佛教纯洁的象征；须弥山的山脚环绕有日月，日中有三足金乌，月中有桂树和玉兔。须弥山之外是佛教传说中的四大部洲：东胜神洲、西牛贺洲、南赡部洲和北俱芦洲。尽管表现的是佛教题材，但画风（山水、日月神兽）和纹饰呈现出了强烈的汉化特征；同时织法细密，后背断缂平整，接近南宋的工艺水平。可以说，这是一件集南宋绘画传统和织绣工艺，融合了中亚和西亚挂毯艺术的杰作。

　　魏晋南北朝以来，乌鸦的祥瑞深入人心，各地向朝廷进献乌鸦的传统一直延续到北宋[1]。在唐代，当京兆府进献三足乌时，王颜作《京兆府献三足乌赋》以歌颂——"夫何赫赫之太阳，忽降精于乌鸟，乃呈瑞于皇王"[2]；《五代会要》中，后唐、后汉、后周皆有地方进献白乌的记载；《宋史》《辽史》中也有北宋向辽国进献白乌、赤乌、三足乌的记载[3]。在此期间，甚至有人为了取悦皇帝，不惜造假：《唐书》[4]中就记载了天授元年（690），"有进三足乌，天后以为周室嘉瑞"，结果被李旦[5]指出"乌前足伪"，惹得武则天不悦。

乌鸦的灾祸与危亡之象

　　如果说三足乌降临人间会带来祥瑞，那么它重新回归太阳也就意味着祥瑞的终结。从科学的角度来讲，太阳黑子的出现会对地球的气候造成影响，从而导致水旱灾害的发生：

---

1 据不完全统计，《宋书·符瑞志》中记载了晋代各地进献白乌5次，刘宋年间进献白乌8次；《魏书·灵征志》中记载了从北魏孝文帝至东魏孝静帝，各地进献白乌23次、三足乌38次。

2《全唐文》卷五百四十五。

3《宋史·五行二下》载，"元丰三年（1080）……九月丙午，赵州获白乌"；"宣和元年（1119）九月戊午，蔡京等表贺赤乌"；《辽史·圣宗本纪》载，"（统和）九年（991）……八月……壬午，东京进三足乌"。

4《酉阳杂俎·贬误》。

5 李旦是唐高宗李治与武则天所生的第四子，嗣圣元年（684）被立为皇帝，其母武则天临朝称制；直至天授元年（690），武则天称帝后，李旦被降为皇嗣。

日中三足乌，见者，其所居分野有白衣会[1]，大旱，赤地。三足乌出，住日外者，天下大国受其灾，戴麻森森，哭声吟吟。

——《黄帝》[2]

日中乌见者，君咎；双乌见者，将相逆入，斗者主出走，乌动者大饥，水旱不时，人民流在他乡。

——《太公阴秘》[3]

古人往往将天灾归咎于国君的原因，如《京氏》中所言，"日中有乌见主失明，为政者乱"；为了让国君能够重归"正道"，占卜书中也给出了补救之法，如《太公阴秘》中写道："实仓库、举贤士，远佞邪、察后宫，任有道、敕不从，则灾消矣"。

于是，除了作为祥瑞之鸟，乌鸦在古人心目中逐渐有了另外一种完全相反的印象：它们是奸佞之臣的代指，也是国家祸乱的根源。《焦氏易林·益之坤》载，"城上有乌，自名'破家'，召唤鸩毒，为国患灾"，《焦氏易林·中孚之大畜》载，"乌飞狐鸣，国乱不宁。下强上弱，为阴所刑"。《尚书大传》所记载的"爱屋及乌"典故中，周武王询问姜太公如何处理殷商旧臣，姜太公回答道，"爱人者，兼其屋上之乌"，以乌

---

1 "分野"即所居住的地域，古代占星术将地上各邦国与天上的星宿相对应；"白衣会"形容奔丧的人群多。

2 《开元占经》卷六《日占二·日中乌见》。

3 同上。

鸦比喻让殷商覆灭的有罪之臣。《后汉书·五行志》中记载了桓帝初年，长安有童谣《城上乌》歌曰，"城上乌，尾毕逋[1]"，以城墙上的乌鸦比喻"处高利独食，不与下共"的人，他们耽于个人敛财，不顾百姓生死，最终导致了国祚衰亡。

后来，皇帝身边突然出现的乌鸦异象，成了乱臣贼子犯上作乱的隐喻。《隋书》中记载了隋炀帝"上起宫丹阳，将逊于江左，有乌鹊来巢幄帐，驱不能止"，乌鸦竟然在天子的军帐中筑巢，而且驱赶不走，预示着此时跟随在炀帝身边的人已经动了弑君叛变的杀心，最终他们推举宇文化及为主帅，发动兵变，将炀帝杀害。《文献通考·物异考》中记载了景龙四年（710）六月，"乌集太极殿梁，驱之不去"，群乌喻指被权欲熏心的韦皇后和安乐公主，她们后来合谋将唐中宗李显毒杀。国祚衰亡，乌鸦成为国破家亡的写照，李商隐《隋宫》诗云："于今腐草无萤火，终古垂杨有暮鸦。"

乌鸦沦为不祥鸟

如果说在宋代以前，乌鸦只是用来比喻奸佞之臣，那么从南宋开始，这一切都将发生彻底的变化，乌鸦逐渐沦为人人"唾而逐之"的不祥鸟。这一切的"始作俑者"就是那位同时拥有武将和诗人身份的爱国志士——辛弃疾。或许他未曾料到，乌鸦的名声竟因他在《永遇乐·京口北固亭

---

1 毕逋：鸟尾摆动的样子。

怀古》中的一句"佛狸祠下，一片神鸦社鼓"，从此坠入了万劫不复的深渊。

在中国人的文化传统中，祭拜祖先和当地神祇是很自然的事；但是，如果不分青红皂白，将入侵外族人的遗迹作为祠庙祭拜，那绝对是不可饶恕的罪过。南宋时，一座名为"佛狸祠"的祠庙香火鼎盛，祭拜的人群络绎不绝，一片神鸦社鼓，好不热闹。然而，建于元嘉二十七年（450）的佛狸祠，曾经是北魏太武帝拓跋焘兵临长江时修建的行宫，"佛狸"是拓跋焘的小字。当年，北魏军队一路南下，给沿途百姓带来了深重灾难[1]。数百年后，南宋百姓本身就对北方入侵的女真人恨之入骨，辛弃疾的这首诗一下就点燃了南迁汉人心中的怒火，于是，佛狸祠中的那群乌鸦也就"城门失火，殃及池鱼"。

从此以后，南北方人在对待乌鸦的态度上迥然相异。《容斋随笔》中写道："北人以乌声为喜，鹊声为非。南人闻鹊噪则喜，闻乌声则唾而逐之，至于弦弩挟弹，击使远去。"正因如此，朱熹在《诗经集传》中解读"莫赤匪狐，莫黑匪乌"时出现了谬误。朱熹认为狐狸和乌鸦"皆不祥之物"，"所见无非此物，则国将危乱可知"；但是实际上，狐狸和乌鸦在先秦时期被视为祥瑞，而这句诗的本意是因为国家即将发生动乱，所以那些瑞兽才会逃离。到了明代，《本草纲目·禽部》中仍有"北人喜鸦恶鹊，南人喜鹊恶鸦"的记载，而《海公案》中称"乌鸦乃不祥之鸟"的周文玉也是南方人[2]。

---

1 《资治通鉴》卷一百二十六载："魏人凡破南兖、徐、兖、豫、青、冀六州，杀掠不可胜计，丁壮者即加斩截，婴儿贯于槊上，盘舞以为戏。所过郡县，赤地无余，春燕归，巢于林木。"
2 池州青阳县人。

　　清代以来，乌鸦不讨喜的形象开始影响北方，最终被所有国人唾弃。这其中有两个原因：首先，清朝是由满人建立的政权，而乌鸦曾在清太祖努尔哈赤时的关键一战中发挥了至关重要的作用，因此受到满人的崇拜[1]，却唤起了汉人对佛狸祠下神鸦的记忆。其次，随着南方汉人所创作的文学作品的流行，其有关乌鸦的俚语，类似《红楼梦》中"天下乌鸦一般黑"、"那笼子里的黑老鸹[2]，怎么又长出凤头来，也会说话呢"[3]，在一定程度上加速了乌鸦不讨喜的形象在民间的传播。到了近代，胡适在白话诗《老鸦》中更是直白地写道：

> 我大清早起，
>
> 站在人家屋角上哑哑的啼。
>
> 人家讨嫌我，说我不吉利：
>
> 我不能呢呢喃喃讨人家的欢喜！

　　与此同时，民间也不断涌现出更多有关乌鸦的歇后语和俗谚，诸如"老鸹飞到猪腚上——看见人家黑，看不见自己黑""乌鸦落房头——开口是祸"等，使其不吉利的意象更加深入人心。

---

1 据《满洲实录》载，万历二十一年（1593）九月，女真叶赫部纠集科尔沁、辉发等九部联军兵分三路，突袭努尔哈赤的建州部，努尔哈赤派遣兀里堪前去察看敌情，结果"至一山岭，乌鸦群噪，不容前往，回时则散；再往，群鸦扑面"，于是兀里堪回禀情况后，努尔哈赤又让兀里堪从扎喀向浑河的方向去探查，结果傍晚就在浑河北岸发现了敌军的踪迹，于是努尔哈赤有备而战，后来在古勒山大败联军，建州女真从此崛起。

2 乌鸦的俗称。

3 这两句分别出自《红楼梦》第五十七回和第四十一回。

第五章

与鸮之间[1]

---

1 "鸮"也就是我们平时所说的猫头鹰，在中国历史上，鸮是拥有最多称谓的动物之一，仅在《五杂俎·物部》和《说文解字注》中就记载了雈（huán）、鸱（chī）鸮、枭、鵅（luò）、鵂鹠（xiū liú）、鸡鸮（jì qí）、训狐、猫头等名称。

身为守护神的鸮

自古以来，人人皆视鸮为不祥鸟，唯恐避之不及。虽然这种观念最早可以追溯到 3000 多年前的商周之际，但在此之前，鸮一直被古人视为能够带来庇佑的神鸟。

一方面，农业文明的发展催生了粮食储存的需求，让鸮一举封神。一只成年鸮每年可以捕捉上千只老鼠，是当之无愧的"捕鼠能手"，也是无数老鼠的梦魇。于是，源自现实中的实际需要，纯朴的先民们就把存放粮食的陶器做成了鸮的样子，希望借此震慑老鼠，保护粮食（图 5-1）。汉

图 5-1 ....

[新石器] 鸮面陶罐

　　　青海省博物馆藏

....

这是一件来自 4000 年前齐家文化的平底陶罐，通高 20.0 厘米。瓶口采用了半封闭的设计，封闭的一侧呈圆弧面，正中有两个并列的圆孔，圆孔之间穿过凹凸起伏的堆塑，与弧面外侧的装饰连成一体，塑造出了鸮的模样。陶罐通体饰绳纹，有烟熏过的使用痕迹，可以说是实用与艺术的完美结合。

图 5-2 ....

[西汉] 褐釉鸮形陶罐
　　美国克利夫兰艺术博物馆藏
....

Pair of Owl-shaped Jars, Cleveland Museum of Art, Nancy F. and Joseph P. Keithley Collection Gift 2020.178

　　这对鸮形陶罐出土于河南省，通高 19.0 厘米，整体造型模仿了鸮站立时的样子：罐盖是鸮的脑袋，罐身两侧刻有鸮的翅膀，上面的羽毛纹理清晰可见。只见立鸮昂首挺胸，大腹便便，严肃中还带着几分滑稽。有人认为这是最古老的"魂瓶"，用于安放墓主的灵魂；也有人认为，这是延续上古时期的传统，用于存放粮食。

图 5-3 ....

[西汉] 鸮形陶五联罐
　　　　广州市文物考古研究院藏

....

　　这件五联罐出土于广州市，由外围的四个直径约10.0厘米的陶罐与中间围合的小陶罐组合而成，塑造了五只呆萌的鸮形象。罐体为鸮的身体，上面的盖子为鸮的脑袋；在中间的鸮的头顶还有一只鸟驻足，显得生动而富有趣味。在这五个罐子里，或许曾盛放有五谷，据《周礼·天官·疾医》郑玄注，"五谷，麻、黍、稷、麦、豆也"，寓意生活的富足。

代墓葬中出土的大量鸮形陶罐（图 5-2、图 5-3）或许也是这种古老传统的延续，在"事死如事生"的观念下，保佑墓主人在另一个世界里远离鼠害，衣食无忧。

　　另一方面，鸮在暗夜里凄厉诡谲的鸣叫，唤起了人们对死亡的恐惧，被视为拥有通达亡魂所在世界的"法力"，于是，人们希望借助鸮求得

[新石器] 鸮形玉佩
台北故宫博物院藏
图 5-4

在我国东北辽河流域的红山文化遗址，出土了各式各样的鸮形玉饰。这件玉佩属红山文化中期，长4.7厘米、宽4.6厘米、厚1.5厘米，原本为浅黄绿色，在明晚期或清代被染褐。其正面描绘了鸮鸟双爪并握、立于枝头的形象，背面在鸮的脖颈处横穿一孔，可以穿挂项链。

图 5-5

[新石器] 鸮形玉佩
台北故宫博物院藏

这件玉佩属红山文化晚期，高5.6厘米、宽3.3厘米、最厚（背面穿孔处）1.1厘米，相比早期的鸮形玉佩，这件玉佩雕刻得更为精细，也更加逼真。它表现了一只侧身站立的鸮，似乎模仿了人的站姿"稍息"步，两只翅膀也背在身后。在鸮的侧脸上，一只大眼睛与鸮喙所组成的微妙表情，彰显出一种至高无上的威严与霸气。

图 5-6.............................

[新石器] **青玉带齿鸮纹玉饰**
台北养德堂旧藏

这件玉饰属红山文化晚期，长 19.6 厘米，以正面立鸮纹饰为原型，上半部分将鸮的耳羽簇（鸮头上的两撮尖毛）向外伸展，作了艺术上的夸张处理；下半部分则将鸮的双翼向外展开，与两只鸮足和中间的尾羽共同围合出六大五小相间的齿。这很可能是一件发饰，曾几何时，原始部族的首领佩戴着这件象征权力与地位的鸮纹发饰，出现在部落事务中最重要的场合。

图 5-7.............................

[新石器] **带齿鸮面形玉饰（残）**
台北故宫博物院藏

这件玉饰残件属红山文化晚期，高 6.9 厘米、宽 19.1 厘米、厚 0.2～0.4 厘米，相比于养德堂旧藏的那件，这件显然经过了二次加工：鸮的上半部分被直接去掉磨平，下半部分的双翅也被去掉，只剩下了两只鸮足与鸮尾所构成的四大三小相间的齿。

祖先在天之灵的庇佑。在红山文化遗址，出土了大量鸮形玉饰（图5-4、图5-5），这些很可能是当时身兼巫觋的部落首领的佩戴之物。因为与祖先的灵魂"交流"，在当时是只有极少数人才能享有的特权。在此基础上，鸮纹玉饰不断演变，由简单直观变得繁复抽象，自然属性逐渐消解，精神内涵持续强化，最终发展出一种冠饰，成为权力的象征（图5-6、图5-7）。后来，在长江流域的良渚文化遗址，出现了更为抽象的冠饰（图5-8），依然带有明显的鸮的特征，成为我国新石器时期不同地域之间文化交流与融合的独特见证。

商人奉为祖先的神鸟

在夏代，鸮作为动物崇拜的对象之一，虽然已经出现在这一时期的嵌绿松石铜牌饰（图5-9）上，然而直到商代，鸮的地位才迎来了真正的"巅峰"。在很大程度上，这是因为在商人的心目中，鸮是祖先的化身。《商颂·玄鸟》载，"天命玄鸟，降而生商"；段玉裁《说文解字注》将"玄"解释为"幽远"之意，而"幽"则是"隐而不见"，这与鸮的夜行性特征十分吻合[1]。因此，被商人世代传颂的"玄鸟"很有可能就是鸮。

为了巩固以商文明为主导的天下秩序，商代向周边部族发动了频繁的征服战争；每次出征时，商王都希望得到祖先的庇佑，平安凯旋。这些在甲骨文中留下了大量记载："京都大学人文科学研究所藏甲骨文字"

---

[1] 国内有学者将"玄鸟"中的"玄"作为颜色解释，以"黑而有赤色者为玄"，认为玄鸟是燕子，但缺乏实证。试想如果燕子是"玄鸟"，那一定会被商人祭拜，其造型一定会出现在祭祀的礼器上，但目前尚未发现此类器物。

图 5-8 ....

[新石器] 冠状器
　　台北故宫博物院藏
....

　　这是一件良渚文化早期的冠状器，高 2.3 厘米、宽 6.3 厘米、最厚 0.4 厘米，下方通过三个小孔与梳齿相连，被固定在佩戴者的头上。冠状器的造型像一只展翅飞翔的鸮鸟，虽然十分抽象，但翅膀展开的形状和尖喙构成了鸮最明显的特征。良渚王借助这种"神玄之鸟"，获得了与上天沟通的神力，彰显了作为部落首领的无上权威。

图 5-9 ....

[夏] 嵌绿松石铜牌饰
　　中国考古博物馆藏
....

　　这件铜牌饰出土于河南偃师二里头遗址，长 15.9 厘米、最宽 7.8 厘米。二里头遗址被学界普遍视为夏代都城，在这一带出土的高等级墓葬中，发现了以鸮和其他动物纹饰的嵌绿松石铜牌饰，代表了铜石并用时代最精湛的工艺。匠人在呈弧面的圆角长方形铜胎上，用凸起的部分勾勒出鸮和它头顶像四重"王冠"一样的羽饰，再将数百片打磨好的绿松石镶嵌其间，然后将一整块圆形绿松石作为眼睛，看上去栩栩如生。

三四四卜辞写道，"……卜贞，翌乙亥其征，受崔又（佑）"；《卜辞通纂·别录之部之二》中"东京帝国大学藏甲骨"卜辞写道，"丙午卜，宾贞，翌乙巳其征，受崔又（佑）"；《殷墟文字甲编》五三六卜辞也写道，"崔又，王受又（佑）"。

那么，在战场上，鸮是如何护佑商王军队的呢？答案之一就隐藏在《史记·天官书》中："参宿为白虎……小三星隅置，曰觜觿[1]，为虎首，主葆旅事。"觜宿三星位于白虎星宿中的虎首位置，"觜"指的是鸮的脑袋上长得像角一样的羽毛，"葆旅"据《史记集解》中所引晋灼的释义为"葆，菜也；禾，野生曰旅"，引申为军粮。原来，千百年来，鸮始终在为人们忠实地守护着粮食。军粮的安全与否，是决定战争成败的重要因素之一，后世的历史无数次证明了这一点。

除了守护军粮，鸮也守护着商王朝的一切。为了时时刻刻都能得到祖先的保佑，商人制作了大量鸮形器物，既有像早期文明那样可供佩戴的鸮形玉饰（图5-10、图5-11），也有随着青铜时代的到来，融入鸮形象的青铜武器（图5-12）和祭祀礼器（图5-13至图5-17）。这些青铜器或以鸮为纹饰，或直接以鸮为造型，在那些惟妙惟肖的形象背后，体现了一个能征善战的民族朴素而真挚的信仰。

与此同时，在这一时期的一些器物中，还同时融入了鸮与虎的形象（图5-18）。这既反映了商人对鸮鸟的祖先信仰，也体现了人们渴望借助虎的力量与祖先沟通的观念。在商人看来，虎可以沟通天地，所以能

---

1 觜觿（zī xī）：《说文解字·角部》解释为"鸱旧头上角觜也"。

图 5-10

[商] 大理石枭形小立雕
　　台湾"中央研究院"历史语言研究所藏

这件鸮形立雕出土于河南殷墟西北岗第 1001 号墓地，通高 17.1 厘米、重 2.46 千克。鸮首扁圆，喙如钩，昂首挺胸，腹部微微凸起，造型十分可爱。鸮身通体饰有繁复纹饰：鸮首两侧饰夔龙纹，胸腹饰有对称鸟纹，背脊饰蝉纹，沿两侧翅膀饰以八对左右对称的夔龙纹，鸮足侧面和鸮尾也饰有夔龙纹。

图 5-11...............................

[商]鸮形饰
　　美国弗利尔美术馆藏
....

Bird Pendant, National Museum of Asian Art, Gift of Arthur M. Sackler, S1987.879; S1987.861; S1987.543; S1987.696; S1987.517; S1987.694

　　这些不同质地、形制的鸮形饰均出土于河南安阳，其中最大的一件（右上）长 8.3 厘米、宽 3.2 厘米、厚 5.2 厘米；最小的一件（绿松石）长 2.8 厘米、宽 1.9 厘米、厚 1.0 厘米。它们所表现的皆为展翅飞翔的鸮形象，圆脸、大眼睛和尖喙是鸮最显著的特征；其中有几件除了刻画鸮本身的纹饰外，还加入了商代流行的云纹装饰。在商都一带出土如此丰富的鸮形玉饰，足见鸮在商代是何等受人喜爱！

图 5-12..................................

[商] **鸮矛头** ·
美国克利夫兰艺术博物馆藏

....

Axe, Cleveland Museum of Art, Edward L. Whittemore Fund 1941.549

这是绝无仅有的一件收藏，在这件长 23.8 厘米的青铜矛头上，铸有一只立鸮。只见它严阵以待，机警的目光直面来敌的方向。鸮是商人的保护神，当时的工匠特意把鸮铸在武器上，希望将士们可以获得鸮鸟的庇佑，大获全胜。

够帮助祭者的灵魂升天，从而与逝去的先祖交流（详见本书第十三章）。在一座商代晚期的贵族墓地，出土了一件奇怪的踞坐人像（图 5-19），他的正面为虎首人身，反面为立鸮，这很可能刻画的便是头戴面具、正在跪拜祭祀的巫觋形象。

　　由于商人奉鸮为祖先，因此承袭王位、将商文明发扬光大的商王便拥有了"鸮"的称谓。在始创于商代的六博棋中，双方各有一枚相当于王的棋子被称为"枭"，游戏规则是得枭者胜。后来，枭成为胜利的象征。《后汉书·张衡传》中写道"咸以得人为枭，失士为尤"，人才是决定国家命运的关键，得到人才就意味着胜利,而失去人才是国君的一大过失。《晋书·谢艾传》中记载了前凉将军谢艾出征时，"夜有二枭鸣于牙中[1]"，谢艾以"得枭者胜"认为这是克敌之兆，于是便发动进攻，最终大破敌军，"斩首五千级"。

──────────────

1 牙中：军营。

图 5-13..

[商] 鸮觯
美国大都会艺术博物馆藏

Wine cup (Zhi), Metropolitan Museum of Art, Charlotte C. and John C. Weber Collection, Gift of Charlotte C. and John C. Weber through the Live Oak Foundation, 1988.20.1a, b

《礼记·礼器》有云："尊者举觯[1]，卑者举角。"这件青铜觯通高 17.8 厘米，觯身两面和觯盖前后各铸一只鸮，分别注视着四个方位；鸮的脸颊采用了高浮雕技法，立体感十足，鸮的耳朵、翅膀和双爪则融入器身纹饰中。鸮是代表商人祖先的神鸟，这件青铜觯集四只鸮于一身，足见其使用场合的庄严隆重和使用者地位的至高无上。

——————————

1 觯（zhì）：一种酒器。

图 5—14 ....

[商] 鸮卣
美国大都会艺术博物馆藏

....

'You' Covered Ritual Wine Vessel in the Form of Two Ad-
dorsed Owls, Harvard Art Museums/Arthur M. Sackler Museum,
Bequest of Grenville L. Winthrop, Photo © President and Fellows
of Harvard College, 1943.52.102

　　这件鸮卣高 17.2 厘米、宽 15.0 厘米，重 1.63 千克。
通身以两只背对的鸮为造型，卣盖为鸮首，鸮首之间有
一锥形钮；卣腹为鸮身，卣身曲线恰好表现出了鸮的"鼓
腹"；卣盖沿及口沿饰一周连珠纹，通体除鸮的羽翼、
毛角和腹部羽片外，均以云雷纹为底，上饰夔龙纹与蟠
龙纹；卣足粗矮，也做鸮足之形。在鸮身两侧，各有一
半环耳，内套索状提梁。

图 5-15......................

[商] 鸮卣
美国大都会艺术博物馆藏

Wine cup in the shape of addorsed owls (Zhi), Metropolitan Museum of Art, Rogers Fund, 1943.28a–c

这是一件无意中"迎合"了当代审美的鸮卣，它的远房姊妹（收藏于山西博物院）还曾被评为最"萌"文物。《周礼·春官·鬯¹人》载"庙用脩"，郑玄注释为"脩同卣，卣，中尊，谓献象之属"，即在祭祀中，卣的尊贵程度次于彝，尊于罍。这件鸮卣通高 15.2 厘米，为两鸮相背而立的连体造型。盖为鸮首，凸起的鸮嘴和大眼睛显得格外生动；虽然器身饰有翅膀的纹路，但从视觉上更易被提梁纽凸起的夔首混淆；器足并没有表现出真实的爪，而是抽象为足蹄。

---

1 鬯（chàng）：重大活动所用的香酒。先秦时期，人们以鬯来庆祝胜利、部族和亲，敬天神、地祇、祖先等。

图 5-16..........................

[商] **妇好鸮尊**
　　河南博物院藏

....

　　妇好是商王武丁的妻子，也是一位杰出的军事统帅。她常年征战沙场，为商王朝立下了赫赫战功，特别是鬼方一役，妇好率 3000 精锐，一举拿下了关乎中华民族命运的大决战。鸮作为商人的守护神，在战场上无时无刻不在保佑这位女英雄。在她的墓中，出土了一件造型尤为精致的鸮尊，在这件近 0.5 米高的青铜器上，刻满了当时流行的几乎全部纹饰。

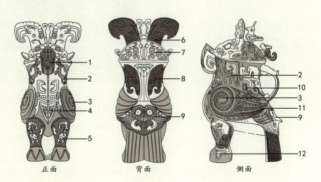

正面　　　　　　背面　　　　　　侧面

妇好鸮尊纹饰图解 / 白云飘　绘

蝉纹：1、4、12	双头夔龙纹：2	蛇纹：3	夔龙纹：5
兽面纹：6、7、8	鸮纹：9	雷纹：10	云纹：11

图 5-17...

[商] 鸮尊
　　美国明尼阿波利斯艺术博物馆藏

Zun wine vessel in the shape of an owl, Minneapolis Institute of Art, Bequest of Alfred F. Pillsbury, 50.46.116

　　这件鸮尊通高 31.1 厘米，重 3.7 千克，在制作工艺和外形纹饰上与妇好鸮尊有很大差异，带有明显的长江中游地区青铜器特征。在这件青铜尊上，鸮的形象更加写实，双耳回归了正常的比例，双爪也回归了真实的造型。鸮身除勾勒翅膀的地方运用了云纹外，通身饰鳞纹，简约之下彰显大气。

图 5-18

[商] 虎鸮纹觥
美国哈佛艺术博物馆藏

'Guang' Covered Ritual Wine Vessel with Tiger and Owl Decor, Harvard Art Museums/Arthur M. Sackler Museum, Bequest of Grenville L. Winthrop, Photo © President and Fellows of Harvard College, 1943.52.103

　　这件青铜觥长 31.5 厘米、高 25.0 厘米，重 1.02 千克，采用了前跃虎、后立鸮的"背靠背"造型。觥盖前部为虎头，后部为鸮首，虎和鸮的身体则通过觥身上面的纹饰表现出来。前面的虎屈膝蓄力，似乎下一秒便会一跃而起；后面的鸮昂首直立，目光注视着天空的方向，同样振翅欲飞；鸮翅膀的外缘与虎身体的曲线恰到好处地结合在一起。它们正共同助力祭司完成沟通天地的仪式。

图 5-19

［商］玉虎形踞坐人像
河南博物院藏

这件玉虎形踞坐人像高 5.0 厘米、宽 2.5 厘米，出土于鹿邑太清宫长子口墓。从正面看为"虎首人身"的踞坐形象，身体向前微倾，双手扶膝，五指向下，足尖点地，臀悬空，这应为商代贵族的日常坐姿；从背面看为立鸮造型，昂首挺胸，虎耳即为鸮耳，凸起的鼻子与喙连成一圆孔，可用于系挂绳索，鸮首以下以线刻的方式描绘出羽翼的轮廓。

---

1 牙中：军营。

周人贬为万恶之鸟

商周之际，一场重大的社会变革让鸦的地位一落千丈。周代礼乐制度的建立取代了原来的神巫文化，切断了鸦与天命的联系；同时政治上的改朝换代让周人摒弃了被商人视为神鸟的鸦，甚至刻意将其贬为恶鸟。

周人在《诗经·豳风·鸱鸮》中，以鸦比喻奸臣："鸱鸮鸱鸮，既取我子，无毁我室。"（图5-20）这首诗表面上是母鸟哭诉鸱抢夺幼鸟，毁坏巢穴，实际上却影射了管叔、蔡叔的恶行：周武王去世后，成王年幼，周公摄政，管叔和蔡叔不但进谗言诋毁周公，还鼓动殷商遗民武庚和淮夷叛乱。周公发兵平叛后，借《鸱鸮》一文向成王表明心迹。《毛诗正义》认为"既取我子"比喻管、蔡之流蛊惑年幼的周成王，《毛诗传笺》则认为此句暗指管、蔡诛杀身为周代开国功臣后代的周公亲信；但二者对"无毁我室"的解释是一致的，皆暗讽他们动摇国本，毁了周王室的社稷。1000多年后，《旧唐书·高祖本纪》中记载了玄武门之变[1]后，当唐高祖李渊面对李世民时，同样发出了"《鸱鸮》之咏，无损于吾"的感慨，李渊自比周公，希望李世民放过自己，放过大唐的江山。

后来，鸦还被用来比喻红颜祸水。《诗经·大雅·瞻卬》中写道，"懿厥哲妇，为枭为鸱。妇有长舌，维厉之阶。乱匪降自天，生自妇人。匪

---

[1] 玄武门之变，李世民诛杀了兄弟李建成和李元吉以及他们的10个儿子。

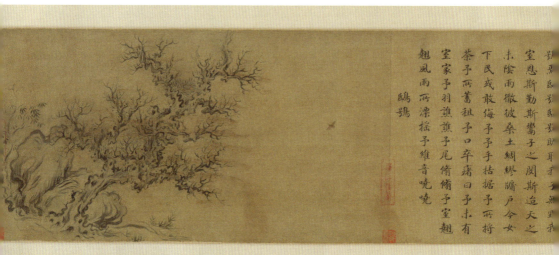

图 5-20..

［南宋］马和之《豳风图卷·鸱鸮》
美国大都会艺术博物馆藏
....

Odes of the State of Bin, Metropolitan Museum of Art, Ex coll.: C. C. Wang Family, Purchase, Gift of J. Pierpont Morgan, by exchange, 1973.121.3

这幅纵 27.8 厘米、横 663.6 厘米的绢本设色长卷依《诗经·国风·豳风》而作。全卷共分七段，依次为《七月》《鸱鸮》《东山》《破斧》《伐柯》《九罭》和《狼跋》，在每幅画上均书写原文。在《鸱鸮》中，画家描绘了两只雀鸟，一只驻足在巢边，望着空落落的巢穴，里面的幼鸟早已被鸮叼走；另一只嘴衔树枝，正在返回巢穴的路上。正与诗中"既取我子，无毁我室"相呼应。

教匪诲，时维妇寺[1]"，"哲妇"就是足智多谋的妇人。孔颖达在疏中写道："若为智多谋虑之妇人，则倾败人之城国。妇言是用，国必灭亡。"这里所说的妇人其实就是周幽王的宠妃褒姒，周幽王为了博她一笑，不惜烽火戏诸侯，而且在她的蛊惑下，废掉了申后和太子，从而招致申侯的反叛，最终申侯联合缯国、犬戎，断送了西周的国祚。这首诗痛恨褒姒所招致的亡国之难，将她比作了鸱鸮一样的恶鸟、祸乱的根源。

　　与此同时，鸮也是不归服周王朝的地方势力的代名词。《诗经·鲁颂·泮水》中写道，"翩彼飞鸮，集于泮林。食我桑葚，怀我好音"。其中，将长久以来不归服周王朝的淮夷比作鸮；鲁国将其征服后，才用礼乐将其教化。唐代李商隐在《随师东》中引此为典故，"但须鸑鷟[2]巢阿阁，岂假鸱鸮在泮林"，借用鸱鸮来比喻不服从中央王朝管理的地方藩镇势力。后来，《吕氏春秋·季夏纪·明理》中所描述的"至乱之化[3]……有（妖）人自天降，市有舞鸮"，正是以鸮作为比喻乱臣、宠妃和外部势力"群魔乱舞"的王朝危亡之象。

　　在当时的人们看来，圣人可以让鸮远离，而奸人则会引来鸮。这种观念甚至被周人附会到上古传说中[4]：《拾遗记》载，"尧在位七十年，有鸑雏岁岁来集，麒麟游于薮泽，枭鸮逃于绝漠"；《水经注·泗水》载，"昔曾参[5]居此，枭不入郭"，曾参在鲁县的时候，鸮不敢入城；《梁

---

1 孔颖达疏："寺，即侍也。"
2 鸑鷟（yuè zhuó）：五凤之一的瑞鸟。
3 指极端混乱的社会。
4 之所以周人可以附会给黄帝、尧、舜，是因为他们都是"姬"姓。
5 春秋末年思想家，孔子晚年弟子之一，儒家学派的重要代表人物，孔门七十二贤之一。

冀别传》[1]载，"子产[2]治郑，蓂藜不生，鸱枭不至"，子产执政郑国，
枭也不敢飞到这里[3]。然而，如果奸人当道，就会像贾谊在《吊屈原赋》
中感叹的那样："鸾凤伏窜兮，鸱枭翱翔。"

正因如此，东周以来的历代国君往往对枭深恶痛绝。《汉书·郊祀志》
中记载了齐桓公称霸诸侯后，想要效仿古代帝王封禅泰山，结果被管仲
以"今凤凰、麒麟不至……鸱枭群翔"的理由打消了这个念头。后来，《说
苑·辨物》中记载了齐景公大兴土木建造了露寝台，完工之后却迟迟不
肯前往，便是因为他听到了枭的叫声："枭昔者鸣，其声无不为也，吾
恶之甚，是以不通焉。"到了汉代，汉宣帝对废帝刘贺十分忌惮，便命
山阳太守张敞暗中监视防范。《汉书·武五子传》中记载了元康四年（前
62），张敞前往刘贺的居所探望，故意以"昌邑多枭"来试探刘贺，结
果刘贺若无其事地答道："然。前贺西至长安，殊无枭。复来，东至济阳，
乃复闻枭声。"一个地方多枭就说明生活在这里的不是圣人，而是奸人；
刘贺不惜用"封地多枭"刻意贬低自己，显然是为了保全自己和家族的
无奈之举。

---

1 《天中记》卷五十九。

2 春秋时期著名政治家、思想家。郑穆公之孙，公元前554年为卿，公元前543年执政，先
后辅佐郑简公、郑定公。

3 子产辅佐两代郑王，让夹在晋、楚之间的郑国迎来二十余年的和平发展，孔子评价其为"古
之遗爱也"，语出《左传·昭公二十年》，意即称赞子产继承和发扬了古人为政仁爱的遗风。

图 5-21.................................

[西汉] 陶灶北壁画像石
　　美国克利夫兰艺术博物馆藏

....

Panel from Model Cooking Stove: Raven Flanked by Snake-Entwined Tortoises, Cleveland Museum of Art, Charles W. Harkness Endowment Fund 1925.139

　　这件陶灶出土于陕西西安，与其他三件构件共同围合成陶灶的四面。该构件长 18.2 厘米、高 12.4 厘米、厚 1.7 厘米，由上面雕刻的玄武形象可知这是陶灶北面的构件，另外三件上面分别绘有神人饲龙、仙人刺虎（详见本书第十三章）和朱雀图案。在这件构件上，除了有一对蛇盘龟的玄武，正中还出现了一个象征墓葬的拱券结构，在拱券的上面，站立着一只寓意死亡的鸮。

图 5-22

［汉］"冢"字瓦

西安秦砖汉瓦博物馆藏

这件瓦当出自陕西盩至长杨宫遗址，属墓冢用瓦，直径16.1厘米。瓦面以稍加艺术变形的篆书"冢"字为主体图案，"冢"字上方有"山"形纹，点缀的乳钉好似天上的繁星；"冢"字下方站立着一只鸮鸟，它双目圆睁，正望向观者的方向，似乎是在迎接墓主的灵魂升天。

图 5-23

［东汉］高李村汉墓祠堂画像石

邹城博物馆藏

这件画像石出土于山东邹城高李村汉墓祠堂后壁，表现了墓主接受众人拜谒的场景。工匠通过构图和人物的不同大小巧妙区分了其中的等级地位。在画面的中心，墓主头戴进贤冠、手持便面（扇子），端坐在一座高大的重檐庑殿式殿堂内；在殿堂之外，各有四位侍臣分列左右。殿顶上的两只猴和一只鸮，提醒观者这是逝者在另一个世界的生活图景。

预示死亡的不祥鸟

当鸦成为国君眼中的不祥之兆，人们便视鸦的出现为国君危亡的征兆。《诗经·陈风·墓门》中写道："墓门[1]有梅，有鸮萃止。"鸮在城门处的聚集，预示着陈国权斗的血雨腥风：陈桓公去世后，其兄长陈佗将太子陈免杀害，篡夺了王位，后来又被陈免的弟弟陈跃杀死在蔡国。《郁离子·蛇蝎》中记载了"吴王夫差与群臣夜饮，有鸮鵊鸣于庭"，夫差最终输掉了吴越之战，自刎身死。

后来，以鸮预示国君危难的观念影响了后世上千年。《晋书·乞伏乾归载记》记载了西秦国君乞伏乾归在一次田猎时，"有枭集于其手"，后来被他的侄子乞伏公府所杀。《南史·侯景传》中记载了侯景居住的昭阳殿"常有鸺鹠鸟鸣呼"，在他称帝100多天后，被其部下所杀。《三国典略》[2]中记载了北齐后主高纬出生当天，"有鸮鸣于产帐之上"，最终被北周武帝赐死。《隋书·五行志》中记载了西梁后主萧琮即位后，"有鸺鸟集其帐隅"，后来被隋炀帝废为庶民，不久后离世。《蜀梼杌》中记载了光天元年（918）四月，前蜀开国皇帝王建的宫中"有狐嗥于寝室，鸺鹠鸣于帐中"，不久王建便突发重病离世。《宋史·五行志》中记载了宋徽宗在端拱殿祭祀天地，百官刚刚开始道贺，"忽有鸦止鸣

---

1 陈国都城的城门。

2 《天中记》卷五十九。

于殿屋……与赞拜声相应和"，不到一年靖康之难爆发，北宋灭亡，宋徽宗最终身死异乡。

在这种观念的影响下，民间百姓同样视鸮为不祥鸟。南朝宗懔《荆楚岁时记》中写道："鸮大如鸠，恶声，飞入人家，不祥。"唐代陈藏器《本草拾遗》中写道："钩鹆，即《尔雅》鸱鸺也……夜飞昼伏，入城城空，入室室空……若闻其声如笑者，宜速去之。北土有训狐，二物相似，各有其类。训狐声呼其名，两目如猫儿，大如鸱鸮，作笑声，当有人死。"鸮已然成为死神的使者。北宋司马光《类篇》中也写道："隹，鸱属……所鸣，其民有祸。"

与此同时，民间还演绎出关于鸮的奇异传闻。《北户录》中记载"鹎鹛鸟，一名鸱鹎……人截手爪弃露地，此鸟夜至人家拾取，视之则知有吉凶。凶者辄更鸣，其家有殃也。"鸮竟然只凭观察指甲就能判断一家人的吉凶，并且在遇到凶兆时发出哀鸣[1]。《太平广记·禽鸟部》中记载了鸮"好与婴儿作祟"，还"爱入人家，铄人魂气"；《五杂俎》中也记载了闽人将鸮视为"城隍摄魂使者"，鸮成为夺人魂魄的死亡之鸟。

后来，人们还用鸮比喻丧尽天良的小人。《隔帘花影》第三十九回中写道："因鸮鸟生的猫头鸟翼，白日不能见物，到夜里乘着阴气害人，因此北方人指鸮为夜猫，以比小人凶恶，无人敢近。"故事中的人物屠

---

1 《天中记》卷五十九转引南朝刘宋何承天《纂文》揭示了其中缘由："鹎鹛……夜能食蚤虱也，'蚤''爪'音相近，俗云'鹎鹛拾人弃爪，相其吉凶，妄说也。'"就是说仅仅因为读音相近，人们就将猫头鹰身上的跳蚤变成了人的指甲，并且民间风俗以为猫头鹰可以据此判断吉凶，何承天认为这纯属无稽之谈。

图 5-24

[西汉]马王堆 1 号汉墓"T"形帛画
湖南博物院藏

　　这件帛画出土于长沙国丞相夫人辛追墓，总长 205.0 厘米，上宽 92.0 厘米、下宽 47.7 厘米，反映了汉代人对死后世界的想象。整个帛画分为天界、人间、地府三个部分，呈现了众多带有不同寓意、承载不同使命的动物形象。

　　天界有日[1]、月，上面有金乌、蟾蜍和玉兔；日、月之间，一个披发的人首蛇身天神——烛龙[2]端坐在那里，在他的身后，有五只引吭高歌的仙鹤；在他的身下，两只飞翔的仙鹤正注视着骑鹿的两个兽人拖曳起金钟，敲响天籁之音。金钟之下是天门，

1 日下还有一棵扶桑树，树上休息着八个太阳，加上金乌背负的太阳一共有九个，这看上去与上古神话中的天上有十个太阳的说法相矛盾，但其实恰恰体现了匠人的用心：这九个太阳正是当年被羿所射，已经来到了另一个世界。

2 《山海经·大荒北经》载："西北海之外，赤水之北，有章尾山。有神，人面蛇身而赤，身长千里，直目正乘，其瞑乃晦，其视乃明，不食，不寝，不息，风雨是谒，是烛九阴，是谓烛龙。"

马王堆 1 号汉墓 "T" 形帛画线描图
白云飘　绘

两位衣冠楚楚、头戴爵弁的 "帝阍" [1] 在那里准备迎接辛追夫人的灵魂，各自身旁有一头赤豹守护。

天门之下有一扇双凤装饰的华盖，下面是一只展翅的鸮鸟，它是迎接亡者的招魂鸟；还有一青龙一赤龙，它们相互交缠在一起，穿过谷纹巨璧。在古人眼中，璧象征着天地之交："璧者，方中圆外……内方象地，外圆象天 [2]。" 在巨璧向上伸出的升天踏板上，拄杖而立、身着彩衣的老妪便是辛追夫人的魂魄，她正在侍女的服侍下，接受天界使者的引导。升天踏板的下方有两头回望双龙的赤豹守护着灵魂升天的仪式。巨璧下方悬挂着五彩帷帐和特磬，帷帐上有一对人首鸟身的春神 "句芒 [3]"，特磬下是人间祭祀的场景：祭台上陈列鼎、壶等祭器，中间安放着辛追夫人的遗体，7 人拱手对坐，分列两侧，正在为她祭奠祈祷。

祭台是人间与地府的分界，一个大腹便便的巨人将其托起，巨人脚踩在两条交缠的大鱼之上。这位巨人或许就是代表北方的水官 "玄冥"，他还有另一个名字 "禺彊 [4]"，有一条吐着芯子的赤蛇盘桓在他的四周；那两条大鱼就是海精鲸鲵 [5]。在祭台的两侧，各有一只向上攀缘的大龟，它们口衔芝草，鸮鸟静静地立于龟背上，注视着观者的方向。

---

1 帝阍（hūn）：古人想象中掌管天门的人。《楚辞·离骚》："吾令帝阍开关兮，倚阊阖而望予。" 王逸注："帝，谓天帝也；阍，主门者……阊（chāng）阖，天门也。"

2 《白虎通义》卷七《文质》。

3 《山海经·海外东经》载："东方句芒，鸟身人面，乘两龙。"

4 《山海经·海外北经》载："北方禺彊，人面鸟身，珥两青蛇，践两青蛇。"

5 《春秋孔演图》载："海精，鲸鱼也。" 侯方域《四忆堂诗集校笺》载："雄为鲸，雌为鲵。"

本赤遭逢靖康之难，逃难途中将故人的孩子变卖换取盘缠，后来沦为了乞丐，"见个亲友，还油嘴诓骗。过一二次，人人晓得屠油嘴没良心，都不翘睬他……只为良心丧尽，天理全亏，因此到处惹人憎嫌，说他是个不祥之物"。这也是"夜猫进宅，无事不来"这句俗语的由来。

不孝鸟和"枭首"

在周代，鸮还被视为杀害母鸟的不孝鸟，给后世带来了深远影响。为了坐实鸮身为不孝鸟的名声，周人甚至还杜撰了上古时代的历史。《史记》集解中引孟康语："枭，鸟名，食母；破镜，兽名，食父。黄帝欲绝其类，使百物祠皆用之。"也就是说黄帝希望消灭这些不孝的禽兽，于是便将它们用于各种祭祀的场合。这种被称为"磔[1]祭"的祭祀十分残忍，《说文解字》载，"（枭）不孝鸟也，日至，捕枭磔之，从鸟头在木上"，也就是将鸮首割下来插在木头上，而"枭"便是记录这一场景的象形字。到了汉代，皇帝会在夏至赏赐百官枭羹。《汉宫仪》[2]载，"夏至，赐百官枭羹，欲绝其类也"；为何选择在这一天，是因为"夏至，微阴始起，育万物，枭害其母，故以此日杀之"，也就是从这一天开始，阴气初生，开始孕育万物，而鸮却杀害了能够繁衍孕育后代的母亲，所

1　磔（zhé）：裂解肢体。
2　《天中记》卷五十九。

以要消灭鹗。

在周人的影响下，"枭害其母"的典故在民间开始流传。《文子·微明》引老子的话说"以不义得之，又不布施，患及其身，不能为人，又无以自为，可谓愚人，无以异于枭爱其子也"，以鸮爱惜幼鸟却反被害的典故，比喻白公胜吝惜财物，这些财物却害了他。《北梦琐言》中记载了晚唐苏楷"人才寝陋，兼无德行"，他借助任礼部尚书的父亲考取进士，却被唐昭宗除名，于是"专幸邦国之灾"，只顾一己私利，不顾国家兴亡，被河朔人士视为"衣冠土枭"。后来《太平广记·谄佞》在引述这则故事时，将"衣冠土枭"改记为"衣冠枭獍"，獍与鸮一样，是生来食母的不孝兽。

后来，由"枭"字引申出了"枭俊"和"枭首"。"枭俊"指的是割下敌方首领的首级并悬首示众[1]。《汉书·陈汤传》中写道："今国家素无文帝累年节俭富饶之畜，又无武帝荐延枭俊禽敌之臣，独有一陈汤耳！"这位可以"枭俊禽敌"的能臣便是喊出那句"明犯强汉者，虽远必诛"的名将陈汤。"枭首"则是对罪大恶极之人施加的一种酷刑。《墨子·号令》中写道，"禁无得举矢书[2]，若以书射寇，犯令者父母、妻子皆断，身枭城上"，也就是那些向敌国提供情报的人，他与父母、妻儿都要被处枭首。西汉初年，枭首是五刑之一，《汉书·刑法志》载："汉兴之初……令曰，'当三族者，皆先黥，劓，斩左右止，笞杀之，

---

1 颜师古注《汉书》云："枭谓斩其首而县（悬）之也，俊谓敌之魁率。"
2 矢书：战争中用箭射至敌方的文书。

枭其首，菹[1]其骨肉于市。'"身为西汉开国功臣的异姓王，彭越和韩信都惨遭此酷刑。

不仅如此，枭首往往还用来以儆效尤，这便是所谓的"枭首示众"。《汉书·外戚传》中记载了"元光五年（前 130），女子楚服等坐为皇后巫蛊祠祭祝诅，大逆无道……楚服枭首于市"。表面上楚服是因巫蛊祠祝获罪，实则与她淫乱后宫有关，所以才会被悬首示众。《扬子法言·重黎》中记载了刘屈氂"欲令昌邑王[2]为帝……罪至大逆不道……妻、子枭首华阳街"，身为丞相的刘屈氂不守臣子本分，竟密谋推立刘髆为太子，最终连累了妻儿枭首示众。《后汉纪》中记载了曹操将"袁谭、高干，咸枭其首"，以惩戒那些表面假意归顺、背地借机反叛的人。《宋史·忠义传》中记载了"（平江府）溃兵四出剽掠，良淳捕斩数人，枭首市中"，赵良淳将抓来的参与劫掠的逃兵枭首示众，同样意在杀一儆百。《清史稿·洪秀全传》中记载了太平军将领萧朝贵攻打长沙时战死，"尸埋老龙潭，后起出，枭其首"，他死后被清军开棺曝尸，枭首示众，以警示世人。

---

1 菹（jū）：剁成肉酱。
2 昌邑哀王刘髆（bó）。

何谓"枭将"与"枭雄"

秦末汉初，"枭将"被用来称呼军中猛将，因名中带"枭"往往不得善终。《孔丛子·答问》中写道，"章邯枭将，卒皆死士也"，秦军大将章邯率死士打败了陈胜的军队，但最终在楚汉战争中兵败自刎。《史记·留侯世家》中记载了"九江王黥布，楚枭将""且太子所与俱诸将，皆尝与上定天下枭将也"，韩信、彭越、英布都曾为大汉立下汗马功劳，但最终难逃被杀的命运。《华阳国志》中记载了"（袁）绍征官渡，遣枭将颜良攻东郡太守刘延于白马"，如果按照《三国演义》中的写法，颜良后来被关羽直冲军阵，一刀砍杀。《南史·邓琬传》中记载了"孝祖枭将，一战便死"，刘宋武将殷孝祖因军事才能受到了宋孝武帝的赏识，每次出战皆"以羽仪自标"，也就是带着豪华的仪仗队，最终在一次战斗中死于流矢。

汉末三国，是一个枭雄争锋的时代。从字面上看，枭雄因"枭"而带有贬义。《三国志·袁绍传》中谈及曹操时，称其为"豺狼野心，潜苞祸谋，乃欲挠折栋梁，孤弱汉室，除灭忠正，专为枭雄"，也就是说狼子野心、心怀叵测、陷害忠良构成了枭雄的底色。当然，被称为枭雄的并不只有曹操一人，陈琳在《檄吴将校部曲文》中谈及自董卓作乱后的近30年里，"锋捍特起，鹰[1]视狼顾，争为枭雄者，不可胜数"。另一位被时人称为枭雄的是刘备：《三国志·周瑜传》中记

载了刘备赴京口 [2] 面见孙权，周瑜以"刘备以枭雄之姿"为由，建议将其扣押；同书《鲁肃传》中则记载了鲁肃向孙权进言联刘抗曹大计时，直言"刘备天下枭雄"。后来，地方作乱的首领也以"枭雄"相称：《晋书·李特载记》中记载了西晋末年割据蜀地的李特"世传凶狡，早擅枭雄，太息剑门，志吞井络 [3]"；《清稗类钞·战事类》中称乾隆年间白莲教起义首领刘之协、姚之富、齐王氏"三人皆枭雄"。不论是能征善战的枭将，还是叱咤风云的枭雄，都随着那个时代的结束而最终落幕。

1 鹯（zhān）：鹞类猛禽。
2 今江苏镇江。
3 井络：泛指蜀地。

第六章

与鹤之间

鹤鸣九天的太平盛世

数千年来，在中国人的语汇中，鹤是唯一被冠以"仙"的动物。早在远古时代，鹤就以它兼有歌者与舞者的艺术气质走进了先民们的视野。"引员吭之纤婉，顿修趾之洪姱。叠霜毛而弄影，振玉羽而临霞"，这段来自鲍照《舞鹤赋》中的描写，为我们展现了时而驻足引吭高歌、时而起舞弄清影的鹤的形象，字里行间都散发着高贵、典雅和唯美的气质，这也难怪它们能够紧紧地俘获古人的心。《诗经·小雅·鹤鸣》有云，"鹤鸣于九皋，声闻于野""鹤鸣于九皋，声闻于天"，哪怕是在沼泽深处，鹤鸣依然可以响彻原野，直冲九天。于是，在鹤的身上，我们的祖先发现了音乐的奥秘。古人取鹤的尺骨制作成骨笛（图6-1），并在不同位置的开孔中，探索出了宫商角徵羽的音律变化。

图6-1.............................

[新石器] 贾湖骨笛
　　　河南博物院藏

....

这是一件距今7000多年的骨笛，它由仙鹤的尺骨制成。古人在沉醉于仙鹤高贵优雅的曼妙舞姿时，从中感受到了音乐的旋律。于是，他们取鹤的尺骨制成骨笛，从最早的两孔发展到后来的五孔、七孔和八孔，最终演绎出了宫商角徵羽的华美乐章。

　　周天子以礼乐教化天下，鸣鹤被视为君子的象征。《韩非子·十过》中记载了师旷为卫灵公抚琴，演奏"清徵"之音："一奏之，有玄鹤二八，道南方来，集于郎门之垝。再奏之，而列。三奏之，延颈而鸣，舒翼而舞。音中宫商之声，声闻于天。"当玄鹤听到"清徵"之音，便结队而来，伴随着音律，列队而鸣，展翅而舞。而师旷又说道，"古之听清徵者，皆有德义之君也"，也就是说只有那些有品行、讲道义的君子才懂得欣赏，继而鸣鹤成为君子的代名词。陆云在《鸣鹤诗序》中写道："鸣鹤，美君子也。"《后汉书·杨赐传》中记载了杨赐上书劝诫汉灵帝："斥远佞巧之臣，速征鹤鸣之士。"再后来，琴、鹤与君子相得益彰：《宋史·赵抃传》中记载了北宋名臣赵抃出任蜀地时，"匹马入蜀，以一琴一鹤自随；为政简易，亦称是乎"。

　　当鹤成为君子的象征，便承载起古人对太平盛世的美好愿望。《周易》"风泽中孚"卦九二爻的爻辞中写道，"鸣鹤在阴，其子和之，我有好爵，吾与尔靡之"，国君自比鸣鹤，臣下皆为鹤的孩子，君臣同心同德，天下才能大治。《诗经·大雅·灵台》中有"麀鹿濯濯[1]，白鸟翯翯[2]"，以周文王的灵囿中嬉戏欢游的鸟兽喻指西周的臣民。其中，以鹿比喻百姓，所谓"呦呦鹿鸣，食野之苹"，他们在周天子的庇护下，安享太平盛世；这里的白鸟即白鹤，比喻贤德的官员，白鹤洁白无瑕的羽毛寓意为官清风高洁。这是"鹤鹿同春"最早的意象，寄托了人们对贤臣治国、国泰民安的美好愿望。《毛诗正义》中认为《诗经·小雅·鹤鸣》是"诲

---

1 濯濯（zhuó）：《毛诗故训传》中毛传云，"濯濯，娱游也"，郑笺云，"鸟兽肥盛喜乐"。
2 翯（hè）：羽毛洁白润泽的样子。《孟子·梁惠王上》引用作"麀鹿濯濯，白鸟鹤鹤。"

萧斋绿树盖重阴家
事多池鹤典琴祇许
幽人朱问字相商疏
仿以前音
乾隆丙子夏御题

茅簷灌泉景庭涛
陰童子垂挹大璧
流水高山恢云興仃
洵城市兄玄音
衡明

图 6-2

［明］文徵明《琴鹤图》
台北故宫博物院藏

这幅纸本设色图轴纵
63.4厘米、横29.2厘米，描
绘了文人隐士的日常生活。
在山林之间有一座重楼别
院，在正厅前的敞轩里，一
位老者正与一位手捧书卷的
年轻人相对而坐，侃侃而谈，
旁边站着随行的侍者。庭前
植有松柏和梧桐，树下的太
湖石上点缀着青苔，旁边还
有数丛竞相吐蕊的萱花。庭
院中养有一鹤，正在啄食地
上的嫩芽，远处有一童子刚
刚抱琴而至，目光似乎被画
面之外的声音所吸引。

图6-3

［清］仙鹤补子

美国大都会艺术博物馆藏

Rank Badge. Metropolitan Museum of Art, Bequest of William Christian Paul, 30.75.830

　　这是一件清代康熙年间一品文官朝服上的仙鹤补子，长宽各28.0厘米，采用宫廷御用缂丝工艺制成。仙鹤与海潮、礁石与太阳共同构成了包含多种吉祥寓意的图案：仙鹤立于潮头岩石之上，寓意"一品当朝（潮）"；仙鹤展翅在云中飞翔，寓意"一品高升"；仙鹤边飞边回首望向天上的太阳，寓意"指日高升"。

宣王也"，"教宣王求贤人之未仕者"；正因有了众多贤臣的辅佐，才迎来了"宣王中兴"。后来，朝廷举贤任能，向天下发布的诏书被称为"鹤书"。南朝齐孔稚珪在《北山移文》中写道："及其鸣驺[1]入谷，鹤书赴陇。"明清时期，仙鹤成为帝国最高品阶文官补服上的图案（图6-3）。

---

1 鸣驺：古代随从显贵出行并传呼喝道的骑卒，借指显贵。

图 6-4..............................

[北宋] 赵佶《瑞鹤图》
辽宁省博物馆藏

....

900 多年前的正月，北宋汴京皇城之上云蒸霞蔚，18 只自西北方而来的仙鹤盘旋于睿谟殿上，鸣叫声响彻皇城；两只仙鹤还落在了大殿屋脊的鸱吻上，驻足站立，回首望向空中。身为一国之君的宋徽宗放眼望去，太平盛世的祥瑞让他内心久久无法平静，遂将此情此景付诸笔墨之下。

当世间出现鹤的盛景时，会被古代帝王视为祥瑞之兆。历史上最著名的一次瑞鹤翔集发生在北宋政和二年（1112）正月十六。那一天，据《宋史·仪卫志》载，宋徽宗在延福宫宴请辅臣，"有群鹤自西北来，盘旋于睿谟殿上"。此情此景，让宋徽宗喜出望外，他命人备好笔墨，留下了那幅名垂千古的《瑞鹤图》（图 6-4），永远地记录下了那个难忘的瞬间。说来也怪，后来每逢宫廷演奏雅乐"大晟乐"，群鹤就会被吸引米，

图 6-5

[东汉] 庭院画像砖
成都博物馆藏

　　这件画像砖出土于四川成都曾家包汉墓,纵 40.5 厘米、横 48.0 厘米,描绘了汉代典型都市生活的场景。右侧是高大的坊门,每天随着晨钟暮鼓定时开放,下面正有一人执帚扫除,其旁卧有一犬。坊门之内是一座院落,院落中以连廊分隔成不同的空间:右边前院为厨房,其中有水井;左边前院两只雄鸡相斗正欢,后院两只鹤正展翅共舞,屋檐下主人与宾客欣赏着鹤的舞姿,交谈甚欢。

宋徽宗还特命人制作了瑞鹤旗。姑且不论宋徽宗的治国能力,仅凭他对鹤的钟情,我们足以感受一位帝王内心的宏愿。

　　鹤因其所承载的祥瑞寓意,深受人们喜爱。鹤早在先秦时期就被作为"国礼"相赠:《史记》[1]写道,"齐王使淳于髡献鹤于楚";《说苑》[2]记载,"魏文侯使舍人蔡无泽献鹤于齐"。更有甚者,卫懿公因爱鹤而

---

1 《艺文类聚》卷九十《鸟部上》。

2 同上。

图 6-6...

[唐] 周昉《簪花仕女图》
辽宁省博物馆藏

....

给鹤加官晋爵。《左传·闵公二年[1]》载，"懿公好鹤，鹤有乘轩者"，
他把将士们的战车让鹤来坐，把战士们的马匹让鹤骑，把练兵场当训鹤
场，把军需粮当鹤饲料，群臣义愤填膺，举国怨声贯耳。然而，他只是
徒有其表地爱鹤，最终失去了民心，当赤狄入侵时，"国人受甲者皆曰：
'使鹤，鹤实有禄位，余焉能战'"，卫懿公落了个身死国灭的下场。

---

1 公元前 660 年。

　　这是一幅绢本工笔重彩画，纵 46.0 厘米、横 180.0 厘米。画中描绘了唐代贵族妇女日常生活中游园赏花的情景。其中画面最左边的仕女发髻高耸，头戴芙蓉花，身着绘有成双入对的仙鹤图案长裙，右手刚从辛夷花丛捕到一只白色蝴蝶，正回眸望向朝她跑过来的小狗，小狗后面还跟着一只鹤，它抖动着翅膀，似乎刚刚落下，让整个画面充满动感。

闲云野鹤的隐士生活

　　魏晋时期，因鹤具有曼妙的身姿、清亮的鸣叫、飘逸的举动，人们逐渐将其与精神高蹈的隐士、德行懿善的儒士联系在一起。正如《庚溪诗话》中所言，"众禽中，唯鹤标致高逸"；白居易《感鹤》中也有"饥不啄腐鼠，渴不饮盗泉"的描写，鹤成为士人自我投射的理想化人格的

图 6-7 ....

［明］陈汝言《仙山图》
美国克利夫兰艺术博物馆藏

Mountains of the Immortals, Cleveland Museum of Art, Bequest of Mrs. A. Dean Perry 1997.95

这件绢本设色图轴纵 33.0 厘米、横 102.9 厘米，描绘的是中国古代文人心目中可游可居的理想居所：山峦叠翠、亭台掩映、瀑布清泉、小桥流水……透过一种统一的青绿色调，散发出疏朗、清远的气韵。画面中一共有三组人物，他们或是与鹿相伴，或是独自凭栏，还有一高士侧卧于林间的空地，悠闲地望着童子与两只仙鹤的有趣"互动"。画面右上角有倪瓒题字："仙山图，陈君作也，所画秀润清远，深得赵荣禄[1]笔意。……辛亥十二月二日（1374），倪瓒题。"

---

1 元代著名书画家赵孟頫，因官至荣禄大夫而得名。

化身——孤瘦、高标而遗世独立。有人甚至用鹤比喻当时的名士，《世说新语》中写道，"严仲弼，九皋之鸣鹤，空谷之白驹""嵇延祖卓卓，如野鹤之在鸡群"。

　　魏晋纷繁的战乱、政局的诡谲，让士人们开始寻求一种超然世外的生活，徜徉于山水之间，与琴、鹤为伴。陆机出仕西晋，被卷入了司马氏内斗的旋涡：赵王司马伦篡位后，拜陆机为相国参军，封关内侯；后来司马伦被诛杀，陆机幸得成都王司马颖赦免，被封为平原内史，率20万大军讨伐长沙王司马乂。《语林》中记载："（陆）机为河北都督，闻警角之声，谓孙丞曰，'闻此不如华亭鹤唳。'"陆机向部下吐露心迹，相比吹角连营，更愿意回到过去在华亭放鹤的隐逸生活。

在这一时期，鹤氅[1]成为风流名士的装束。《三国演义》第三十八回中刘备三顾茅庐见到的诸葛亮"身长八尺，面如冠玉，头戴纶巾，身披鹤氅，飘飘然有神仙之概"。《晋书·谢万传》中有"（谢）万著白纶巾，鹤氅裘，履版而前"的记载。《世说新语·企羡》中记载："孟昶未达时，家在京口，尝见王恭乘高舆，被鹤氅裘。于时微雪，昶于篱间窥之，叹曰，'此真神仙中人。'"后来，这种传统一直延续至隋唐时期。

隋唐之际，养鹤之风盛行。隋代刘焯在《毛诗义疏》[2]中写道："鹤……今吴人园中及士大夫家皆养之。" 唐代诗人白居易更是养鹤的好手，一对白鹤数十年的陪伴，见证了白居易的宦海生涯与心路历程[3]。在他的诗歌作品中，有大量关于鹤的描写：《西风》一诗中，有"薄暮春苔巷，家僮引鹤归"；在《晚兴》中有"山明虹半出，松暗鹤双归"。值得注意的是，这一时期，鹤除了原有的高洁不群的意象之外，还寄托了新的寓意。中国台湾学者卓清芬从大量的唐代咏鹤诗中发现，"借鹤的高飞长鸣显示了诗人对富贵功名的热衷及旺盛的企图心"。身为宰相的裴度向白居易求鹤就带有这种政治隐喻，《求鹤诗》中写道，"且将临野水，莫闭在樊笼。好是长鸣处，西园白露中"，表面上是希望鹤能临水而"长鸣"，但隐含的深意是裴度希望白居易留在长安，发挥他的才能，以鹤不归仙家，也不应被关在樊笼内，隐喻白居易不应自拘于洛阳以至终老。

---

1 鹤氅（chǎng）：以鹤羽织成的外衣。

2 《初学记》卷三十《鸟部》。

3 陈家煌《从鹤的物性看白居易诗中的鹤》，《成大中文学报》2014年6月（第45期）。

图 6-8 ....

［清］隐士画鹤图
美国费城艺术博物馆藏

Fisherman in a Landscape, Philadelphia Museum of Art, Purchased with Museum funds from the Simkhovitch Collection, Photo © 2023 Philadelphia Museum of Art, 1929-40-24

这件绢本设色散页纵 23.0 厘米、横 25.8 厘米，画面上描绘了夕阳晚照、隐士孤舟画鹤的情景：红色的夕阳即将消失于远方群山的天际线；一群白鹤朝着西北的方向飞过湖面；湖边的古柳之下，一位文人穿着的老翁正盘腿坐于船头，左手执画板，右手执笔，望着远去的鹤群，悠闲地写生。

图 6-9 ....

［清］妻梅子鹤玉插屏
台北故宫博物院藏

这件玉插屏高 30.3 厘米、宽 20.4 厘米、厚 1.6 厘米，正面刻画了山间小路上，一老翁与童子相伴前行的场景，童子张臂放鹤，鹤登时便飞上重天，老翁举目遥望。绽放的梅树绚烂了整个山谷，远处的亭台若隐若现。左上方阴刻乾隆四十四年（1779）御制诗："孤山处士胜蜀客，不上君王封禅书。试向白驹章句觅，其人非玉更谁如。"

到了宋代，最为著名的是隐士林逋"妻梅子鹤"的故事。《梦溪笔谈·人事》中写道："林逋隐居杭州孤山，常畜两鹤，纵之则飞入云霄，盘旋久之，复入笼中。逋常泛小艇，游西湖诸寺。有客至逋所居，则一童子出应门，延客坐，为开笼纵鹤。良久，逋必棹小船而归。盖尝以鹤飞为验也。"林逋孤高恬淡，不慕名利，终生不仕不娶，寄情于山水之间，以梅花与鹤为伴，为我们留下了"疏影横斜水清浅，暗香浮动月黄昏"的千古名句。袁宏道在《孤山小记》[1]中感慨道："孤山处士，妻梅子鹤，是世间第一种便宜人。"梅花"剪雪裁冰"，一身傲骨，同样也是高洁之士的写照。

驾鹤神游与化鹤成仙

战国以来，随着求仙思想的流行，鹤成为仙人的坐骑。《相鹤经》称鹤为"羽族之宗长，仙人之骐骥也"。在《列仙传》中，周灵王的太子晋跟随浮丘公在嵩山修炼三十余载，最终在七月七日登仙驾鹤而去："果乘白鹤驻山头，望之不得到，举手谢时人。"魏晋时期，《述异记》中记载了读书人荀瓌喜好道术，归隐东游，在黄鹤楼上偶遇仙人："望西南有物飘然，降自霄汉，俄顷已至，乃驾鹤之宾也。鹤止户侧，仙者就席，羽衣虹裳。宾已欢对，辞去，跨鹤腾云，眇然烟灭。"仙人驾鹤

---

1 《西湖梦寻·孤山》。

图 6-10

[战国] 人物御龙帛画

湖南博物院藏

　　这件帛画出土于湖南长沙子弹库 1 号楚墓，纵 37.5 厘米、横 28.0 厘米。上面描绘了墓主御龙飞仙的情景：他头戴高冠，身穿博袍，腰佩长剑，脚踏长龙。龙昂首卷尾，弓身成舟。龙舟迎风前行，人物上衣的飘带和华盖的垂穗随风飘荡；一只仙鹤正单脚立于舟尾，仰望天际。

图 6-11..........................

[春秋] 莲鹤方壶
　　　河南博物院藏

....

这件青铜莲鹤方壶于 20 世纪 20 年代出土于河南新郑李家楼郑公大墓，被郭沫若誉为"青铜时代的绝唱"。器底由两只怪兽用力撑起，器身通体装饰蟠螭纹、鸟纹，两侧双耳为两条回首顾龙，四周有大小不等的翼龙正从下往上攀爬。器盖上饰有双层莲瓣，莲瓣中央有一只仙鹤正欲鸣于九天之上，振翅欲飞。

从天际降落在黄鹤楼上，与荀瑰在黄鹤楼上把酒言欢，之后又驾鹤腾云而去。在汉代以来死后灵魂升天的观念影响下，"驾鹤西去"成为人离世的委婉表达。

传说太子晋就是乘白鹤的仙人王子乔，于是，汉代便将太子居住的地方称为"鹤禁"。《汉宫阙疏》[1]中写道："白鹤，太子所居之地，凡人不得辄入，故云'鹤禁'也。"唐代武则天当政时，将掌管太子东宫禁卫的机构改名为"控鹤府"。《旧唐书·职官志》中记载了垂拱元年（685）二月，"改……左、右监门率府为左右控鹤禁率府"，而"监门率府掌东宫禁卫之法"。后来《旧唐书·张行成传》中记载了武则天在"圣历二年（699），置控鹤府官员，以易之为控鹤监、内供奉，余官如故"。后世臆断"控鹤府"是武则天蓄养男宠的地方，然而实际上，"控鹤府"中的成员也不乏郭元振[2]这样的能臣，他们是武则天最为倚重的亲信。唐代以后，历代皇帝的近卫亲兵编制中都有控鹤军，比如，《续文献通考》中记载的金代皇帝平日出行仪卫中就有"弩手二百人、军使五人、控鹤二百人、首领四人"，这一传统一直延续到元代。

凡人在得道升仙时有时会化身为鹤。《搜神后记》中记载了辽东人丁令威"学道于灵虚山，后化鹤归辽"。当化身为鹤的丁某回到故乡后，与其他鹤一起"集城门华表柱"，也就是落在了城门前的华表上。然而，时过境迁，再加上他已是鹤的模样，"时有少年，举弓欲射之"，小孩

1　《白孔六帖》卷三十七。
2　《旧唐书·郭元振传》中记载了武周大足元年（701），郭元振出任凉州都督、陇右诸军大使，北却突厥、西走吐蕃，拓境1500里，大兴屯田，促进了凉州地区的安定发展。

子拿起弹弓朝着丁某射去，无奈之下，丁某飞到半空，徘徊中发出了物是人非的感慨："有鸟有鸟丁令威，去家千年今始归。城郭如故人民非，何不学仙冢垒垒。"然后便直飞冲天离去。后来便有了"鹤归华表"的典故，感叹人世的变迁：唐代赵嘏《舒州献李相公》诗云"鹤归华表山河在，气返青云雨露全"，明代孙蕡在《〈朝云〉诗序》中写道"鹤归华表添新冢，燕蹴飞花落舞筵"。

鹤之所以可以成为仙人的坐骑，以及凡人修道后会化身为鹤，都离不开鹤的一项"绝技"——长寿。现实中，人工饲养的鹤最多能活到80岁，在此基础上加以神化，寿命可达千岁。《淮南子·说林训》中写道："鹤寿千岁，以极其游。"《相鹤经》[1]还将鹤不同时期的生长变化进行了细致的描述："二年落子毛，易黑点，三年头赤，七年飞薄云汉，又七年学舞，复七年应节，昼夜十二鸣。六十年大毛落，茸毛生，色雪白，泥水不能污。百六十年雄雌相见，目精不转，孕千六百年，饮而不食。"崔豹在《古今注》中也写道："鹤千岁则变苍，又两千岁变黑，所谓玄鹤也。"鹤寄托了人们对于长寿的渴望，后来人们经常将其与莲花、龟、松树等组合在一起，借以表达对长寿的美好愿望与祈盼。

---

1 《文选》卷十四《鸟兽下》。

图 6-12..

[清]《升平乐事图——花烛鹤灯》
台北故宫博物院藏

这幅册页出自《升平乐事图》，画面中一童子手捧灵芝灯烛，正回过头去瞧另一个正提着鹤灯的童子，灵芝与仙鹤相结合，寓意长命百岁。在他们身后，一位仕女背着一个似乎在打盹的婴儿，另一位仕女则远远注视着耍花灯的孩童，在她身后还藏着一个有些腼腆的童子，画面充满了生活情趣。

图 6-13．

〔西汉〕神龟驮鹤形座青铜炉

南昌汉代海昏侯国遗址博物馆藏

这件青铜炉的底座为一昂首的神龟，龟背饰有菱形图案，上面站立着一只振翼欲飞、口衔宝珠的仙鹤，宝珠与炉底相连，铜炉呈钵状，炉盖已佚。曾几何时，在香炉袅袅的云雾中，仙鹤踏龟如入仙境一般，寄托了汉代贵族长生不老的美好希冀。

图 6-14 ....

[清]道袍
　　美国明尼阿波利斯艺术博物馆藏

Daoist priest's robe, Minneapolis Institute of Arts, The John R. Van Derlip Fund, 42.8.293

　　这件道袍属道教法衣，是参加道教法事的专用服饰，对襟长及小腿，无袖披，袖长随身。衣身以金丝银线绣各种道教吉祥图案：两肩饰仙鹤衔桃，左臂饰兑卦和南斗六星——离、旨、火、天、尊、胜，右臂饰火卦和北斗七星——贪、破、文、武、巨、廉、禄，袖摆饰阴阳图，衣身饰六条姿态各异的水、火金龙。

图 6-15

[明]《十六罗汉图卷》（局部）

美国明尼阿波利斯艺术博物馆藏

这幅纸本设色绢画出自明代丁云鹏师徒之手，长达 357.0 厘米、宽 29.0 厘米。十六罗汉是佛陀的觉悟弟子，也是佛教的护法。这里展现了十六罗汉中的三位罗汉，从右往左分别是跋陀罗尊者（过江罗汉）、苏频陀尊者（托塔罗汉）和迦哩迦尊者（骑象罗汉），每个罗汉身旁还配有图赞。苏频陀尊者旁站着一位放鹤的童子，图赞写道："童子戏禽，道者休禅。忘观想地，鹤舞青天。"

矢志不渝的爱情

"生并栖兮中林，死同穴兮芳岑"，这是扬州大明寺《双鹤铭》碑文中的一句话。清朝光绪十九年（1893），大明寺住持星悟和尚在平山堂前的鹤池内放养了一对白鹤，后来雌鹤因足疾而亡，雄鹤整日绕着雌鹤的尸体哀鸣，最终绝食而亡。星悟和尚深受感动，将双鹤埋葬于平山堂西侧后，立"鹤冢"石碑以作纪念，并请来河南道监察御史李郁华撰写了铭文。

正因鹤的不离不弃、生死相依，自古以来，鹤成为忠贞不渝的爱情的象征。《昭明文选·音乐》记载了蔡邕《琴操》中《别鹤操》一曲，这首琴曲源自一段忠贞不渝的爱情故事。牧子娶妻 5 年，因无子，父兄欲为其改娶，"牧子援琴鼓之，叹别鹤以舒其愤懑，故曰'别鹤操'；鹤一举千里，故名'千里别鹤'也"；崔豹《古今注》中还有另外一个版本："妻闻之，中夜起，闻鹤声，倚户而悲。牧子闻之，怆然歌曰，'将乖比翼隔天端，山川悠远路漫漫，揽衣不寝食'，后人因以为乐章也。"最终两人的恩爱感动了家人，遂让他们继续生活在一起，但从此人们便将别鹤与夫妻离别联系在一起。南朝宋鲍照在《拟行路难》中写道："宁作野中之双凫，不愿云间之别鹤。"

后来，人们用"孤鹤羁雌"形容夫妇或恋人相隔异地，遥相思念。梁元帝萧绎有一首著名的《燕歌行》，讲述了燕地的少妇在旖旎的春光中与夫婿远别，其中有一句"沙汀夜鹤啸羁雌，妾心无趣坐伤离"。夜色中沙洲上的雄鹤发出哀鸣，呼唤被人囚禁在笼中的雌鹤，那凄切的鸣叫让少妇感同身受，她的处境不正如雌鹤一样吗？但是，雌鹤起码还能听到雄鹤的呼唤，而她的丈夫却音信全无，她只能无奈地伤离别。南朝梁大臣王筠在《春月》中也写道："青骹逐黄口[1]，独鹤惨羁雌。同衾远游说，结爱久生离。"

---

1 青骹（qiāo）：一种青腿的老鹰。黄口：雏鸟的嘴，借指雏鸟。老鹰追逐雏鸟，意味着幼鸟失去了雌鸟的庇护。

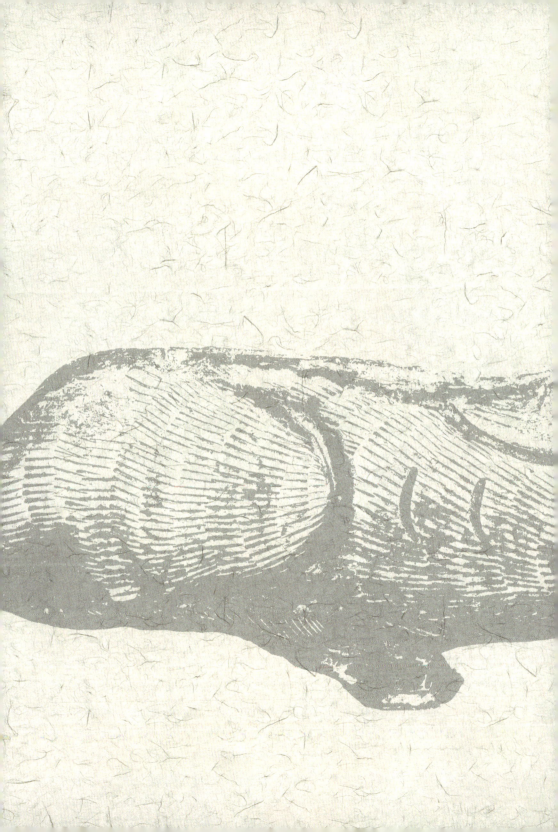

第七章

与狐之间

从生男子到王者之证

自古以来，狐狸就被视为一种灵兽。历史上，没有一种动物能像狐狸一样如此亲近人类：在大多数人的印象中，它们用数百年的时间修炼成狐妖，然后变幻成人形，混入人类社会，演绎出千奇百怪的传奇故事。那些口口相传的狐妖故事，折射出了不同时代的底色，让我们窥见人世间的众生百态和真伪善恶。然而实际上，狐狸在中华文化史上的历史还要更为悠久。早在上古时代，身为仙兽的九尾狐就已经出现，我们的祖先在它身上寄托了娶妻生子的吉祥寓意。

这一切始于一场时代的变革。自原始部落进入父系氏族社会以来，社会生产力的发展催生了私有制的出现和社会等级分化，权力、地位和财富开始按照父系继承，于是，对一个家族而言，生男子成为一件具有重要意义的事情。为了庆贺生下男孩，祭祀高禖[1]的"悬弧之礼"开始流行。后来，随着星象占卜的出现，先民们将弓弧的形状附会到尾宿九星（图7-1），赋予其后宫和多子的内涵象征：

> 尾九星为后宫，亦为九子星。占：均明，大小相承，则后宫叙[2]而多子；不然，则否，金、火守之，后宫兵起；若明暗不常，妃嫡乖乱，妾媵失序。
>
> ——《史记正义》

---

1 高禖（méi）：管理婚姻和生育之神，因供奉于郊外而又称为郊禖。

2 叙：同"序"，秩序。

图 7-1
尾宿九星图 1

尾宿九星的明暗变化直接关乎着后宫的安宁和子孙的绵延。丁山在《中国古代宗教与神话考》"尧与舜"一章中有"尾为九子即尧九男"篇，认为："九尾狐者，也即天象上的'尾为九子'。""弧、尾、九尾狐、九子，这一贯的名词，只是求子的寓言。"到了禹的时代，九尾狐的出现预示着娶妻生子的观念依然流行：

> 禹三十未娶，行到涂山，恐时之暮，失其度制，乃辞云："吾娶也，必有应矣。"乃有白狐九尾造于禹。禹曰："白者，吾之服也。其九尾者，王之证也。涂山之歌曰：'绥绥[1]白狐，九尾痝痝[2]。我家嘉夷[3]，来宾为王。成家成室，我造彼昌。天人之际，于兹则行。'明矣哉！"禹因娶涂山，谓之女娇。取辛壬癸甲，禹行。十月，女娇生子启。
>
> ——《吴越春秋·越王无余外传》

这则故事讲述了大龄青年禹因治水巡行四方，无暇谈婚论嫁，30 岁还是孤身一人，担心有违礼法。有一天他来到涂山，遇见一只九尾白狐，认为这是上天暗示他成为王者的祥瑞，但其实这是上天预示了他很快便会娶妻生子。果然不久后，他就娶到了涂山氏女娇，10 个月后，女娇给禹生下了男孩启，涂山人专门创作了歌谣《涂山歌》作为纪念。

---

1 《毛诗正义》中将"绥绥"解释为"匹行貌"，也就是孤零零的样子，带有渴望找到伴侣的隐喻。后来《诗经·卫风·有狐》中的"有狐绥绥"便是借用了"绥绥白狐"的意象，以狐比喻男性征夫。

2 痝痝（máng）：尾巴大而蓬松的样子。

3 嘉夷：喜悦。

图 7-2 ....

[夏] **嵌绿松石铜牌饰**
　　二里头夏都遗址博物馆藏

....

　　在河南偃师二里头遗址的高等级贵族墓葬中，出土了大量铜牌饰，以青铜铸造出主体构架，呈现出不同动物的形象，再用数百片打磨好的绿松石镶嵌其上。这件铜牌饰长 16.5 厘米、宽 11.0 厘米，出土时被安放在墓主胸部，从两侧对称的穿孔纽可以推断应系于主人胸前。狐狸的造型象征着统御天下的"王者之证"。

[夏] 嵌绿松石铜牌饰 美国哈佛艺术博物馆藏 图7-3

Turquoise-Inlaid Plaque with Stylized Animal-Mask Decoration, Harvard Art Museums/Arthur M. Sackler Museum, Bequest of Grenville L. Winthrop, Photo © President and Fellows of Harvard College, 1943.52.45

　　这件流失海外的铜牌饰应同属二里头文化，国内学界普遍认为二里头是历史上夏朝的都城所在。许宏认为，二里头文化"开启了以青铜礼器为核心的中国特色的青铜时代，并形成了广域王权国家"。这些集当时最先进工艺于一身的铜牌饰应为礼器中的一种。这件铜牌饰长 17.2 厘米、宽 11.3 厘米，上面的铜胎勾勒出了寓意"王者之证"的狐狸图案。

　　于是，自禹之后，九尾狐就被后世视为一统天下的象征。《竹书纪年》载，"（帝杼）八年，征于东海及三寿，得一狐九尾"，夏代国君帝杼向东开疆拓土，直抵东海之滨，得到了象征统御天下的九尾狐[1]。在偃师二里头遗址的高等级墓葬中，出土了带有狐狸造型纹饰的嵌绿松石铜牌饰（图7-2、图7-3）。商周之际，《瑞应图》中写道，"六合一统，则九尾狐见"[2]；"（散宜生）得九尾青狐以献纣，免西伯之难"[3]。散宜生以象征天下一统的九尾狐讨好纣王，才让囚禁在羑里城[4]的周文王得以解困。到了秦代，《史记·陈涉世家》中记载了陈胜起兵前夜，偷偷让吴广在野外的神祠里燃起篝火，假装狐鸣，呼曰："大楚兴，陈胜王。"为什么偏偏是狐鸣？可见，即便是在普通百姓的心目中，狐狸也是王者的象征。南北朝时期，《魏书·灵征志》中记载了北魏太和十年（486），"三月，冀州获九尾狐以献"，并指出"王者六合[5]一统则见"，说明在当时，九尾狐依然是一统天下的吉兆。

1　或许就是在《山海经》中所记载的"东海之外，大荒之中……有青丘之国有狐九尾"的地方。
2　《开元占经》卷一百一十六《兽占·九尾狐》。
3　《天中记》卷六十。
4　殷商时期的国家监狱，今河南安阳市汤阴县北有羑里城遗址。
5　六合：上下和东西南北，泛指天下。

图 7-4

[战国]线刻纹青铜匜及流内壁纹饰
淮安市博物馆藏

这件青铜匜出土于江苏淮阴高庄战国墓，长51.5厘米、宽39.0厘米、高17.5厘米，鼓腹，平底，敛口，口沿处有一处流口和对称的两只耳，耳内套环。在流内壁刻有《山海经》中的情景，既有舞蛇的神人，也有龙首人身、人首兽身的神，还有各种珍奇鸟兽，其中便有一只奔跑回望的九尾狐。这也是目前国内所发现的最早的描绘有《山海经》中神人鸟兽的实物，据此也可以推断《山海经》成书于战国时期。

图 7-5..

[西汉]银扣彩绘云气纹贴金漆奁
天长市博物馆藏

....

　　这件漆奁直径9.7厘米，高9.4厘米，重91克。秦汉时期，女性尚奁，《说文解字》中对"奁"的释义为"镜匣也"，即为古代盛放女性梳妆用品的盒子。这件贴金漆奁应为汉代贵族女子的日用之物，它以赭色漆做底，奁盖上绘有云气纹和几何纹，并贴有四重金箔瑞兽，其中既有现实世界中的骆驼、鹿、狮子、熊，也有虚构的九尾狐和鸾凤，它们或奔跑游走，或驻足凝视，或展翅飞翔，寄托了对墓主人的吉祥祝福。

国君仁德的象征

自西周以来，九尾狐还被视为君王仁德的象征。这与礼制社会建立后，人们赋予狐狸"三德"有关。《说文解字》中对"狐"的释义为"其色中和，小前大后，死则丘首"，其中"其色中和"指的是狐狸的毛色柔和，符合中国人的中庸之道；"小前大后"指的是狐狸的身段前窄后宽，寓意长幼尊卑有序；而"狐死首丘"出自《礼记·檀弓》"狐死正丘首，仁也"，指的是狐狸死之前脑袋一定是朝着巢穴的方向，寓意不忘本，是仁的体现。从先秦到魏晋，九尾狐的出现成为国君施政仁德的标志。

《瑞应图》[1]中写道，"王者不倾于色，则至"，即君王不贪恋美色，勤于治国，九尾狐便会出现；《孝经援神契》[2]中也写道，"德至鸟兽，则狐九尾"，即君王将仁德施与万物，九尾狐就会现身。于是，九尾狐的祥瑞形象出现在了汉代贵族的生活器具中（图7-5）。曹植在《上九尾狐表》中记载了魏文帝黄初元年（220）十一月，甄城县出现了一只巨大的九尾狐，"长七八尺，赤紫色，举头数尾，尾甚长大，林列有枝甚多"，并且称赞道，"斯诚圣王德政和气所应也"。实际上，这是曹植借九尾狐的祥瑞刻意去讨好曹丕，以免于灾祸的无奈之举。

除此之外，由于禹当年遇见的是九尾白狐，因此人们将白狐的出现

1　《天中记》卷六十。
2　《艺文类聚》卷九十九《祥瑞部下》。

图 7-6
[东汉] 龙凤、三足乌、九尾狐画像石
安徽淮北濉溪县古城汉墓

这件画像石长 218.0 厘米，上面刻画了龙、凤、三足乌、九尾狐等一系列汉代人眼中的祥瑞鸟兽形象。其中，凤凰驻足昂首，张翅在前；三足乌紧随其后，三足清晰可见；后面跟着一路小跑的九尾狐，它的尾巴从主干上分出了九条依稀可辨的小尾；跟在队伍最后的是腾跃的飞龙。

与王者仁德守法、智慧开明联系在一起。《春秋潜潭巴》[1] 载，"白狐至，国民利；不至，下骄恣"。《瑞应图》[2] 载，"王者仁智明，则白狐出"，"王者仁智，动唯法度，则见（白狐）"；《天镜》[3] 载，"王者德和，则白狐来"。然而，国君要做到仁、智、明，离不开贤臣的辅佐，于是，白狐也会出现在贤臣的家中。《宣室志·李揆》中记载了唐代李揆在乾元初年担任中书舍人时，有一天退朝回到家，"见一白狐在庭中捣练石上"，第二天李揆便升任了礼部侍郎。历史上，李揆在诸多重大政治事务上都发挥了重要作用，帮助唐肃宗作出了公正、明智的决断。

---

1 《初学记》卷二十九《兽部》。
2 《开元占经》卷一百一十六《兽占·白狐》。
3 同上。

图 7-7...

[东汉] 凤、九尾狐、三足乌画像石
徐州汉画像石艺术馆藏

....

　　这件画像石高 119.0 厘米、宽
44.0 厘米，出土于江苏徐州睢宁县双
沟汉墓，应为墓室中的门柱石，雕刻
有三只瑞兽的形象，从上往下依次是：
驻足回首的凤凰、漫步徐行的九尾狐
和引吭将鸣的三足乌。

图 7-8 ....

［东汉］"天上人间"画像石（侧面）
　　　淮北市博物馆藏

....

　　这是一件祠堂画像石，属建于墓前的祭祀建筑的侧壁石。这件抱鼓石形画像石通高
114.0 厘米、长 112.0 厘米，采用了剔地浅浮雕的技法。群山之上是仙界，上面有两个高台，
在最高的高台上，西王母端坐于若木之下，不远处站着一位侍者；九尾狐立于另一座高台，
尾巴上翘，分出九绺，正在听候指令；群山之下是人世间，分别描绘了骑马射鹿和乘车出行
的场面，想必这是墓主人生前最得意的时刻。

　　除此之外，随着汉代死后升仙观念的流行，九尾狐和凤鸟、金乌、
蟾蜍的瑞兽形象大量出现在当时的贵族墓葬中（图 7-6、图 7-7、图 7-8、
图 7-9）；后来，随着两汉之际西王母信仰的盛行，九尾狐与三足乌、
蟾蜍还以侍从的身份，融入了西王母的神话世界。这一时期，九尾狐的"九
尾"造型也从先秦以来中心有一主尾、八条小尾分列两侧，向全部八条

小尾置于同一侧转变，这种特征也成为判断器物所属时期的标识之一。后来，随着丝绸之路的繁荣，西王母信仰一路向西传播，逐渐影响了西北地区的文化。五胡十六国时期，在西北一带的墓葬中仍然可以见到西王母、九尾狐、三足乌和蟾蜍的形象（图7-10）。

图7-9......................

[东汉] **西王母画像砖**
成都博物馆藏

....

在这件画像砖上，西王母端坐于龙虎座上，正与众人观看蟾蜍的独舞表演。在她身旁，三足乌与九尾狐侍奉左右，正前方一只蟾蜍正手执绸带，翩翩起舞，右前方有道人跪拜，似乎正在向西王母"汇报"工作；左前方有两人跪坐，这应当是墓主人夫妇。对汉代人而言，西王母掌管长生不死灵药，是仙界中最受尊崇的神；人们都希望死后灵魂升天，到达西王母所在的神仙世界。

图 7-10...

[西凉]《西王母图》
　　甘肃省酒泉市果园乡丁家闸五号墓

....

　　这幅壁画位于墓葬前室西壁的上层，高约 150 厘米、宽约 300 厘米，上面描绘了西王母的世界。在整个画面之上，是一只倒挂的金龙，龙口下方，圆月如龙珠一般璀璨，里面还有一只蟾蜍。圆月之下，西王母端坐在高耸入云的扶桑树上，身后有一位侍女手举华盖从旁侍奉；在西王母的面前两侧，还有三足乌和九尾狐正随时听候差遣。

预知吉凶祸福的天狐

随着九尾狐文化的盛行，民间还创造出了天狐的意象。《玄中记》中写道，"千岁即与天通，为天狐"，即修炼圆满的千岁狐狸具有了通天的本领，因而可以预知人间吉凶祸福。有人认为千岁天狐是金色的九尾狐，据《酉阳杂俎》载，"道术中有天狐别行法，言天狐九尾金色，役于日月宫，有符有醮[1]，曰可洞达阴阳"；但更多的千岁狐狸往往貌不惊人。《纪闻》[2]中记载了垣县县丞袁嘉祚年过五十，有一天在县衙里抓住了一只千岁狐狸，这只狐狸宣称自己可以带来福报，还能预知未来，并且表示"愿为耳目，长在左右"，于是袁嘉祚便将它留了下来，后来"数年至御史，狐乃去"。

天狐可以感知灾凶厄运，在灾难来临前发出警告。《搜神记》中记载了渔民夏侯藻去找淳于智给生病的母亲占卜，淳丁智临走前家门外有一只狐狸冲他嗥叫，意识到这是狐狸在向他发出警告，赶忙让夏侯藻火速回家并在门外号啕大哭，当不明就里的家人跑出来一探究竟时，五间堂屋瞬间倾塌。《宣室志》中记载了李林甫担任宰相，有一天退朝后坐在家中庭院里，看见了一只体形如牛马般大小的玄狐，还没来得及派人射杀玄狐就逃跑了，一连几日均是如此，那一年李林甫倒台，并被罚没了家产。

---

1 符醮（jiào）：画符打醮，道士祈福禳灾的祭祀活动。
2 《太平广纪》卷四百五十一《狐五》。

图 7–11...............................

[五代] **镀银铜狐**
四川博物院藏

这件铜狐长 11.3 厘米、高 3.2 厘米，表面镀银，通体中空。尽管目前被命名为"铜猪"，但不论是鼻子、耳朵、尾巴和全身浓密的针毛，还是从动物意象所承载的寓意，称其为"铜狐"似乎更为贴切。只见它屈肘向前匍匐，一双炯炯有神的眼睛机警地注视着前方，后足用力蹬踏地面，蓬松的尾巴微微上翘，似乎下一秒就将飞奔出去。

　　除了向个人示警外，天狐往往还能够预示国家即将到来的危难，《隋书·五行志》中有大量南北朝时期天狐报厄的记载。北齐武平[1]年间，"朔州府门，无何有小儿脚迹，又拥土为城雉之状。时人怪而察之，乃狐媚所为，渐流至并、邺"，朔州、并州和首都邺城都出现了狐狸堆土筑城墙的诡异事件，预示了后来南安王起兵造反，以及郑子饶和羊法皓等人在山东起义。南朝梁中大同[2]年间，"每夜狐鸣阙下，数年乃止"，狐

---

1 北齐后主高纬的年号，570—576 年使用。
2 南朝梁武帝萧衍的年号，546—547 年使用。

狸一连数年每夜都在皇宫鸣叫，不久后侯景之乱爆发，"丹阳死丧略尽"。南朝陈祯明[1]年间，"狐入床下，捕之不获"，狐狸居然爬进了陈后主的床下，这显然不是什么好事。据《易飞候》载，"狐入君室，室不居"，皇帝不适合在皇宫居住，也就宣告了陈国不久后灭亡的命运。

狐狸作妖害人

　　尽管普通狐狸可以通过修炼成为天狐，然而修行时间短的狐狸往往抑制不住天性，喜欢作妖害人。《焦氏易林·萃之既济》载，"老狐多态，行为蛊恠[2]，为魅为妖，惊我王母，终无咎悔[3]"；《说文解字·犬部》载，"狐，妖兽也，鬼所乘之"。尽管汉代的狐狸就开始作妖，但直到魏晋时期，狐狸才开始幻化成人形。《玄中记》载，"狐五十岁，能变化为妇人，百岁为美女，千岁之狐为神巫，能知千里外事；善蛊魅，使人迷惑失智"。东晋王嘉的《名山记》[4]中则认为，"狐者，先古之淫妇也，其名曰阿紫，化而为狐"，也就是狐狸是由放荡的女子所变，从而彻底模糊了人与狐狸之间的界限。这种转变正式拉开了狐妖故事的序幕，对后世产生了深远影响。

---

1 南朝陈后主陈叔宝的年号，587—589 年使用。

2 蛊恠：同"古怪"。

3 咎悔：灾祸、灾患。

4 《搜神记》卷十八。

　　狐狸要化成人形，往往需要取用真人身上的东西，比如，头发、指甲，甚至还有头骨[1]。《洛阳伽蓝记》中记载了孙岩的妻子是一只狐狸，东窗事发后，妻子临走前"将刀截岩发而走"，从此以后，洛阳城里"被截发者，一百三十余人"，这些化身为美妇的狐妖成群结队、衣鲜亮丽地走在街头，遇到路人便截去他们的头发。《广异记》中记载了崔昌在东京庄读书，一只由狐狸变成的男孩来到他的住所停留数月，忽然有一天傍晚男孩扶着一位醉酒的老人回家，"老人醉，吐人之爪发等"，崔昌厌恶之余便砍去了老人的脑袋，老狐狸现出了原形。除了活人的头发和指甲外，也有狐狸用死者头骨施以巫术的，据《酉阳杂俎·诺皋记》载，"旧说野狐名紫狐……将为怪，必戴髑髅拜北斗，髑髅不坠，则化为人矣"；而《集异记·僧晏通》中就记载了僧人晏通在夜晚露宿乱坟岗，遇见一只狐狸四处寻找死人头骨，最终找到一个合适的戴在头上，然后又采摘花草树叶作为衣服，摇身一变化作美妇，绰约而去。

　　狐狸作妖大致可以分为三种类型。第一种是狐狸幻化成人形后，真心希望融入人类社会。《广异记》中记载了唐代景龙[2]年间，一只狐狸中意吏部侍郎李元恭的外孙女崔氏，于是化作人形与其相处，还教诲崔氏"人生不可不学"，先是请了一位老者教她经史，前后三年，崔氏"颇通诸家大义"；然后又请人教她书法，一年后崔氏"又以工书著称"；甚至在此之后，还请一位抚琴大师"悉教诸曲"，并道尽其中精妙之处，

----

1 詹姆斯·弗雷泽在《金枝》中解释了这种"遍布全球的迷信"，即"不论相距多远，都可通过对别人的头发或指甲施加巫术，来达成对其所属人的心愿"。
2 唐中宗李显的年号，707—710 年使用。

崔氏习得的名曲"不可胜纪"。这一切都体现了狐狸对崔氏真挚的爱意，于是当李元恭问它何不迎娶崔氏时，"狐甚喜"。《宣室志》中记载了元和 [1] 年间，计真的妻子是一只狐狸，操持家务 20 年，尽心竭力地照料丈夫和孩子们，没有丝毫过失，在她临死之际，向计真坦白了自己的身世，并希望他念及孩子们都是人类，以后好好照顾他们。

然而，另外两种狐狸作妖对人类就并不友好了。一种是狐狸作威作福，把人当作奴仆使唤的。《广异记》中记载了开元 [2] 年间，彭城刘甲在赴任途中，夜宿山野旅店，他的妻子夜晚就被一只老狐狸夺去，刘甲率领村民一路寻找到了古坟上的大桑树下，挖开一看，"有老狐，坐据玉案，前两行有美女十余辈，持声乐。皆前后所偷人家女子也"，貌美的女子竟然成为老狐妖独享的乐伎。另一种是狐狸附身使人患病。《太平广记》中记载了唐代始丰县 [3] 县令张例，被狐媚上身，发作起来六亲不认，经常伸出右臂口念咒语"狐娘健子"，于是他的儿子偷偷手持铁杵，待他发作时猛捶其后背，从他身上掉落一只老母狐，后来将这只狐狸焚烧后，张例的病便不治自愈。

狐妖的盛行在很大程度上是"妖由人兴"，也就是人心作祟所导致的乱象。《广古今五行记》中就记载了有人打着狐妖的幌子为非作歹或者搞恶作剧吓唬人。一则故事发生在北齐武平年间，邺城一户人家的婢女带着装有锦被的包袱路过没人住的里坊时，被一个自称是狐狸精的老

---

1 唐宪宗李纯的年号，806—820 年使用。
2 唐玄宗李隆基的年号，713—741 年使用。
3 位于今浙江台州市天台县一带。

妇持刀抢劫，结果刚好有人骑马路过，把老妇抓了现形，引来数百人围观，"莫不竞笑，天下有如此造妖事"；另一则故事发生在并州，一位姓纥干的人爱搞恶作剧，当时外面盛传有狐媚，结果他偶然得到一条狐狸尾巴，回到家后就拿来吓唬妻子，结果被妻子和邻居一路追打，无奈之下他只好承认"我戏剧，不意专欲杀我"[1]。

狐媚惑主的由来

如果说一般的狐妖只能迷惑普通百姓，那么对九尾狐而言，则可以魅惑国君。最初九尾狐原本就是国君后宫和多子的象征，一旦九尾狐妖化，自然能够让帝王沉湎于温柔富贵乡，"春宵苦短日高起，从此君王不早朝"。谈到历史上最著名的九尾狐妖形象，恐怕古今首推商纣王的宠妃苏妲己。尽管这离不开明清小说的推波助澜，但实际上这种观念早在南北朝时期就已经出现：

> 太公谓召公曰："纣之亡国丧家，皆由此女，不杀之，更待何时！"乃以碓剉[2]之，即变作九尾狐狸。
>
> ——李罗《千字文》注

---

1 《太平广记》卷二百八十八。
2 剉（cuò）：砍。

　　妲己并非中国历史上红颜祸水的第一人[1]，却在一个狐妖文化盛行的时代，成为文人笔下的牺牲品。从此以后，狐媚惑主的讽喻一发不可收拾。初唐时期，骆宾王在《为徐敬业讨武曌檄》中，斥责临朝听政的武则天："入门见嫉，蛾眉不肯让人；掩袖工谗，狐媚偏能惑主。"后人甚至蔑称其为"妖后"[2]。后来，白居易写下了讽喻诗《古冢狐——戒艳色也》，以古墓中的千年狐妖化身美女魅惑路人开篇，然后话锋一转"假色迷人犹若是，真色迷人应过此"，将批判的矛头直指帝王身边的那些宠妃，告诫帝王们切莫耽于美色，丧家覆国：

古冢狐，妖且老，化为妇人颜色好。

头变云鬟面变妆，大尾曳作长红裳。

徐徐行傍荒村路，日欲暮时人静处。

或歌或舞或悲啼，翠眉不举花颜低。

忽然一笑千万态，见者十人八九迷。

假色迷人犹若是，真色迷人应过此。

彼真此假俱迷人，人心恶假贵重真。

狐假女妖害犹浅，一朝一夕迷人眼。

女为狐媚害即深，日长月增溺人心。

何况褒妲之色善蛊惑，能丧人家覆人国。

1　中国历史上"红颜祸水"第一人有据可考的应为夏桀宠妃妹喜。
2　明代诗人孙承恩在《狄梁公》中写道："妖后乱唐，王祚欲绝。"然而，实际上中国历史上唯一的女皇并非如此不堪，她打击门阀、发展科举、轻徭薄赋，为后来的开元盛世奠定了基础。

君看为害浅深间，岂将假色同真色。

——白居易《古冢狐——戒艳色也》

　　然而，并不是所有的狐媚惑主皆为事实，在宋代，《儒林公议》中记载了陈彭年"时人目为九尾狐，言其非国祥而媚惑多歧也"，但现实中的陈彭年鞠躬尽瘁、克己清廉、博学识广。《宋史·陈彭年传》载，咸平四年（1001），陈彭年针对宋初国势不振、政治腐败、冗兵冗官、贿赂公行等弊端，向宋真宗上疏论治国之道："夫事有虽小而可以建大功，理有虽近而可以为远计者，其事有五：一曰置课官，二曰择法吏，三曰简格令，四曰省冗员，五曰行公举。此五者实经世之要道，致治之坦途也。"句句切中要害，可谓有识之士。景德元年（1004），他修《起居注》，进《大宝箴》，不久还参与编纂了《册府元龟》。可见，那些污蔑陈彭年为九尾狐的人，更多是出于嫉妒的私心。

　　后来，随着元明以来历史演义小说的流行，狐媚惑主的故事深入人心。在《武王伐纣书》中，妲己被描绘为半夜吸人三魂七魄的"九尾金毛狐子"；后来的《封神演义》《夏商野史》则更进一步演绎和丰满了妲己九尾狐的角色形象。不仅如此，九尾狐还开始化身为历史上其他朝代迷乱君王的后宫妃子：在艳艳生的《昭阳趣史》中，松果山悟真洞的九尾雌狐因吸走了燕子精的真阳，相互打斗，被玉帝贬入人间，成为汉成帝的宠妃赵合德。经过上千年的发展，九尾狐的狐媚惑主形象最终定格："九尾妖狐也，示亡之征（同'证'）焉[1]"。

---

1 《习学记言》卷三十五引《后周书》。

佛、道相争中的狐妖

在唐代，外来佛教与本土道教之间的冲突愈演愈烈，狐妖有幸成为这段历史的特殊见证者。太和[1]年间，姚坤在一次酒醉后误入菩提寺和尚偷挖的陷阱，这个陷阱是和尚做"活人"实验的地方："投以黄精[2]数百斤，求人试服，观其变化。"由于姚坤平时多行善举，被一只天狐所救，习得道教《西升经》秘法得以脱困。后来，他谎称是食用黄精后才变得身轻如燕，于是那位和尚便每日以黄精为食，不久就死了。狐狸尚且可以凭借修习道教经典成仙，佛家弟子却泯灭人性，丧尽天良，对道教的推崇和对佛教的鄙夷显而易见。

除此之外，这一时期狐狸幻化为佛教僧人、菩萨蛊惑人心，为害百姓，然后被道士降伏的奇事屡见记载。狐之所以能化身成僧佛，国内有学者认为，这是因为佛教产生于印度，流传于西域各国，而胡人多信仰佛教，"狐"与"胡"谐音，作为胡人隐喻的狐自然也就偏爱佛教，化身为佛或菩萨以宣扬佛法[3]（图7-12）。唐代狐妖在民间本来就形象不佳，如果道士能够降服化身为神佛"蛊惑人心"的狐妖，那么也就意味着"佛高一尺，道高一丈"，道教终将战胜佛教，收服人心。

---

1 唐文宗李昂的年号，827—835年使用。

2《太平圣惠方·神仙方》中称黄精为"仙人余粮"。《抱朴子·内篇·微旨》载："有道之士，登之不衰，采服黄精，以致天飞。"《全唐诗补编》收录了新罗国僧人金地藏《酬惠米》诗，其中写道："而今餐食黄精饭，腹饱忘思前日饥。"

3 任志强：《狐与胡：唐代狐精故事中的文化他者》，《民族文学研究》2013年第6期。

图 7–12

[明]《帝释梵天礼佛护法图》（局部）
北京法海寺藏／魏力 摄

法海寺建成于明正统八年（1443），在寺内大雄宝殿北壁的东西两侧，有两铺长 14.0 米、高 3.2 米的壁画，上面描绘了以帝释梵天为首的二十诸天礼佛护法的行进队伍。其中，在智慧与雄辩女神辩才天的周围有三只动物，除了狮子和花豹外，还有一只躲在她身后的狐狸，只露出了头和尾巴。自唐代以来，因"狐"与"胡"谐音，佛教又是"胡"教，所以狐狸出现在佛教场景中，或为护法，或化身为僧佛并不为奇。

唐代州民有一女，其兄远戍不在，母与女独居。忽见菩萨乘云而至，谓母曰："汝家甚善，吾欲居之，可速修理，寻当来也。"村人竞往。处置适毕，菩萨驭五色云来下其室。村人供养甚众。仍敕众等不令有言，恐四方信心，往来不止。村人以是相戒，不说其事。菩萨与女私通有娠。经年，其兄还，菩萨云："不欲见男子。"令母逐之。儿不得至，因倾财求道士。久之，有道士为作法，窃视菩萨，是一老狐，乃持刀入，砍杀之。

——《广异记》

这个故事发生在代州的一户人家，儿子戍边在外，家中只剩母亲和女儿，于是便被一只老狐狸盯上了。狐妖化身菩萨乘云而至，村里前来供奉的信徒络绎不绝，后来狐妖竟与这家的女儿私通有了孩子。当儿子回到家时，狐妖害怕事情败露，就让母亲把儿子逐出家门，儿子无奈之下便倾尽钱财寻访道士，最终在道士的帮助下揭开了狐狸的真实面目，将其砍杀。

最初，道教在与佛教的较量中占得优势，这反映了唐初道教社会地位的空前提升：开国皇帝李渊尊奉老子为先祖，唐高宗时加封老子为道教最高神——太上玄元皇帝。然而，由于政治上的需要，自武则天"弥勒下世"[1]开始，帝国经历了三次崇佛的高潮，先后有高宗、武后、中宗、肃宗、德宗、宪宗、懿宗和僖宗八位皇帝"六迎二送"佛指舍利的礼佛活动，让佛教逐渐深入人心，并最终后来者居上，与道教分庭抗礼，甚至占得上风。佛、

---

1 《日闻录》载："唐僧法明欲诣武后为弥勒下生，撰《大云经》四卷。"

道二教此消彼长的历史大趋势也巧妙地融入了当时民间的传奇故事中：

> 唐坊州中部县令长孙甲者，其有笃信佛道。异日斋次，举家见文殊菩萨乘五色云从日边下。须臾，至斋所檐际，凝然不动。合家礼敬恳至，久之乃下。其家前后供养数十日，唯其子心疑之，入京求道士为设禁，遂击杀狐……后数十日，复有菩萨乘云来至，家人敬礼如故。其子复延道士，禁咒如前。尽十余日，菩萨问道士："法术如何？"答曰："已尽。"菩萨云："当决一顿。"因问道士："汝读道经，知有狐刚子否？"答云："知之。"菩萨云："狐刚子者，即我是也。我得仙来，已三万岁。汝为道士，当修清净，何事杀生？且我子孙，为汝所杀，宁宜活汝耶！"因杖道士一百毕，谓令曰："子孙无状，至相劳扰，惭愧何言！当令君永无灾横，以此相报。"
>
> ——《广异记》

这则故事讲述了佛、道三个回合的较量：在第一回合中，狐妖化身文殊菩萨，乘着彩云降临县令家，受到全家老少的热烈欢迎，唯独县令的儿子存疑，便进京请来道士在家中设坛降妖。第二回合中，狐妖再次化身为菩萨，又一次骗过了长孙甲一家，但再次被请来的道士降伏。然而到了第三回合，狐仙化身为菩萨出场，道士的法术用完了，狐仙便开始惩罚道士，先是以道教祖师狐刚子自居，然后斥责道士不修清净，肆意杀生，杖责一百。尽管狐仙承认其子孙骚扰县令一家的事实，但在最后一回合的较量中，佛教最终胜出。

狐王庙和狐仙崇拜

随着狐妖文化的盛行，民间开始尊奉狐神，甚至还专门修建了"狐王庙"和"狐仙庙"，这一切都源于百姓对狐狸的恐惧。《朝野佥载》载，"唐初以来，百姓多事狐神，房中祭祀以乞恩，食饮与人同之，事者非一主。当时有谚曰'无狐魅，不成村'"，乡村地区竟然村村都拜狐神。之所以百姓如此畏狐，《续夷坚志》中对即墨县狐妖的记载或许可以给出答案："昼伏夜出，变化狡狯：或为狱卒，纵遣[1]囚系；或为官妓，盗驿传被幞[2]，媚惑男女，有迷乱至死者。"不仅假扮狱卒释放囚犯，而且假扮官妓媚惑平民，甚至还闹出了人命。

到了宋代，在一些官员甚至是皇帝本人的授意下，人们开始捣毁狐王庙。宋代赵葵《行营杂录》中记载了宋真宗在位时（997—1022），王嗣宗在担任邠州[3]地方长官期间，听闻该地旧时有狐王庙，民间相传能为人祸福，于是百姓一年四季"享祀祈祷，不敢少怠"，甚至不敢直呼其名。结果王嗣宗到任后，便召集诸邑猎户100多人，"以甲兵围庙，薰灌其穴，杀百余狐"，然后将庙放火烧毁。有人说看到大火中有一只大白狐逃了出去，从此以后再也不见狐妖，即便人们后来重建狐王庙，

1　纵遣：遣散释放。
2　被幞：行李被服。
3　位于今陕西省旬邑县。

图 7-13...

［唐］**鎏金双狐纹双桃形银盘**
陕西历史博物馆藏

....

　　这件银盘出土于陕西西安何家村窖藏，高 19.0 厘米、口径最宽 22.5 厘米，采用唐代金银器常用的捶揲法和鎏金法加工而成，从造型到纹饰深受波斯萨珊艺术风格的影响，是唐代东西方文化交流的独特见证。银盘为双桃相连形，在两桃盘底各捶揲出一只行走的狐狸，它们纷纷回首望向对方，呈现出一副机警的神态。

图 7-14
[元] 守印大仙牌位
平遥县衙大仙楼

　　在中国古代，官员丢了官印就等同于丢了官，被朝廷知道后是要治重罪的。狐狸喜欢偷盗东西，久而久之，官员们便将狐仙供奉起来，保佑官印不丢失。曾几何时，每当新的平遥知县上任，都会先走进大仙楼，进香叩拜守印大仙牌位，以求保佑印信平安常在，同时也祈愿自己的官运亨通。正如狐仙牌位前的对联所云："仙佑紫印仕途广，楼集灵气境界宽。"

也没有了先前的灵验。《宋史·五行志》中还记载了另一则故事，宣和七年（1125）秋天，"有狐由艮岳直入禁中，据御榻而坐"，狐狸竟然出现在了皇帝的御榻上，于是宋徽宗"诏毁狐王庙"。狐狸公然坐在龙椅上，或许预示着北宋王朝的气数将尽。

然而，狐仙崇拜并没有完全断绝。元代以来，由于狐狸时常偷盗官印，为了保佑官印不丢失，地方官署开始供奉狐仙为守印大仙（图7-14）。明清时期，狐仙崇拜更是达到了顶峰。《海城县志》载，狐仙能"得道通灵，能为人消灾疗病"；胡朴安在《中国风俗》中记载了安徽芜湖一带"佞狐"，当地人甚至"不敢直呼为狐仙，奉之为仙姑，称之曰老太"；江苏南京也同样如此，"宁俗人家讳言狐。家中有狐者，每逢朔望焚香敬祝，且呼之曰老太爷"。当时人们不只在家中供奉狐仙牌位，甚至还建有狐仙堂、狐仙庙进行供奉，"（芜湖）商铺几乎家家设位供养；闹市中有狐仙堂数处，笙歌祭享，月必十余次"。不仅如此，狐狸还与其他动物形成组合，一起成为百姓祭拜的对象，清代薛福成在《庸盦[1]笔记》中写道："北方人以狐、蛇、猬、鼠及黄鼠狼五物为财神。民家见此五者不敢触犯，故有五显财神庙，南方亦间有之。"

---

1 盦：同"庵"。

狐火与狐狸生火

人们之所以畏狐，除了狐狸作妖害人外，还有一个原因是狐狸被视为具有纵火、化火的灵异。实际上，最早将狐狸与火联系在一起的是《史记·陈涉世家》所载陈胜、吴广起义时在神祠旁的篝火狐鸣，后世便用狐火喻指农民起义。比如，明代陈子龙《紫玉歌》载，"艳女上殿日月昏，鱼灯狐火纷相逼"，暗讽朝纲腐败，地方上纷纷起义暴动。

狐狸生火始见于《三国志·魏书·管辂传》，魏国的管辂善于占卜，他的一个同乡家里经常失火，于是管辂就算准了有一个书生可以消灾，就让同乡无论如何要把书生留下过夜，结果书生还以为同乡别有所图，于是晚上就带着刀在柴火堆假睡，"夜有一小物直来过前，如兽，手中持火，以口吹之。生惊，举刀斫，正断腰，视之则狐"。原来是同乡家闹了狐狸，狐狸晚上出来玩火，把火吹得到处都是，这才酿成了火灾。后来《酉阳杂俎》载，"旧说野狐名紫狐，夜击尾火出"，也就是野狐狸通过敲击尾巴，便可以生出火来。宋代沈该《易小传》中"离下坎上""坎下震上"的卦象注解中同样记载道，"狐，火畜也，初其尾也"。

到了清代，人们演绎出了狐狸纵火复仇的故事：纪昀《阅微草堂笔记》中记载狐狸因房主破坏了巢穴而在落成的新房纵火，"芮庶子铁崖，宅中一楼，有狐居其上……相安已久。后鬻宅于李学士廉衣，廉衣素不信妖妄……时方修筑，因并毁其楼，使无可据，亦无他异。迨甫落成，突然烈焰四起，顷刻无寸椽。而邻屋枯草无一茎被爇 [1]。皆曰狐所为"；曾衍东《小豆棚·小莲》中记载滕县一户李姓人家的公子看上了狐族的四小姐，两人交好，结果却被外来的狐族成员纵火报复，"是日，李家火，扑灭，其内室衣箧中又火。一日数次，所有衣服器皿荡然灰烬"。

明清时期的狐妖文学

除了狐仙崇拜之外，明清文人还在历代狐妖志怪的基础上，演绎出一段段新奇曲折的人狐往事，影射了人间社会的众生相。《庸盦笔记》中记载，山东蒙阴县一带盛产狐狸，每年县令都会提前贴出进山打猎的告示，狐族便会将老、弱、病、残者留给猎户，长久以来保持了一种默契。然而新县令上任后，便与猎户相互勾结，故意推迟发布告示，狐族还没来得及撤离便被一网打尽，然后有一天一位白须老人来到县衙，历数县令罪状，不久县令的父亲旧疾复发，儿子溺水身亡，众人猜测"殆狐之所为"。故事中人类的利令智昏、背信弃义与狐狸的有怨报怨亦是人间社会的真实写照。

在蒲松龄的《聊斋志异》中，狐妖常常化身容貌姣好、勤俭持家、有情有义的女子，或是报恩，或是拯救男子于危难之中。在小翠的故事中，王太常年少时无意中帮助一只狐狸躲过了雷霆劫，长大娶妻后，妻

1　爇（ruò）：炼狱。

图 7-15

［清］《聊斋全图》之辛十四娘
奥地利国家图书馆藏

　　《聊斋全图》成书于清朝光绪年间，是《聊斋志异》故事情境的彩绘连环画，全套共约90册，目前已散落于世界各地。这两幅插图出自《聊斋全图》第31册，所描绘的情景是辛十四娘的故事，左图所表现的是冯生求亲不成，趁着酒劲，掀开门帘一睹红衣少女（辛十四娘）芳容的一幕；右图所表现的是冯生的舅奶奶的亡魂正在给冯生和红衣少女说媒。画师巧妙地借人物背后飘荡的云气，让读者可以一眼看出哪些人是由狐狸所变的。

子为他生了一个傻儿子名叫元丰，在当地没人看得上，当年那只狐狸就化身为老妇带着女儿小翠上门求亲。成婚以后，夫妻俩感情甚笃，但有一次小翠因打碎了一只价值几千两银子的玉瓶而被王太常责骂，一怒之下便离家而去。元丰日思夜想，两年后终于与小翠重逢，她不计前嫌，化身为元丰未来妻子的模样，并让他把对自己的爱慢慢转到未来妻子的身上，并让王太常得偿所愿抱上了孙子。在故事的末尾，蒲松龄点评道："一狐也，以无心之德，而犹思所报；而身受再造之福者，顾失声于破甑，何其鄙哉！"即便是无心之恩狐妖也懂得知恩图报，王太常却因失去玉瓶而失态，遭人鄙夷。

在辛十四娘的故事中，书生冯生在亡故的舅奶奶的操持下，娶了如花似玉的辛十四娘。在冯生的朋友中有一位名叫楚银台的公子，靠着父亲的关系拿下了科考第一名，冯生屈居第二，结果在酒宴上冯生趁着酒意，当众嘲讽楚公子，招致楚公子设计陷害：先是把冯生骗到家里，将他灌醉，然后把几天前死于其妻之手的丫鬟的死嫁祸给冯生，结果冯生被判了绞刑。辛十四娘为了营救冯生，派丫鬟去京城告御状，终于帮冯生脱困，最终因救人性命而得道升仙。故事中狐妖的有勇有谋、有情有义，与两个读书人一个冲动鲁莽、逞一时之快，另一个小肚鸡肠、阴险毒辣形成了鲜明对比。

蒲松龄借狐妖故事隐喻世间百态，用狐妖的真和善揭露人性中的伪与恶，对当时社会上存在的普遍问题进行了无情的鞭挞。也正是因为这个原因，蒲松龄笔下的狐仙故事才得以流传后世，经久不衰。

第八章

与兔之间

善捕兔才是真将帅

自古以来，兔子以狡兔的形象出现在中国的传统文化体系中。这种观念的起源最早可以追溯到西周。《诗经·王风·兔爰》中有"有兔爰爰[1]，雉离于罗[2]""有兔爰爰，雉离于罦""有兔爰爰，雉离于罿"，朱熹在《诗经集传》中解释为"以比小人致乱，而以巧计幸免；君子无辜，而以忠直受祸也"，也就是以狡兔比喻小人，以雉鸡比喻君子，影射了小人祸乱朝政却逍遥法外、君子忠心耿直却无端遭难的社会现实。面对那些危害朝纲的奸佞小人，只有真正的良将才能将他们置之死地：

> 肃肃兔罝[3]，椓之丁丁。
>
> 赳赳武夫，公侯干城。
>
> 肃肃兔罝，施于中逵。
>
> 赳赳武夫，公侯好仇。
>
> 肃肃兔罝，施于中林。
>
> 赳赳武夫，公侯腹心。
>
> ——《诗经·周南·兔罝》

---

1 爰（yuán），缓也；爰爰，悠闲自在的样子。

2 雉离于罗：野鸡却不幸落入网中。离，同"罹"，遭难。罗，与后面的罦（fú）、罿（chōng）同义，指捕捉鸟兽的网。

3 兔罝：捕野兔的网。

图 8-1..........................

［西周］**双兔车軎**
　　　　　　上海博物馆藏

....

车軎（wèi）是古代车上的重要部件，套在车轴外侧，以防止车轮脱落。这件车軎长 16.4 厘米，双兔臀部相连，反向立于軎筒之上，圆目长耳，腹部两侧装饰有云纹，俯首屈肢，似乎下一刻便会"动如脱兔"，寓意车驾之迅捷。

　　因为"狡兔三窟"，所以善捕兔的猎手也一定不是等闲之辈。正如《毛诗注疏》中所言："此罝兔之人，贤者也，有武力，可任为将帅之德，诸侯可任以国守，捍城其民，折冲御难于未然。"那些能将奸佞小人制服的贤人有文韬武略，是真正的将帅之才，公侯可以予以重用，既可以派他们在外驻守城池，也可以在敌国来犯时派他们出面调和，还可以留在身边作为心腹谋臣。

　　当国君昏庸无能，奸佞当道，"跃跃毚兔[1]，遇犬获之"就成为无数遭到谗言诋毁的正直臣子的心声。这句诗出自《小雅·巧言》，《毛诗注疏》

---

1 毚（chán）兔：狡兔。

图 8-2 ....

[西周] 青铜兔纹车辖
美国大都会艺术博物馆藏

....

Chariot linchpin with rabbit, Gift of Ernest Erickson Foundation, 1985.214.36

这件车辖高 11.1 厘米、宽 5.1 厘米，通过插在车書上来将轮子固定在车轴上。车辖上以圆雕的手法雕刻了一只奔兔的前半身，只见它双目圆瞪，直视前方，双爪紧贴下巴、向前飞扑，双耳向后贴在背上，足见其速度之快。当车轮转动的时候，兔子将随着车轴转动，顺时针飞速旋转，趣味盎然。

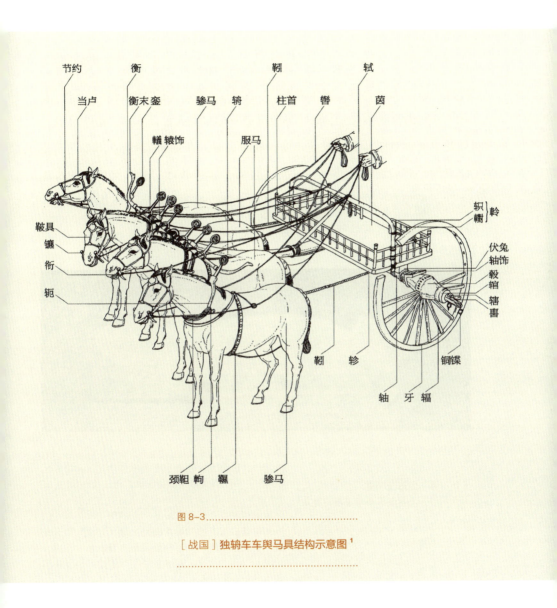

节约　　衡　　　　　　　靷　　　　　轼

当卢　　衡末銮　　骖马　鞘　　柱首　辔　　茵

　　　　轙 辕饰　　　服马

鞁具

镳

衔

轭

　　　　　　　　　　　　　　　　　　　軧轊　軨

　　　　　　　　　　　　　　　　　　　伏兔
　　　　　　　　　　　　　　　　　　　轴饰
　　　　　　　　　　　　　　　　　　　毂辐
　　　　　　　　　　　　　　　　　　　辖轊

　　　　　　　　　　靷　　軫　　　　铜镙

　　　　　　　　　轴　牙　辐

颈鞦　鞊　鞧　　骖马

图 8-3

[战国] 独辀车车舆马具结构示意图[1]

1 刘永华：《中国古代车舆与马具》前言插图，清华大学出版社，2013 年 11 月。

中认为《巧言》乃"刺幽王也，大夫伤于谗，故作是诗也"。诗的开篇即发出了"无罪无辜，乱如此幠[1]"的悲号；然后历数国君如何与奸佞为伍，听信谗言而不自知，最终导致国家一步步陷入混乱——"君子屡盟，乱是用长；君子信盗，乱是用暴；盗言孔甘，乱是用餤[2]"；无奈之下，作者追忆起曾经的盛世——"奕奕寝庙，君子作之；秩秩大猷，圣人莫之"，希望在危亡之际可以有"跃跃毚兔，遇犬获之"，意即有良犬一般的能臣良将力挽狂澜，将那些狡兔似的奸佞一网打尽。

图 8-4 ．．．．．．．．．．．．．．．．．．．．．．．．．

[新石器] **兔形玉梳背**
　　安徽省文物考古研究所藏

这件兔形玉梳背出土于凌家滩遗址，是目前所发现的中国历史上最早的兔形器。它长 6.8 厘米、高 1.9 厘米、厚 0.2 厘米，以极其简练的手法刻画了一只蓄势待发的兔子形象。从下方的凹痕和孔洞可以推断，这应为玉梳的梳背部分。除了这件兔形玉梳背，在凌家滩遗址的高等级墓葬中还出土了玉龙、玉鹰、玉龟、玉凤、玉蝉、玉猪、玉虎等，反映了原始社会动物图腾信仰的盛行。

---

1 幠（hū）：大。
2 餤：同"啖"。

东周时期，狡兔的内涵还扩展到了外敌。《竹书纪年》记载，周宣王三十年（前 798），"有兔舞于镐京"，镐京是西周的国都，狡兔的异象预示着当时周王朝对外战争的一系列失败[1]。为了消灭狡兔，就需要有良犬一样的谋臣武将。然而遗憾的是，历史向我们一次次地证明："飞鸟尽，良弓藏；狡兔死，走狗烹"。[2] 狡兔死，失去作用的良犬就会被主人杀掉；而当敌人的威胁解除后，功高盖主的谋臣良将结局同样可悲。当越王灭掉了吴国，范蠡临行前以"兔死狗烹"提醒文种，文种虽称病不朝，但最后仍被越王赐死。当汉朝一统天下后，刘邦便开始逐步蕲除异姓王，"勇略震主"的韩信首当其冲；临刑前，韩信发出了"狡兔死，走狗烹；飞鸟尽，良弓藏；敌国破，谋臣亡"[3] 的浩叹。

传承千年的兔子祥瑞

自商周以来，兔子中的稀有品种[4] 被时人视为祥瑞。《瑞应图》[5] 中写道："王者恩加耆[6] 老，则白兔见；赤兔者，王者德茂则见。""赤

---

1 《汲冢纪年存真》载："三十一年，王师伐太原之戎，不克。三十六年，王伐条戎、奔戎，王师败绩。"

2 《史记·越王勾践世家》。

3 《史记·淮阴侯列传》。

4 中国北方最为常见的"蒙古兔"毛色沙黄，而白兔和赤兔则十分罕见。

5 《艺文类聚》卷九十九《祥瑞部下》。

6 耆（qí）：《礼记·曲礼》云："六十曰耆。"

图 8-5 ....

[商] 玉兔佩饰
美国大都会艺术博物馆藏

....

Plaque in the shape of a rabbit, Metropolitan Museum of Art, Rogers Fund, 31.54.4

这件玉兔长4.8厘米、宽2.5厘米，以线雕的方式勾勒出了卧兔的轮廓。兔唇上方穿一圆孔，可以悬挂佩戴的项链。商代玉兔以伏卧蜷缩和低首弓背式为典型特征，多表现兔子安静时的样子。

图 8-6 ....

[商] 玉兔指环
美国哈佛艺术博物馆藏

....

Rabbit Figure Cut from a Jade Disk Segment, Harvard Art Museums /Arthur M. Sackler Museum, Bequest of Grenville L. Winthrop, Photo © President and Fellows of Harvard College, 1943.50.302

这是一件商晚期的玉兔指环，长8.5厘米、宽2.5厘米、厚0.8厘米，兔低首弓背，前爪与后爪连成一个环形，兔耳贴在背上，背脊上刻有连续的锯齿状纹饰，一直延伸至短小的兔尾，兔身饰有勾连云纹。

图 8-7 ···································

[西周] 玉兔
美国哈佛艺术博物馆藏

···································

Jade Rabbit in the Round, Harvard Art Museums/Arthur M. Sackler Museum, Bequest of Grenville L. Winthrop, Photo © President and Fellows of Harvard College, 1943.50.305

这件玉兔长 3.0 厘米、宽 1.9 厘米、厚 0.6 厘米。与商代玉兔相比，西周时期的玉兔往往是蓄势待发的奔兔。它们拥有更大的耳朵，并且不再贴于背上；它们的尾巴也变得短小，臀部向上翘起，更具有"脱兔"的动感。

兔上瑞，白兔中瑞。"正因如此，以兔为造型的玉饰大量出现在贵族的日常生活中（图 8-5 至图 8-7）。

到了汉代，自从汉武帝开始独尊儒术，兔子便出现在彰显儒家忠孝的教化故事中。《后汉书》[1] 中记载了桓帝在位时，侍中刘儒因谏言被贬离京，当他来到新的住所，"赤乌巢于屋梁，兔产于床下"；还记载了

---

1 《艺文类聚》卷九十二《鸟部下》。

图 8-8

[东汉] 仙人猎龙射兔画像石及拓片

南阳市汉画馆藏

这件画像石长 175.0 厘米，刻画了仙人狩猎的场景。汉代人对天界的想象源自世间生活中的经验与灵感。在画面左侧，一羽人正手持弹弓状武器，追赶着前方的奔龙，显然奔龙并没有被击中。它一边奔逃，一边回望，表情中似乎还带着几分不屑。画面右侧则是迥然相异的局面，只见另一羽人张弓拉箭，离弦之际，狡兔应声倒地。龙兔之间的不同结局，恐怕便是实力的差距！

章帝时的贤臣方储幼年丧父，常年侍奉母亲，在母亲去世后，"负土成坟，种奇树千株，白兔游其下"。《册府元龟·孝感》中也记载，蔡文姬的父亲蔡邕是个大孝子，他的母亲卧病三年，他尽心尽力照料，不曾宽衣解带；母亲去世后，他就住在坟旁守孝，"有兔驯扰其室傍"。

魏晋时期，兔子的祥瑞还与五行命理联系在一起。《晋书·石勒载记》中记载，"茌平[1]令师欢获黑兔，献之于勒"，石勒身边的大臣就认为这是大吉之兆："龙飞革命之祥，于晋以水承金，兔阴精之兽，玄为水色，此示殿下宜速副天人之望也。"于是石勒大赦天下，改国号为太和。之所以石勒如此看重这只黑兔，是因为自古以来，中国的历代王朝都被赋予了五行属性，王朝更替也以五行相生来体现。汉朝属土德，土生金，于是晋朝属金德，而金又生水，因此取代晋朝承续天命的新王朝应属水德，而水德对应黑色。在那个混乱征伐的乱世，石勒显然希望自己就是那位能够承继王朝正统的人。

除此之外，兔子出现在后宫还是皇帝迎娶贤德之女的吉兆。《魏书·崔浩传》记载，北魏明元帝拓跋嗣喜好阴阳术数，"是时，有兔在后宫"，拓跋嗣觉得很奇怪，于是就命崔浩去算一卦，崔浩"以为当有邻国贡嫔嫱者，善应也"。第二年，后秦高祖姚兴便带着女儿西平公主来求亲。尽管这是一场政治联姻，夫妇二人却十分恩爱，拓跋嗣在后秦危难之际派兵援助，即便损兵折将也在所不惜。当初，西平公主因亲铸金人不成[2]，拓跋嗣执意立后，被她严词拒绝，直到死后才被追封谥号昭哀皇后。

---

1 茌（chí）平：位于今山东聊城境内，晋代时属冀州部平原国。
2 《魏书·皇后列传》载："又魏故事，将立皇后必令手铸金人，以成者为吉，不成则不得立也。"

千年前的全兔宴

有兔斯首，炮之燔之。君子有酒，酌言献之。

有兔斯首，燔之炙之。君子有酒，酌言酢之。

有兔斯首，燔之炮之。君子有酒，酌言酬之。

——《诗经·小雅·瓠叶》

早在先秦时期，兔子就已出现在贵族的佳肴盛宴中。《诗经·小雅·瓠叶》中描绘的便是周代贵族一起烤兔肉的生活场景。在当时，贵族之间的待客宴请非常讲究礼数，也就是"仪式感"。在宴会上，主人首先要向宾客敬酒称作"献"，然后宾客向主人回敬称作"酢"，最后主人再劝宾客饮酒称作"酬"，以上三步加在一起称为"一献"之礼。贵族的身份地位越高，宴请时献礼的次数也就越多。《周官·大行人》中记载："上公飨礼九献，侯伯七献，子男五献，是以大夫三献，士一献。"当然，贵族所使用的酒器也不一般，当时有一类十分流行的盛酒器以鸟兽的形态为造型，称为"牺尊"，其中晋国国君所使用的就有兔尊（图8-9）。兔尊搭配兔肉，想必这道"全兔宴"一定会让宾客流连忘返。

除此之外，兔子还出现在祭祀仪式中。在汉代，《风俗通义》[1]记载

---

1 《太平御览》卷三十三《时序部十八》。

图 8-9..........................

　　在山西侯马晋穆侯[1]墓，一共出土了 4 件兔尊，这是其中的一件，长 36.0 厘米、宽 13.0 厘米、高 20.0 厘米，刻画了一只蓄势待发的兔子形象，将兔子的机警灵动表现得惟妙惟肖。兔身两侧装饰有三重同心圆纹饰，中央的涡纹清晰可辨，外侧的雷纹依稀可见。东周时期，只有晋献侯[2]与晋穆侯的墓葬中发现有兔尊，恐怕只能用这是父子二人独特的爱好来解释了。

---

1 晋穆侯：晋国第九位国君，公元前 811—前 785 年在位。
2 晋献侯：公元前 822—前 812 年在位。

图8-10

[西周] 青铜簋
美国克利夫兰艺术博物馆藏

这件青铜簋宽24.0厘米、高11.0厘米，簋身正面饰兽面纹，簋座饰夔龙纹，簋耳则是两只兔子的造型，兔子瞪大了双眼，长长的兔耳向后自然贴在身上，兔身纤细拉长，上面饰有云纹，带有一种"脱兔"的动感，造型精致而又充满趣味。

了当时民间的风俗："腊正旦祖，食得兔髌者，名之曰幸，赏以寒酒。幸者善祥，令人有利也。"腊月里人们用兔肉祭祀祖先，祭祀完之后再把兔肉吃掉，而能吃到兔髌骨的幸运儿就会被赏酒，在新的一年他就可以吉祥如意。

大汉王朝的"兔奴"

如果说现代人把喜养猫咪、并"奉"其为主子的人称为"猫奴"，那么汉代的两位皇亲贵胄就是中国历史上最著名的"兔奴"：一位是西汉梁王刘武，另一位是东汉外戚重臣梁冀。他们各自拥有一座规模宏大的私人园林，里面蓄养了大量的兔子。原本在皇室园囿中有兔子并不稀奇，《孟子·梁惠王下》就记载了"（周）文王之囿方七十里，刍荛者往焉，雉兔者往焉，与民同之"，但是，汉代的这两位皇亲国戚可不一样，他们对兔可谓情有独钟、一往情深，甚至将私人园林都冠以兔名，即刘武的"兔园"和梁冀的"兔苑"。

刘武是窦太后最小的儿子，汉景帝刘启的亲弟弟，在平定七国之乱中立下大功，居功至伟，他在封地大兴土木，修建了兔园，"东西驰猎，拟于天子"。《西京杂记》中曾这样描写兔园的景致："园中有百灵山，山有肤寸石、落猿岩、栖龙岫，又有雁池，池间有鹤洲、凫渚。其诸宫观相连，延亘数十里，奇果异树、瑰禽怪兽毕备。"不仅山水交相辉映，而且亭台楼阁相连，除了兔子之外，还有大量珍禽点缀其间。刘武整日在兔园中与文人宾客吟诗作赋，宴乐欢饮，好不自在。枚乘在《梁王菟园赋》[1]中写道："斗鸡走兔，俯仰钓射，烹熬炮炙，极欢到暮。"除了枚乘以外，邹阳、司马相如都是兔园的常客：

---

[1] 《艺文类聚》卷六十五《产业部上》。

图 8-11

［清］袁江《梁园飞雪图》
故宫博物院藏

　　西汉梁孝王酷爱风雅，喜好结交文人名士，他们整日在兔园中吟诗作赋，宴乐渔猎。这件绢本设色图轴纵 202.8 厘米、横 118.5 厘米，所描绘的是冬日里的兔园一角。在皑皑白雪的映衬下，亭台楼阁更显繁华而精致。梁孝王正在众人的陪同下，在水榭中观赏湖面上的雪景，有人在漫步长廊，有人在驻足远眺，有人在庭院玩雪，还有一众仆从正在送餐的忙碌中。

　　岁将暮，时既昏。寒风积，愁云繁。梁王不悦，游于兔园。乃置旨酒，命宾友。召邹生，延枚叟。相如末至，居客之右。俄而微霰零，密雪下。王乃歌北风于卫诗，咏南山于周雅。授简于司马大夫，曰："抽子秘思，骋子妍辞，侔色揣称，为寡人赋之。"

——南朝宋谢惠连《雪赋》

　　兔园文人毕至，名声在外，对后世影响深远，黄庭坚《千秋岁·苑边花外》便使用"兔园高宴悄，虎观[1]英游改"，悼念曾经与秦观一起唱和宴饮的时光。宋人王应麟在《困学纪闻·考史》中记载，唐太宗的儿子李恽让属下杜嗣先参照当时科举考试的题目，编撰了一本问答体形式的教材，而这本书的名字便以梁王兔园为名，被称为《兔园册》。这本书十分浅显，被民间作为儿童的启蒙教材，风靡唐和五代，甚至还被人拿来贬低别人。《新五代史·刘岳传》中记载农家出身的冯道在朝廷做官，被其他臣僚看不起。有一次上朝时，冯道总是回头看，结果站在他身后的任赞就问刘岳："你说这家伙总是回头找什么呢？"刘岳回答说："估计是把《兔园册》弄丢了，他是在找这个呢。"冯道听到后勃然大怒。

　　梁冀是汉室外戚，他的妹妹梁妠是汉顺帝的皇后。顺帝死后，梁太后临朝执政十九载，梁家权倾朝野。后来，梁冀在河南城[2]西部修建了兔苑，据《后汉书·梁冀传》载，"经亘数十里，发属县卒徒，缮修楼观，

---

1 虎观即白虎观，东汉章帝刘炟于建初年间诏令群儒与部分朝臣集会白虎观，讲议《五经》同异。
2 位于今河南商丘。

数年乃成"，在园子落成后，梁冀向各地征收兔子，并且"刻其毛以为识，人有犯者，罪至刑死"，也就是给园中所有的兔子都作了标记，严禁捕兔。当时有一队西域客商由于不了解当地情况，误捕了梁园的兔子，最终引来了杀身之祸："尝有西域贾胡，不知禁忌，误杀一兔，转相告言，坐死者十余人。"这是由一只兔子引发的血案，整个商队惨遭血洗。

月中玉兔捣炼灵药

兔子的形象之所以能够在中国文学和文化史中扮演重要角色，离不开月亮的"助力"。战国末年，屈原在《天问》中仰天长叹："夜光何德，死则又育？厥利维何，而顾菟在腹？"他在感慨月亮有何本领，可以死而复生；顾望的兔子又是在贪图什么，而要待在月亮上？屈原借"顾菟"暗讽楚王身边察言观色、阿谀奉承的小人，以月中如果没有"顾菟"，月亮会更加明亮，比喻楚王周围如果没有这些奸佞小人，楚王将会更加英明。"顾菟"本意指的就是顾望的兔子。

西汉时期，月中有兔和蟾蜍的观念开始流行。《春秋元命苞》[1]中写道，"月之为言缺也，而设以蟾蜍与兔者，阴阳双居。明阳之制阴，阴之倚阳"；而刘向在《五经通义》中也写道，"月阴也，蟾蜍阳也，而与兔并明"。在时人看来，蟾蜍和兔子属阳，月亮属阴，之所以蟾蜍和兔子属阳，是

---

1 《初学记》卷一《天部上》。

图 8-12 ···

[西汉] 玉兔蟾蜍瓦当
　　西安秦砖汉瓦博物馆藏

···

　　这件瓦当出土于汉长安城遗址，为延寿观建筑用瓦，与玉兔蟾蜍瓦当为一组（详见本书第四章）。当面将月宫中的盛况表现得淋漓尽致：在桂树的环绕下，长着一双长耳朵、身上带有一双羽翼的玉兔，正与一只巨大的蟾蜍在一起，载歌载舞，展现了生命的活力，寄托了对永生的追求。

图 8-13 ···

[新莽] 玉兔奉药西王母壁画
　　洛阳古墓博物馆藏

···

　　这件壁画出自河南偃师高龙乡辛村新莽墓，由上下两部分组成，下部是象征天门的砖雕门阙，上部是天界里的情景：西王母白发戴胜，端坐云端，对面的玉兔正在呈上不死灵药，不远处的蟾蜍似乎在为灵药的炼成而欢呼雀跃，旁边的九尾狐机警地注视着观者的方向，似乎是天界的守卫。

图 8-14

[东汉] 周穆王寻访西王母画像石
绥德县博物馆藏

　　这件壁画出自陕西绥德县四十里铺田鲂墓，这是一块门楣石，长 264.0 厘米，上面刻画了周穆王寻访西王母的场景。在"十字穿璧"的图案之下，日月分列两侧，日中有金乌，月中有玉兔和蟾蜍。画面左侧是西王母，她头戴胜杖，盘膝而坐，四位侍者分列两侧，不远处还有九尾狐和三足乌，再往右是捣炼灵药的两只兔子，旁边有一羽人双手挥动蕉扇，让炉火烧得更旺；在西王母和周穆王之间是表演歌舞与杂技的艺人，他们有的抚琴，有的吹笙，有的执板击节，把两位长袖舞者和杂技艺人围在中间；画面右侧是周穆王的车队，前面由两羽人乘鹿开道，后面是周穆王的车舆——由仙人驾驭、三只神鸟牵曳的云车，他们正向西王母的方向飞驰而去。整个画面欢快热烈，充满了祥和的气氛，完全看不到对死亡的恐惧。

　　因为如本书第一章中所讲，玉兔和蟾蜍通过舍身献祭，与来自太阳的原料融为一体，方才得到了不死灵药。当太阳的光芒重新点亮了月亮，蟾蜍和兔子的灵魂也便显现出来。这是多么富有温情而浪漫的想象！

　　东汉以后，月中的蟾蜍慢慢消失不见，最后只剩下了兔子的身影。

图 8-15..........................

[唐] 月宫婵娟镜
美国弗利尔美术馆藏

....

Mirror, Freer Gallery of Art and Arthur M. Sackler Gallery, Gift of Charles Lang Freer, F1911.115

　　这类月宫镜多见于唐高宗至唐德宗时期,将神话传说以童话般的诗意表现出来,洋溢着童趣与童真。这件铜镜直径约 15 厘米,呈八瓣菱花形,镜钮被巧妙地隐藏在桂树的树干里。月宫中,嫦娥脚踏祥云,翩翩起舞;蟾蜍望着嫦娥的舞姿入了迷,不禁欢呼雀跃,手舞足蹈;只有那只勤奋而孤独的兔子,在孜孜不倦地捣制灵药:只要我乐在其中,世界与我何干?

图 8-16.......................

[明] 玉兔耳坠
定陵博物馆藏

....

　　这件首饰是明神宗定陵出土的孝靖皇后的随葬品。黄金打造的耳环,勾勒出一轮圆月的轮廓,圆月之下,一只玉兔直立身体,脚踩不同宝石镶嵌的金色祥云,正卖力地捣制不死灵药。兔子眼睛以红宝石镶嵌,看上去栩栩如生。遗憾的是,如此精美的首饰孝靖皇后生前却无福消受,她常年遭受冷落,最终重病而亡,这是她的儿子(明光宗朱常洛)即位后,将她的棺椁迁到定陵时才放入陵墓的。

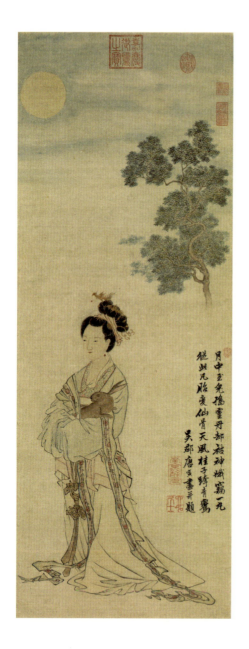

图 8-17

［明］唐寅《嫦娥奔月》图轴
台北故宫博物院藏

这件纸本设色图轴纵 46.1 厘米、横 23.3 厘米，描绘了嫦娥在中秋团圆的时节，独自怀兔伫立、若有所思的形象。相比于唐伯虎另一幅《嫦娥执桂》中"自是嫦娥爱才子，桂花折与最高枝"的意气风发，这幅显得有几分落寞和孤寂，这或许反映了他摘得桂冠（南京解元）后，横遭"科场舞弊案"牵连被贬后的郁郁不得志。从画中的题诗，似乎也能感受到他当时的心境："月中玉兔捣灵丹，却被神娥窃一九。从此凡胎变仙骨，天风桂子跨青鸾。"

图 8-18...

[明]《月宫嫦娥玉兔图》
美国弗利尔美术馆藏
....

The Goddess Chang'e in the Lunar
Palace, Freer Gallery of Art and Arthur M.
Sackler Gallery, Gift of Charles Lang Freer,
F1909.244a

　　这幅绢本设色画纵 29.5 厘米、横 29.1
厘米，相传为明人摹南唐宫廷画师周文矩的
作品。月宫之上云雾缭绕，远处宫殿的五彩琉璃
瓦重檐顶若隐若现；近处郁郁葱葱的月桂树环绕着
汉白玉的壁阶，平台之上，头梳双环望仙髻的嫦娥，身着
红地罗衫和饰有芝叶的粉色银泥裙，身披蓝地银泥帔帛，正手执拂尘，
转身望向不远处的白兔，忧郁的神情中流露着几分落寞。

图 8-19...

[清]蟾宫折桂纹丝织镜套
美国大都会艺术博物馆藏
....

Mirror case with lunar scene,
Metropolitan Museum of Art, Gift of
Mrs. Isabel Mayer, 1963.131

　　古人以"蟾宫折桂"寓意
科举考试中榜，这件丝织镜套
上的图案便描绘了这一幕，只
见嫦娥在侍女的陪伴下，踏着
七彩祥云降临人间，将月桂树
上摘下的桂枝赠予科考高中的
书生。遥远的月宫中，只剩下
捣药的玉兔孤独而忙碌的身影。

傅玄在《拟天问》中写道："月为阴水，白兔之形。"苏轼在《月兔茶》中也写道："环非环，玦非玦，中有迷离玉兔儿。"后来，人们逐渐习惯了用兔子代指月亮，继而兔子承载起来自月亮的祥瑞。北周庾信在《齐王进白兔表》中写道："月德徵符，金精表瑞，呈祥舆颂。"唐代权德舆在《贺河阳获白兔表》中写道："唯此瑞兽，是称月精；来应昌期，皓然雪彩。"在中医中，兔子的粪便可以治疗眼疾，《本草纲目》中记载其有"主治目中浮翳"的功效，于是被冠以"明月砂"的雅称。与此同时，随着嫦娥神话在民间的流行，月中的玉兔也成为她唯一的"宠物"（图8-17至图8-19）。

望月而孕与梦月入怀

当兔子的意象独占月亮，"望月而孕"的观念开始流行起来。张华在《博物志·物性》中写道，"兔舐毫望月而孕，口中吐子"，这便是谐音"兔子"之名的来历；但作者似乎并不太相信这种说法，于是在后面补充道，"旧有此说，余目所未见也"。尽管如此，兔子望月而孕的观念对后世影响深远。宋人陈师道在《后山谈丛》中写道，"中秋阴暗，天下如一，中秋无月，则兔不孕"，当时百姓认为天下的兔子都是雌兔，需要月亮来跨越时空才能"受孕"。何薳在《春渚纪闻·诗词事略》中引苏轼的话说："野人或言兔无雄者，望月而孕。"

或许正因如此，中医中出现了以兔脑为原料，且融入焚香祷告仪式的催生药方：

> 催生丹：腊月取兔脑髓二个，涂纸上吹干，入通明乳香末二两，同研令匀。于腊日前夜，安桌子上，露星月下。设茶果，斋戒焚香，望北拜告曰：大道弟子某，修合救世上难生妇人药，愿降威灵，佑助此药，速令生产。祷毕，以纸包药，露一夜。天未明时，以猪肉捣和，丸芡子大，纸袋盛，悬透风处。每服一丸，温醋汤下。良久未下，更用冷酒下一丸，即产。乃神仙方也。
>
> ——《经验方》[1]

在兔子感月而孕的基础上，人们演绎出"梦月入怀，犹生天子"[2]的典故。《前汉纪·前汉孝元皇帝纪》中记载了汉元帝的皇后王政君"梦月入怀……一见殿内，即幸有娠，生男即成帝也"。《搜神记》中记载了东汉末年，"孙坚夫人吴氏，孕而梦月入怀，已而生策"。《宋史·后妃传》中记载，宋真宗皇后刘娥是其母梦月入怀而孕[3]，宋真宗驾崩后，"仁宗即位，改元天圣，时章献明肃太后（刘娥）临朝称制"[4]，成为一代女主。《明史·后妃传》中记载了明孝宗皇后张氏也是其母"梦月入怀而生后"。到了清代，《清实录·世宗实录》记载了康熙帝德妃乌雅氏梦月入怀生

---

1 《本草纲目》卷五十一《兽部二》。
2 《北史》卷十三《后妃列传》。
3 "章献明肃刘皇后……初，母庞梦月入怀，已而有娠，遂生后。"
4 欧阳修《归田录》卷一。

下雍正帝，还对当时的场景加以绘声绘色的描述："尝梦月入怀，华彩四照，已而诞上……诞生之夕，祥光煜爚[1]，经久弗散，阖宫称异"，竟然把月亮的光芒都带到了人间。

直到清代，有人才最终解释了兔子"感月而孕"背后的原因。清人原

图 8-20.............................

[明]《三兔望月图》
美国弗利尔美术馆藏

....

Three hares looking at the moon, Freer Gallery of Art and Arthur M. Sackler Gallery, Gift of Charles Lang Freer, F1916.535

这幅绢本设色图轴长 101.8 厘米、宽 48.8 厘米，描绘了丛边三只野兔望月的情景，其中有一只白兔和两只灰兔，它们不约而同地朝着天空中升起的一轮圆月望去。有趣的是，灰兔的目光似乎带有几分惊恐，而白兔的目光则充满期待。或许白兔是月宫中的仙兔沦落凡尘，它一直都渴望重返心心念念的月宫，重新回到嫦娥的身边。

1 煜（yù）爚（yuè）：光灿闪耀的样子。

图 8-21
[明] **顾兔望月铜镜架**
青岛市博物馆藏

这件铜镜架塑造了一只口含芝草、回首望月的卧兔形象，月亮所在的方向便是原来摆放镜子的地方。古人习惯把月亮比作明镜，李白在《古朗月行》一诗中有云："又疑瑶台镜，飞在青云端。"芝草寓意长寿，顾兔望月带有感月而孕，生下儿女出人头地的美好祝愿。

图 8-22

[清] 顾兔望月刺绣
　　　美国大都会艺术博物馆藏

Rabbit gazing at the moon and stars besides a blossoming osmanthus, lingzhi fungus, and autumn leaves, Metropolitan Museum of Art, Gift of Alice Boney, 1954.37.2

　　这是一件清朝乾隆年间的刺绣，纵 33.7 厘米、横 31.3 厘米，描绘了中秋之夜的野外景象。溪水潺潺，从远方流淌而来；岩间生长着寓意长寿的灵芝，还有盛开的桂花，五彩缤纷的枫叶散落在岩石之上；画面的中央是一只驻足回首仰望的白兔，循着它的目光看去，云层之上，月明星稀；画面右上角印有吉祥语“稀翠传年”。

子在《兔说》[1]中写道："盖古所谓'视月'者，视月之候而孕。"原来，兔子在生理上的生育周期与月亮的盈亏周期十分接近。当代学者尹荣方在《神话求原》中指出："兔子交配后，大约一个月后即产小兔，产兔后马上能进行交配，再经过一个月左右又能生产，而且，兔子生产时总在晚上。兔的这些特点，与月亮晦盈的周期正好一致，而月亮之活动大致亦在晚上。"正是这种以讹传讹的古老观念，让"兔崽子"至今仍然是一句骂人"野孩子"的詈语[1]。

月光娘娘与兔儿爷

由于兔子具有强大的生育能力，对古代崇尚多子多福的家庭来说，兔子自然而然就成为他们崇拜的对象。于是，人们就修建了娘娘庙，以此获得来自月中玉兔的庇佑。据北京一位老人的口述[2]，北京东四月牙胡同过去有一座娘娘庙，里面供奉的是子孙娘娘，凡是结了婚想要孩子的，烧炷香就十分灵验，俗话说"今年月牙拜娘娘，明年孩子炕上嚷"，于是后来人们就称它为月光娘娘庙，而且据说是月亮里的玉兔在此显灵。

除了月光娘娘庙外，在京城一带影响更加广泛的是兔儿爷。明人纪坤在《花王阁剩稿》中写道，"京中秋节多以泥抟兔形，衣冠踞坐如人状，

---

1 《觚剩》卷六《秦觚》。
1 詈（lì）语：骂人的言语。
2 《北京故事：东四的传说——兔儿爷的来历》。

儿女祀而拜之"，这应为兔儿爷最早的雏形。关于兔儿爷的来历，民间有两种说法：一是古代民间有"男不祭月，女不祭灶"的传统，明代的北京城每逢八月十五，家家户户都有祭月的风俗：

> 纸肆市月光纸，缋满月像，趺坐莲华者，月光遍照菩萨也。华下月轮桂殿，有兔杵而人立，捣药臼中。纸小者三寸，大者丈，致工者金碧缤纷。家设月光位，于月所出方，向月供而拜，则焚月光纸，撤所供，散家之人必遍。
>
> ——《帝京景物略·八月十五日祭月》

那时的市场上售卖一种"月光纸"，上面绘有一轮圆月，药师如来佛的右胁侍月光菩萨盘腿而坐，他能迁变众生苦厄，免除一切障难与病痛。在他身后，广寒宫桂殿中的兔子正站着捣药。这种"月光纸"尺寸大小不一，其中做工精美的金碧缤纷。妇人们买回家后，在月光神位向月亮出现的方向供奉祭拜，然后烧掉"月光纸"，并将供品撒遍家中。由于妇人们在焚烧月光纸的时候，身边的孩童会在一旁捣乱，为了避免发生危险，有人就给孩子们制作了泥塑兔子像，孩子们便也学着大人的样子祭拜起来，正如张朝墉在《燕京岁时杂咏》中写道："蟾宫桂殿净无尘，剪纸团如月满轮。别有无知小儿女，烧香罗拜兔儿神。"（图 8-23）

二是相传有一年北京城里闹起了瘟疫，几乎家家都有病人，吃什么药也不见好。月宫中的嫦娥看到人间烧香求医的情景，内心十分难过，就派玉兔到人间去为百姓们消灾治病。玉兔化身为人形，走遍千家万户，

图 8-23 ....

....

　　这张杨柳青纸本套色年画纵 60.0 厘米、横 102.0 厘米，表现了六个童子中秋节祭拜兔儿爷的情景。兔儿爷的供台上摆满了瓜果供品，孩子们有的吹着笙箫奏乐，有的拿着锄篮模仿采药，有的双手合十跪拜，还有的在跪拜完成后敲一声铜磬，洋溢着喜庆欢乐的节日气氛。

治好了很多病人。人们为了感谢玉兔，都要送给它东西，可玉兔什么也不要，只是向别人借衣服穿。于是，玉兔每到一处就换一身装扮，有时候打扮得像个卖油的，有时候又像个算命的……为了能给更多的病人治病，玉兔就骑上马、鹿，甚至是狮子、老虎，走遍了京城内外。最后，瘟疫彻底消散，玉兔重新回到了月宫，但它济世救民的善举被百姓所铭记，人们根据自己所看到的玉兔样貌制成塑像来纪念它，于是便有了各式各样的兔儿爷形象，正如《燕京岁时记》中所载："有衣冠而张盖者，有甲胄而带纛旗者，有骑虎者，有默坐者。"

祭拜兔儿爷的习俗在清代达到了鼎盛，《都门纪略》中描述了中秋节前夕，街上兔儿爷摆得像小山一样的盛况："瞥眼忽惊佳节近，满街挣摆兔儿山。"达官显贵甚至皇室之家也同样供养兔儿爷，而且他们所购买的兔儿爷尺寸更大，制作更加精美，徐柯在《清稗类钞·时令类》中写道："中秋日，京师以泥塑兔神，兔面人身，面贴金泥，身施彩绘，巨者高三四尺，值近万钱。贵家巨室多购归，以香花饼果供养之，禁中亦然。"除此之外，有人还开发出了如木偶一般可以活动的兔儿爷，《春明采风志》载："其制空腔，活安上唇，中系以线。下扯其线，则唇乱捣。"

从此，兔儿爷成为京城文化的象征，老舍所著《四世同堂》写道，祁老爷子想到："他的子孙将要住在一个没有兔儿爷的北平；随着兔儿爷的消灭，许多许多可爱的，北平特有的东西，也必定绝了根！"最终家国总算得以保全，兔儿爷的故事也一直在延续。民国时期民间流传着一首民谣：

八月十五，月儿圆，兔儿爷家住月里面。

兔儿爷，别婵娟，走向大地显灵仙。

采百草，做良药，去病除灾保平安。

月饼圆，苹果鲜，西瓜切成花口莲。

毛豆枝，九节藕，我把兔儿爷供中间。

迎中秋，记感恩，家家团团又圆圆。

第九章

与鹿之间

鹿图腾与祭天

"呦呦鹿鸣，食野之苹"，这首朗朗上口的先秦雅乐之所以被传唱千年，是因为在鹿群自由自在生活的背后，寄托着一份中国人自古以来对清平治世的向往与祈盼。早在数十万年前的旧石器时代，对依赖于狩猎采集的远古先民而言，鹿是来自上天的恩赐，它们分布广泛、膘肥体健，相比虎豹之类的猛兽，无疑是最适合的捕猎对象。

对原始部族而言，逐鹿的成败在很大程度上决定了族群的延续，冥冥之中，他们认为这是来自上天的恩赐，于是便将捕获的鹿王的鹿角供奉起来，以此来祭拜上苍，后来有些部族甚至直接将鹿作为部落的图腾。对部落中的个体而言，谁能够率领族人成功"逐鹿"，让全族的人饿不着肚子，谁就可以成为部落的首领，号令族人，并且完成祭祀上天的使命（图9-1）。可以说，在一定程度上，狩猎的能力构成了原始社会地位与权力的基础。

在农业文明的早期阶段，农业生产尚不发达，狩猎仍然具有十分重要的地位，鹿的信仰也在延续。在赵宝沟文化和仰韶文化的遗址中，都出土了绘有鹿纹的陶器（图9-2）。相比于中原地区迅速发展的农业，西北地区的农业发展相对落后，生活在那里的人们一直保留着猎鹿的传统（图9-3）。当中原地区进入夏朝，在二里头遗址高等级墓葬出土的铜牌饰中，以雄鹿为造型的铜牌是其中唯一带有"圭"形图案的（图9-4），

图 9-1...

[中更新世] **肿骨鹿头骨**
　　　周口店北京人遗址博物馆藏
　　　任疆　摄

....

在北京房山周口店龙骨山早期人类生活过的洞穴堆积中，发现了大量肿骨鹿骨骼化石，证明在农业文明发轫前的很长一段时间，肿骨鹿是远古人类的重要食物来源。然而，这件出自第十三地点的保存如此完整的肿骨鹿头骨，显然并非生活所需，这其中很可能蕴含着最原始的动物崇拜。

而圭长久以来就被视为权力的象征。

商周时期，对生活在中原王朝周边的游牧部族而言，鹿依然是他们祖祖辈辈尊奉的图腾。随着中原王朝势力不断向外扩张，这些游牧部落

图 9-2 ···

[新石器] **鹿纹彩陶盆**
　　　　中国国家博物馆藏
　　　　任疆　摄

···

　　这件陶盆出土于仰韶文化半坡遗址，通高 16.2 厘米、口径 42.0 厘米。卷唇状的口沿相间饰以箭头和四道斜杠的纹饰，四个箭头分别指向陶盆弧形内壁上的四只逆时针奔跑的小鹿。之所以以"四"为数，或许代表了一年的四季，而这件陶盆也寄托了古人朴素的心愿——四时有鹿。

图 9-3

[商周] 狩猎纹彩陶罐
泰安县博物馆藏

　　这件彩陶罐属辛店文化，时间在公元前 1300 年到公元前 1000 年，相当于中原地区的商周时期。辛店文化继承了齐家文化，同时受到了马家窑文化马厂类型的影响。这件陶罐通高 34.7 厘米、底径 8.5 厘米、口径 15.6 厘米，在颈、肩部饰有一圈猎人射鹿的图案。辛店文化所处的黄河上游地区农业尚不发达，在很大程度上还保留着原始狩猎的传统。

图 9-4.....................................

[夏] 嵌绿松石铜牌饰
美国哈佛艺术博物馆藏

....

Turquoise-Inlaid Plaque with Stylized Animal-Mask Decoration and Elongated Extension, Harvard Art Museums/Arthur M. Sackler Museum, Bequest of Grenville L. Winthrop, Photo © President and Fellows of Harvard College, 1943.52.46

这件铜牌饰长 26.6 厘米、宽 12.2 厘米、厚 0.4 厘米，刻画了一只头上长有双角的雄鹿，眼睛中镶嵌的白色玉珠让鹿看上去活灵活现。相比于其他类似的嵌绿松石铜牌饰，这件在原有基础上多了一个"圭"形尾巴，而圭是权力的象征，能够拥有这件铜牌饰的主人一定位高权重，甚至很有可能是整个部族联盟的首领。

图9-5..................................

[商] **鹿方鼎及鹿形铭文**
台湾"中央研究院"历史语言研究所藏
....

　　这件鹿方鼎出土于河南安阳殷墟西北岗1004号大墓，通高60.9厘米、长51.4厘米、宽37.4厘米，重60千克。鼎身四面以鹿首为装饰主纹，左右两边饰以侧身而立的鸮鸟纹，鼎身上下饰以一圈夔龙纹，且鸮鸟及夔龙纹饰均背对鹿首，面朝鼎的外侧。鼎足空心，上方也以鹿首装饰。鼎内底铸有鹿形铭文。这也是目前所发现的唯一铸有鹿形铭文的商代青铜器。根据晚商历史和鼎的用途来推断，这应是商王征服北方以鹿为图腾的部落后铸鼎为记。

就会被征服和兼并。后来在为纪念这类事件所铸的青铜鼎上，人们会发现刻有鹿纹族徽的图案（图9-5）。《国语·周语上》中记载了"穆王将征犬戎……得四白狼、四白鹿以归，自是荒服者不至"。如果周穆王仅仅是猎得了四只狼和四只鹿，绝不至于惹恼了那些地处"荒服"的部落，使得他们不再朝见周天子。翦伯赞认为"白狼、白鹿是当时的氏族"，也就是以狼和鹿为图腾的部落。周穆王虽然没能毕其功于一役，将犬戎彻底征服，却也消灭了犬戎联盟的八个部落。

对中原王朝而言，以鹿祭天的古老观念也在延续。纣王将祭天的高台命名为鹿台。刘向《新序·刺奢》载"纣为鹿台，七年而成，其大三里，高千尺，临望云雨"，《史记·殷本纪》中也记载了"（纣）厚赋税以实鹿台之钱"。当纣王在牧野一战中败北后，在王朝即将覆灭之际，他"登于鹿台之上，蒙衣其殊玉，自燔¹于火而死"，也就是佩戴上全部礼器，自焚祭天。后来，周天子将祭天的高台改称灵台，《毛诗正义》载，"天子有灵台，所以观祲²象，察气之妖祥故也"。虽然名字不同，但与鹿台的功能是一致的。

在之后的中国历史上，以鹿祭天的最晚记载出现在辽代。《辽史·穆宗本纪》中记载了辽穆宗应历十八年（968），"三月……造大酒器，刻为鹿文，名曰'鹿甒³'，贮酒以祭天"，也就是辽穆宗命人制造了祭天的大型酒器，并在上面刻上了鹿纹图案。辽代皇帝对鹿怀有一种特殊的情感，后来的辽兴宗⁴还绘制了《千角鹿图》（图9-6、图9-7），并且将其作为国礼赠予了宋仁宗。

---

1 燔（fán）：《尔雅》释云，"祭天曰燔柴"。

2 祲（jìn）：阴阳相侵所形成的云气，能够预示吉凶。《周礼·春官·保章氏》载："以十有二岁之像观天下之妖祥，以五云之物辨吉凶，水旱降丰荒之祲象。"

3 甒（wǔ）：古代盛酒有盖的瓦器。《礼记·礼器》载："五献之尊，门外缶，门内壶，君尊瓦甒。"

4 辽代第七位皇帝，1031—1055年在位。

图9-6

[辽]　《丹枫呦鹿》图轴

绢本设色，纵 118.5 厘米、横 64.6 厘米

台北故宫博物院藏

图9-7

［辽］《秋林群鹿》图轴

绢本设色，纵118.4厘米、横63.8厘米

台北故宫博物院藏

鹿在契丹人的观念中是一种吉祥的神兽，不仅辽代契丹贵族以鹿纹酒器祭天，契丹宫廷画师还创作了大量以鹿为题材的绘画作品。《辽金元宫词》引郭若虚《图画见闻志》记载："（辽）兴宗以五幅缣画《千角鹿图》献于宋……宋仁宗命张图于太清楼下，召近臣纵观；次日又敕中阁宣命妇观之；毕，藏于天章阁。"从《丹枫呦鹿》《秋林群鹿》的尺寸、画法，以及画面中所表现的秋日枫林中的鹿群，可以推断这些便是《千角鹿图》中的两幅。

来自天鹿的祥瑞

正是因为鹿与王朝的命数息息相关，上古时代，部落首领会在重要的听政场合佩戴白鹿皮制成的帽子。这一传统在周代迎来了复兴，周天子和诸侯每月朔日拜祭祖庙后，在太庙听政时也会戴白鹿皮冠。《仪礼·士冠礼》载，"皮弁服，素积，缁带，素韠[1]"。郑玄注云："此与君视朔之服也。皮弁者，以白鹿皮为冠，象上古也。"除此之外，以鹿为造型的佩饰和器物装饰也大量出现在先秦时代贵族的日常生活中（图9-8、图9-9）。

古人认为当国君遵循法度，施惠于民，天鹿就会化身为白鹿降临人间。《瑞应图》[2]载："天鹿者，纯善之兽也，道备则白鹿见，王者

图 9-8 ....

[西周]玉鹿
美国大都会艺术博物馆藏

....

Standing deer, Metropolitan Museum of Art, Rogers Fund, 24.51.11

这件玉鹿高7.3厘米、宽4.8厘米，呈扁体片状，刻画了一只雄鹿的侧面像。鹿角分两叉向前后伸展，其中后叉勾曲，甚至触到了臀部。鹿目圆瞪，嘴角微微上扬，仿佛是在向观者致意，目光中带着几分灵气。鹿角之间巧妙地留有一个系带孔，用于挂在项链上；在大约同一时期的强国墓地出土的玉鹿旁，还散落有玛瑙串珠，可见玉鹿应为项链上的主要部件。

---

1 韠（bì）：古代用以遮蔽膝盖的朝服。
2 《艺文类聚》卷九十九《祥瑞部下》。

图 9-9 ....

[西周] 玉鹿
　　美国克利夫兰艺术博物馆藏

....

Stag, Cleveland Museum of Art, Anonymous Gift 1952.490

　　这件玉鹿高 5.6 厘米、宽 6.1 厘米，呈扁体片状，从鹿角的样子可以推断，这应为同属鹿科动物的狍子，而且所表现的是一只身材健硕、正在奔跑的狍子。只见它身体微微向前倾，臀部向上翘起，四足朝前跳跃，力量十足却显得十分轻巧。在鹿角的根部钻有一小孔，用于挂在项链上。

明惠及下则见""王者承先圣法度，无所遗失，则白鹿来"。《天镜》[1]中写道，"王者仁明则白鹿至""爱民人，白鹿见"。梁元帝萧绎在《金楼子·兴王篇》中记载了禹在位时，"神鹿出于河水，天锡元圭"。《晋中兴征祥说》[2]注云，"周平王[3]时，白鹿见"，"汉章帝[4]西巡日，白鹿见于临平观"。《礼斗威仪》[5]也写道，"君乘水而王，其政平，则北海输白鹿"。与此同时，同属鹿科的麋、獐也被视为明君的祥瑞，比如，《魏略》[6]中记载了"文帝[7]将受禅，有白麋见"，《瑞应图》在对这次事件的补注中还写道，"又（宋）元帝[8]时，白鹿再见"。

为了颂扬君主治下的盛世，历朝历代都会有地方向朝廷进献白鹿。东晋殷仲堪《上白鹿表》[9]写道，"巴陵县青水山得白鹿一头。白者正色，鹿者景福嘉义"；唐代张九龄在《洪州进白鹿表》中称赞，"休气所集，灵质自呈，欲效符祉，易为驯狎"；《五代会要》载，"（后）汉乾祐三年（950）五月，赖州进白鹿"；直到明代，《万历野获编》中还记载了"胡宗宪进白鹿，诸生徐渭作表，一时传诵"。

然而，一旦王朝没落，天鹿也会以一种极其灵异的方式予以警示，《天

1 《开元占经》卷一百一十六《兽占·白鹿》。
2 同上。
3 东周第一位国君，公元前770—前720年在位。
4 东汉第三位皇帝，75—88年在位。
5 《艺文类聚》卷九十九《祥瑞部下》。
6 《太平御览》卷九百六《兽部十八》。
7 即曹丕，三国时期曹魏第一位皇帝，220—226年在位。
8 南朝宋第四位皇帝，弑父篡位后，仅三个月就兵败被杀。
9 《太平御览》卷九百六《兽部十八》。

图 9−10.........................

这件鹿形铜饰出土于河北满城汉墓，长 12.3 厘米、高 6.2 厘米。这是一只雄鹿，头上长着一对长长的犄角。只见它昂首左视，身材壮硕，迈步向前，显得威风凛凛。鹿的四蹄上各有一小孔，身躯中空，左侧腰部有一个圆孔，出土时里面尚存朽木残块，结合在鹿的周围同时发现有鎏金铜构件、器座，可以推测，这应为帷帐上的部件。

中记》中就记载了开宝七年（974），在金陵的南唐皇家苑囿中，一只鹿有一天突然开口说起了人话，因不满放牧人的大声呵斥而反驳道："明年今日，汝等俱作鬼物，苑囿荒凉，焉能拘我？"预言了北宋军队即将入侵；结果一年之后，"宋师渡江，牧者俱死斗敌，苑囿亦废矣"。

呦呦鹿鸣的太平之象

　　自西周以来，随着礼制的建立，鹿成为政通人和、天下太平的象征。周文王在灵台之下兴建了灵囿和灵沼，《诗经·大雅·灵台》载，"王在灵囿，麀[1]鹿攸伏。麀鹿濯濯，白鸟翯翯[2]"，《毛诗正义》解释道，"文王既立灵台，而知民心归附，作沼囿，而知鸟兽得所"，也就是灵台作为天人感应的场所，可以知晓民心向背；灵囿中的鹿和白鹭自由自在地生活，寓意整个社会安宁祥和。这也是为什么《诗经·小雅·鹿鸣》中周天子宴请四方诸侯时，以"呦呦鹿鸣，食野之苹"作为开篇。《诗三家义集疏》解释了其中的深意，"兴也，鹿得草，呦呦然鸣而相呼，恳诚发乎中"。也就是以"鹿得草"喻"诸侯得礼"，周天子让天下诸侯得其所愿，有一种宾至如归之感，所以他们都心悦诚服，共同拥护周王朝。"我有嘉宾，鼓瑟吹笙……人之好我，示我周行"，在这幅其乐融融的景象背后，是一个接受周礼教化的和谐盛世。

---

1 麀（yōu）：母鹿。
2 翯翯（hè）：羽毛洁白润泽的样子。

图9-11

［西汉］貉子卣

美国明尼阿波利斯艺术博物馆藏

'You' wine vessel, Minneapolis Institute of Arts, Bequest of Alfred F. Pillsbury, 50.46.94a,b

　　这件貉子卣通高 21.8 厘米、最宽 21.1 厘米，重 2.6 千克，曾被收录于清代乾隆时期编纂的《西清古鉴》中。卣盖和卣器采用了对铭（铭文相同）的方式，记载了周王与纪侯貉子一起狩猎，并在随后的宴会上，将三只鹿赏赐给纪侯，于是纪侯造卣为记。在卣盖和卣器上，分别饰有一圈四组回首顾盼的卧鹿纹饰。

图9-12.
〔战国·秦〕双鹿纹瓦当
西安秦砖汉瓦博物馆藏

图9-13.
〔战国·秦〕双鹿纹瓦当
西安秦砖汉瓦博物馆藏

　　这两件瓦当均出自陕西凤翔雍城遗址，直径14厘米。第一件上面刻有一只盘跪的雄鹿，它正回首顾盼，仿佛听到了同伴的召唤。第二件刻画了一只雄鹿与幼鹿嬉戏的场景，它们耸尾跃足，悠然自得；此情此景，折射出了秦人内心对"呦呦鹿鸣，食野之苹"的太平盛世的美好憧憬。

　　周代的礼制社会深刻地影响了后世中国，战国时期，庄子内心中的理想社会就是百姓们像野鹿一样自由自在地生活。《庄子·外篇·天地篇》中写道："至德之世，不尚贤，不使能，上如标枝[1]，民如野鹿。"在真正的德治时代，既不需要崇尚贤才，也不必去任用能人，国君居于高位，就像是树上的高枝无心在上，而百姓就像无知无识的野鹿，无拘无束地生活。然而，这种无为而治的思想，居然在1000多年后的明代，被一个不愿为朝务政事所累的帝王"发扬光大"：明神宗万历皇帝在他48年的皇帝生涯中，有近30年不上朝的事迹。"精明"的万历皇帝在清算权臣张居正后，皇权极其稳固，从此他便过上了"上如标枝，民如野鹿"的无为而治的帝王生活（图9-14）。只不过理想与现实相差甚远，最终，他留给子孙的是一个千疮百孔、积重难返的大明江山。

　　当君王失德，施政无方，便不再有"呦呦鹿鸣"的图景，取而代之的是民心惶惶，社会动荡不安，天下四分五裂，于是有了《史记·淮阴侯列传》中的"秦失其鹿，天下共逐之"；《太公六韬》[2]中亦有"取天下，若逐野鹿"的描写。东周时代礼崩乐坏，诸侯纷争，逐鹿中原（图9-15）；秦代在短暂的统一后，因"暴政"失去了民心，陈胜、吴广揭竿而起，各方势力群雄逐鹿。实际上，逐鹿的本质就是寻求百姓的归服与认同，比谁最终能够赢得民心。后来，三国时期张晏在《汉书音释》[3]中将"秦

---

1 标枝：树梢的枝条，比喻至德君主的恬淡无为。后来"标枝野鹿"成为一个成语，意思是君主如同树梢的枝条一样，无临下之心；百姓如同野鹿一样，放逸而不拘忌。

2 《文选》卷五十二。

3 《后汉书·刘陶传》李贤注引。

图 9-14

[明]万历青花五彩百鹿罐
台北故宫博物院藏

万历年间的五彩瓷极负盛名，以釉下青花和釉上五彩工艺相结合烧造而成。这件百鹿罐在《格致镜原》中被称为"五彩百鹿永保乾坤坛"，通高 34.6 厘米、口径 20.0 厘米、底径 16.3 厘米。颈部绘以折枝花朵和仙桃果实纹饰，肩部饰一圈青花云纹，上面垂着绿、褐相间的枝叶；罐身中央有四棵参天巨木，巨木之间祥云缭绕，巨木之下溪水潺潺，颜色各异的鹿群就自由自在地徜徉在山林之间，好不自在。这件百鹿罐是万历皇帝"无为而治"的治世哲学的完美体现。

失其鹿"的"鹿"释义为"以鹿喻帝位也"。从此，鹿成为天下权柄的象征。《晋书·石勒载记》中记载，后赵开国君主石勒有一次大宴群臣，乘酒兴正酣，自诩可以媲美东汉开国君主光武帝刘秀："朕遇光武，当并驱于中原，未知鹿死谁手。"

图 9-15 ....

[战国] 猎鹿图
美国克利夫兰艺术博物馆藏

The Kill, Cleveland Museum of Art, Gift of Mr. and Mrs. Harold T. Clark in memory of Flora L. Terry 1957.139

这件绘制在蚌壳内侧的猎鹿图，是中国历史上现存最早的人物画。蚌壳最高 7.5 厘米、最宽 9.0 厘米，在相当于一个人的手掌大小的面积上，生动描绘了诸侯猎鹿的场景。有两人站在驷马拉的战车上，张弓搭箭向鹿群射去；还有两人则是挥拳舞剑，正朝一只跌倒受伤的鹿飞奔过去。鹿群受到了惊吓，正四处奔逃。

图 9-16...

[清]《升平乐事图——鹿灯》
台北故宫博物院藏

....

　　这幅册页出自《升平乐事图》，童子们正在上演一出"围猎"的花灯好戏——最前方有一童子牵引作为"猎物"的兔灯车和鹿灯车；三名扮作"猎人"的童子紧随其后，其中两人分别骑着红、白竹灯马，一人手执叉戟，另一人张弓欲射；还有一童子左臂托举猎鹰灯，后手牵引猎犬灯车，场面好不热闹。

　　自魏晋以来，"呦呦鹿鸣"还引申出另外一层深意。毕竟，庄子心中的至德之世只是一种理想，现实中的太平盛世需要贤臣与能人，于是有了曹操在《短歌行》中的感叹："青青子衿，悠悠我心。但为君故，沉吟至今。呦呦鹿鸣，食野之苹。我有嘉宾，鼓瑟吹笙。"曹操深知，只有得到那些有识之士的辅佐，才能够迎来太平盛世，"呦呦鹿鸣"寄托着他内心对人才的渴求。唐宋之际，科举制度的推行让一种被称为"鹿鸣宴"的官办宴席流行起来。《政和五礼新仪》载，"惟今州郡贡士之日设鹿鸣宴，正古者宾兴贤能，行乡饮酒之遗礼也"。（图9-18）之所以取名"鹿鸣宴"，正体现出朝廷对人才的重视，它不仅是为那些高中的学子而设，更是为帝国拥有"呦呦鹿鸣"的未来而庆祝。

图 9-17..............................

[南宋] 玉鹿
台北故宫博物院藏

　　这件玉鹿摆件长4.75厘米、宽1.50厘米、高2.60厘米，采用圆雕工艺，雕刻了一只跪坐的雄鹿。鹿首微微后仰，头上的两只鹿角向后贴在了背上，相比于周代的玉鹿，没有了那种"雄姿英发"的壮美，举手投足间增添了几分恬静与安适，不由得让人想起南宋诗人林升《题临安邸》中"山外青山楼外楼，西湖歌舞几时休"的那种清平时代下的安逸。

图 9–18..........................

[明] 谢时臣《鹿鸣嘉宴图》
台北故宫博物院藏

....

　　这幅绢本设色图轴纵 186.0
厘米、横 82.8 厘米，以"鹿鸣"
为款识，可见所描绘的场景是
鹿鸣宴。鹿鸣宴源于夏商周的
乡饮酒礼，唐宋以来逐渐与科
举相结合，成为皇权延伸的重
要场域，北京故宫博物院所藏
马和之的《鹿鸣之什图》即为
此类型的作品。然而，谢时臣
的这幅《鹿鸣嘉宴图》恰恰相
反，从文人之间的逸乐畅饮中，
反映出的是明代社会礼教逐渐
放松下的一种闲适状态。

这件乾隆年间烧制的五彩百鹿尊仿青铜壶造型，通高45.0厘米，口径16.3厘米，底径24.4厘米。尊肩饰一对红地描黄螭型耳，尊身绘层峦叠嶂，松柏耸立，桃树与灵芝点缀其间，群鹿游憩嬉戏，它们很可能是生活在木兰围场的鹿群。清代皇帝每年秋季都会来到这里围猎，称为"木兰秋狝"，这也是清朝军事练兵的一部分。从1681年到1820年的近一个半世纪里，康熙、乾隆、嘉庆在此练兵有上百次之多。

鹿与个人的官运

自汉代以来，鹿便与官位、官运联系在一起。首先，汉代宰相的车驾上便有鹿的装饰图案。谢承《后汉书》[1]中记载，东汉郑弘为官施行仁政，"白鹿方道，侠毂而行"，他的幕僚以当时的三公车辐上绘有鹿预言其日后必为宰相，最终郑弘官拜太尉。其次，当官员受到嘉奖时，也会建造石鹿雕像作为纪念。东汉初年，《襄阳耆旧传》[2]载，习郁随同光武帝巡游黎丘，"与帝通梦，见苏山神"，在梦里依然追随皇帝左右，这是何等的忠贞不贰，于是光武帝对习郁大为赞赏，"先拜大鸿胪，录其前后功，封襄阳侯"。习郁诚惶诚恐之下，感念山神，于是修建了苏岭祠，然后"刻二石鹿侠神道，百姓谓之鹿门庙"，后来苏岭山也被人们称为鹿门山。

由于"鹿"与代表官俸的"禄"谐音，因此有人便通过鹿来预测官运。南北朝时期，《南史·吉士瞻传》中记载，南朝梁名士吉士瞻年少时曾梦见 11 张鹿皮，大喜过望道："鹿者禄也，吾当居十一禄乎。"后来他果然先后担任了 11 个官职，但早已失去了年少时的欣喜，对官场心生厌倦，"遇疾不肯疗"，最终死在了最后一个为官任上。到了唐代，《祥验集》[3]中记载，宝历二年（826），"范阳节度使朱克融猎鹿，

---

1 《后汉书补逸》。

2 《艺文类聚》卷四十九《职官部五》。

3 《太平广记》卷一百四十四《征应十》。

图 9-20 ....

［汉］嵌贝鹿形铜镇
美国弗利尔美术馆藏

Deer-shaped ornament, Freer Gallery of Art and Arthur M. Sackler Gallery, Gift of Charles Lang Freer, F1919.68

《论语·乡党》曰："席不正，不坐。"古人席地而坐，为了避免起身和落座时折卷席角，于是便发明了席镇，并以鹿、虎、豹、熊等动物为造型，赋予了辟邪祛恶、祈祥纳福的美好寓意。这件鹿形铜镇高 5.2 厘米、长 10.0 厘米，鹿首下连鹿体为铜铸鎏金，鹿吻前凸，双目以绿松石镶嵌其中，鹿身镶嵌有虎斑贝壳，贝壳上的斑纹天然构成了鹿身上的斑点。铜鹿憨态可掬，体现了汉代贵族追求福禄长寿的时尚之风。

图 9-21 ....

[东汉] 鹿首灰陶房
济源市博物馆藏

....

这件鹿首灰陶房出土于河南济源邵原镇东汉墓，长 29.0 厘米、宽 13.0 厘米、高 40.0 厘米。屋正面以高浮雕技法雕刻出雄鹿首，鹿双眼圆睁，椭圆形的双耳向外水平展开，两只鹿角如虬枝一般舒展至屋檐；屋檐施筒瓦六垄，每垄至檐部皆有瓦当，屋背面饰几何纹饰，在菱形方格网中还嵌有 20 枚五铢铜钱范。可以说，这件陶房寄托着墓主灵魂在另一个世界里依旧升官发财的美好愿望。

鹿胆中得珠，如弹丸，黑色，初软后硬，如石光明"，朱克融认为得鹿是吉兆，但有人问及擅长算命的麻安石时，后者却说："鹿者禄也，鹿死是禄尽也。珠初软后硬，是珠变也。禄尽珠变，必有变易之事，衰亡之兆也。"朱克融对此不以为然，"自此克融言辞轻发，是年五月，果帐下军乱而全家被杀"，最终印证了鹿死寓意官运走到尽头，珠变暗含杀身之祸的命运。

图 9-22..

[宋元] **鹿纹瓷枕**
　　　美国克利夫兰艺术博物馆藏

....

Pillow, Cleveland Museum of Art, Gift of Mrs. Langdon Warner 1915.506

　　这是一件磁州窑白釉黑彩瓷枕，磁州窑口在宋元时期十分兴盛。这件瓷枕呈稍扁的莲花形，中间略微凹陷，可以很好地贴合人的头部和颈部。枕面上描绘了一只旷野中奔跑的公鹿形象，它的鹿角高挺，四肢强壮有力，眼睛炯炯有神，寥寥数笔却十分传神，带有官运亨通的吉祥寓意。

图 9-23............................

[宋] 易元吉《猿鹿图》
台北故宫博物院藏

　　这幅绢本设色散页图纵 25.0 厘米、横 26.4 厘米。画面中一共描绘了三对母子：一只长臂母猿怀抱小长臂猿，从树干后面探出头来，另一只小长臂猿则双臂吊在树梢上；一只猕猴正沿着树干爬下来，旁边还攀缘着两只小猕猴，它们机警的目光都不约而同地望向树下。原来，一只母鹿带着小鹿刚刚来到这里，母鹿也发现了树上的猴群，正仰头张望，而小鹿则趁机卧在妈妈近旁休息。鹿猴之间不期而遇后的反应让整个画面生动有趣，它们共同构成了更具内涵的意象——"禄（鹿）上封侯（猴）"。

图 9-24..

[清]青花"禄封侯"瓷盘
美国大都会艺术博物馆藏

....

Plate with Monkey, Bees, Magpie, and Deer, Metropolitan Museum of Art, Purchase by subscription, 1879.2.378

这是一盏清官窑仿明成化青花瓷，高 2.9 厘米、口径 14.9 厘米、底径 8.6 厘米，外底双圈内书"大明成化年制"楷书。口沿绘有寿桃和祥云，以及蜂房纹饰；内底绘有一棵松树，树上两只猴子互相嬉戏，树下两只鹿回首抬头张望，鹿猴之间野蜂嗡嗡嘤嘤，谐音"禄、封侯"，寓意步步高升，官运亨通。

　　宋代以后，鹿还与其他动物一起出现，以谐音共同表达吉祥的寓意，成为历代绘画与器物装饰上十分流行的艺术主题：鹿、猴谐音"禄、侯"（图9-23）；鹿、蜂、猴谐音"禄封侯"（图9-24）；鹿、鹤谐音"六合"，取"六合同风，九州共贯"[1]之意，即天下风俗教化一致，九州方圆政令统一，方为天下大治的太平盛世。

先秦仪礼中的鹿皮

　　春秋战国时期，鹿皮是诸侯国外交的聘问之礼。所谓"聘问"，《周礼·秋官·大行人》载，"凡诸侯之邦交，岁相问，殷相聘也"，即诸侯之间往来慰问要派人互送礼物。《管子·大匡》中记载了齐桓公为了交好小诸侯国，在管仲的建议下，"令齐以豹皮往，小侯以鹿皮报"，齐国送给小国贵重的豹皮，小国则以鹿皮作为回赠，从而建立了以齐国为主导的外交秩序。后来，《墨子·鲁问》中记载了鲁国国君向墨子讨教如何应对齐国的威胁，墨子建言"厚为皮币，卑辞令，亟遍礼四邻诸侯"，也是希望借鹿皮与周边的诸侯国搞好关系。实际上，外交中鹿皮的象征意义大于实际意义，鹿皮本身并不十分珍贵。《晏子春秋·外篇》中记载，晏子担任齐国宰相，有一次穿着鹿裘上朝，结果齐景公大怒："夫子之家，若此其贫也，是奚衣之恶也！寡人不知，是寡人之罪也！"竟然因晏子

---

1 《汉书》卷七十二《王吉传》。

身穿鹿裘而怪罪于自己。

在这一时期，鹿皮也是宴请宾客或订婚下聘时的礼物。在宴请宾客时，《仪礼·士冠礼》载，"主人酬宾，束帛、俪皮"。郑玄注云："饮宾客而从之以财货曰酬，所以申畅厚意也；束帛，十端也；俪皮，两鹿皮也。"也就是主人在宴请宾客时要行"一献之礼"，即依次完成"献""酢""酬"的仪式，其中在"酬"这个环节不仅要再劝宾客饮酒，还要送给宾客十端帛和两张鹿皮，以表达主人的深情厚谊。

在先秦时期的婚礼上，鹿皮是男方向女方下聘的聘礼之一。《仪礼·士昏礼》载，"纳征，玄纁[1]束帛，俪皮，如纳吉礼……俪，两也，执束帛以致命，两皮为庭实，皮，鹿皮"，即在婚礼"六礼"[2]中的第四礼"纳征"礼上，男方要派人将作为聘礼的赤黑色束帛十端和一对鹿皮送到女方家。正因如此，鹿也成为男性对女性表达爱慕之情的媒介。《召南·野有死麕[3]》云，"野有死麕，白茅包之。有女怀春，吉士诱之。林有朴樕，野有死鹿。白茅纯束，有女如玉"，意即在野外遇到了死鹿，青年男子就可以取下鹿皮，去追求心爱的女子了。

---

1 纁（xūn）。《仪礼·士冠礼》载："服纁裳。"郑玄注云，"纁裳，浅绛裳；凡染绛，一入谓之縓，再入谓之赪，三入谓之纁，朱则四入与"，即染布时通过控制次数来染出不同深浅的布。
2 即纳采、问名、纳吉、纳征、请期、亲迎。
3 同"麇""麏"（jūn），獐子，一种小型鹿科动物。

鹿皮发动的经济战

由于鹿皮在生活中应用十分广泛，因此人们对鹿有很大的需求，有些盛产鹿的诸侯国便可以通过鹿的交易获利。齐国正是利用这一点，借机暗中向楚国发动了中国历史上最早的经济战。《管子·轻重戊》载，齐桓公在管仲的建议下，铸造了大量的钱币，然后就拉着这些钱去楚国购买活鹿。在金钱的诱惑下，"楚人即释其耕农而田鹿"。为了让楚人彻底放弃农耕，齐国进一步在楚国发布告示，每20只活鹿就可以换金百斤，于是楚国举国上下就像疯了一样，男男女女为了捕鹿连家都顾不上回，"楚之男子居外，女子居涂"，都渴望搭上捕鹿的"风口"实现财富自由。结果，楚人荒废了种田，最终当齐桓公下令"不与楚通使"，楚人因买不到粮食，"降齐者十分之四，三年而楚服"。通过这场没有硝烟的战争，齐国成功解除了楚国的威胁。

到了汉代，汉武帝借白鹿皮向宗室王侯发动了一场兵不血刃的财富掠夺战。由于常年对外征战匈奴，以及对归降胡人的厚赏，加之元狩四年（前119）崤函以东的严重水灾导致大量灾民[1]，中央财政出现了严重危机。《汉书·食货志》载，当时汉武帝召集群臣商议，有人便以"是时禁苑有白鹿而少府多银锡"为由，建议"王侯宗室朝觐必以皮币荐璧，

---

1 《前汉纪·孝武皇帝纪》载："关东流民凡七十二万五千口。"

然后得行"，表面上这是要求全国各地的诸侯王来京时要以白鹿皮进献玉璧，但由于皇家禁苑几乎垄断了白鹿，各地诸侯王不得不花高价购买，甚至其价值远远超过了黄金："黄金重一斤，直钱万""以白鹿皮方尺[1]，缘以缋[2]为皮币，直四十万"。朝廷通过这种方式将大贵族手中的财富名正言顺地转移到了中央府库，从而保证了赈济灾民之需，并有效地支持了与匈奴的战争。

以鹿献祭与鹿肉佳肴

自进入礼制社会以来，鹿就成为宫廷祭祀中的祭品。《诗经·秦风·驷驖》中记载了"奉时辰牡，辰牡孔硕"，《毛诗诂训传》中对其解释为，"辰牡者，冬献狼，夏献麋，春秋献鹿豕群兽"，即在立春、立夏和立秋这几日都要用雄鹿来祭祀祖先。《礼记注疏》中记载了"天子朝事之豆，有昌本、麋[3]臡[4]、菁菹、麕臡"，也就是周天子早上祭祀宗庙时要将两种鹿肉酱盛放在豆中。在汉代礼仪制度中，幼鹿被用来祭祀宗庙，《晋书·礼志》载，"汉仪，立秋之日……斩牲于东门，以荐陵庙。其仪……躬执弩射牲，牲以鹿麛[5]。太宰令谒者各一人载以获车，驰送陵庙"。

1　汉代一尺约合 23 厘米。

2　缋（huì）：布帛边。

3　麋（mí）：麋鹿。

4　臡（ní）：带骨的肉酱。

5　麛（mí）：幼鹿。

图 9-25..................................

[清] 铜胎掐丝珐琅动物纹豆
台北故宫博物院藏

....

这是目前存世的唯一单纯以写实动物作纹饰的清宫御用掐丝珐琅器，通高 21.5 厘米、口径 16.9 厘米。它的外部以浅蓝色釉和掐丝卷须纹为背景，饰有鸟、狗、羊、牛、虎、猴、兔、鹿、象和山鬼等鸟兽与人物形象。盖口内沿饰以"六龙"，古代天子车驾为六马，马八尺称龙，因而"六龙"是天子的象征；底部铸有"大清乾隆年制"字样。

自唐代以来，鹿肉成为宫廷祭祀的常备供品。《唐会要》卷二十八中记载，贞观十一年（637）十一月，唐太宗在一次猎鹿后说道："古者先驱以供宗庙，今所获鹿，宜令所司造脯醢[1]以充荐享。"后来，以鹿肉祭祀正式出现在《开元礼》中。根据祭祀等级的不同，所用的祭祀器具的数量也不同，《旧唐书·礼仪志》中记载了"显庆[2]中，更定笾、豆之数……大祀笾、豆各十二，中祀各十，小祀各八"。但不论是大祀、中祀还是小祀，笾中都盛放有鹿脯[3]，豆中则盛放有鹿醢。《开元礼》是唐代鼎盛时期完成的一部最完备、恢宏的儒家礼典，对后世影响深远。在宋元明清的宫廷祭祀中，鹿肉仍然发挥着重要作用。

除了作为祭祀的贡品，鹿肉本身还是一道美食，演绎了独特的饮食文化。早在先秦时期，《礼记正义·内则》中就包含了鹿肉的两种吃法：一种是作为熟食的"麋肤、鱼醢"，具体的做法是"麋肤谓麋肉外肤，食之以鱼醢配之"，也就是鹿肉配鱼酱；另一种是生食"麋腥，醢酱"，做法是"腥谓生肉，言食麋生肉之时，还以麋醢配之"，这种生鹿肉所蘸的"麋醢"可不是一般的酱料，《晏子春秋·曾子将行晏子送之而赠以善言》中记载了"今夫兰本，三年而成，而贾匹马矣"，这种鹿肉酱是用三年长成的兰草根浸泡而成，竟然抵得上一匹马的价值。

汉唐时期，鹿肉是宫廷美食之一。《述异记》中记载了"汉成帝末年，宫中雨一苍鹿。杀而食之，其味甚美"。《东观汉记》中记载了"章帝

---

1 醢（hǎi）：肉酱。

2 唐高宗李治的年号，656—661 年使用。

3 脯：肉干。

与舅马光诏曰'朝送鹿脍，宁用饭也'"。唐代以鹿肉为食材的菜肴更加琳琅满目，《安禄山事迹》中记载了安禄山为讨唐玄宗的欢心，进献的贡品中有"鹿尾酱"；《清异录》中记载了"冶羊鹿舌拌三百数"的"升平炙"，"鹿鸡糁拌"的"小天酥"，"羊豕牛熊鹿并细冶"的"五生盘"，还有带有鹿肉和熊肉馅的"玉尖面"，其中"玉尖面"是以熊肥肉和鹿瘦肉搭配在一起制成的面食，该书另载，"赵宗儒在翰林时，闻中使言：'今日早馔玉尖面，用消熊栈鹿为内馅，上甚嗜之。'问其形制，盖人间出尖馒头也。又问'消'之说，曰：'熊之极肥者曰消，鹿以倍料精养者曰栈。'"当然，鹿肉并非皇帝所独享，他也会赏赐给身边的大臣，《全唐文》中便收录了苑咸所作的《为李林甫谢赐鹿肉状》。

唐宋之际，以鹿为食材的饮食开始从贵族走向民间，导致了鹿的供不应求，市面上甚至出现了以死马肉冒充鹿肉的黑心商贩。《癸辛杂识·续集》中"死马杀人"条目写道："今所卖鹿脯多用死马肉为之，不可不知。"北宋苏象先在《丞相魏公谈训》中记载了汴京的一批无良商家用死马肉冒充鹿肉的方法："众争取死马，而不取驼牛，以为马肉耐久，埋之烂泥地中，经宿出之如新，为脯腊，可敌獐鹿。"实际上，这种贩卖假肉、以次充好的现象早在唐代就已出现，《唐律疏议》中明确写道："脯肉有毒，曾经病人，有余者速焚之，违者杖九十；若故与人食并出卖令人病者，徒一年；以故致死者，绞；即人自食致死者，从过失杀人法。"后来的《宋刑统·贼盗律》一字不差地沿用了这项规定。

图 9-26

[战国] **漆木彩绘双头镇墓兽**
荆州博物馆藏

　　这种漆木镇墓兽是战国时期楚国贵族墓葬中最特殊的陪葬品，具有浓厚的巫术色彩，通常由鹿角、兽形首和底座构成。最早出现于战国早期，至战国中期大量出现，在战国晚期又趋于消失，可以说是楚国兴衰的特殊见证。这件镇墓兽出土于天星观 1 号楚墓，镇墓兽头插鹿角，睁目吐舌，狰狞恐怖，彰显了其助力墓主人引魂升天的神威。

图 9-27.....................................

[战国] 漆木双头镇墓兽
英国伯明翰艺术博物馆藏

....

Tomb Guardian, Birmingham Museum of Art, Collection of the Art Fund, Inc. at the Birmingham Museum of Art; Gift of Virginia and William M. Spencer III, AFI.3.2000

　　这件镇墓兽通高 106.7 厘米，通体髹黑漆，局部以朱彩绘有纹饰。两兽对称背向而立，鹿角插于兽首顶部，兽身呈 "S" 形弯曲，在中央形成了一个六边形孔洞，兽面鼓眼，口吐长舌。根据这类镇墓兽从早期到晚期的发展演变规律，即由兽面渐变为人面，无舌渐变为长舌，无颈渐变为长颈，兽面由彩绘发展为雕刻，可以推断这是一件战国中晚期的镇墓兽。

仙人乘鹿与长寿

战国以来，楚文化中的升天思想盛行，鹿角作为上古时期的部落巫觋与上天沟通的媒介，出现在了这一时期楚国贵族墓葬的镇墓兽上。这些镇墓兽面目狰狞，在它们头上插有鹿角（图 9-26、图 9-27），国内有学者认为这些镇墓兽是"楚地巫觋死后魂升天界的法器"[1]。除此之外，鹿本身以跳跃与奔跑擅长，《尸子·劝学》中就写道，"鹿驰走无顾，六马[2]不能望其尘"，这一切都符合时人心目中升天成仙的理想，于是鹿逐渐"神兽化"，最终在汉代成为仙人的坐骑：

　　　　西王母使使乘白鹿，驾羽车，建紫旗[3]，来献白环之玦、益地之图、乘黄之驷。[4]

——《金楼子·兴王篇》

　　　　老子者，道君[5]也，始起乘白鹿，下托于李母胎中。

——《濑乡记》[6]

---

1 丁兰：《试论楚式"镇墓兽"与东周时期楚民族的巫文化》，《中南民族大学（人文社会科学版）》2008 年第 3 期。

2 即天子的车驾，《春秋公羊传》载："天子驾六。"

3 即帝王的旗帜。

4 这段故事的背景是西王母听闻尧禅让于舜，故向舜祝贺，就派遣使者骑着白鹿，坐着羽车，竖立起帝王的旗帜，然后给舜献上白玉玦，四匹黄骍（音兴）马，还有益州三州的地图，如此一来，便将黄帝的九州领土扩大为十二州。

5 道教中称呼地位尊贵者为"道君"。

6 《太平御览》卷三百六十一《人事部二》。

　　　　鲁女生，长乐人。初，饵胡麻及术[1]，绝谷八十余年，益少壮，

色如桃花，日能行三百里，走及獐鹿……一旦，与知友故人别，云

入华山去，后五十年，先相识者，逢女生乘白鹿，从玉女三十人。

　　　　　　　　　　　　　　　　　　　　　　　——《神仙传》[2]

　　不论是西王母的使者，还是后来的道教仙人，他们的坐骑都是鹿（图
9-28、图 9-29）；凡人修道成仙后，也会像鲁地女子那样，乘坐鹿车
往返于天地间。在这种观念的影响下，汉代贵族在他们的墓葬中，纷纷
描绘了死后灵魂"骑鹿登仙"的场景：他们或是骑于鹿背（图 9-30），
或是乘坐着鹿拉的云车（图 9-31），都渴望着灵魂在不死灵药的助力
下永恒不灭，在神鹿的伴随下徜徉于天际。

　　汉代以后，对于那些渴望修仙的道人，白鹿是一种不可或缺的存在（图
9-32）。唐代诗人李白的诗作中有大量访名山、骑白鹿的描写：《梦游
天姥吟留别》中有"且放白鹿青崖间，须行即骑访名山"，《游泰山六首》
中有"清晓骑白鹿，直上天门山"。那是因为在人们看来，名山是可以
通天的："山际逢羽人，方瞳好容颜。扪萝欲就语，却掩青云关。"

　　鹿作为仙人的坐骑，在人们眼中，自然也与仙人一样长寿。《春秋
历命序》[3]载，"神驾六飞鹿，化三百岁"；《述异记》载，"鹿千年化

1　即服食芝麻、苍术，在修仙者看来久服可以成仙。

2　《太平御览》卷三百六十一《人事部二》。

3　《太平御览》卷九百六《兽部十八》。

为苍，又五百年化为白，又五百年化为玄"；不仅如此，"汉成帝时，山中人得玄鹿，烹而视之骨，皆黑色。仙者说玄鹿为脯，食之寿二千岁"，在修仙之人看来，凡人吃了千年鹿肉也可以延年益寿。

后来，人们将鹿与同样象征长寿的仙鹤、松树、灵芝等其他仙兽瑞草一起，系统构建了中国人所追求的独特的长寿寓意（图9-33）。《神仙济世良方》载，"鹤舞云中鸣白鹿，灵芝瑞草满崖前"，"鹤鹿双鸣时献瑞，山前山后产奇花"，这种源自道家求仙、渴求长生不老的美好愿望，数千年来已经深深地印刻在中国人的内心深处，永恒不灭。

图 9-28 ·····························

[清]《麻姑骑鹿采仙花图》
美国费城艺术博物馆藏

·····························

Magu on a Deer Fording a Stream, Philadelphia Museum of Art, Purchased with Museum funds from the Simkhovitch Collection, Photo © 2023 Philadelphia Museum of Art, 1929-40-17

这件绢本设色散页高 21.0 厘米、宽 21.4 厘米，描绘了"麻姑骑鹿采仙花"的场景。林岩之间，溪水潺潺，麻姑乘骑公鹿正渡过水面；她头梳堕马髻，以草叶为衣为饰，肩上斜挎一个宝葫芦，背篓中装着采摘的仙花。麻姑是道教中的长寿女仙，早在魏晋时期葛洪的《神仙传》中就记载了麻姑的事迹，她所言"已见东海三为桑田"，为后世留下了"沧海桑田"的典故。

图 9-29.....................................

[汉] 仙人骑鹿十三盏铜连枝灯
甘肃省博物馆藏

....

　　这件连枝灯出土于甘肃武威雷台汉墓，通高 146.0 厘米、宽 66.0 厘米。灯座呈倒置喇叭形，上面饰有瑞兽纹和云气纹。在灯座之上，三段主干套插相连，在每段衔接处有"十"字形托架，向四面伸出灯盏，犹如一棵灯树，灯盏外沿饰有象征火焰的透雕花叶。在主干顶端有仙人骑鹿形花饰，仙人双手高举，承接起最大的灯盏。曾几何时，在灯树的光影之下，墓主大宴宾朋，觥筹交错之间尽显奢华。

图 9-30 ....

[东汉] 骑鹿升仙画像砖及拓片
四川博物院藏

....

　　这件画像砖出土于四川省德阳市黄许镇东汉墓。只见一人头戴官帽骑在鹿上，他左手持缰绳，正回过身准备用右手接过羽人递来的物品，那鹿昂首嘶鸣，随时准备腾跃而起。是什么东西这么重要，放慢了骑鹿人登仙的脚步？原来，羽人手中正拿着三粒仙丹和芝草，这可是长生不老的法宝。

图 9-31..................................

[东汉] 鹿车登仙壁画
陕西省考古研究院藏

这件壁画出土于陕西省靖边县东汉墓，位于后室东壁上层。只见一位头戴黑色"圭"形冠，身穿红色右衽博袖袍的仙人，正双手执辔，在一只肩生羽翼的白色雄鹿牵引下，坐在云车里遨游天际。云朵飘逸的笔触，凸显了鹿车的速度之快，但仙人早已习以为常，他端坐车中，静静地闭目养神。

图 9-32.............................

[明] 唐寅《松下遇童子》
美国弗利尔美术馆藏

....

Immortal, deer, and boy, Freer Gallery of Art and Arthur M. Sackler Gallery, Gift of Charles Lang Freer, F1909.251q

这幅绢本设色散页横 35.2 厘米、纵 34.6 厘米，描绘的是一位骑乘梅花鹿、云游四方的老者在树下偶遇童子的一幕，童子手折梅花，寓意清风高节；鹿的身上驮着葫芦壶和书卷，目光中充满灵性。它正转过头去，似乎对二人的谈话十分感兴趣。

图 9-33 ....

[清] 雍正斗彩鹿衔灵芝纹盘
美国费城艺术博物馆藏

Dish, Philadelphia Museum of Art, Gift of Alice Boney, Photo © 2023 Philadelphia Museum of Art, 1965-3-1

这是一件清雍正年间仿明成化御窑瓷器，直径 24.8 厘米、高 4.4 厘米。盘沿上下绘有一株桃树，其中一株栖有老鹰，枝头开满了盛开的粉红色桃花；另一株枝上坐有一老翁，枝头挂满了彩色的桃子。盘沿左右、两株桃树之间的岩石上，芝草吸引来了嗡嗡嘤嘤的蜜蜂。盘心所绘为彩云之下的山岩之间，有一只口衔芝草、漫步徐行、正在回首的苍鹿；远处还有两只飞来的蝙蝠，共同构成了福（蝠）、禄（鹿）、寿（桃、芝草）的吉祥图景。

第十章

与驼之间

"千里足"的神行骆驼

愿驰千里足，送儿还故乡。

——《木兰辞》

花木兰替父从军的故事可谓妇孺皆知。当木兰立下赫赫战功，从战场凯旋，天子问她想要得到什么赏赐，她却不愿做"尚书郎"，而是讨赏一匹"千里足"，早日回到故乡亲人的身边。也许我们会很自然地将"千里足"与千里马联系在一起，因为这样才能够凸显木兰的归乡心切；然而，《木兰辞》作为一首北朝民歌，在北朝鲜卑人的神话中，"千里足"指的却是另一种富有灵异色彩的动物——明驼。宋代《山谷外集诗注》卷十一在注中引用《古乐府·木兰篇》时还原了《木兰辞》早期的版本："愿驰明驼千里足。"

关于"明驼"是否真实存在，我们姑且不论，但是在南北朝时期，明驼凭借日行千里的脚力，被北朝人用于紧急远程运输的事迹常常见诸史料。《后魏书》[1]中记载了北魏孝文帝从平城迁都洛阳后，因不喜饮

1　《太平御览》卷九百一《兽部十三》。

图 10−1 ....

[汉] **鎏金铜驼镇（残）**
美国弗利尔美术馆藏

....

Camel-shaped ornament, Freer Gallery of Art and Arthur M. Sackler Gallery, Gift of Charles Lang Freer, F1916.449

这件铜驼形席镇高 4.9 厘米、长 8.4 厘米、宽 5.7 厘米，表现了一只跪坐休息中的骆驼，它的脖颈自然后仰，与矫健的四肢围合出半球形的外轮廓；如果联想到同一时期的嵌贝鹿形铜镇，可以推测在骆驼身体的地方原本应有一块大货贝[1]，而货贝又天然构成了驼峰的形状。

洛水，便命人用明驼"更互[2]向恒州[3]取水，以供赡焉"。《朝野金载》[4]中记载了另一件趣事，当孝文帝在洛阳钦定天下四姓望族时，"陇西李氏大姓，恐不入，星夜乘鸣（明）驼，倍程至洛"。陇西李氏之所以如此

---

1 学名黄宝螺，广泛分布于从印度洋到西太平洋的暖海区，在古代被包括中国在内的许多国家当作货币使用，因此得名"货贝"。
2 更互：交替。
3 原为北魏旧都平城（今山西省大同市）所在的司州，孝文帝迁都洛阳后，改司州为恒州。
4 《太平广记》卷一百八十四《贡举七》。

图 10-2

[唐] 李昭道《明皇幸蜀图》
台北故宫博物院藏

这幅绢本设色图轴纵 55.9 厘米、横 81.0 厘米，描绘了安史之乱后，唐玄宗避乱逃往蜀地的情景。"蜀道难，难于上青天"，在巍峨的崇山峻岭中，一行人马从右侧山间穿出，向远处的栈道而行。画中全身红衣、乘三花黑马正准备过桥的就是唐玄宗，在他身后随行诸王及嫔妃等十数骑，他们皆着胡装，戴帷帽。在道路前方，还有商队或是在歇脚，或是在赶路。不论是在逃难的队伍中，还是在商队里，都可以见到骆驼的身影。《历代名画记》中写道："又于蜀道写貌山水，由是山水之变，始于吴（吴道子），成于二李（李思训、李昭道父子）。"这幅画是山水画独立成科的成熟之作，在中国绘画史上具有重要意义。

急迫，那是因为在当时一旦被朝廷认定为望族，就可以获得世袭封爵、参与朝会等政治特权，于是身为陇西望族的李氏，一得到消息便急忙驾着明驼奔赴洛阳，可惜还是晚了一步，不仅没能入围"四姓"，还被人嘲笑为"驼李"。

到了唐代，拥有鲜卑血统的李唐王室同样将明驼用于传递官方紧急军情事务。《丹铅总录》载，唐代在全国驿站设有"明驼使"，"非边塞军机，不得擅发"。相传明驼"腹下有毛，夜能明"[1]，因此也有人称其为白骆驼：《明皇杂录》中记载了"哥舒翰常镇于青海，路既遥远，遣使常乘白骆驼以奏事，日驰五百里"。虽然明驼在传递边境情报时发挥了重要作用，但关于明驼最著名的故事恐怕还要数"一骑红尘妃子笑，无人知是荔枝来"了。

千百年来，无数学者为了探究杨贵妃究竟吃的是哪里产的荔枝而争论不休，却忽视了运送荔枝的幕后英雄——明驼。杨慎在《廿一史弹词》中描写道："荔枝香，明驼进，践走红尘。"虽然白居易在《荔枝图序》里写荔枝"若离本枝，一日而变色，二日而香变，三日而味变，四五日外，色香味尽去矣"，但是如果有日行千里的明驼，在采用适当保鲜技术的前提下，依然可以把新鲜的荔枝从遥远的南方运至长安。不仅如此，《杨太真外传》中还讲述了杨贵妃与安禄山私通，为了给情郎送去南方进贡的龙瑞香，杨贵妃也偷偷动用了朝廷的明驼。

1　《杨太真外传》。

"骆驼"由来与军骆

　　相比于灵异的明驼，绝大多数骆驼终究还是普通骆驼，它们长期以来被北方游牧民族畜养。《汉书·匈奴传》载："唐（尧）、虞（舜）以上有山戎、猃狁、薰粥，居于北边，随草畜牧而转移……其奇畜则橐佗……"郭璞在给《山海经·北山经》中的"橐驼"作注时写道："有肉鞍，知水泉所在，善行流沙中，日行三百里，力负千斤。"可见，在中原人看来，骆驼最大的特点就是能背负重物，于是索性就以橐橐 [1]——骆驼背负的布袋给它命名——"驼能负橐橐，故名，方音讹为'骆驼'也" [2]，之后因为谐音逐渐写为"骆驼"。后来，一些游牧民族逐渐接受了农耕生活，还将骆驼用来耕种。《淮南子》 [3] 所载，"橐驼植稻出泉渠 [4]"；《白孔六帖》载，"五代回纥以橐驼耕而种"。

　　随着游牧民族与中原地区交往的深入，骆驼也被带到了中原，《逸周书》中写道："伊尹 [5] 为献令 [6]，正北空同、大厦、莎车、匈奴、楼烦、月

1　《说文解字》中写道："无底曰橐，有底曰橐。"《毛诗正义》引郑玄笺："乃裹粮食于橐橐之中。"

2　《本草纲目·兽部》。

3　《太平御览》卷九百一《兽部十三》。

4　这里指的应是长安以西的"五泉渠"，从《长安志》中"五泉渠"的地理位置"西自岐州扶风县界流入渠，经三畤原上，东流经县西南，去县十二里"来推断，应为归服的犬戎部落最早开始用骆驼来耕种稻田。

5　伊尹：商朝相国，曾辅佐商汤灭夏。

6　献令：负责四方进贡的官员。

图 10-3..

[南宋] 李龚开《笳¹拍图》（局部）
台北故宫博物院藏

The Captivity of Cai Wenji, Freer Gallery of Art
and Arthur M. Sackler Gallery, Gift of Charles Lang Freer,
F1919.171

　　这件《笳拍图》纸本长卷纵 30.6 厘米、横
770.0 厘米，题材取自古乐府歌辞《胡笳十八拍》，
讲述了蔡文姬在汉末战乱中，为胡人所获，漂泊
在外 12 年，与匈奴首领生下子嗣，后被汉使接回，
母子离别的故事。《笳拍图》一共绘有八拍的内容，
如同连环画一样，生动描绘了蔡文姬遭胡人掳掠，
过上游牧生活，生下孩子，孩子长大，母子分别
的场景，从中可以身临其境地感受北方游牧民族
的日常生活，其中在第七拍和第十一拍的画面中，
都出现了骆驼的身影。

....

---

1 胡笳（jiā）：汉代流行于塞北和西域的一种管乐器，其音悲凉。

图 10-4

[战国] 人骑骆驼铜灯
湖北省博物馆藏

这件铜灯出土于湖北荆门包山 2 号楚墓，通高19.2 厘米，灯盘径 8.9 厘米，盘中心有高约 1.6 厘米的蜡扦[1]。铜人双腿屈膝，骑坐于骆驼的双峰之间，他脸圆头大，目视前方，两手屈肘前伸托住管形铜圈，铜圈之上矗立着高高的烛台。楚人墓葬中出现的人骑骆驼铜灯佐证了史料中有关楚地从北方引进骆驼的记载。

1 蜡扦（qiān），上面带尖，用来插蜡烛的针状器物。

氏诸国以橐驼……是为献。"从那时起，骆驼作为运输粮草的生力军，成了重要的军事物资。《史记·苏秦列传》中记载，苏秦游说楚威王时说道："大王诚能用臣之愚计，则韩齐燕赵郑卫之妙者、美人，必充后宫；燕代橐驼良马，必实外厩。"战国时期各诸侯国之间的大规模兵团作战，既需要多兵种的配合，也需要可靠的后勤保障，而骆驼是其中最重要的一环。

到了汉代，骆驼在汉武帝经略西域的过程中发挥了重要作用。《汉书·西域传》中收录了汉武帝发布的"轮台罪己诏"，其中谈到"朕发酒泉驴、橐驼负食，出玉门迎军"。之所以这件事让汉武帝刻骨铭心，是因为征和三年（前90），汉军联合西域六国发兵数万攻打车师，虽然击破了对方的城池，却由于没有足够的补给，死在路上的汉军多达数千人。汉武帝最终依靠背着粮食的驼队西出玉门关，才接回了所剩无几的将士。每当征服北方边地的游牧民族之后，汉朝便会授予这些归服的部落首领骆驼钮的官印，这种传统一直延续到魏晋时期。

图 10-5

[东汉] **汉保塞乌桓率众长铜印**
台北故宫博物院藏

这件边长 2.3 厘米、通高 2.7 厘米的铜制印章，是东汉颁发给乌桓首领的官印。乌桓原本是东胡的一支，《后汉书·乌桓鲜卑传》中记载，"汉初匈奴冒顿灭其国，余类保乌桓山，因以为号焉"。"保塞"即保卫边疆，"率众长"即率领众百姓的乌桓首领，应为汉朝赐予该首领的封号。

"魏率善羌佰长"铜印　　　　"魏率善氐佰长"铜印　　　　"魏乌丸率善佰长"铜

图 10-6

[三国·魏] 骆驼钮官印
台北故宫博物院藏

　　这些是曹魏政权给归服的北方游牧部落首领授予的官印，包括了生活在东北辽宁一带的乌丸，以及西北甘肃、青海、四川一带的氐、羌。"率善"即循规向善，有归附臣服之意；"佰长"为百人之长，即部落的首领。这些官印的形制基本相同，均为骆驼钮。

　　汉代以后，骆驼依然是军队中背负辎重的不二选择，在唐代贵族的狩猎活动中，可以看到队伍后方骆驼的身影（图 10-7）。《宋史·外国传》中记载西夏给每位士兵都配备了骆驼："凡正军给长生马、驼各一。团练使以上，帐一、弓一、箭五百、马一、橐驼五……刺史以下，无帐

图 10-7...

[唐]《狩猎出行图》（局部）
陕西历史博物馆藏

....

　　这幅《狩猎出行图》出土于章怀太子（唐高宗与武则天的次子）李贤及其妃房氏的合葬墓，位于墓道东壁，长 8.9 米、高约 2.0 米。这既是一场狩猎活动，又是一场军事演练。整幅画面以青山松林为背景，40 余位人物有的臂上架着猎鹰，有的马上带着猎豹、猞猁，有的持旗，有的挥鞭，携弓带箭，向前疾驰飞奔，在队伍的最后还有两匹辎重骆驼，人喊马嘶，大气恢宏，令人叹为观止。

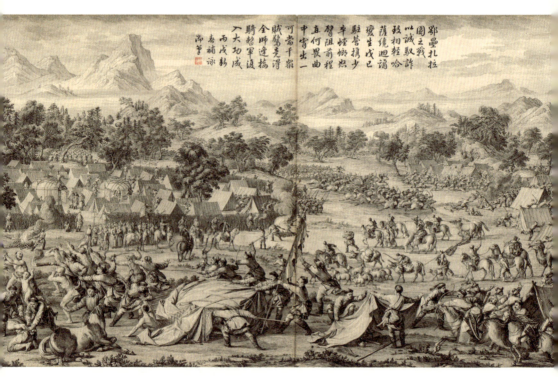

图 10-8

[清]《鄂垒扎拉图之战》铜版画
美国克利夫兰艺术博物馆藏

The Battle at Elei Zhalatu: from Battle Scenes of the Quelling of Rebellions in the Western Regions, with Imperial Poems, Cleveland Museum of Art, John L. Severance Fund 1998.103.3

　　这幅铜版画是《乾隆平定准部回部得胜图》中的第三幅，纵 58.0 厘米、横 94.5 厘米，由宫廷画师郎世宁绘于乾隆三十一年（1766）。这一系列铜版画皆由供职于清廷的西方传教士所绘，线描稿完成后统一送至法国雕刻铜版，至乾隆四十二年（1777）全部运回北京。《鄂垒扎拉图之战》描绘了乾隆二十三年（1758）三月，回部叛乱武装退守鄂垒扎拉图岭，清军将士昼夜追击，黎明时分，50 余名清军分两翼突袭敌营，打得叛军措手不及。画面中肩扛军旗的士兵之后，一名骑兵正牵着两匹骆驼辎重和被缚双手的战俘。

图 10-9.

[清]《阿尔楚尔之战》铜版画
美国克利夫兰艺术博物馆藏

Battle at A'erchu'er: from Battle Scenes of the Quelling of Rebellions in the Western Regions, with Imperial Poems, Cleveland Museum of Art, John L. Severance Fund 1998.103.11

　　这幅铜版画是《乾隆平定准部回部得胜图》中的第十幅，由宫廷画师王致诚绘于乾隆三十年（1765），描绘了乾隆二十四年（1759）七月初八，清军探得大小和卓的踪迹后，星夜急行，于次日与叛军在阿尔楚尔遭遇。画面中清军以骑兵做先锋，以骆驼炮为后援，漫山遍野所见之处，皆是清军奋勇杀敌、乘胜追击的身影，被清军打得灰头土脸的叛军丢盔弃甲、死伤惨重，只好退守一隅。

无旗鼓，人各橐驼一。"到了元代，军驼被用于在皇帝行在和大都之间往来运送粮食。《元史·世祖本纪》载："（中统）二年（1261）冬十月……戊午，车驾驻昔光之地，命给官钱，雇在京橐驼，运米万石，输行在所。"清代乾隆年间，在朝廷远征西北准噶尔部和回部叛乱的战斗中，也能够见到骆驼运送军需物资的身影（图 10-8）。

除了运输物资，骆驼还经常出现在正面战场上，犹如神兵天降。五代时期，《读史方舆纪要》中记载了后周显德四年（957），柴荣率领一支精锐部队，趁着夜色，骑着骆驼渡河突袭的经典案例：

> 周主[1]自镇淮军夜济淮，至濠州城西，州东北十八里有滩，（南）唐人栅于其上，据水自固，谓周兵必不能涉，周主自攻之，命别将康保裔帅甲士数百，乘橐驼涉水，赵匡胤帅骑兵继之，遂拔之。

尽管南唐人在濠州城外的滩涂上设置了栅栏，希望借助淮河来固守，结果周世宗出其不意，趁着夜色，命数百士兵骑着骆驼渡过淮河，大破南唐军。濠州城中的南唐人误以为是鬼神乘龙来袭，于是后人便将那个地方命名为"乘龙舟"。在元代，蒙古将领札八儿火者同样善于骑着骆驼冲锋陷阵，《元史·札八儿火者传》载："札八儿每战，被重甲舞槊，陷阵驰突如飞。尝乘橐驼以战，众莫能当。"

---

1 后周世宗柴荣，954—959 年在位。

然而，战场上最令人瞩目的还数以骆驼为载具的"旋风炮"，这一由西夏党项人发明的战争神器，风靡后世数百年。《宋史·外国传》载："（西夏）有炮手二百人号'泼喜'，陟立旋风炮于橐驼鞍，纵石如拳。"骆驼炮极具灵活性，并且威力强悍，后来随着蒙古西征陆续被传入中亚、南亚、中东等地。直到清代，在平定大小和卓叛乱的阿尔楚尔战役中，清朝军队仍然装备有大量骆驼炮（图10-9）。

斗骆驼和骆驼巡演团

对游牧民族而言，骆驼不仅能够背负重物，而且还是娱乐时的主角。每年五月，匈奴人在龙城祭祀祖先和天地鬼神后，都会有斗骆驼表演。据《东观汉记》载："单于岁于龙祠走马，斗橐驼，以为乐事。"汉代以来，西迁的匈奴人把这种传统带给了西域的少数民族。到了唐代，《新唐书·西域传》中记载了"龟兹……岁朔，斗羊马橐驼七日，观胜负以卜岁盈耗云"，也就是从正月初一开始，龟兹人一连七天要斗羊、斗马、斗骆驼，并且通过比赛的胜负来占卜未来一年牲畜数量的增减。

对于中原王朝的百姓而言，由于骆驼身上自带音乐"天赋"，让它成为乐班不可或缺的成员。在汉代，人们在骆驼身上架起了建鼓，两位鼓手分坐建鼓两侧，威猛高大的骆驼，伴随着隆重庄严的建鼓声，迎接朝廷官员的出行（图10-10）；甚至在1000多年后，天子的出行仪仗中仍然可以看见类似的场面，《元史·舆服志》载："凡行幸，先鸣鼓

图 10-10......................................

[东汉] 骆驼载乐画像砖及拓片
四川博物院藏

这件画像砖出土于四川新都县（今为新都区），是目前所知的中国历史上最早的骆驼载乐图。骆驼系带佩鞍，两峰间架设建鼓，建鼓之上装饰有羽葆华盖。前峰上跪坐一鼓手，正曳长袖奋力击鼓。后峰也应跪坐一鼓手，但遗憾的是只剩下残迹。然而，我们仍然可以从骆驼兴奋的表情和顿挫有力的步伐中，感受到建鼓声的威严和隆重。

于驼，以威振远迩。"

　　然而，最能体现骆驼音乐"造诣"的还要数唐代的"载乐骆驼"：有时是乐手骑在骆驼背上独自演奏（图 10-11）；有时则是在骆驼身上架起托架，铺上毛毯，演奏不同乐器的乐手面朝外围坐其上，中间还站着一位载歌载舞的艺人（图 10-12、图 10-13）。在他们中间，既有胡人，也有汉人，胡乐与汉乐争奇斗艳，交相辉映，彰显了大唐帝国的开放与包容。这些游走于长安街市之间的"巡演团"，把不同曲风的音乐带到了城市的每个角落，而骆驼伴着旋律且鸣且舞的"即兴表演"，更是让长安百姓大饱眼福。

图 10-11 ....

［唐］螺钿紫檀五弦琵琶
日本正仓院藏

....

"五弦弹，五弦弹，听者倾耳心寥寥。"（白居易《五弦弹》）琵琶最初传入中国有四弦、五弦之分，《隋书·音乐志》载："然吹笛，弹琵琶、五弦及歌舞之伎，自文襄以来，皆所爱好；至河清以后，传习尤盛。"唐代五弦十分流行，然而宋代以后逐渐失传。这件五弦琵琶是目前存世的孤品，是唐玄宗赠予日本圣武天皇的"国礼"，全长 108.1 厘米、最宽 30.9 厘米。深棕色的玳瑁贴面与珍珠色的螺钿图案构成了面板的主装饰带：胡人乐手乘骑骆驼，手弹琵琶；骆驼被美妙的旋律所吸引，回首凝望主人；上方盛开的花树，5 只飞鸟绕树飞翔，同样感受着音乐的律动。

图 10-12..........................

[唐] 三彩釉陶载乐骆驼
中国国家博物馆藏

....

　　这件三彩陶俑出土于陕西西安鲜于庭诲墓，驼首高 58.4 厘米、首尾长 43.4 厘米，舞俑高 25.1 厘米，塑造了一个胡汉杂糅的联合乐队演出时的场景。只见骆驼昂首挺立，驼背上驼载了五位胡汉男子，其中四位是乐手，他们头戴软巾，身穿圆领窄袖长袍，一人弹琵琶，一人吹筚篥，两人拍鼓，围坐　周，中间站着一位胡人正挥袖而舞。

图 10-13.............................

....

这件三彩陶俑通高 58.0 厘米，代表了唐三彩的最高成就。一头巨型骆驼驮载着多达八人的小型乐队，其中七位男乐手盘腿而坐，面朝外围成一个圆，分别演奏着笙、琵琶、排箫、拍板、箜篌、笛、箫，身处中间的女乐伎头梳乌蛮髻，身穿白底蓝花长裙，右手前举，左臂后拂，正深情款款地献唱，而骆驼也兴奋地引吭高歌。

铜驼街的自古繁华

汉魏时期，骆驼一度成为都城、陵墓的守护兽。汉高祖刘邦的长陵便有铜驼镇守，《酉阳杂俎·物异》中记载了西汉末年长陵铜驼长毛开花的异象："汉元帝竟宁元年（前33），长陵铜驼生毛，毛端开花。"除了皇帝外，汉代大臣的陵墓也有石驼守陵，《水经注·睢水》中记载了"汉太尉桥玄墓，冢东有庙，即曹氏孟德亲酹[1]处……庙前东北有石驼"。

魏晋时期，铜驼是都城里的一道地标。在曹魏邺城中轴线最南端的中阳门外，矗立着两尊铜驼像。晋代陆翙在《邺中记》中写道："二铜驼如马形，长一丈，高一丈，足如牛，尾长三尺，脊如马鞍，在中阳门外，夹道相向。"晋代洛阳城同样有两尊汉代铜驼，并且旁边还有一条以其命名的"铜驼街"。晋代陆机在《洛阳记》中写道："洛阳有铜驼街，汉铸铜驼二枚，宫南四防道头，夹路相对。俗语曰'金马门外集众贤，铜驼陌上集少年'。"金马门外聚集着士人官宦，因为这里是官署区的大门；而铜驼陌则满是富家公子，因为这里是欢愉之地。然而，时人眼中的繁华，在索靖[2]眼中却笼罩着大厦将倾的阴霾，他指着铜驼说"会见汝在荆棘中耳"，由此缔造了"铜驼陌上"的亡国典故。

---

1 酹（lèi）：把酒倒在地上，以示祭奠。
2 西晋将领、著名书法家。《晋书·索靖传》载，"（索）靖有先识远量，知天下将乱，指洛阳宫门铜驼，叹曰：'会见汝在荆棘中耳！'"

隋唐时期，一座崭新的洛阳城拔地而起，尽管铜驼不再，但铜驼街依旧是都城中的一道胜景。它南襟洛水，西傍瀍[1]河，向北隔一个里坊就是洛阳的北市。每当春天来临，鱼跃鸢飞，河岸边烟柳朦胧，桃花朵朵，城中无数男女老幼在此同游。唐代刘禹锡《杨柳枝》诗云："金谷园中莺乱飞，铜驼陌上好风吹。"后来，铜驼街上赏春踏青的风俗历经五代，一直延续到北宋。司马光在《洛阳少年行》中不禁感叹："铜驼陌上桃花红，洛阳无处不春风。"秦观《望海潮·洛阳怀古》中旧地重游，忆起与友人在铜驼街游春的往事："金谷俊游，铜驼巷陌，新晴细履平沙"。

后来，铜驼街湮没于金兵南下的战乱，陆游在《先主庙次唐贞元中张俨诗韵》中无奈地感慨"洛阳化为灰，棘生铜驼陌"，但铜驼街的千年盛景早已在人们心中成为不可磨灭的记忆，成为所有繁华游乐之地的代名词。元代无名氏《货郎旦》第四折中有："四季里常开不断花，铜驼陌纷纷斗奢华。"清代姚鼐《赠郭昆甫助教》诗云："五年见子铜驼陌，澹沲东风吹冀丝。"

南方人眼中的异兽

在唐代，骆驼的活动地域基本上限于北方，生活在江南一带的百姓很少有机会见到骆驼，乃至见到了都以为是妖怪或神仙。《御定渊鉴类函》

---

1 瀍（chán）河，洛河的重要支流。

卷四百三十五中摘录了唐代皇甫枚《三水小牍》中的一个趣闻：

> 乾符中，刘秉仁为江州[1]刺史。自京将骆驼至郡，因风而逸于庐山下。南土无此畜，人见而大惊，因聚徒击射而毙，乃以状白州曰："获庐山精。"刘公讶其事，既至，愀然曰："此吾橐驼也。"乃命瘗[2]于江壖。

乾符[3]年间，刘刺史派人从长安把骆驼接到九江，结果骆驼在庐山停留时，被当地的百姓误以为是妖怪，活活打死。那些不明真相的百姓甚至还沾沾自喜，专门禀报说抓到了"庐山精"，惊闻此事的刘刺史赶到现场，一看是自己带来的骆驼，虽然很难过，但无奈之下，也只能将骆驼好生埋葬。宋代钱易在《南部新书》中记载，后梁太祖朱温侍奉在唐昭宗左右时，鄂州来的行业首领赵崇觐见，朱温称他是"轻薄团头"，多少带有对奸商的蔑称，于是唐昭宗就假装不认识骆驼，指着骆驼"呼为山驴王"，结果狡黠的赵崇半信半疑间，居然向骆驼行了"三事之拜"。

到了宋代，骆驼才逐渐被江南地区的百姓所了解，特别是北宋初年，朝廷曾多次派遣使者将骆驼赐予南唐；然而由于湿热环境并不适宜骆驼生存，所以再往南极少有骆驼能够翻越五岭[4]，而一旦被人强行带去，就会成为当地轰动性的事件。《铁围山丛谈》中记载，有人将骆驼带到了

---

1 位于今江西九江市。
2 瘗（yì），埋葬。
3 唐僖宗李儇的年号，874—879 年使用。
4 五岭是长江流域和珠江流域的分水岭。

广南西路的博白县，结果"博白人小大为鼓舞，争欲一识"，于是那人索性做起了骆驼的生意，看一次"丐取十数金"，甚至后来还带着骆驼四处"巡展"，"遍历濒海诸郡"，最终凭借骆驼成功脱贫致富。后来，骆驼因潮热的环境病死了，那户人家就像是父母亡故一般悲恸欲绝。

驼铃悠悠驼队长

自从丝绸之路开辟以来，驼铃响彻大漠，长长的驼队成为连通东、西方的纽带。沿着古丝绸之路，西域的胡商满载玉器、珠宝、香料、金银器，穿越沙海戈壁，不远万里来到中原，然后又带着中国的丝绸、茶叶、瓷器满载而归，将中国的商品带到中亚和西亚，甚至更远的中东、欧洲。目睹这条连接东西方的贸易之路的繁荣，杜甫发出了感叹："崆峒西极过昆仑，驼马由来拥国门[1]"；望着满载丝绸的驼队走过漫漫戈壁，一路向西，张籍写下了"无数铃声遥过碛，应驮白练到安西[2]"。在当时墓葬中出土的载物骆驼俑，就是古丝绸之路贸易繁荣的独特见证。

宋代商品经济的繁荣，使骆驼商队成为东京城中一道亮丽的风景（图9-15）。西州回鹘与宋辽之间的商贸往来也多以骆驼为载具，据《松漠记闻》载，"（回鹘）善造宾铁刃剑、乌金银器，多为商贾于燕，载以橐驼过夏地"。除此之外，驼队也出现在出使访问的官方使团中，《栾

---

1 《喜闻盗贼蕃寇总退口号五首·其三》。
2 《凉州词三首·其一》。

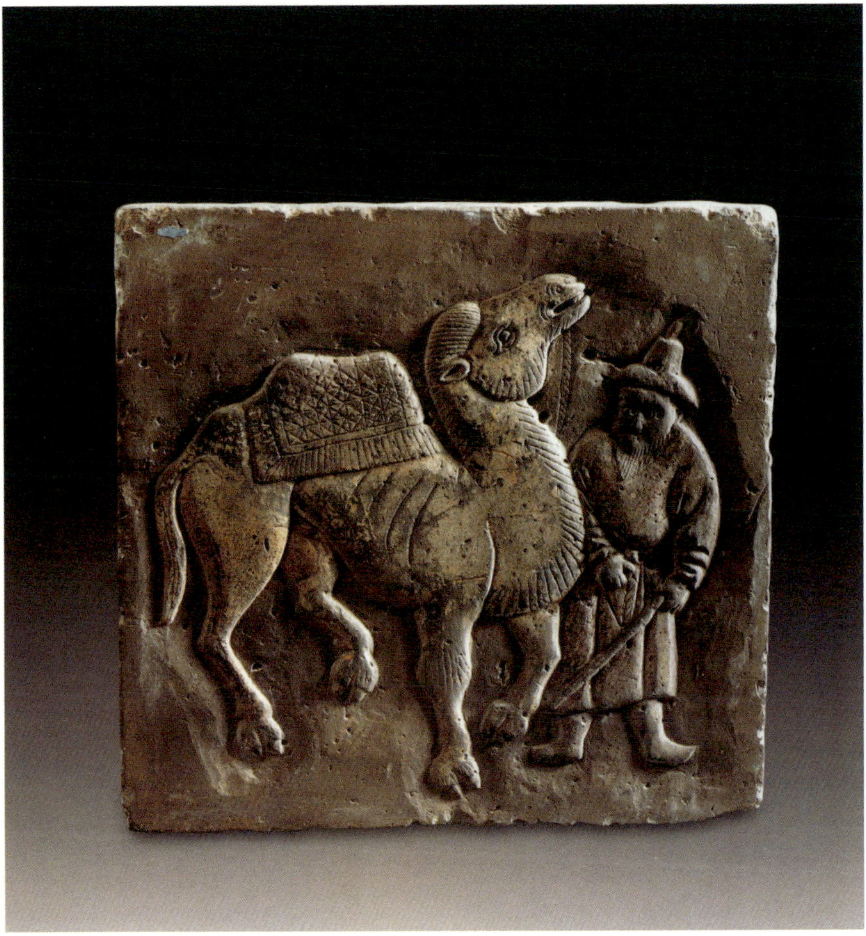

图 10-14

［北宋］胡人牵驼画像砖

庆阳市博物馆藏

这件画像砖出土于甘肃庆阳市镇原县，再现了往来于宋朝和西域的西州回鹘牵驼人的形象。只见他头戴尖顶毡帽，深目高鼻，腮下有长须，身穿窄袖长袍，足蹬高筒靴。他正一手牵着缰绳，一手拿着短棒，骆驼在他的驱赶下，四肢不停地原地踏步，昂首嘶鸣。

城集》中记载了苏辙奉旨出使辽国，"一行所用马及橐驼，并于太仆寺及驼坊差拨"。"驼坊"是北宋专门畜养骆驼的官方机构，《宋会要辑稿·方域》载，"开宝二年（969）置"，设有"监官二人，以三班及内侍充，兵校六百八十二人"，足可看出官方驼队的庞大规模。

到了元代，驼队以另一种方式获得了众人的关注。《元史·顺帝本纪》中记载，后至元二年（1336）的秋天，"发阿鲁哈、不兰奚骆驼一百一十，上供太皇太后乘舆之用"。如果只是太皇太后一人使用，那绝对用不了100多匹骆驼，傅乐淑在《元宫词百章笺注》中解释为"其宫女从行所用之车为骆驼曳之故也"，也就是陪同出行的宫女们也都坐着骆驼拉的车。那么，她们是要干什么去呢？明代朱有燉《元宫词》诗云："春游到处景堪夸，厌戴名花插野花。笑语懒行随凤辂，内官催上骆驼车。"原来是踏春游玩去了，浩浩荡荡的驼队成为元大都春日里一道靓丽的风景。

明清之际，随着晋商的兴起，开辟了通往漠北，甚至远至沙俄的贸易之路。为了在大漠戈壁运输商品，晋商建立了规模庞大的驼队。晋商中的旅蒙商有"三大号"——大盛魁、元盛德、天义德。以大盛魁为例，在鼎盛时期畜养的骆驼达16000多峰。在大盛魁总部所在的归化城[1]一带，人们称驼队为"房子"，每顶"房子"除了"领房"掌柜外，还有班头、先生、驼工、下夜、伙夫等20人，他们带着三四匹马，7至10只巨獒，牵引着14"把"骆驼，每"把"骆驼又由14峰骆驼组成。除了少数骆

---

1 今呼和浩特。

图 10-15..

[北宋] 张择端《清明上河图》（局部）
故宫博物院藏

《清明上河图》纵24.8厘米、横528.7厘米，全图生动记录了北宋都城东京的城市景色与繁华热闹的市井生活。画面所展现的是内城宋门一带的景象：在高大的城门上，有一座重檐庑殿顶建筑，上面有人凭栏俯瞰，下面正有一队驼队经过，领头的骆驼已经出城，后面的骆驼正在有序通过，驼背上满载着琳琅满目的商品。画师巧妙地利用行进中的驼队将城市和市郊的空间串联起来，可谓匠心独具。

驼驮载旅途补给外，其他均背负货物。每年，大盛魁所走的"房子"有四五十顶，可见当时外蒙古贸易的繁荣。遗憾的是，鸦片战争后，随着大清帝国走向了半殖民地半封建社会，外蒙古市场被沙俄商人不断蚕食鲸吞，并且随着贯穿西伯利亚铁路的通车和外蒙古宣告独立，商路最终断绝，那响彻大漠数百年的驼铃声从此化为了历史的永恒。

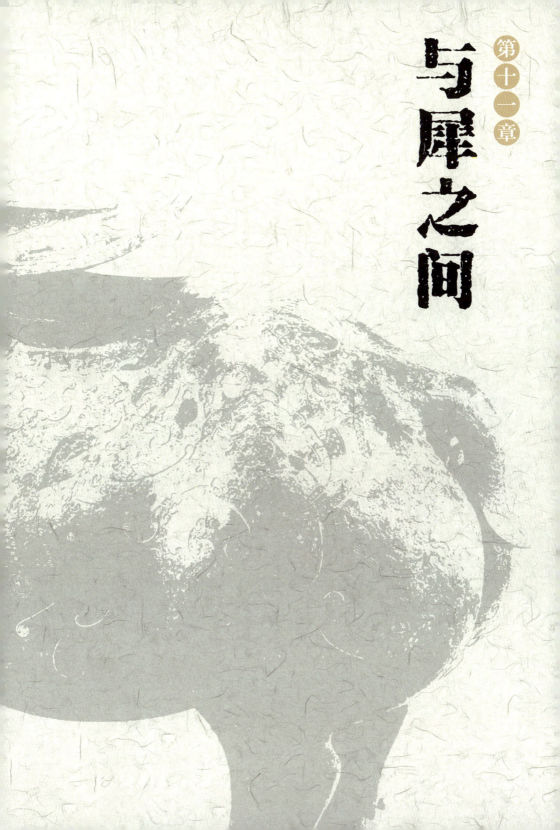

第十一章

与犀之间

猎犀是贵族的荣耀

长久以来，在中华民族的文化记忆中，"灵犀"是一种神奇的动物，它能穿越时空，将相隔千山万水的恋人的情思传递。虽然犀牛早已在我国野外灭绝，但我们的祖先既然能创造出"灵犀"的意象，说明他们对犀牛并不陌生。

事实也的确如此，曾几何时，犀牛是旷野中人们再熟悉不过的身影，《诗经·小雅·何草不黄》中写道："匪兕匪虎，率彼旷野。"商周时期，生活在中华大地的犀牛不止一种，古人根据体形和犀角数量的不同，分别称之为"犀"和"兕"以作区分。《尔雅·释兽》中写道："兕似牛，犀似豕（猪）。"郭璞注云："（兕）一角，青色，重三千斤……（犀）形似牛，猪头，大腹卑脚，有三蹄，黑色，二角。"按照现代生物学的分类，"兕"应当指的是独角犀属的印度犀或爪哇犀，而"犀"则是双角犀属的苏门答腊犀。

对先秦时代的贵族而言，威猛强壮的犀牛是他们最中意的猎物，猎犀因而成了荣耀的象征。殷墟甲骨文中多次出现了商王狩猎犀牛的刻辞，比如，《殷墟文字乙编》第 2507 片就记载了商王"焚林而猎……获十五兕"，还有宰丰骨匕记载了商王猎犀后以犀牛祭祀（图 11-1）。到了西周，《逸周书·世俘》中记载了周武王在一次狩猎中，猎得"犀十有二"；《今本竹书纪年疏证》中记载了"（夷王）六年（前 885），王猎于社林，获犀牛一以归"；《诗经·小雅·吉日》中还描写了周天

图 11-1.....................

[商] 宰丰骨匕
　　中国国家博物馆藏

....

　　这件骨匕制作于帝乙
或帝辛六年，"宰丰"即
名叫丰的宰职官，专门负
责王室内部事务。骨匕上
的刻辞记载了商王在麦山
脚下猎获一头十分罕见的
犀牛，赏赐了随行人员。
当时正逢肜[1]日，便用这
只犀牛举行了祭祀。随后，
宰丰取用犀牛的肋骨制成
了这件骨匕作为纪念。

---

1 肜（róng）：第二次祭祀。

图 11-2 ....

［商］**小臣艅犀尊**
美国旧金山亚洲艺术博物馆藏

Ritual vessel in the shape of a rhinoceros, probably 1100–1050 BCE. China; unearthed in Liangshan, Shandong province, China. Shang dynasty (approx. 1600–1050 BCE). Bronze. Asian Art Museum of San Francisco, The Avery Brundage Collection, B60B1+. Photograph Asian Art Museum of San Francisco.

　　这件犀尊于 19 世纪中叶出土于山东寿张县梁山，长 37.0 厘米、高 29.0 厘米。只见这只犀牛昂首前探，双耳竖起，体态健硕，身上并没有像商代其他青铜器那样繁复的纹饰，更显自然之美。在腹底内侧铸有 27 字铭文，记载了商王在东征夷方时，赏赐了小臣艅从夔地获得的贝币，在肜日铸尊为纪。

图 11-3

[西周] **犀牛形玉佩**
台北故宫博物院藏

西周时期有大量的动物形玉饰，但这件犀牛形玉佩是目前所发现的孤品。它长 4.90 厘米、高 3.30 厘米、厚 0.55 厘米。犀牛体态丰满，鼻子上的两角是苏门答腊犀的典型特征，身上以简练的线条勾勒出四肢与五官的轮廓。虽然历经岁月洗礼，玉绺与沁斑让玉佩不再通透，但我们依然可以感受到犀牛的神韵。

图 11-4

[战国] **错金银犀牛青铜带钩**
中国国家博物馆藏

这件以犀牛为造型的青铜带钩长 17.5 厘米，从它头上长有两角可以推断这是一只苏门答腊犀。从它的鼻端伸出一道直钩，长度接近体长的一半。犀牛通体用错金银工艺饰以卷草纹，尽管岁月斑驳，但我们仍然可以从残存的细节中想象它曾经的绚烂。

子猎犀时的情景——"既张我弓，既挟我矢。发彼小豝[1]，殪[2]此大兕"。战国初年，《战国策·楚策》中记载了楚宣王在云梦泽游猎，"有狂兕牂[3]车依轮而至，王亲引弓而射，一发而殪"。

犀甲武装的劲旅

如今，我们经常会用"犀利"来形容一个人讲话一针见血、直中要害，但你有没有想过，何为"犀利"？原来，这源于犀牛身上厚重的"装甲"——犀牛皮。即便像狮子、老虎那样的猛兽，面对如此厚实的皮肤也都显得力不从心。历史上的古人很早就注意到了这一点，早在两千多年前，他们就用犀牛皮制作出了坚固的铠甲。清代姚炳在《诗识名解》中写道："古以兕为甲，因谓坚为犀，《汉书·晁错传》'器不犀利'是也。"

有周一代，犀甲风靡一时。《国语·晋语八》中记载了晋国始祖唐叔虞"射兕于徒林[4]，殪，以为大甲"。《周礼·冬官·函人》中记载了当时专门从事犀甲制作的"函人"："函人为甲，犀甲七属，兕甲六属，合甲五属。犀甲寿百年，兕甲寿二百年，合甲寿三百年。"[5]匠人用不同

---

1 豝（bā）：《说文解字·豕部》解释为"豝，牝豕也"，即母猪。

2 殪（yì）：杀死。

3 牂（zāng）：冲顶。

4 又作杜林，在今陕西省麟游县西北。

5 《说文解字·尾部》将"属"（zhǔ）解释为"连也"，就是连接、连缀的意思。《周礼注疏》中郑玄将这里的数字解释为"谓上旅、下旅札续之数也"，也就是铠甲的上衣和下裳由多少片皮甲连接而成，七属就是七札甲片，六属就是六札甲片。合甲是指将两张表皮叠合而制成的甲，相比单层皮更加坚韧，于是只需要五属即可。

种类的犀牛皮拼接而成的铠甲，使用寿命竟长达上百年，尽管未免有夸张的成分，但也足见其坚固耐用。《荀子·议兵》中写道："楚人鲛革、犀、兕以为甲，鞈[1]如金石；宛钜铁釶[2]，惨如蜂虿；轻利僄遬[3]，卒如飘风。"楚国人用鲨鱼皮和犀牛皮制成的铠甲，不仅十分坚固，可以抵挡宛地铁制的长矛，而且穿在身上轻便自如，让士兵们在战场上行动迅速而敏捷。

图 11-5......................

[唐] 皮甲残片
大英博物馆藏
....

Armour, British Museum, © The Trustees of the British Museum, MAS. 610、621

　　这些皮甲残片出土于新疆唐代吐蕃古戍堡遗址，曾经为吐蕃将士所装备。由于戍堡内还发现了相当数量的卜骨（其中少数带有吐蕃文刻辞），与中原地区商周时期的占卜十分相似，因此不妨大胆推测，这种以黑漆打底，带有红漆压刻纹饰的皮甲，类似于商周时中原的皮甲装备。这种漆皮甲的制作工艺是中国特有的，尽管这些并非犀皮，但是通过皮革上留下的穿孔与残留的革带，我们仍然可以想象由皮甲片堆叠起的犀甲的坚固。

---

1 鞈（gé）：用皮革制成的胸甲。
2 釶：同"鍦"（shī），矛。
3 僄遬（piào sù）：敏捷迅速。

春秋战国时期，用犀甲武装的军队成为诸侯国中的劲旅。西汉桓宽在《盐铁论》中写道："世言强楚劲郑，有犀兕之甲。"楚国和郑国的士兵因装备了犀甲，战斗力大大增强。另外，当时装备犀甲的远不止这两个国家，在北方还有宋国和齐国。《左传·宣公二年》中记载，公元前607年的春天，宋、郑两国在大棘[1]开战，结果宋将华元被俘，逃回宋国后被筑城百姓嘲笑"弃甲而复"，他就让骖乘[2]对百姓说："牛则有皮，犀兕尚多，弃甲则那？"在华元看来，反正国内犀牛还有很多，丢盔弃甲并不算什么大事。《管子·小匡》中记载，齐桓公欲称霸诸侯，但齐国缺少武器装备，于是管仲提出了罪犯向国家捐献武器可减轻刑罚的策略，即"轻重罪而移之于甲兵"，其中"死罪以犀甲一戟"，也就是死刑犯可以通过给国家捐献犀甲和长戟来减轻刑罚。

到了春秋末年，经过数百年的战乱，中原一带的犀牛近乎灭绝，范蠡在《范子计然》[3]中写道，"犀角出南郡[4]"，而根据他的出生地宛地[5]和后来的生活轨迹推断，"南郡"所指的应是长江中下游一带。从此以后，装备有犀甲的军队就只剩南方诸侯国了。蒲松龄所谓的"三千越甲可吞吴"[6]，指的就是身披犀甲的越国士兵。《吴越春秋·勾践伐吴外传》中记载了两军交战前夕，"越王中分其师以为左右军，皆被兕甲"。但吴

---

1 位于今河南柘城县西北。

2 护车武士。

3 《太平御览》卷八百九十《兽部二》。

4 此处的"南郡"并不是后来秦初设立的具体行政区划，而是泛指南方的郡县。

5 位于今河南南阳。

6 此为蒲松龄在科举屡试不中、极度落魄时写下的自勉的话，全文为："有志者，事竟成，破釜沉舟，百二秦关终属楚；苦心人，天不负，卧薪尝胆，三千越甲可吞吴。"

国也实力不俗，甚至装备有犀甲的士兵人数更多，《国语·越语上》中记载了越王勾践作战前动员说："今夫差衣水犀之甲者，亿有三千[1]。"此外，在秦国与楚国的对抗中，楚军将士也曾身披犀甲奔赴国难，正如屈原《九歌·国殇》中的描述："操吴戈兮披犀甲，车错毂兮短兵接。"

随着战国时代的结束，在实战中大规模装备犀甲的历史也已终结，后来只有贵族制作犀甲作为个人之用，甚至有因犀甲太过珍贵，而被他人"举报"者。《宋元嘉起居注》[2]载："御史中丞刘桢奏，'前广州刺史韦朗，于广州所部，作犀皮铠六领，请免朗官。'"刺史本应肩负监察之职，结果却在自己管辖的地盘上，打造了六件犀甲，因此招致当时"最高检察院检察长"——御史中丞的弹劾。

贡犀与王朝的兴衰

秦汉时期，野生犀牛在北方已经绝迹；随着中央集权大一统王朝和以华夏为核心的天下秩序的建立，来自南亚、东南亚的驯犀以贡品的方式来到了中原（图11-6）。《汉书·平帝纪》《资治通鉴》记载，"（初始）二年（9）春，黄支国[3]献犀牛"，当时王莽为了展现新朝的威德，甚至还"厚遗其王"，赠予朝贡国的国君丰厚的赏赐。到了东汉，《东观汉

---

1 韦昭在《国语·楚语下》注云："十万曰亿，古数也。"
2 《初学记》卷二十二《武部》。
3 位于今印度马德拉斯西南的康契普腊姆一带。

图 11-6..

[西汉] 鎏金铜犀牛、驯犀俑
南京博物院藏
陈金廷 摄

....

这是目前国内所发现的唯一鎏金铜犀牛和驯犀奴俑，出土于江苏盱眙县大云山汉墓，墓主人是汉景帝之子刘非，因在平定吴楚七国之乱中立下赫赫战功而备受优待。这是一头体形较小的双角苏门答腊犀，眼睛因镶嵌黑色珠料而显得炯炯有神，它把头转向驯犀奴的方向，双耳后倾，表现得温驯；从驯犀奴的样貌和装束来看，应当是随驯犀一起来到汉朝的外邦人。

记》记载了"章帝元和元年（84），日南[1]献白雉、白犀"；《后汉书·南蛮西南夷列传》记载了"永元六年（94），永昌郡[2]徼外[3]莫延慕义遣使译，献犀牛"。

---

1 即日南郡，位于今越南广治西北。
2 位于今云南省西南一带。
3 指塞外、边外。

自汉代以来，贡犀成为中原王朝兴衰的"晴雨表"。魏晋南北朝时期，来自域外的贡犀鲜有记载[1]；直到唐代，贡犀才重返中原，甚至还与驯象一起成为皇家宴会上的"明星"。《旧唐书·南蛮西南蛮列传》中记载，贞观初年，林邑国"遣使贡驯犀"，退隐的唐高祖李渊十分喜爱这头犀牛，在他去世后，李世民命人照着犀牛的样子雕刻了一尊石

图 11–7......................

[西汉] 错金银云纹青铜犀尊
中国国家博物馆藏

....

这尊犀尊长 58.0 厘米、高 34.0 厘米，重约 13.5 千克。它正昂首伫立，"犀利"的目光因黑色珠饰而显得炯炯有神。它的身材壮硕，体内中空，可以通过背部一个形似马鞍的盖子向里面注酒，再从嘴角右侧一道圆管往外倒酒。从它栩栩如生的造型和身上华美的错金银云纹可以推断，这应是汉代皇室的一件宫廷重器。

1　《册府元龟·外臣部·进贡》载："（大同）五年（539）八月，扶南国遣使献生犀……"

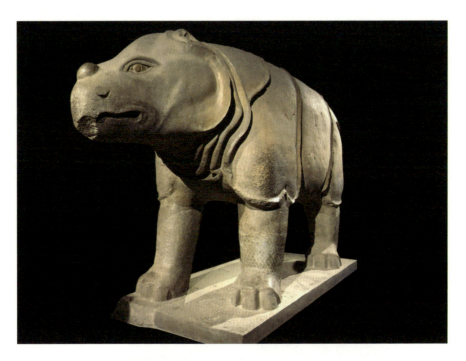

图 11-8 ....

[唐] 献陵石犀
西安碑林博物馆藏

....

这件石犀曾经矗立于唐高祖李渊的献陵前，重达 10 吨。唐代工匠以简练、粗犷的线条勾勒出了犀牛的轮廓，彰显出大唐开国的气魄；同时对肌肤纹理不失细节的刻画，又让犀牛看上去栩栩如生。李渊在玄武门之变后被迫禅位，这时林邑国进献了一头犀牛，给他苦闷的岁月增添了几分慰藉。他去世后，李世民命工匠照着犀牛的样子雕凿出这尊石犀，让它永远陪伴守护着父亲。

犀，并将其安放在了李渊献陵神道上（图 11-8）。唐玄宗在位时，《册府元龟·外臣部·进贡》记载，开元十八年（730）正月，"波斯王子继忽娑来朝，献香药、犀牛等"；天宝九年（750）四月，"真腊国遣使献犀牛"。与这些犀牛一同来到长安的还有驯犀帅，在他们的引导下，犀牛会跟随音乐的节奏，像臣子一样行"蹈舞礼"[1]。《明皇杂录》中写道："唐玄宗在东洛，大酺于五凤楼下……太常陈东……击雷鼓为《破阵乐》《太平乐》《上元乐》。又引大象、犀牛入场，或拜舞，动中音律。"

安史之乱后，贡犀大幅减少，时人对犀牛十分稀罕。《旧唐书·德宗本纪》载，唐德宗贞元九年（793），"十月，环王国[2]献犀牛，上令见于太庙"，当时犀牛被专门安置在供奉先祖牌位的太庙供大臣们参观。然而，这头犀牛最终死在了贞元十三年（797年）的冬天，《白氏长庆集》载："至十三年冬，大寒，驯犀死矣。"为此白居易作《驯犀》诗一首，借贡犀难以善终"感为政之难终也"。《册府元龟·外臣部·进贡》中记载，唐代最后一次贡犀发生在唐宪宗元和十三年（818）四月，"诃陵国遣使进……生犀"。

到了宋代，外邦对结束了近半个世纪混乱的中原新王朝充满热情，纷纷派出使者前来朝觐，从宋太祖到宋真宗的半个世纪里，史料中至少有 11 次贡犀的记载。然而，畜养这些巨兽给北宋朝廷带来了不小的负担，最终当交趾在大中祥符二年（1009）又一次进献驯犀时，宋真宗当即下令"纵之海涘"，从此朝廷不再接受贡犀。自此之后，宋人对犀牛逐渐陌生，甚至还将犀牛与麒麟相混淆。《玉海》"交趾贡方物"条目中记载了"嘉祐二年（1057）六月丁卯，贡异兽二，以为麒麟"，其实这里的"麒麟"就是犀牛。

---

1 这是一种自隋代开始正式进入宫廷礼仪的特殊礼节，源于北方少数民族歌舞与中原礼乐制度的融合。《隋书·仪礼志》载："皇帝举酒，上下舞蹈，三称万岁。"
2 象林邑。

元代的皇帝似乎对贡犀并不感兴趣，只留下了《元史·世祖本纪》中至元十九年（1282）"安南国进贡犀、兕"的记载。明代初年，来自外邦的贡犀重新恢复：从洪武四年（1371）至嘉靖四年（1525），三佛齐、占城国、鲁迷等地向明朝纷纷进献犀牛 [1]，这体现了帝国初期渴望重建以华夏为核心的天下秩序的努力。自明代中叶以后，华夷秩序的稳固使得皇帝对贡犀逐渐失去了兴趣，直至清代，贡犀再也没有恢复。

犀带是地位的象征

虽然贡犀随着王朝的盛衰而变化无常，但是自唐代以来，人们对于犀带情有独钟。这还要从古代的服饰制度说起：长久以来，北方游牧民族中的贵族男子习惯于在腰带上钉缀一种片状牌饰——"銙"（kuǎ），后来带有鲜卑血统的李唐皇室在这个基础上，建立了一套以不同材质的銙来区分身份等级的制度。《新唐书·车服志》中记载，唐初"一品、二品銙以金，六品以上以犀，九品以上以银，庶人以铁"。除了帝国最高级别的官员用的是金銙，三品至六品的官员皆佩犀銙，而这些人往往都是青年才俊。顾况在《公子行》中对他们有着极为生动的描写："轻薄儿，面如玉，紫陌春风缠马足。双镫悬金缕鹘飞，长衫刺雪生犀束。"

中唐时期，经历了元和中兴，社会上奢靡之风渐行，唐文宗即位后便

---

1 据《名山藏》《明史》《明实录》《皇明典故纪闻》《殊域周咨录》等记载。

希望从制度上进行约束。《新唐书·车服志》载，"以四方车服僭奢，下诏准仪制令"，其中规定"诸亲朝贺宴会之服：一品、二品服玉及通犀，三品服花犀、班犀"。也就是从这一时期开始，金銙没有了，一、二品官员所佩戴的是玉銙和通犀銙，而三品官员佩戴的则是花犀和班犀銙。相比唐朝初年，能够佩戴犀銙的人等级、地位更高了，于是犀带也就成为荣华富贵的代名词。白居易在《寄献北都留守裴令公》中写道，"通天白犀带，照地紫麟袍"。北都[1]留守相当于陪都的最高长官，是朝廷的一品大员。后来，他还在《元微之除浙东观察使喜赠长句》中写道，"稽山镜水欢游地，犀带金章荣贵身"，庆祝他的好朋友元稹高升。李德裕在未发迹时，见到别人的犀带甚是羡慕，于是写下了《通犀带赋》[2]，极尽赞美之词："灵可御邪，光能远烛……温兮如玉气舒虹，粲兮若晨光烁霞。"

　　宋、元、明三代的官服制度皆以唐代为依据。宋人岳珂《愧郯录》卷十二"文武服带之制"条载："国朝服带之制，乘舆东宫以玉，大臣以金，亲王勋旧，皆赐以玉，其次则犀则角，此不易之制。"《元史·舆服志》中记载："百官公服……正从一品以玉……二品以花犀。"明代则完全承袭了元制，《明史·舆服志》载："（文武官）腰带：一品玉，或花或素；二品犀。"可以说，从唐至明的1000多年里，犀带始终都是个人身份与荣耀的象征。

1　唐代除了西都长安、东都洛阳，还有作为龙兴之地的北都太原。
2　李德裕在《通犀带赋》序中称"客有以通犀带示余者，嘉其珍贵"，显然当时的他还并不是帝国的宰相。

灵犀望月与心有灵犀

早在春秋时期,古人便在寓言中引用了犀牛望月的意象。《关尹子·鉴》中写道: "譬如犀牛望月,月形入角;特因识生,始有月形,而彼真月初不在角。"这是以犀牛将视线中犀角的形状误认为是月亮的形状,来隐喻我们看世间万物时总会戴上"有色眼镜"。但犀牛为何会望月? 实际上这体现了古人的细心观察:犀牛天性胆小,喜欢在夜间活动,但它们的视力极差,因此总会试图捕捉黑暗中来自月亮的光亮,这便是"犀牛望月"的由来。后来,这种天然意象被浪漫的中国人赋予了深刻的哲思,《酉阳杂俎》中写道, "犀之通天者必恶影",当犀牛望向月亮时,月光驱散了所有的阴影,于是才有了《从容庵录》中的"云犀玩月璨含辉,木马游春骏不羁",意谓禅者之心玲珑剔透,毫无阴影,方能显现灵妙之光彩。

后来,在犀牛望月的基础上,古人进一步演绎出了犀角通月的传说。宋代释正觉在《禅人并化主写真求赞》中写道, "夜月通犀角,秋空没雁行"。犀角与月亮相连通,便有了月亮的光芒。这种灵异的光芒像火一样明亮,没有动物敢靠近它:杨孚在《犀》[1]中写道, "于惟玄犀,处自林麓……或有神异,表灵以角。含精吐烈,望若华烛,置之荒野,禽兽莫触";《抱朴子·内篇·登涉》中写道, "其光正赫然如炬火也", "以

---

1 《艺文类聚》卷九十五《兽部下》。

图 11-9.............................

［金］**印花犀牛望月碟**
台北故宫博物院藏

....

　　这是一件定窑白瓷中的精品。定窑烧造白瓷始于唐代，在宋代臻于鼎盛。由于采用了覆烧法，即把瓷器倒扣过来烧制，因而口沿无釉，有时为了保护瓷胎会镶嵌铜边，就像这件一样。这件瓷碟采用了印花工艺，从口沿向内分别饰以回纹、云纹、三角形回纹，正中央则是水中犀牛回首望月的图案。

图 11-10

[明] 犀牛望月铜镜台
南京博物院藏

这件铜镜台长 13.7 厘米、高 9.3 厘米，镜台中空，铸造了一只跪卧的犀牛回首望月的场景。虽然"犀牛望月"的意象传承千年，但由于古人越来越难以见到真正的犀牛，人们想象中的犀牛与现实中的犀牛相差甚远，最终演绎出了头顶长有一向外弯角的"独角兽"。这种虚构的异兽或以鹿为原型（这件即是），或以牛为原型，在民间广为流传。

图 11-11

[明] 犀牛望月铜镜台
南京博物院藏

这件铜镜台长 17.0 厘米、高 12.3 厘米，繁复的纹饰与另一件简约风格的同主题铜镜台形成了鲜明对比。这只犀牛同样为跪卧回首望月，但不同的是这件是以牛为原型，拥有牛的耳朵和尾巴，而且独角变成了向后弯曲，升腾的云雾环绕着牛身，在最上端显现出月亮的轮廓，通过弧形凹槽可将铜镜安置其中。

此犀角著谷积上,百鸟不敢集";《淮南万毕术》[1]中也写道,"犀角骇狐"。其中最有名的当属"骇鸡犀",西晋傅咸《〈犀钩铭〉序》中写道,"犀之美者有光,鸡见影而惊,故曰'骇鸡'"。"骇鸡犀"曾一度成为世间的至宝。西周时期,古本《韩诗外传》[2]中记载了"太公使南宫适至义渠,得骇鸡犀以献纣";战国时期,《战国策·楚策》中记载了"(楚王)乃遣车百乘,献骇鸡之犀、夜光之璧于秦王"。不仅如此,点燃犀角甚至还能照见隐秘的神灵世界:

> 晋温峤至牛渚矶[3],闻水底有音乐之声,水深不可测。传言下多怪物,乃燃犀角而照之。须臾,见水族覆火,奇形异状,或乘马车,著赤衣帻。
>
> ——《异苑》

东晋人温峤来到牛渚矶这个地方,听见水底有声响,人们传言水下有怪物,于是他就点燃犀角去照,发现了一个别有洞天的水下世界:长相怪异的神灵来来往往,有的还乘坐着马车,穿着红色的衣服,戴着红色的头巾。这些神灵未曾料到有一天会被人发现,于是便托梦怪罪温峤:"与君幽明道隔,何意相照耶?"不以为然的温峤终因误闯神灵世界而丧命。后来"牛渚燃犀"化作一个成语,比喻洞察奸邪。

---

1 《太平御览》卷八百九十《兽部二》。
2 《艺文类聚》卷九十五《兽部下》。
3 位于今安徽当涂县西北。

犀角既然可以与月亮连通，于是便有了"心有灵犀"的典故。早在先秦时期，古人便将月亮与相思联系在了一起：

月出皎兮。佼人僚兮。舒窈纠兮。劳心悄兮。

月出皓兮。佼人懰兮。舒忧受兮。劳心慅兮。

月出照兮。佼人燎兮。舒夭绍兮。劳心惨兮。

——《诗经·陈风·月出》

皎洁的月光照亮了美人妩媚的面庞与婀娜的倩影，牵动着远方少年的心。在唐宋文人的笔下，相隔千里的人借着天空中的月亮便可以传达彼此的心意，张九龄《望月怀远》中有"海上生明月，天涯共此时"，苏轼的《水调歌头·明月几时有》中更有"但愿人长久，千里共婵娟"。唐代诗人李商隐将人们原本寄托于月亮的相思之情赋予了犀牛，在他的笔下，通月的犀角穿越时空，将爱人的心连在了一起："身无彩凤双飞翼，心有灵犀一点通"，虽然现实中无法比翼齐飞，精神上却可以心心相印。

除此以外，在人们的心目中皓月无尘，于是犀角也被视为可以消除尘世的一些烦恼。《岭表录异》中将其称为"辟尘犀"，以其制成的床席在贵族中十分流行。曹唐《小游仙诗》中写道："月影悠悠秋树明，露吹犀簟象床轻。"苏鹗《杜阳杂编》中记载，咸通九年（868），唐懿宗最宠爱的同昌公主出嫁时的嫁妆中除了犀簟外，还有蠲¹忿犀，"其

---

1 蠲（juān）：消除。

图 11-12..........................

[唐] 绿釉犀牛陶枕
陕西历史博物馆藏

....

　　这件犀牛陶枕高 8.5 厘米、长 13.0 厘米，不论是从材质，还是从尺寸上，显然不是日用之物，只能是墓葬中的冥器。枕面微凹，枕座为一只跪卧的犀牛，犀牛有两角，鼻梁上一只小角，头顶一只大角，长尾上翘贴在身上，全身饰以鱼鳞纹。这件陶枕承载了生者对逝者的美好祝愿，希望他在另一个世界能够借助灵犀，忘却一切烦恼和忧愁。

犀圆如弹丸，入土不朽烂，带之令人蠲忿怒”，能够帮助人消除愤怒情绪，有安神静气之奇效。

后来，犀角被人们传得神乎其神，甚至在不同的史料中竟然有完全相反的功效。《杜阳杂编》中记载了一种可以祛暑的犀角——"辟暑犀"："李训讲《周易》微义，颇协于上（即唐文宗）意。时方盛夏，遂命取水玉腰带及辟暑犀如意以赐训。"而《开元天宝遗事》中则记载了另一种可以祛寒的犀角——"辟寒犀"："开元二年（714）冬至，交趾国进犀一株，色黄如金；使者请以金盘置于殿中，温温然有暖气袭人。上问其故，使命对曰，'此辟寒犀也'。"

犀牛镇水的由来

犀牛之所以可以镇水，其渊源可以追溯到《易经》。《易经·说卦传》中有"坤为牛""坤为地"之说，也就是牛在五行中属土，而在五行中"土克水"，于是牛就被古人视为镇水兽。相传水中神兽名为"苍兕"，《论衡·是应》载，"仓兕，水中之兽也，善覆人船"。后来，苍兕成为掌管舟楫的官名。清代臧琳《经义杂记》载："盖苍兕本水兽，善覆舟，故以此名官，欲使居是官者尽其职，常以苍兕为警也。"《史记·齐太公世家》中记载，周武王东征伐商，姜子牙在黄河边向苍兕官发号施令，命他切莫延误军期："苍兕苍兕，总尔众庶，与尔舟楫，后至者斩！"

在古人看来，犀牛之所以能够生活在水中，同样是因为它那神奇的

图 11–13 ....

[战国] 石犀
成都博物馆藏

....

　　这尊石犀出土于成都天府广场东北侧，长 3.31 米、宽 1.38 米、高 1.93 米，重约 8.5 吨，是迄今发现的战国时期最大的圆雕石刻。整体雕刻风格粗犷古朴，躯干丰满壮实，四肢粗短，下颌及前肢躯干雕刻卷云纹。这尊石犀或许就是李冰当年所做镇水兽中的一件。

犀角。《抱朴子·内篇·登涉》载："得真通天犀角三寸以上，刻以为鱼，而衔之以入水，水常为人开，方三尺，可得炁[1]息水中。"也就是将通犀角雕刻成鱼形并含入口中，便可以在水中开辟出一条三尺见方的路，人们就能在其中自由呼吸。该书还说"大雾重露之夜，以置中庭，终不沾濡也"，即便在雾气重重的环境下，犀角也可以让人不沾染一点水汽。

　　在此基础上，人们逐渐演绎出用犀牛可以镇水的信仰。人人皆知秦

---

1 炁：同"气"。

国蜀郡太守李冰开凿都江堰，让成都变为天府之国；或许你并不知道，他还命工匠雕刻了五尊石犀（图 11-13），并将它们安放在成都城中的不同地点。《蜀王本纪》中记载："江水为害，蜀守李冰作石犀五枚，二枚在府中，一枚在市桥下，二枚在水中，以厌水精。"与此同时，他在悉心经营城中的水利工程时，还将人工开凿的水道以犀牛命名，《华阳国志·蜀志》中写道："穿石犀溪于江南，命曰犀牛里。"

到了明代，身为河南巡抚的于谦也命人铸造了一尊镇河铁犀，并将其立于黄河岸边（图 11-15）；他还亲撰《镇河铁犀铭》铸于犀背，其中写道："变幻灵犀，雄威赫奕。填御堤防，波涛永息。安若泰山，固如磐石。水怪潜形，冯夷[1]敛迹。"与李冰一样，于谦除了祈求神灵庇佑外，也采取了许多务实的治水举措。《汴京遗迹志》卷七中写道："明正统年间，于谦因河逼汴城，乃筑东、西、北三面以御之。"面对黄河的水患，于谦发动民工和兵丁，在开封城的三面修筑起了大堤。此外，《明史·于谦传》中还记载了"谦令厚筑堤障，计里置亭，亭有长，责以督率修缮"，也就是设立若干名亭长对河堤进行日常维护。

不论是石犀还是铁犀，虽然形象上迥然相异，但是它们穿越 2000 多年，历经风雨和岁月的洗礼，承载了古往今来人们渴望消除水患、国泰民安的美好夙愿，同时也见证了千百年来一代代中华儿女兴修水利、造福四方的光辉历程；而能够将现实的努力与信仰的力量如此和谐地结合在一起，体现出一种属于中国人的独特的气质与禀赋。

---

1 传说中的黄河之神，即河伯。

图 11-14 ....

....

这尊石犀出土于北京永定河河床淤沙中，高 28.0 厘米、长 54.0 厘米、宽 23.0 厘米。这是一只低首错步的镇水犀，虽然历经岁月的磨洗，但头上的双犀角依然清晰可辨，身上也刻有犀牛所特有的鳞甲纹饰。永定河在唐代属桑干河下游的一部分，贞观十八年（644），唐太宗将征辽东，下诏令韦挺为馈运使，督运军粮沿桑干河往幽州；次年正月，600 余艘运粮船行至卢思台（今京西卢师山）时，因河道淤塞而不能前进，韦挺因此获罪。由此可见，唐代时永定河的泥沙淤积就已十分严重，因此水患灾害在所难免，时人希望用犀牛镇水，以保一方平安。

图 11-15............................

[明] **镇河铁犀**
　　　河南开封铁牛村藏
　　　任疆　摄

....

　　这尊镇河铁犀是河南巡抚于谦为镇降黄河洪水灾害而建。黄河自金初改道南流之后，开封就屡遭黄河泛滥之苦。明初洪武、永乐年间曾发生重大水灾，宣德五年（1430）于谦履任后，重视河防，在修葺黄河大堤与开封护城堤的同时，铸造了这尊高 2.04 米的铁犀。从造型上来看，铁犀与现实中的犀牛相去甚远，犀角长在了头顶，并且向前弯曲，俨然一副神话中独角兽的面孔，举止投足间散发着一种自信的气质，寄托了古人震慑水怪、消除河患的朴素情感。

第十二章

与象之间

以象为名的"豫州"

为什么河南省简称"豫"？这源于这片土地的古地理名称——豫州。数千年前，这里曾是华夏文明的核心区。但是，豫州并不是这里最初的称谓，上海博物馆藏楚竹简《容成氏》[1]第26～27号简写道，"禹乃通伊、洛，并瀍、涧，东注之河，于是乎叙州始可处也"，也就是说这里最早被称为"叙州"；直到《禹贡》[2]中，才有了"荆河惟豫州"，将荆山以北、黄河以南的这片区域称为豫州。关于"豫"的意思，《说文解字·象部》中解释为"豫，象之大者"，大象作为陆地上最大的动物，给古人留下了深刻的印象，豫州就是有大象的地方。但是为什么偏偏用象来给当时最发达的地区命名，其中究竟有何深意？

或许，这一切都与上古时期大象所扮演的重要角色——役畜有关。从"豫"的字形上，我们便可以找到最直接的证据。胡厚宣认为"豫，从象"，就是一个人牵着大象；闻一多在《古典新义》中认为"古'爲'字本作叙若豢，从手从象"，本义为服象以役作，而且他还认为古字"圂"就是古人捕捉野象后"手牵象而以言语教谕之"，即驯象。一旦野象被成功驯服，以象的脚力，耕田自然不在话下。于是，在农业文明的萌芽

---

1 成书于春秋前期，相传容成氏曾担任黄帝的大臣，发明了历法。

2 大约成书于战国时期。

图 12-1..........................

[东汉] **乘象画像石拓片**
南阳市汉画馆藏
....

在这件汉代画像石上，刻画了春日里的田园风光：春风和煦的山谷间，鸟儿在自由自在地飞翔；在谷地延伸出的平缓坡地上，有一人正骑在象背上，手执象钩，一头健硕的大象正埋头行进在垄间，这或许便是上古时期"象耕"的写照。

时期，大象成为人们农业生产的好帮手（图 12-1）。在《帝王世纪》[1]中，有"舜葬苍梧下，有群象常为之耕；禹葬会稽祠下，有群象耕田"的记载。

既吃苦又能干的大象被古人视为吉兽，被赋予了吉祥的寓意。百姓们在取名时会将"象"带入其中：舜的同父异母弟的名字就叫"象傲"，取"万象赴傲睨"[2]之意，即大象纷纷前来拜贺。象傲长大后被封到了有庳[3]这个地方，"庳"通"鼻"，这个地方的命名显然也与具有长鼻特征的大象有关。

---

1 《太平御览》卷八百九十《兽部二》。

2 陈造《次韵胡学长喜雨》。

3 位于今永州市营道县北。

先秦祭祀中的象

"敬在养神，笃在守业"[1]，殷商时期，商王用猎获的大象祭祀祖先。不仅在殷墟甲骨卜辞中有关于猎象的记载（图12-2），而且从商代中期以来的遗址中还发现了象的遗骸[2]，特别是在商晚期的殷墟王陵一带，还发现了象和驯象人殉葬坑[3]，以及一只头戴铜铃的幼象[4]。与此同时，在我国的西南地区，大象还大量出现在古蜀国的祭祀中。在三星堆遗址中，不仅有堆积了大量象牙的祭祀坑，还发现了一件疑似手持象牙的青铜神人（图

---

1 《左传·成公十三年》。
2 郑州小双桥遗址。
3 王陵东区 1400 号大墓附近。
4 王陵西区东南祭祀坑 M35。

10222

图 12-2·······

［商］《甲骨文合集》第 10222 号甲骨拓片

·······

这件甲骨上的卜辞写道："今夕其雨，隻（獲）象？其雨，之夕允不雨。"这是一段非常简短的卜人对上天的问询："今天夜里下雨，能猎获大象吗？""下雨吗？"同时，上甶也记载了当天的情况："当晚真的下雨了（估计也就没能捕到大象）。"商王每次巡猎前都要占卜，以询问上天天气状况和猎获的结果。

12-3），印证了古蜀王用象牙祭祀的古老传统。

商周时期，以大象为造型或纹饰的青铜器开始出现（图12-4），这些青铜礼器往往被用于祭祀、宴飨、朝聘、征伐等重要场合，上面有时还会铸有铭文（图12-6），记载了具有重要意义的事

图 12-3 ....

[商] 青铜神人
　　四川广汉三星堆博物馆藏
....

这尊青铜人像通高2.62米，其中神人高1.80米，是目前世界上已知最大的古代青铜人像。神人站在四只乌鸟撑起的高台上，头饰羽冠，佩戴面具，在对襟的内衫外，身披饰有各种纹饰的左衽外袍。从他铸成圆环的双手姿势，结合其出土时周围同时发现有大量象牙，可以推断该神人双手紧握象牙，这应是古蜀王正在完成祭祀的仪式。

件，成为铸造者立国传家的重器。在这些青铜器中，我们发现相比商代象尊的栩栩如生（图12-7），西周时期的象尊除了象鼻之外，已看不出大象的特征了（图12-8）。这也说明随着大象的向南退却，中原地区的人们对大象已不再熟悉。战国时期，韩非子[1]说道，"象，南方之大兽，中国人[2]不识，但见其画，故言图写似之为象"[3]，人们只能借助画去认识大象了；至于画得是否跟真的一样，便有了"像不像"的说法。

图 12-4 ....

[商] 象纹铜铙
　　　　长沙市博物馆藏

....

　　这件铜铙出土于湖南省宁乡县（今宁乡市）月山铺公社，通高 103.5 厘米、鼓间宽 48.0 厘米，重 221.5 千克，是迄今为止我国发现的商周铜铙中最大的一件。铙是我国现存最古老的打击乐器，流行于商代晚期到西周早期，后来逐渐演变成为甬钟，至东周最终发展成为大型编钟。《周礼》中记载了在战场上鸣铙以撤兵的军事用途，使用时口朝上敲击。此铙呈褐绿色，钲部作合瓦形，钲面饰以粗线条组成的兽面纹，两眼略微凸出；隧部饰一对相向而立的大象，象鼻高卷互相致意。

---

1 韩非子是韩国新郑人，新郑是韩国国都，今属河南郑州所辖县级市。
2 中原人。
3 《说文解字系传》。

图 12-5...............................

Rein fastener with elephants and jingles, Freer Gallery of Art and Arthur M. Sackler Gallery, The Dr. Paul Singer Collection of Chinese Art of the Arthur M. Sackler Gallery, Smithsonian Institution; a joint gift of the Arthur M. Sackler Foundation, Paul Singer, the AMS Foundation for the Arts, Sciences, and Humanities, and the Children of Arthur M. Sackler, S2012.9.612

［商］象纹弓形青铜器
美国弗利尔美术馆藏

　　这件弓形器长 37.4 厘米、宽 5.7 厘米、高 9.0 厘米，主体为一对长鼻高卷。互相致意的象，象眼凸出显得更加活灵活现；两象之间有一圆钮。弓形器流行于商代，中间部分为弯曲的长柄，两端有半圆形弯臂，臂的两端安有铃铛。关于这种弓形器的用途，目前尚无定论。它常与车马同出一坑，因此有人认为是马或马车上的装饰；但有时又与箭镞同出，手柄中也有朽木残留，因此也有人认为它即文献中所记载的"弣[1]"，被缚在弓里以保持弓形，从而增强弓箭的弹力。

---

1 弣（fú）：弓把中部，《仪礼注疏》卷十二《乡射礼》载："有司左执弣，右执弦而授弓，遂授矢。"

图 12-6................................

[商] **羊首象纹青铜提梁卣**
美国哈佛艺术博物馆藏

....

'You' Covered Ritual Wine Vessel with Elephant and 'Taotie' Decor and with Ram-Head Bail Handle, Harvard Art Museums/Arthur M. Sackler Museum, Bequest of Grenville L. Winthrop, Photo © President and Fellows of Harvard College, 1943.52.95

这件商晚期提梁卣通高 26.9 厘米、长 25.5 厘米、宽 19.3 厘米。卣盖上层和器腹皆饰有一对相对而立的象纹，象鼻下垂向后卷，象口微张，似乎正在进食；卣盖口沿和器颈饰凤鸟纹，凤鸟回首，引吭高歌；圈足饰以一圈虺蛇纹。提梁两头分饰羚羊首纹。在卣内壁还铸有铭文。

图 12-7................................

[商] **象尊**
美国弗利尔美术馆藏

....

Spouted vessel (he) in the form of an elephant with masks (taotie), dragons, and snakes, Freer Gallery of Art and Arthur M. Sackler Gallery, Charles Lang Freer Endowment, F1936.6a-b

这件象尊相传出土于湖南醴陵，通高 17.2 厘米、长 21.4 厘米、宽 10.7 厘米。象口微张，齿牙外露，象鼻高高向上举起，上面有鳞纹装饰；象身饰有兽面纹和云纹，臀部饰有虎首纹；象背设有尊盖，盖上站立一头同样形态的小象。大象和小象举起鼻子致意，用以在祭祀的场合表达对上天与先祖的敬意。

图 12-8.....................................

[西周] **鸟纹象尊**
宝鸡青铜器博物院藏

这件象尊相比商代象尊，少了几分威严，却多了几分可爱。这是因为它的体形更加肥硕圆润，除了象鼻，其他部位看上去更像是一头猪。高举的象鼻稍稍弯曲，依旧是致意的动作，却与浑圆的身型更加协调。象身饰以两个并列的涡状云雷纹，中心饰以凤鸟纹图案；象背设有方形尊盖，盖面有两圆环，饰有卷体蛇纹。

图 12-9

[战国] **象首鎏金铜带钩**
美国旧金山亚洲艺术博物馆藏

Belt hook in the shape of elephant head, China; Shou. Warring States period (approx. 475-221 BCE). Gold and gilt bronze. Asian Art Museum of San Francisco, The Avery Brundage Collection, B65B22. Photograph © Asian Art Museum of San Francisco.

随着赵武灵王在赵国推行"胡服骑射"，北方游牧民族的革制腰带传入中原，能够将腰带从一头方便、牢固地扣在另一头的带钩[1]应运而生。这件鎏金铜带钩长 5.1 厘米、宽 3.5 厘米，整体以象首为造型：象鼻下垂，末端稍稍上卷，天然形成了带钩的形状；象耳向外张开，从象耳到象鼻，上面錾刻有繁复的花纹纹饰；象眼的地方嵌有玉石，让象看上去更富生气。

---

1 尽管良渚文化时期就已经出现了玉带钩，但是战国时期的 S 形带钩与其有显著的区别。

西域贡象舞长安

在汉代，帝国的强大让外邦藩国纷纷臣服，大象以贡品的方式重返中原。《汉书·武帝纪》记载了元狩二年（前121），"南越献驯象"；《后汉书·南蛮西南夷列传》记载了永元六年（94），"郡徼外敦忍乙王莫延慕，遣使译献犀牛、大象"；《册府元龟·外臣部·朝贡》记载了建安七年（202），"于阗国献驯象"。这些贡象大多为驯象（图12-10、图12-11），可以在驯象师的指挥下跪拜行止，"教能拜起周章，从人意也"[1]，以供宫廷典礼与娱乐。随着西王母信仰的流行，人们还将驯象"安排"在了神仙世界的乐队里，创造出了白象抚琴的角色（见第一章图1-33）。

到了唐代，在高明的驯象师的训练下，驯象甚至可以伴着节奏，表演"舞蹈"（图12-15）。《岭表录异》中记载了林邑国国王宴请大唐使节时的情景："曲乐动，倡优引入一象，以金羁络首，锦褥垂身，随膝腾踏，动头摇尾，皆合节奏。"后来，这些舞象也来到了长安，受到京城百姓的热烈欢迎："闻之者遝迹必至，睹之者士女咸集。"[2]唐玄宗时，每逢八月初五"千秋节"，勤政楼下都会举办盛大的活动来庆祝皇帝的

---

1 应劭注《汉书·武帝纪》。
2 杜泄《越人献驯象赋》，引自《全唐文》卷四百六。

图 12-10..............................

[西汉] 鎏金银青铜象、驯象俑
南京博物院藏
陈金廷 摄

....

　　这件鎏金铜象和驯象俑出土于江苏淮安市盱眙县大
云山汉墓，长 30.5 厘米、高 20.0 厘米。大象微微低头，
长鼻向下内卷，双耳后掠，象鼻、颈背和四肢表现有皮
肤的褶皱纹理，象牙鎏银以凸显其质地。一旁的驯象师
身着典型的汉朝服饰，交领右衽，系带宽袖，样貌上也
是中国人的面孔。

图 12-11

[东汉] 彩绘骑象陶俑
洛阳博物馆藏

这件陶俑长 10.8 厘米、高 10.3 厘米。大象驻足而立，象口张开，象鼻下垂蜷曲，正在往口中送食；象背跪坐一男俑，他头戴冠帽，身穿袍服，双手扶膝，看上去似乎是在低首沉思，但更像是趁着大象进食的间隙偷偷打个盹儿，或许他们刚刚参加完盛大的宫廷活动。

图 12-12 ....

［东汉］驯象奴和九头鸟画像石（残）
徐州汉画像石艺术馆藏

....

图 12-13 ....

［东汉］五人骑象和异兽画像石（残）
徐州汉画像石艺术馆藏

....

　　这件画像石残件残高 89.0 厘米、
宽 33.0 厘米，一共刻画了两组完整的
图像：下方鸟首兽身的神兽应为九头
鸟的形象，周密《齐东野语》卷十九载：
"鬼车，俗称九头鸟……世传此鸟昔
有十首，为犬噬其一……身圆如箕，
十脰[1]环簇，其九有头，其一独无而
鲜血点滴。"中间是驯象奴与驯象，
一人仰面卧于象背，另一人手执象钩
立于象颈。

---

1 脰（dǒu）：颈项。

　　这件画像石残件残高 84.0 厘米、
宽 33.0 厘米，同样刻画有两组完整的
画面：画面之上是一只状似骆驼的驼
类神兽，它们三五成群地穿梭于云雾
之间；在驼兽之下，是五人乘骑着大
象，坐在最前面的一人手执象钩引导
大象，后面几人排排而坐，他们皆为
披发的胡人打扮，身上穿的却是汉代
百姓的服装。

图 12-14 ....

[东汉] 山东枣庄滕州画像石拓片

....

　　在这件画像石残片上，描绘了一个仙人的世界：两只六牙白象跟随在仙兽之后漫步，在大象的身上盖着一层华丽的毯子，上面分别坐有三位仙人，他们或两两交谈，或手持象钩引导。六牙白象出自佛教，《释迦谱》中记载，"尔时菩萨观降胎时至，即乘六牙白象"，画像石上出现的六牙白象说明当时佛教的思想已经传入中原。

生日，其中驯象便会在驯兽师的引导下，上演"蹈舞礼"。《旧唐书·音乐志》载，"五坊使[1]引大象入场，或拜或舞，动容鼓振，中于音律"，驯象表演往往可以持续一整天，"竟日而退"。

　　然而，安史之乱的爆发，让宫廷驯象遭受了灭顶之灾。《资治通鉴》卷二百一十八中记载了安禄山曾与唐玄宗一同观看舞象表演，在攻克长

---

1 五坊宫苑使的简称。

图 12-15..........................

[唐] **象尊**
　　台北故宫博物院藏

....

　　这件象尊通高 20.0 厘米，不同于先秦时期象鼻高举的庄重，这是一头"动头摇尾"的舞象：它头戴项圈，上面挂着一个大铜铃；前足微屈，头向右转，正甩动着长鼻，尾巴也向右摆起。这一瞬间，我们仿佛回到了盛唐，曲乐声中，铜铃震动，舞象正伴随节奏，"或拜或舞"。

安后便"命搜捕乐工，运载乐器、舞衣，驱舞马、犀、象皆诣洛阳"。在洛阳，安禄山大宴幽燕戎王和番夷君长，《古今说海·明皇杂录》载，宴席上志得意满的安禄山当众夸下海口："吾当有天下，大象自南海奔走而至，见吾必拜舞。"结果当驯象被牵来时，"瞪目愤怒，略无[1]拜舞者"，似乎它们也是有"骨气"的，不愿听从叛臣的使唤，但更有可能是因为对环境的不适应，以至于无动于衷。结果，脸面无光的安禄山一怒之下，"命置于槛阱[2]中，以烈火爇[3]之，以刀、槊[4]俾壮士乘高投之洞中，胸臆血流数丈"，一众驯象惨遭血洗，"鹰人[5]、乐工见者无不掩泣"。

安史之乱平定后，大唐国力日衰，宫苑中已无力畜养大象，只能命人将贡象放归山林或者送还本国。《资治通鉴》卷二百二十五记载，大历十四年（779），文单国进献32头舞象，唐德宗认为"象费刍养而违物性"，于是便"令放荆山之阳"。到了晚唐，《岭表录异》中记载，乾符四年（877），占城国进贡驯象3头，"当殿引对，亦能拜舞"，但之后仍被送还回去。

---

1 全无，一点也不。
2 槛阱（jǐng）：笼子。
3 爇（ruò）：烧。
4 槊（shuò）：长矛。
5 驯鹰人。

宋代的人象矛盾

北宋结束了近百年的分裂，重建中原王朝的权威，驯象的回归被视为国家统一的吉兆。《文献通考·物异考》载，宋太祖建隆五年（964），"有象自至京师，群臣表贺，以为巨兽由远方而来，国家当抚有海南之兆也。"大象的到来预示着中央即将收服南汉，果然"未几，广南[1]平"，南汉于971年被宋朝所灭。《宋史·太祖本纪》中记载，开宝九年（976），"吴越王献驯象"，两年之后，吴越国王钱俶纳土归宋。

然而，随着宋代南方农业经济迅速发展，人象冲突不断上演。《宋史·五行志》载："建隆三年（962），有象至黄陂县[2]匿林中，食民苗稼，又至安、复、襄、唐州践民田，遣使捕之""乾道七年（1171），潮州野象数百食稼，农设阱田间，象不得食，率其群围行道车马，敛谷食之，乃去"。《钦定授时通考》卷四十二中收录了朱熹担任漳州知府时所颁布的《劝农文》："本州管内荒田颇多，盖……象兽有踏食之患。"野象毁坏农田，打击了老百姓种田的积极性，造成了当地大量的荒地，于是官府发榜悬赏："劝谕人户杀象兽，今更别立赏钱三十贯，如有人户杀得象者前来请赏，即时支给。"猎杀一头野象就能得到3万赏钱，这相当于当时普通人小半年劳作的收入。如此一来，不久便"去除灾害，民乐耕耘"。正因人象矛盾凸显，相比中国历史上其他时期，大象在宋代并不怎么受百姓欢迎。

1　即南汉政权。
2　今为黄陂市。

身为天子坐骑的象

元代时，大象在中国历史上首次也是唯一一次以皇帝座驾的身份出现。《续资治通鉴》卷一百八十五中记载，至元十七年（1280），元世祖忽必烈"始制象轿"，吏部尚书刘好礼言"象力甚巨，上往还两都[1]，乘舆驾象"。虽然象轿听上去似乎与黄金家族[2]横扫四方的雷厉风行有些格格不入，但实际上象轿并不慢，熊梦祥在《析津志》中写道，"其行似缓，实步阔而疾擗，马乃能追之"，看似缓慢，但跑起来比马都快。忽必烈在征讨乃颜[3]时，曾坐在象轿中督战。至元二十四年（1287），乃颜反叛，忽必烈念及黄金家族的情感，不愿将其处死，"故亲御象舆以督战，意其望见车驾必就降"，结果乃颜非但没有丝毫悔改之意，反而"悉力攻象舆"，最终忽必烈不得不下令"尽歼纳延（乃颜）"[4]。

关于"象轿"的形制，《明史·舆服志》中记载，"元皇帝用象轿，驾以二象"。《马可·波罗游记》中的记述虽略有不同，但更为详细："大汗站在一个木质的塔上，周围有许多弓弩手，木塔由四头大象驮着，每

---

1 上都（位于今内蒙古自治区锡林浩特市南）与大都（位于今北京市）。
2 广义上称成吉思汗家族的后人为黄金家族。
3 乃颜是成吉思汗幼弟铁木哥斡赤斤的后裔，大元帝国与斡赤斤的诸王争夺漠北、辽东地区的控制权，双方的矛盾在乃颜时期日益尖锐，乃颜遂于1287年起兵反叛。
4 据郑元祐《元故昭文馆大学士荣禄大夫知秘书监镇太史院司天台事汤阴岳铉字周臣第二行状》。

图 12-16 ....

《蒙元可汗的象轿》

....

Richard Carrington《Elephants: A Short
Account of Their Natural History, Evolution, and
Influence on Mankind》（Basic Books, New
York, 1959）

　　这幅版画创作于 1826 年，为我们展
现了蒙元皇帝乘坐象辇的风采：四头大象
并肩而行，各配有一名骑在象背上全副武
装的驯象师引导，从而保证进退一致。每
头大象身披革制盔甲，长长的鞯毯将它们
连在一起，上面架设了一座像城堡一样的
御辇，辇顶竖立日月旗，四角饰以龙头，
每个龙头下悬有三枚铜铃，随着象辇的移
动响彻四野。蒙古大汗站在辇中，注视着
前方；在他身旁至少有七名手执弓箭、盾
牌和砍斧的士兵贴身护卫。

头大象都穿着用结实的皮革做成的盔甲，盔甲上又覆盖上一层用金子和丝做成的织品，木塔顶上高高飘扬着象征日月的皇旗"。19世纪的西洋画家根据马可·波罗的这段描述，创作出了忽必烈乘坐象轿的想象画面（图12-16）。

绵延千年的象战

在古代战争史上，战象是一种古老而强悍的"特种部队"。在西方，马其顿国王亚历山大在东征波斯、印度的战斗中曾经受到了战象的顽强阻挠，后来，塞疏古一世、皮洛士、汉尼拔等著名的统帅都以擅长使用战象而闻名。实际上，在中国，战象的历史更为悠久。早在商代，战象就是商军中的王牌武器，《吕氏春秋·仲夏纪·古乐》载，"商人服象，为虐于东夷。周公遂以师逐之，至于江南，乃为《三象》"，讲的就是商纣王的军队在征讨东夷的战斗中使用了战象，后来被周公旦率领的军队一路打到了江南，周公还创作了《三象》的乐曲作为纪念。与商王的象军部队作战也激发了周武王的灵感，发明了"象戏"[1]，后来经过不断发展演变，最终成为如今我们所熟知的象棋（图12-17）。到了春秋时期，《左传·定公四年》记载，公元前506年，吴国的军队一路打到了楚国的都城郢，楚昭王带上年少的妹妹逃出郢都，然后"王使执

---

1 明代谢肇淛《五杂俎·人部二》载："象戏，相传为武王伐纣时作。"

燧象以奔吴师"，也就是命人在大象尾巴绑上芦苇点燃，让惊慌的象群冲向敌阵，成功击退了吴国的军队。

然而到了后来，随着弓弩技术的发展，战场上大象的表现往往不尽如人意。南北朝时期，《三国典略》[1]中记载西魏派杨忠征讨南梁，梁元帝无奈之下，将从岭南进献的两头驯象全副武装起来，"被之以甲，负之以楼，束刃于鼻"，并命昆仑奴"驭之以战"。然而这两头驯象却辜负了梁元帝的期望，"杨忠射之，二象反走"，从未经过任何军事训练的驯象在弓箭面前不堪一击，掉头就跑，最终魏军攻陷江陵，南梁覆灭。

到了隋代，《隋书·达奚长儒传》记载了隋炀帝派遣大将军刘方率军讨伐林邑国，大业元年（605）正月，两军在海口交战，当隋军渡过阇黎江后，"行三十里，贼乘巨象，四面而至"，遭遇了林邑国象军的埋伏。刘方临危不乱，"以弩射象，象中创，却践其阵"，身负箭伤的大象败下阵来，又是转头就跑，踩踏了林邑的军阵。后来，受到鼓舞的王师一路攻城略地，路过了马援铜柱[2]，八天后就攻陷了林邑国都，林邑国王逃亡海上，隋军"获其庙主金人，污其宫室，刻石纪功而还"，后来隋朝在此设立了荡州比景郡。

五代十国时期，《皇宋通鉴长编纪事本末·太祖皇帝》中记载了南汉军队有一支训练有素的象军："南汉人教象为阵，每象载十余人，皆执兵仗。凡战必置阵前，以壮军势。"但象军的主要目的是震慑敌军，开战后面对

---

1 《太平御览》卷八百九十《兽部二》。
2 东汉马援征服交趾，立铜柱以为汉南边疆界的标志。

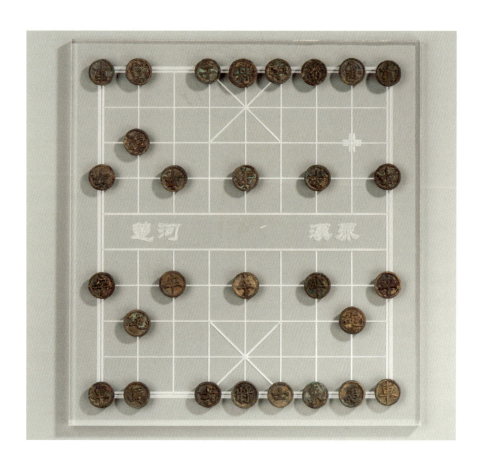

图 12-17..................

[宋] 青铜象棋子
成都博物馆藏

　　这套象棋出土于四川成都万安宋墓，每枚棋子直径约 1.8 厘米。象棋从最初产生到发展成熟经历了 2000 多年。先秦时期，原始象棋在贵族中就已十分流行，《说苑·善说》中记载了"燕则斗象棋而舞郑女"。象棋的形制中有"车"是重视车战的时代遗迹。楚河、汉界和兵卒过界后的有进无退，体现了楚汉相争时项羽的破釜沉舟之志。唐代《玄怪录》中史是演绎出岑顺在梦中置身象棋战场的玄幻场面，"将"发出了"天马斜飞度三止，上将横行击四方。辎车直入无回翔，六甲次第不乖行"的号令，从中也可以看出传承至今的象棋基本规则。

真刀真枪，效果依旧是令人大失所望。开宝元年（968），北宋大军征伐南汉，"王师集劲弩射之，象奔踶[1]，乘者皆坠，反践承渥[2]军，军遂大败"，在遮天蔽日的箭雨面前，大象乱了阵脚，象背上的人纷纷跌落，惨遭象群踩踏，北宋官军大捷，攻克了韶州，南汉政权也于三年后国灭。

在元代，元军在西南作战中也曾遭遇缅人象军的阻击。《元史·外夷》载，至元十四年（1277），缅人阿禾归顺朝廷，招致其他缅人的围攻，于是忽必烈下令大理路蒙古千户忽都派兵支援。忽都的 700 骑兵在河边与缅军遭遇，"其众约四五万，象八百，马万匹……缅人前乘马，次象，次步卒；象被甲，背负战楼，两旁挟大竹筒[3]，置短枪数十于其中，乘象者取以击刺"。面对敌众我寡的局面，英勇善战的蒙古骑兵在忽都的指挥下，兵分三路，"交战良久，贼败走"，这一战也正式拉开了元缅战争的序幕。

明代加强了对西南地区的统治，少数民族部落时有反叛，在平叛战斗中也出现了战象的身影。《明史·沐英传》载，洪武二十二年（1389），云南麓川傣族首领思伦发叛乱，"蛮驱百象，被甲荷栏楯，左右挟大竹为筒，筒置标枪，锐甚"，明军将领沐英临危受命，两军短兵相接之际，"因乘风大呼，炮弩并发，象皆反走"，受惊的战象掉头逃跑，官军"斩馘[4]四万余人，生获三十七象，余象尽殪"。天启六年（1626），《明史·云

1　踶（dì）：用脚踢踏。
2　南汉军都统李承渥。
3　筒：同"筒"。
4　馘（guó）：古代战争中割掉敌人的左耳计数献功。

南土司列传》中记载了水西部土司安邦彦发动叛乱，率众一路奔袭至马龙后山 **1**。为了阻止叛军南下，滇黔总兵征调景东部土司陶明卿的地方武装。官军正面迎敌，景东部埋伏在道路一侧。"贼分道并至，官兵御之，贼拒战，势甚锐。明卿乃以象阵从左翼冲出横击，贼溃，追奔十余里"，凭借象阵从左翼突袭，叛军大败。

太平有象的盛世

大象作为太平盛世的象征，最早可以追溯到西周。周公旦率军击败了商纣王的象军后作《三象》，周武王称赞有加。《白虎通义》卷二中写道，"武王曰《象》者，象太平而作乐，示已太平也"；《瑞应图》**2** 中也写道，"王者政教得于四方，则白象至"。从此，只有天下太平，才能奏响《象》的乐章；当国君勤政为民，施德于四方百姓，便会出现"太平有象"的祥瑞。

从汉代开始，大象寓意太平之象，开始出现在帝王仪仗队列中。在"事死如事生"的观念下，大象开始成为皇帝、重臣陵墓神道的石像生中的一员（图 12-18）。汉代礼制对后世影响深远，西晋结束三国乱世，大象重回朝廷仪仗。《晋书·舆服志》载，晋武帝太康年间，"南越献

---

1 位于今云南曲靖马龙县后山村一带。
2 《开元占经》卷一百一十六《兽占·白象》。

图 12-18

[西汉] **石卧象**
　　　　　茂陵博物馆藏

　　这件石卧象长 1.8 米，宽 1.0 米。卧象采用圆雕与线雕相结合的雕刻方式，虽然后肢残缺，但结合后世的石象造型应为跪拜的姿势，象首微颔，象鼻斜搭于前足之上；象眼圆睁，象耳十分短小，举止投足间透出一种平静与温驯。

　　驯象，诏作大车驾之，以载黄门鼓吹数十人"，也就是说，象作为当时皇家乐队的坐骑，不仅出现在每年元正[1]举行的朝会上，还是皇帝出行时"中朝大驾卤簿"中的一员，载有"鼓吹一部，十三人"，走在整个仪仗队列的最前面。北魏时期，《洛阳伽蓝记》中记载了永平二年（509），乾罗国的国王进献白象，"背施五采屏风、七宝坐床，容数人"，这种带有明显佛教意味的装扮开创了后世大象背负吉祥之物的先河。

---

1 正月初一。

图 12-19 ....

［明］石象
北京明十三陵神道博物馆藏
任疆 摄

....

在明代长陵神道上，从碑亭到龙凤门，自南向北先后矗立着12对石兽（包括狮子、獬豸、骆驼、象、马和麒麟）和6对石人（包括将军、品官和功臣），每种石兽各有立、卧两种姿态。这尊卧象高2.6米、长4.4米，体形与现实中的象基本相同。象屈膝俯首跪拜，双目谦卑地注视着神道的方向，显得温驯。

图 12-20..............................

[宋] **玉象**
　　美国弗利尔美术馆藏

Elephant, Freer Gallery of Art and Arthur M. Sackler Gallery, Gift of
Arthur M. Sackler, S1987.813
　　这件玉象高 4.1 厘米、长 9.3 厘米、宽 4.4 厘米，以圆
雕的方式刻画了一只熟睡中的大象。只见它侧身俯卧，象首
自然下垂，象眼微闭，象鼻弯弯翘起，两只鼻孔朝向观者的
方向，显得十分有趣；象足蜷缩在一起，紧贴着身体，象尾
则轻轻搭在象足上。睡梦中的象是如此安详，似乎在向我们
诉说那个时代的岁月静好。

到了唐代，《唐会要》中记载了武则天万岁通天元年（696），"铸铜为九州鼎成，置于明堂之庭"，在迎九鼎入明堂的仪式上，武则天下令宰相、王公大臣和南北府衙禁卫军十几万人出席，并且让驯象和驯犀一起将九鼎拖入明堂，同时还伴随着万人大合唱——由武则天亲自创作的《曳鼎歌》，歌颂太平盛世：

> 羲农首出，轩昊膺期。
> 唐虞继踵，汤禹乘时。
> 天下光宅，海内雍熙。
> 上玄降鉴，方建隆基。

宋代结束了五代十国的混乱局面，重建礼制，将六头大象作为天子仪仗的标准配置。《宋史·仪卫志》中记载："政和大驾卤簿，象六，分左右。"之所以安排六头大象，或许与佛教有关。自宋太祖废除了后周世宗的毁佛令，佛教再度兴盛，"六"代表了大乘佛教中菩萨所行的"六度"[1]。这种礼制传统后来延续到明代，据《明集礼》卷四十三载："今制每大朝会以驯象六，分左右陈于奉天门外。"在历史上流传下来的画作中，大象身上往往背负有宝瓶等物，这是因为古代"大"同"太"、"瓶"与"平"谐音，合在一起寓意"太平之象"。

在明代皇帝出行的仪仗中，还可以见到驯象拖曳天子车驾的身影（图

---

1 布施、持戒、忍辱、精进、禅定（止观）、般若（智慧）。

图 12-21

[明]《出警入跸图》（局部）
台北故宫博物院藏

《出警入跸图》是一幅长达60米的长卷，分《出警图》和《入跸图》两部分，描绘了明朝皇帝往返谒陵的盛况。古代帝王出行，所经路途侍卫警戒，清道止行，谓之"警跸"。在《出警图》《入跸图》中，均描绘的是皇帝祭拜后，坐船返回北京故宫的情景。在队伍的前列，可以见到四头背负宝瓶、身拉红色大车的驯象。

图 12-22

［清］《大驾卤簿图》（局部）
辽宁省博物馆藏
魏峻生 摄

《大驾卤簿图》是乾隆十三年（1748）冬天，乾隆帝大祀南郊后命宫廷画师所绘。画面中 3000 多人无一遗漏，忠实还原了清代大驾卤簿的壮观场面。这幅图所展现的是仪仗队列中的第五方阵：由一头大象牵引的玉辂车。大象身上的装饰极其华丽——镶嵌宝石的络首，玉带钩膺，悬挂铜铃的胸攀，挂满朱网流苏的鞦，鞯上绘有一只口吐火珠、腾云驾雾的青龙。

12-21）。《万历野获编》载："（大）辂[1]以二象驾之。玉辂，亦驾以二象。"正是由于大象在皇家活动中的重要作用，再加上它们"排列定序，出入缀行，较人无少异"，因此，明代大象在中国历史上第一次与武官一样拥有了食禄、品级，甚至犯错误了也会遭到贬斥："平日所受禄秩，俱视武弁[2]有等差，遇有罪贬降，即退立所贬之位，不复敢居故班。"

　　到了清代，在明代的基础上，进一步强化了驯象在皇帝仪仗中的地位。《钦定大清会典》卷九十三中记载了皇帝南郊祭天时的仪仗配置，其中竟然有超过十头大象作为先导："皇帝大祀南郊，乘玉辇，陈大驾卤簿，前列导象四只，民尉[3]二十八人；次宝象五只，民尉八十人"，紧接着后面便是吹奏铜角的"前部大乐队"，在乐队之后是革辂、木辂、象辂、金辂和玉辂，其中"金辂驾象一只，民尉四十四人；玉辂驾象一只，民尉四十四人。"（图 12-22）

　　除此以外，以大象为造型的铜器、珐琅器成为明清时期皇家宫殿内的常见摆设（图 12-23、图 12-24）。乾隆三十四年（1769），《清宫内务府造办处各作成做活计清档》中就记载了"太监胡世杰依指示交来：乾清宫西暖阁、坤宁宫西暖阁、养心殿明殿、养心殿西暖阁、重华宫乐善堂、重华宫金昭玉粹、建福宫四美具的玉象各一对"，发往各地改造，要赶在年节前送回。

---

1 《礼记·乐记》："所谓大辂（lù）者，天子之车也。"
2 武官。
3 清代銮仪卫所辖校尉之一，掌管朝象、仪象及卤簿乐，擎执麾、氅、旌、节、幡、幢等事。

图 12-23.............................

[明] 铜象
　　故宫博物院藏
　　任疆　摄
....

　　在故宫北部的御花园里，有一对明代铸造的鎏金铜象，高 1.1 米、长 1.6 米。它们位列东、西两侧，相向而跪。铜象双目俯视，长鼻收卷，举止间尽显恭敬；象身装饰华丽，头戴络首，胸围钩膺，膺上悬挂朱缨和铜铃，鞯绘彩云飞龙，彰显皇家气派。

　　明清时期，"太平有象"的文化观念深入民心。《燕京岁时记》中记载："同治末年、光绪初年，越南国贡象二次，共六七只，极其肥壮，都人观者喜有太平之征，欣欣载道。"京城百姓不仅喜欢大象，以大象为造型的装饰也十分流行。不论是正月里的花灯，还是室内日常的摆件，大象背上往往会安放一个大花瓶，寓意"太（大）平（瓶）有象"（图

图 12-24

[清]**银珐琅太平有象**
台北故宫博物院藏

这对太平有象珐琅器应为嘉庆二年（1797）正月初六所立的《斋宫灯帐》中记录的年节陈设。象背上安放青白玉瓶，"瓶内有银镀金羹匙一件，银镀金万字戟一件，银镀金挑杆上挂玉双鱼挑牌，银镀如意一件"，寓意太平吉庆、万事如意、年年有余。

图 12-25........................

［清］白玉"太平有象"牌
台北故宫博物院藏

这件玉牌长 6.6 厘米、宽 4.7 厘米。"太平有象"牌的制作历史最早可以追溯到明代，在万历年间的《程氏墨苑》中，便收录了"太平有象"的圆牌墨样。到了清代，在前朝圆牌的基础上，上下各增加了两条卷龙纹饰，其中，上面的卷龙双双回首，下面的卷龙四目相对。

图 12-26........................

［清］绿地粉彩太平有象香插
台北故宫博物院藏

这是一件乾隆时期的瓷香插，高 5.0 厘米、口径 12.0 厘米。在盘心插香的地方是一只背有宝瓶的驯象，在其四周贴饰"八宝"：一枚铸有"天下太平"的铜钱、双钱、银锭、单钱、犀角、方胜、金锭、珊瑚。"八宝"最早源于道教八仙手持的八种器物，即玉板、扇子、横笛、宝剑、鱼鼓、葫芦、莲花和花篮，后来与佛教"八吉祥"和其他吉祥纹饰融合，任意八件组合在一起都可以称为"八宝"。

图 12-27
［元］太平有象图轴
台北故宫博物院藏

　　这幅绢本设色图轴纵 122.1 厘米、横 97.5 厘米，描绘了上元灯节京城的热闹景象：楼阁上挂满了灯笼，孩子们手举着花灯，有的成双成对坐在花灯装饰的小船上，有说有笑；有的三五成群聚在凉亭前的空地上，踢着蹴鞠；还有的则簇拥在象车周围，他们敲着锣，打着鼓，吹着喇叭，吆喝呼喊着，牵着一人多高的象灯小车游走在街头，象背上还有一个遍插灵芝，挂有"卍"字戟和磬（取"吉庆"之意）的花瓶，场面热闹非凡。

图 12-28

［清］《升平乐事图——白象花灯》
台北故宫博物院藏

这幅册页出自《升平乐事图》，画面中一位怀抱孩童的仕女站在月洞门前，正注视着迎面走来的一个童子。只见他左手执金鱼灯，右手拉白象车灯，成功吸引了怀中小孩的注意力。在庭院的围栏边，一个童子正一边吹着葫芦丝，一边望着小伙伴手中的寿桃灯，羡慕不已。

12-26）。有时花瓶中还会插满各种道具，这些道具蕴含着佛教和世俗的双重寓意（图 12-27、图 12-28）：花瓶下的莲花座在《观音大世莲船经》中有"妙莲台一花一世界"之说，寓意圣洁美好；瓶中安放挂"卍"字和铜钱的戟，并插有灵芝和如意，其中"卍"字由武则天于长寿三年（694）始制，《佛祖统纪》解释其"为如来吉祥万德之所集"；铜钱、灵芝和如意则寄托了富贵长寿如意的世俗内涵。

象房和洗象节

大象作为皇家仪仗队的一员，深受历代重视，历朝皆设有专门的机构和场所对驯象进行管理。北魏时期，《洛阳伽蓝记》载，外邦进贡的大象[1]最初由乘黄曹管理，但由于内侍诸曹分布在人口密集的地方，空间狭小，结果大象经常破墙而出，"逢树即拔，遇墙亦倒，百姓惊怖，奔走交驰"，所以象房被迁到了人烟稀少的永桥南道，后来那个地方被称作白象坊。到了宋代，汴京设有养象所，根据《宋史·职官志》中的记载，其主要职责便是"掌调御驯象"，即调教驯象。元代在大都设有象房，《析津志》载，最初象房"在海子桥金水河北一带，房甚高敞"，后来搬到了"芹城北处，有暖泉"的地方。

---

1 北魏年间，《册府元龟·外臣部·朝贡》中有关贡象的记载："和平元年（460）十月，居常王献驯象一；永平二年（509）正月……嚈哒、薄知国贡白象一。"
2 《客座赘语》。

　　明代初年，当帝国的首都还在南京时便"置象房于通济门外"[2]。后来，明成祖朱棣迁都北京，在都城设立了两处象房，即内象房和外象房。象房隶属御马监，设有"象房掌房等官"[1]；内象房"有母象九只，各居一房，缺则奏于外象房改补"，外象房位于"宣武门西城墙北"[2]。在平时，御马监负责大象的畜养，锦衣卫则负责大象的训练。《万历野获编》中写道："锦衣卫自有驯象所，专管象奴及象只，特命锦衣指挥一员提督之。"清代对大象的管理基本遵循了明代，《燕京岁时记》载，"国朝因之，一如其旧，但改锦衣卫为銮仪卫耳"。

　　明清时期，京城里的百姓十分喜爱大象，每年的洗象成为民间的盛会。《帝京景物略》中记载："三伏日洗象，锦衣卫官以旗鼓迎象出顺承门、浴响闸。象次第入于河也，则苍山之颓也。额耳昂回，鼻舒纠吸嘘出水面，

图 12-29 ....

[明] **童子洗象玉雕**
美国弗利尔美术馆藏

Elephant and attendants, National Museum of Asian Art, Gift of Charles Lang Freer, F1916.627

　　这件小巧玲珑的玉雕高 5.0 厘米、长 6.8 厘米、宽 2.2 厘米，以圆雕的方式惟妙惟肖地刻画了童子洗象的场景：只见一童子正使出"洪荒之力"爬上象背，他左手执一长瓢，瓢里水花四溅，右手扒住象背上的毛毯，双腿正使劲向上攀登。大象头戴华丽的络首，正回过头向身后望去：那里站着一位身披僧袍的喇嘛长者，眉宇间透着饱经岁月的风霜，他正平静地注视着观者的方向。

---

1 《明宫史》卷二《内府职掌》。
2 《长安客话·洗象》。

图 12-30.....................

［宋］钱选《文殊洗象图》
台北故宫博物院藏

　　这幅《文殊洗象图》纵 36.0 厘米、横 79.0 厘米，充满一种祥和平静、安逸自然之美。一位身披红色袈裟的僧人，手持锡杖，正静静地站在白象的身旁；一名童子和两个象奴围拢在大象四周，手持棕帚和揩布，小心翼翼地清洗着大象；一位老者也在一旁指点；所有人的神情严肃而虔诚。洗象因佛教内涵而成为一种无上的荣耀，正如图卷后的款署所言："洗尔尘障，得见真如……物则有相，吾心则空无。"

矫矫有蛟龙之势。象奴挽索据脊，时时出没其鬐，观时两岸各万众。"《日下旧闻考》中记载了清代"官校用旗鼓迎象出宣武门濠内洗濯"。清代李绿园在《洗象》一诗中描绘了京城百姓观看洗象的盛况："云是洗象日，观者充南郭¹。奔走狭委巷，车马隘通衢。"为了占得最佳位置，有人甚至出高价包下了附近的酒楼，王士禛在《竹枝词》中写道："千钱更赁楼窗坐，都为河边洗象来。"

其实，洗象的传统最初源于佛教：一方面，大象是文殊菩萨的坐骑；另一方面，"象"与"相"谐音，"洗象"即"洗相"，契合了佛教经典《金刚经·如法受持分》中"不可以三十二相得见如来"中对破除一切名相的执着的内涵。南朝梁武帝笃信佛教，在佛教法事上总会拉来大象²；他还命宫廷画师张僧繇创作了《洗象图》，后来被《宣和画谱》所收录。从此以后，洗象成为历代绘画的经典题材（图12-30）。在清代，乾隆皇帝因对佛教的极力推崇，而成为中国历史上绝无仅有的"佛化"帝王。清代宫廷画师丁观鹏临摹的明代丁云鹏《扫象图》（图12-31），构图、人物几乎完全一样，唯独原画中的菩萨面相换成了乾隆皇帝。在乾隆看来，他对佛法的参悟和对弘扬佛法的贡献，让他可以堪比佛界的至尊。

---

1 郭（fú）：外城。

2 《梁书·臧盾传》中记载，中大通五年（533）二月，"高祖幸同泰寺开讲，设四部大会，众数万人。南越所献驯象，忽于众中狂逸，乘舆羽卫及会皆骇散"。

图 12–31 ....

[明] 丁云鹏《扫象图》
台北故宫博物院藏

....

　　这是一幅纵 140.8 厘米、横 46.6 厘米的长卷，创作于明万历十六年（1588）。画中一弯溪水从上蜿蜒而下，几个童子正在尼拘律树下持帚扫象，不远处有一菩萨倚坐而观，在他身旁站着身披袈裟、手持法器的天王护法。在象的身后还有僧人隐士在细声交谈；隔河对岸，有两位罗汉在争论，或许主题便是如何破除对一切名相的执着。在画的右上方，留有乾隆十年御笔题诗一首。

第十三章

与虎之间

虎是王者的象征

在中国人的文化体系中，没有任何一种动物可以与虎相提并论。数千年来，虎一直都是国人心目中的"百兽之王"：《说文解字》云，"虎，山兽之君"；《风俗通义》称"虎者，百兽之长"。作为处于食物链顶端的中国本土物种，虎早在原始部落攻伐兼并的时代就成为广受推崇的图腾。《史记·五帝本纪》中记载了黄帝"教熊、罴、貔、貅、䝙、虎，以与炎帝战于阪泉之野"。黄帝所率领的是一支规模庞大的部落联军，《史记正义》中认为熊、罴、貔、貅、䝙、虎代表了以这些猛兽为图腾的不同部落的军队。其中，熊、罴为黄帝的嫡系部队（详见第十五章），而貔、貅、䝙、虎则为接受黄帝统一号令的联军。实际上，这四大图腾皆与虎有关：《礼记正义·曲礼》载孔安国云"貔，虎属，皆猛健"；《清稗类钞·动物》载"貔貅，形似虎"；《文选》李善注云，"䝙，虎属也"。

随着农业文明的建立与发展，华夏部落逐步掌握了天象运行变化的规律，为了宣扬天命，古人将部落的图腾信仰与天象相结合。他们将东方星宿抽象为龙，西方星宿抽象为虎，以天上星宿围绕北极星转动的秩序，映射在人世间便是以龙、虎为图腾的部族听从华夏部落首领的号令[1]。当首领死后，他将这种天地之间遥相呼应的永恒秩序带入了墓中。

1　如本书第五章所述，黄帝战胜蚩尤后，融合了九黎遗民的蛇图腾，并逐渐发展为龙图腾。

图 13-1..

[新石器] 蚌塑龙虎墓及出土墓葬平面图
中国国家博物馆藏

....

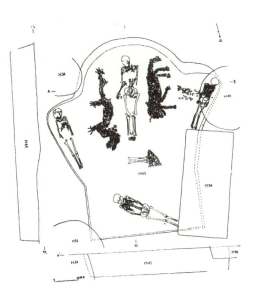

这座蚌塑龙虎墓发现于河南濮阳西水坡仰韶文化遗址，一位身高 1.79 米的男性墓主仰卧于墓中，周围是三具人殉。在墓主骨架两旁有用蚌壳摆塑的图形，东方是龙，身长 1.78 米；西方是虎，身长 1.39 米，龙虎头的朝向均为北，而腿则均向外。在墓主的脚下，有一个用蚌壳摆塑而成的三角形，与三角形连在一起的是两根人腿骨，腿骨指向东方。

（图 13-1）后来，东方为龙、西方为虎成为"左青龙、右白虎"的最早渊源（图 13-2）。《周礼·春官·大宗伯》中记载了天子祭祀时"*以白琥礼西方*"，即用虎形白玉祭拜西方，也是这一思想的延续。

这件漆木衣箱出土于曾侯乙墓，高 40.5 厘米、长 71 厘米、宽 47 厘米。公元前 433 年的农历五月初三，曾侯乙离开了人世。为了纪念这一悲伤的时刻，史官将当时天空中的星象描绘在了这件衣箱上，使其成为目前所发现的最早记录有完整二十八宿名称的实物。衣箱整体构成了天地四方的图案：自箱盖右边的虎延伸到右侧面代表东方，自箱盖左边的龙延伸到左侧面代表西方，前面为南方，后面为北方。

图 13-3.............................

[汉] **鎏金铜构件**
　　美国弗利尔美术馆藏

....

Spear guard with dragon, tiger, turtle and bird design, Freer Gallery of Art and Arthur M. Sackler Gallery, Gift of Charles Lang Freer, F1913.90

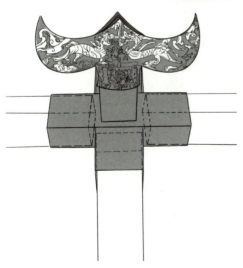

鎏金铜构件安装示意图 / 白云飘　绘

这件鎏金铜构件高 8.1 厘米、长 18.7 厘米，上面刻有龙、虎、凤、龟四灵图案。不论是从形态上，还是四灵所表达的寓意上，国外研究人员将其命名为"矛护具"（spear guard）都是不合适的。在汉代人的观念中，"王者德化洽于宇内，则四灵表瑞"，四灵代表四方，象征天下，因此这极有可能是大汉天子或诸侯王围猎时所使用的帷帐顶部的装饰构件，在它之下会连接一个铜帐钩，然后由铜帐钩向四面扩展构成帐顶的整体结构。

图 13-4

［商］虎卣

日本京都泉屋博古馆藏

　　这件虎卣于清朝末年出土于湖南省长沙府宁乡县，后由住友友纯购买后带回日本。通高 35.7 厘米，重 5.09 千克。器身上，虎的前爪将人牢牢抱紧，虎口张开直冲人头；那人呈半蹲状，双脚跨在虎的后爪上。他并没有反抗，头向左转，目光笃定。虎首上站着一只鹿，虎肩上的提梁钮则是两只象首，虎身和人身上饰有密集而繁复的雷纹、云纹、虺蛇纹和夔龙纹。

图 13-5 ·····················

[商] 司母戊鼎

中国国家博物馆藏

这是一件商代后期王室祭祀用的青铜方鼎，出土于河南安阳，是我国目前所发现的体形最大的青铜器，重达 832.84 千克。该鼎是商王为祭祀其母所铸，因其腹部铸有"司母戊"而得名。该鼎以云雷纹为地，鼎腹四周及柱足上部饰兽面纹，器耳饰鱼纹，外侧饰对虎纹，其中有一人头被"含"在两虎口之间。那人目光平视前方，嘴角微微上扬，似乎是在享受这个神圣的过程。

图 13-6 ·····················

[商] 虎纹铜钺

中国考古博物馆藏

任疆　摄

这件虎纹铜钺出土于河南安阳殷墟妇好墓，通长 39.5 厘米、刃宽 37.5 厘米，重达 9 千克。妇好是商王武丁的妻子，生前战功赫赫，是华夏历史上一位杰出的女将军，一生平定了 20 多个方国。《库方二氏所藏甲骨卜辞》第 130 号写道，"辛巳卜，贞登妇好三千登旅万，伐乎[羌]"，记载了妇好率领 3000 精锐和万人大军攻伐西羌的事件。这件铜钺是妇好身为军中统帅的象征。

图 13-7 ···

[商] 虎纹管銎钺
台北故宫博物院藏

···

　　这是一件商晚期的管銎钺，高
21.3 厘米、宽 16.5 厘米。钺身近半
环形，銎部饰以虎口"吞"人头的
经典纹饰。只见巫觋踞坐，虎从身
后扑在他的身上，前爪搭肩，后爪
抱身，虎口大张，将其头颅含在口中；
巫觋反手抱肩，双手牢牢握住虎腕，
他正借助虎的力量增加法力，从而
完成升天与祖先神灵沟通的仪式。

　　当龙、虎确立了天地间的基本秩序，人们便赋予它们最神秘的力量——沟通天地。在商代青铜器上，有一种虎口张开"吞入"人头的怪异形象（图 13-4 至图 13-7）。张光直在《艺术、神话与祭祀》一书中认为："器物上人的形象非巫觋莫属，象征他正在动物的协助下完成沟通两个世界的旅程。"《礼记·表记》中写道："殷人尊神，率民以事神，先鬼而后礼。"对于一个敬事鬼神远胜于礼法的文明，我们有理由推断，商王作为地位最高的巫觋，正是借助虎的力量实现了与先祖灵魂的沟通；这也是商代中期以来的高等级墓葬中，出土了大量玉虎佩饰的原因所在（图 13-8）。

图 13-8

［商］玉虎
台北故宫博物院藏

这件圆雕玉虎通长 6.1 厘米，青绿色玉质，雕刻了一只伏虎的形象，虎首前仰，虎口微张，虎尾向左摆动。通身以单阴刻线勾勒出虎的五官、四肢和身上的纹理。虎形圆雕常见于商代，至西周时逐渐消失。

图 13-9..........

[商] 玉虎
美国弗利尔美术馆藏

....

Pendant in the form of a tiger, Freer Gallery of Art and Arthur M. Sackler Gallery, Gift of Arthur M. Sackler, S1987.705

这件商晚期虎形片状玉饰出土于河南安阳殷墟，长 9.4 厘米、高 4.5 厘米、厚 0.6 厘米。虎首与虎尾上翘，使得整个虎身呈半弧形，通身以阴刻勾勒出虎的五官和四肢。在虎口的地方钻有一圆形小孔；而虎尾向上蜷曲，又天然形成一个大的圆孔，可两头系绳将其戴在身上。

图 13-10..........

[商周] 石虎
成都金沙遗址博物馆藏

....

这件石虎长 28.0 厘米、宽 8.9 厘米、高 20.0 厘米。卧虎昂首咆哮，露出了四颗硕大的犬齿，虎额两侧阴刻有虎须，上面是"目"字形眼和三角形卷云耳，蛇纹岩天然的纹理构成了虎身的花纹。石虎威猛狰狞，自然而拙朴，静态之中蕴藏着动感，生机勃勃，充满力量。

那么，为什么器物上所表现的人首是在虎口之中？原来长久以来，在古人的观念中有"虎啸生风"一说，《周易·乾卦》九五爻辞写道："云从龙，风从虎，圣人作而万物睹。"圣人创造八卦的目的就是揭示世间的规律以教化万物，而这些规律就如龙起云涌、虎啸生风一样永恒不变。借助龙、虎之力升天是极少数人才能够享有的特权：从商王到周天子，再到后世的历代帝王。于是，在他们身上都潜藏着一种不可名状的"龙虎气"，能够被看相之人所识破。《史记·项羽本纪》中记载，范增命人给刘邦望气，"皆为龙虎，成五采，此天子气也"。

图 13–11 ....

[战国] **漆木彩绘虎座鸟架悬鼓**
荆州博物馆藏
....

这件悬鼓出土于湖北荆州天星观 2 号楚墓，通高 135.9 厘米。全器以两只昂首卷尾、背向而踞的卧虎为底座，虎身之上各站一只背向而立、曲颈昂首的鸣鸟，鸟冠上各挂一环，上面悬一大鼓。关于鸟的种类，《隋书·音乐志》中记载，有人认为是"鹤也，取其声扬而远闻"，也有人认为是"鹭，鼓精也"，但更有可能是被楚人视为神鸟的凤鸟。

图 13-12

[战国] 铜虎座
美国明尼阿波利斯艺术博物馆藏

Tiger, Minneapolis Institute of Art, Bequest of Alfred F. Pillsbury, 50.46.36

这件铜虎座通高 14.2 厘米、长 26.7 厘米、宽 8.6 厘米，重 2.8 千克，表现了一只即将腾跃而起的踞虎形象，虎首直视前方，虎口微启，露出一排锋利的牙齿，虎身饰涡纹与勾连雷纹，虎足踮起的足跟生动刻画了虎跃起瞬间的动感。在虎背靠近颈部的地方有一方形中空铜构件，上面有似爪的纹饰；如果对照虎座鸟架悬鼓，或许虎身之上也曾有过一只立鸟，与另外一对虎和立鸟共同组成了悬鼓座。

骑虎飞升成仙

战国时期，虎出现在楚国悬鼓的装饰上。在"信巫鬼，重淫祀"[1]的楚地，祭神巫歌十分流行；《吕氏春秋·仲夏纪·侈乐》中认为"楚之衰也，作为巫音"，将楚国的衰落归结于谄媚鬼神的巫乐。不论是屈原创作的《九歌》，还是宋玉的《九辩》，其实都取材于这些巫乐；《九歌》《九辩》之名相传"皆天帝乐名也，开[2]登天而窃以下用之也"[3]，也就是相传巫乐来自天庭。于是，楚人便将虎作为悬鼓的鼓座，在虎背之上还加上了凤鸟（图13-11）。在楚人的观念中，灵魂在凤凰的引导下可以飞登九天，屈原在《离骚》中就写道："朝发轫于天津兮，夕余至乎西极。凤皇翼其承旗兮，高翱翔之翼翼。"

汉代求仙思想盛行，虎成为天上仙人的坐骑和驭兽（图13-13至图13-16）。《焦式易林·临之履》中写道："驾龙骑虎，周遍天下，为神人使。"与此同时，虎还扮演了引导墓主灵魂升天的角色：西汉"太山铜镜"铭文[4]写道，"上泰山，见神人，食玉英，见丰泉，驾蛟龙乘浮云，白虎引兮直上天，受长命，寿万年"；在铜当卢所描绘的灵魂升天的画

---

1 《汉书》卷二十八《地理志》。

2 夏启。

3 《山海经广注》引郭璞注。

4 罗振玉《辽居杂著·汉两京以来镜铭集录》。

图 13-13

[东汉] 仙人骑龙虎画像石及拓片
南阳市汉画馆藏

这件画像石长 168 厘米，上面刻画了仙人乘骑龙虎，竞逐于天际的欢快场面：只见云霞缭绕之间，一羽人骑虎遥遥领先，那虎似乎怕被超越，回过头去看骑龙的羽人，结果这一看可真不得了：后面的飞龙在拼命奔腾，都把背上的仙人甩了出去，要不是羽人一手紧握缰绳，恐怕早已被甩出了九霄云外；在他们身后还有一条龙，或许最初是羽人驾二龙，那条龙因体力不支而落在了后面。

图 13-14

[东汉] 雷公车画像石
南阳市汉画馆藏

这件画像石出土于河南南阳英庄汉墓，为墓葬前室的顶石，刻画了三只翼虎牵引雷公车，在云端遨游的场面。鼓车中立有鼓杆，上面横支一鼓，杆顶羽葆飘扬。雷公跪坐于鼓车之上，他头戴小冠，生有羽翼；在他身前是羽人驭手，手中的牵绳套在翼虎脖颈之上，挥动之下，鼓车腾起祥云，驰骋于天空。一只翼虎直视前方，两只翼虎或许因为云雾迷离而转过头来。

图 13-15 ....

［汉］羽人乘龙虎扁壶
台北故宫博物院藏

这是一件青铜扁壶，通高 19.8 厘米，敞口束颈，扁椭圆腹，梯形圈足。壶身两侧为兽面衔环，系有铜链。壶身两面刻有图案，其中一面是羽人乘虎，另一面磨损较严重，但似乎为羽人乘龙，羽人的上方饰有双层华盖。这是汉代社会求仙思想盛行的真实写照。

图 13-16 ....

［东汉］仙人驭虎铜镜
美国明尼阿波利斯艺术博物馆藏

Mirror, Minneapolis Institute of Art, The Miscellaneous Works of Art Purchase Fund, 56.35.3

这面铜镜直径 20 厘米，圆形镜钮，四枚乳钉隔出四片区域，每个区域有一个主体形象，连起来共同构成了仙人驭虎的画面。仙人头戴三角冠，背生羽翼，他双手紧握缰绳，呈跪坐姿势，裤脚后方三重影的艺术处理，凸显了速度之快。三只翼虎张牙舞爪，全力飞驰，有一只还不忘回过头，似乎在看甩掉仙人了没有。

图 13-17 ....

[西汉] 错金神兽纹青铜当卢
　　（左）江西省博物馆藏
　　周森　摄
　　（右）南昌汉代海昏侯国
遗址博物馆藏

....

　　这对铜当卢出土于西汉海昏侯刘贺墓，长28厘米、最宽9厘米，讲述了灵魂升天成仙的"连环画"：在左侧当卢中，凤鸟落翮化作玄鱼，玄鱼与蛟龙同跃，遥望着天空中的日月和导引的白虎。在右侧当卢中，凤鸟羽化重生，飞出蛟龙围合的空间，并在白虎的引导下，最终来到了仙界；那里繁星璀璨，犹如凡·高《星空》的梦幻，近距离观察，背负太阳的金乌飞行速度如此之快，竟将太阳拉成了水滴形。所有的光怪陆离之下，或许这便是汉代人想象中升仙的旅程。

图 13-18 ....

[东汉] **龙虎守天门画像石**
萧县博物馆藏

....

这件画像石出土于安徽萧县圣泉乡圣村 1 号墓，通长 216.0 厘米，是一件门楣石，上面刻有龙虎守天门的图景：以墓主人的视角，青龙在左，白虎在右，它们身生双翼，相顾而望，中间是柿蒂纹（由四叶纹演变而来）环绕的圆球。日本学者林巳奈夫认为四叶纹即后来佛教莲花纹的原型，象征天界和天帝。在这里，龙虎是天界的护卫，它们共同守护着已升天的墓主灵魂。

图 13-19 ....

[东汉] **龙虎戏璧石棺盖拓片**
四川博物院藏

....

这件石棺盖出土于四川郫县（今为郫都区）新胜乡，上面一共绘有两幅画面，其中一侧为牛郎织女，另一侧为龙虎戏璧。只见左边为青龙，右边为白虎，龙腾虎跃之下，它们的前爪拉拽起缠绕在一只巨型玉璧上的绸带，而玉璧则是由一位半跪而坐、袒胸露乳的侍者用肩膀扛起。

面中，也出现了虎在天门作引导的形象（图 13-17）；后来在此基础上，发展出了龙虎共守天门的形象（图 13-18、图 13-19）。除此之外，汉代人在虎的身上架起了建鼓，《隋书·音乐志》中认为这是对商代楹鼓的复兴："植而贯之，谓之建鼓，盖殷所作也。"在建鼓声中，墓主灵魂从人间升入天界（图 13-20、图 13-21）。

图 13-20 ·······················

[东汉] 建鼓舞画像石
萧县博物馆藏

·······························

　　这件画像石出土于安徽萧县东黄庄汉墓，建鼓直立在虎背之上，卧虎回首，两位身穿长裙的鼓手，挥舞长袖，单手执枹[1]，正上演一出建鼓舞。鼓声阵阵，舞姿飒飒，让人看得精神振奋，这就是"鼓舞"一词的由来。建鼓之上，羽葆跟随鼓的振动飘扬，上方饰有华盖，华盖上还有两枚外圆内方的璧，象征了天地之交。从透视的角度来看，建鼓位于一扇门的外侧，这或许便是灵魂升天之门。

---

1 枹（fú）：鼓槌。

图 13-21

［东汉］**建鼓舞乐杂技画像石（局部）**
邹城博物馆藏

建鼓始于商代，因中间穿鼓而过的建木而得名，《隋书·音乐志下》载："一曰建鼓……商人柱贯之，谓之楹鼓。"建木的神性赋予了建鼓"通天"的功能。在这件画像石上，相向而行的两虎，各自伸出左右爪，两爪合十，虎首则合为一体（有点像青铜器上两只相对的夔龙共同构成一个兽面）；建鼓坐落于虎首之上，两位艺人各骑一虎，双手执桴，鼓声阵阵；建鼓之上羽葆飘扬，羽葆之下是表演乐舞和杂技的艺人，场面欢快而热烈。

　　汉魏时期，道教兴起，除了有道教神仙以虎为坐骑[1]（图 13-22），道士所修行的驭风飞行之术中也有"虎跞"一法，也就是道士向上一抬脚，便可以腾空飞起。《抱朴子·内篇·杂应》载："若能乘跞者，可以周

---

[1] 身为道教四大护法元帅之一的赵公明，其坐骑便是一只黑虎。

流天下，不拘山河。"道家乘蹻之术分为龙蹻、虎蹻和鹿蹻，《太上登真三蹻灵应经》载，"夫虎蹻者，风之母，水之子，用之三载，其虎自乘风来来往往，如风动败叶飞空，聚则为形，散则为风，与天地正阳之炁混合为一"。也就是说，道士乘风的精髓在于会像虎一样驭风，就像被卷入空中的落叶，在聚散的有形与无形之间，与天地之间的气息融为一体，这样就可以冲破山川河流的阻碍，在天地间尽情遨游。

图 13-22 ....

[东汉] 西王母铜牌饰
美国明尼阿波利斯艺术博物馆藏

Plaque in the Form of Hsi Wang Mu, Minneapolis Institute of Art, Gift of Ruth and Bruce Dayton, 2003.137.15

这件铜牌饰长约 29 厘米、宽约 22 厘米，刻画了西王母乘骑龙虎的形象。只见她蓬发戴胜，身着两重深衣，端坐在龙虎宝座之上。在她身后，云气缭绕，龙虎正卖力地挥动双爪，载着西王母腾空飞升，周游天下。

礼制中的虎皮和皮轩车

在西周的重要礼仪中，虎是最常见的元素。首先，诸侯朝见周天子时进献的礼物最外层要包上虎皮。《周礼·春官·宗伯》中写道"**孤执皮帛**"[1]，而《周礼注疏》中郑玄注云，"**天子之孤，饰挚以虎皮**"；等到正式朝觐时，诸侯"**以皮设于庭，手执束帛而授之**"，也就是先把虎皮展开，然后将束帛包好的礼物献给天子。其次，在大射礼[2]中，周天子所使用的箭靶由虎皮制成。据《论语注疏》载："**王之大射，虎侯，王所自射也。**"这种礼制传统为后世所沿用。在1000多年后的明代，《明史·礼志》中仍有"**虎鹄**[3]**五采，天子射用之**"的记载。

自汉代以来，在皇帝的出行仪仗队——"卤簿"中出现了以虎为图案的皮轩车[4]，取《礼记·曲礼》"**前有士师，则载虎皮**"[5]之意。《通典·礼典·嘉礼》载："汉制皮轩车，以虎皮为轩。晋宋相因，驾四马，

---

1 所谓天子之孤，《通典·礼典·宾礼》载，"孤谓天子七命之孤"，另《周礼传》载，"以九仪之命正邦国之位……七命赐国，侯伯之国或王朝卿大夫出封或子男加封也"，也就是分封的诸侯。

2 关于射礼，详见本书第十四章。

3 鹄（gǔ）：箭靶的中心。

4 《说文解字注》载，"轩，曲辀藩车也，谓曲辀而有藩蔽之车也"，就是曲辕带有遮蔽屏障的小车。

5 周代天子巡行途中如遇军队，就会悬挂虎皮旗帜，以让士兵做好防备。孔颖达疏云："士师，兵众也。虎是威猛，亦兵众之象。若见前有兵众，则举虎皮于竿首，使兵众见以为防也。"

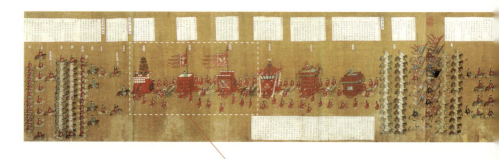

图 13-23 ....

［元］《大驾卤簿图书》（局部）
中国国家博物馆藏

....

　　这幅绢本设色图卷纵 51.4 厘米、横 1481.0 厘米，所描绘的是宋代皇帝出行的大驾卤簿。宋代卤簿一共分为四等，即大驾、法驾、銮驾、黄麾仗，其中大驾卤簿列第一等，用于最重要的场合，《宋史·仪卫志》载："郊祀、籍田、荐献（献祭）玉清、昭应、景灵宫用之。"大驾卤簿规模也最为庞大，《文献通考·王礼考》载："凡大驾，总二万六十一人。"因此，为了便于官吏将士演练，宋太宗特命人绘制了三幅《卤簿图》藏于秘阁。宋仁宗时，宋绶重新制定大驾卤簿，编写《图记》10 卷，从图中写有的皮轩车的名称，以及"柱贯五轮相重，画虎文"的特征来看，本图所绘的大驾卤簿应为宋徽宗改制之前的形制。

皆大夫载……大唐备之大驾卤簿，次于辟恶车后。"《宋史·舆服志》中详细记载了皮轩车的形制："赤质，曲壁，上有柱贯五轮相重，画虎文。驾四马，驾士十八人。"（图 13-23）后来宋徽宗于宣和元年（1119）将原来的"三车制"[1] 改为"五车制"[2]，除了将皮轩车更名为虎皮车外，其形制也有所变化："赤质，曲壁，中载虎皮旌，以绛帛为之，缘以赤，画虎皮于上。"与此同时，这一时期的中原礼制也影响了北方的少数民族政权，《金史·仪卫志》载，"天眷法驾人数……辂车、鸾旗、皮轩车各十八人"。宋金之后，史料中便不再有关于皮轩车的记载。

虎与君子和猛士

周代以来，虎成为君子的象征。《周易·革卦》中写道，"大人虎变，其文炳也"，即以虎的条纹从幼虎到成年虎的蜕变，比喻君子在成长的过程中，内在品质也会彰显出来。《礼记·聘义》有云："夫昔者君子比德于玉焉。"在这种观念的影响下，玉虎佩饰并未因商代的覆灭而消失，而是在周代贵族群体中依然时兴（图 13-24）。与此同时，随着席镇的流行，以虎为造型的席镇出现在东周至汉代的贵族生活中（图 13-25、图 13-26），其中同样蕴含着"大人虎变"的吉祥寓意。

1　白鹭车、鸾旗车、皮轩车。
2　青旌车、鸣鸢车、飞鸿车、虎皮车、貔貅车。

图 13-24 ....

［西周］玉虎
　　　台北故宫博物院藏
....

这件虎形片玉长 8.6 厘米、高 2.1 厘米、厚 0.3 厘米。虎首平视，虎鼻处钻有一圆孔，用于系挂；虎足向前，上面刻出了锋利的虎爪，前肢阴刻卷曲纹饰；虎尾上翘，似在一跃而起的瞬间保持整个身体的平衡。

图 13-25 ....

［战国］玉虎形镇
　　　台北故宫博物院藏
....

　　席镇始见于西周，至战国时期已十分流行。席镇最初多为玉质，《楚辞·湘夫人》中有"白玉分为镇"；到了汉代，玉质席镇依然十分流行，邹阳在《酒赋》中写道，"安广坐，列雕屏，绡绮为席，犀璩[1]为镇"；《西京杂记》中记载了汉成帝宠妃赵合德的熊席"有四玉镇，皆达照无瑕缺"。这件玉虎镇通高 2 厘米、最宽 3.7 厘米，刻画了一只伏虎形象：虎口微启，目光炯炯有神，显得温驯。

---

1 璩（qú）：一种玉名。

图 13-26

[西汉] 错金银铜虎镇
南京博物院藏

这件铜虎镇出土于江都王刘非墓，高 5.3 厘米、底径 7.3 厘米。虎首直视前方，不怒自威；虎身似蛇一样屈曲盘绕，通身以错金、错银相间勾勒出虎皮的天然纹路，独具匠心。

　　然而更多时候，虎的威猛使其成为军中将士的称谓。自西周至隋代，武官序列中经常会出现带"虎贲"的官职。最初，周天子的近卫亲兵被称为"虎贲"，《尚书·周书·牧誓》载，"武王戎车三百两，虎贲三百人，与受[1]战于牧野"；孔安国在《尚书孔氏传》中解释道，"虎贲，勇士称也；若虎贲战，言其猛也"。后来，在《周礼》的职官序列中，"虎贲氏"掌管天子宫殿的守备，并在出现战事时向各地送达天子的旨令[2]：

1　商朝末代国君帝辛，子姓，名受。
2　《周礼订义》卷四十七载，待发兵征讨时，"虎贲氏奉书，以牙璋发之"。

虎贲氏掌先后王而趋以卒伍，军旅、会同¹亦如之。舍则守王闲²，王在国，则守王宫。国有大故，则守王门。大丧，亦如之。及葬，从遣车而哭。适四方使，则从士大夫。若道路不通，有征事，则奉书以使于四方。

——《周礼·夏官·司马》

　　到了汉代，汉武帝时设置了八校尉³，其中"虎贲校尉掌轻车"⁴，轻车就是先秦时期的兵车，也就是虎贲校尉负责掌管战车。汉武帝建元二年（前139）还设立了"掌执兵送从"的期门仆射一职，也就是掌管全副武装的扈从侍卫；汉平帝元始元年（1），将期门仆射"更名虎贲郎，置中郎将"（图13-27），俸禄也由原来的秩比千石提升为秩比两千石。后来，虎贲中郎将被魏晋南北朝所沿用，直至唐代避李虎讳，改为"武贲中郎将"。

　　除此之外，虎也经常被用来形容勇猛的将士。《诗经·大雅·常武》中有"进厥虎臣，阚⁵如虓虎"，讲的是勇猛的将士冲锋陷阵，就像怒吼咆哮的猛虎，彰显了周天子军队的英勇气概。《诗经·鲁颂·泮水》中有"既作泮宫，淮夷攸服。矫矫虎臣，在泮献馘"，讲的是鲁僖公在泮水旁的行宫，迎接征战淮夷的将士们威武凯旋，举行盛大的表彰仪式。唐代杜甫《观兵》诗中，诗人在目送出征将士时，发出感叹："北庭送

1　会同：诸侯朝见天子。
2　闲：楗（bì）枑（hù），天子出行宿处所设防卫木障。
3　中垒校尉、屯骑校尉、步兵校尉、越骑校尉、长水校尉、胡骑校尉、射声校尉、虎贲校尉。
4　《汉书》卷十九《百官公卿表》。郑玄注云："所用驰敌致师之车也。"
5　阚（hǎn）：老虎发怒的样子。

图 13-27

　　这件橛钮铜印高 3.28 厘米，印面长 2.19 厘米、宽 2.13 厘米，以阴文小篆刻"虎贲中郎将印"六字，笔画草率中见规矩。西汉末初用此名，东汉延之，属宫殿禁卫官之一，掌执兵扈从之职。

图 13-28

［战国］虎纹青铜剑
台北故宫博物院藏

　　这把青铜剑通长 37.7 厘米，剑身上部狭长，下部略宽，末端连接圆柱形剑柄，剑柄上有两个凸箍方便执握，剑身以阴刻线饰有虎纹。虎弓身卷尾，正张开利爪，发出震耳欲聋的咆哮。虽然岁月让这把剑锈迹斑斑，但剑锋依然寒光闪烁。2000 多年前，它或许见证了战场上冲锋陷阵、杀敌饮血的将士们的神勇威猛。

壮士，貔虎数尤多。"对拥有强大军队的国家，也以虎相称，《战国策·楚策》中记载："秦地半天下，兵敌四国，被山带河，四塞以为固，虎贲之士百余万。"苏秦对楚威王说："夫秦，虎狼之国也，有吞天下之心。"直到现在，人们仍然喜欢用飞虎团、猛虎团来形容军中主力和精锐。

虎纹兵器和乐器

虎的威猛让百兽畏惧，也让人为之胆寒，军中装备上出现虎的图案也就不足为奇了。战国时期，诸侯纷争，虎纹成为剑、戈等兵器上的装饰（图13-28），寓意士兵在战场上要像猛虎一样勇敢杀敌。到了唐代，以虎为造型的盔甲出现在了武士身上（图13-29），其中虎头帽在后世成了孩童们的装束，风靡民间。

虎的咆哮响彻天地，振奋人心，于是军乐器上也出现了虎形纹饰，其中包括了镈、錞[1]和铎（图13-30至图13-33）。《文献通考·乐考》中记载了"晋愍帝建兴[2]中，晋陵陈宠于田野间得铜铎五枚，皆为龙虎形"，《宣和博古图》中收录了先秦时期流传下来的虎龙錞、虎錞。錞又称"錞于"，《周礼注疏》中郑玄注释为"圜如碓[3]头，大上小下，乐作鸣之，与鼓相合"；《国语·晋语五》中记载"伐备钟鼓，声其罪也，

---

1 錞（chún）：一种军中打击乐器。

2 西晋愍帝司马邺的年号，从313年至317年，共计使用了五年。

3 《广韵·去声·队韵》"碓（duì），杵臼"，一种舂米时所用的器具。

图 13-29..............................

[唐]三彩武士俑
西安博物院藏
....

　　这件唐三彩武士俑于
1985 年出土于西安市灞桥
区洪庆乡，通高约 87 厘米，
外施绿、褐、白三色釉。他
头戴虎头帽，肩披虎头覆膊，
身穿明光甲，足蹬高靴，具
有盛唐武士的典型特征。虎
头帽表现了一只完整的老虎
造型，虎耳直立，獠牙外露，
卡于武士头顶，虎爪交叉盘
卧，系结于武士胸前，帽后
披肩下缀虎尾。武士目光炯
然，左手叉腰，右手握拳前
举，似握有一长兵器，举止
投足间透着大唐帝国无上的
威严与荣耀。

图 13-30 ［西周］四虎铜镈 湖南博物院藏

　　镈是商周时期常见的一种青铜乐器，《周礼注疏》中郑玄注释为"镈，如钟而大"。这件铜镈出土于湖南省邵东县，高 32.5 厘米，重 13.4 千克。《乐书》中将镈分为特镈与编镈，其中特镈为大型单件镈，一般只能发出 1~2 个音，贵族在宴飨或祭祀时，将其与编钟、编磬相配合。编镈由多件镈组成，可以用来直接演奏乐曲。这件铜镈应为特镈，镈身四条扉棱分别饰以对称的虎和鸟，其中四虎两两追逐而下，一对鸟则振翅凌空。

图 13-31

〔战国〕蛇缠双虎青铜镈

美国克利夫兰艺术博物馆藏

Bell (Bo Zhong), Cleveland Museum of Art, John L. Severance Fund 1962.44

　　这件铜镈通高 41.4 厘米，重 19.5 千克。铸甬饰以一条一首两身蛇，不知其是否为《山海经·北山经》中的"肥遗"；蛇身将两只虎的脖颈牢牢缠住，后者四肢用力，虎首回望，虎口大张，似在极力挣脱。镈上的乳钉为蟠蛇造型，但又多出了上肢，这或许便是后来龙之九子之———"蒲牢"的原型，三国时期薛淙给《西京赋》作注释时写道："蒲牢素畏鲸，鲸鱼击蒲牢，辄大鸣。凡钟欲令声大者，故作蒲牢于上，所以撞之为鲸鱼。"乳钉之间的篆带上饰以顾龙纹，镈正面下方则饰以兽面纹。

图 13-32......................

［战国］**虎钮铜錞于**
　　　湖南博物院藏

　　这件錞于通高35厘米，器口饰有一卷尾立虎，器身两面饰有虎纹。国内有学者认为，錞于上的虎元素与巴人有关。巴人以虎为图腾，死后便会化为虎。《后汉书·南蛮西南夷列传》载："廪君（巴族祖先）死，魂魄世为白虎。"《搜神记》中也提道："江汉之域有貙人，其先廪君之苗裔也，能化为虎。"东周时期，巴楚之间征战频繁。巴人十分骁勇善战，《华阳国志·巴志》中记载了武王伐纣时，便是以巴人为先锋："巴师勇锐，歌舞以凌殷人。"在战场上，虎钮錞于是震慑敌人的法宝，也承载着祖先的庇佑，更是巴人勇武无畏的象征。

图 13-33

〔汉〕双虎钮铜錞于
湖南博物院藏

　　这件錞于高 45.9 厘米，重 6.9 千克。在湖南博物院所收藏的 18 件虎钮錞于中，有 14 件为汉代所造，这与巴人被秦楚攻破后，遗民仍然保留着本民族的信仰和习俗有关。唐代梁载言在《十道志》中写道："楚子灭巴，巴子兄弟五人流入黔中。汉有天下，名曰酉、辰、巫、武、沅等五溪，各为一溪之长。"巴人遗民中的一部分成为后来的五溪蛮，生活地域分布于黔中、湘西、鄂西一带，在这些地区都有虎钮錞于的出土。

战以镈于、丁宁[1]，儆其民也"，也就是镈与鼓往往配合使用——钟鼓之声是对敌人的谴责与声讨，镈于、丁宁之声是对敌方民众的警告。《国语·吴语》中记载了吴越交战，吴王亲自演奏军乐给三军[2]助威的场面："昧明，王乃秉枹[3]，亲就鸣钟鼓、丁宁、镈于、振铎，勇怯尽应，三军皆哗扣[4]，以振旅，其声动天地。"

虎皮伪装战

《孙子兵法·计篇》有云："兵者，诡道也……攻其无备，出其不意。此兵家之胜，不可先传也。"战争中如何通过制造假象来迷惑敌方，从而打乱敌方的阵脚，发动制胜一击，这是一门深厚的学问。东周时期频繁的战乱，给各种新奇的战法创造了绝佳的舞台。正是在这一时期，连续上演了两场经典的虎皮伪装战。

首次战斗发生在著名的齐鲁长勺之战后，《左传·庄公十年[5]》载，齐桓公不甘心于战场上的失利，于同年夏天，联合宋国再度对鲁国发动攻势。鲁国公子偃[6]认为"宋师不整，可败也；宋败，齐必还"，于是

---

1 韦昭曰：丁宁，钲也。
2 春秋战国时期军事作战，军队一般分为三个阵列，晋、齐、鲁、吴称为上、中、下三军，楚称为左、中、右三军，由居于中军的主帅统一发号施令。
3 秉枹（bāo）：执握鼓槌。
4 哗扣：欢呼。
5 公元前684年。
6 鲁宣公的庶子，鲁成公异母弟。鲁成公时，公子偃为卿。

他主动请缨，率领先头部队"自雩门 [1] 窃出，蒙皋比 [2] 而先犯之"。军纪涣散、疏于防备的宋军在面对伪装成老虎的鲁军偷袭时，阵脚大乱；随后，鲁庄公率领大军全军出击，"大败宋师于乘丘，齐师乃还"，齐国最终不得不再次退兵。

第二次战斗发生在著名的城濮之战中，《左传·僖公二十八年 [3]》载，晋军在退避三舍避楚军锋芒后，楚军统帅子玉不听劝阻，率军急进，晋军在城濮严阵以待。双方战斗打响后，晋军下军佐 [4] 胥臣"蒙马以虎皮，先犯陈、蔡"，即率领画有虎纹伪装的骑兵部队，率先攻打楚右军中的陈、蔡联军，结果"陈、蔡奔，楚右师溃"。随后，晋军上军又伪装部队后撤引诱楚左军深入，最终与中军联合夹击，将楚左军击溃，晋军大胜，由此奠定了晋文公的霸业。

1000 多年后的唐代，唐军再一次利用虎皮伪装的古老战法，击败了后突厥汗国对边境的袭扰。这次战斗发生在唐高宗年间，后突厥汗国阿史德·元珍率军进犯边境，王方翼领命前去迎战，据《唐故夏州都督太原王公神道碑》[5] 载，"公以无甲，廼（乃）发思造六片木排，袴关钮解，合画为虎文"。王方翼一看武库中竟然没有铠甲，于是就命人将木板分成六片，然后拼接在一起，并在上面画上虎纹。"北至关，先与虏合战，若驱猛兽、蒙皋比，莫之敌也"，在边境与敌人遭遇后，身披虎纹木甲

---

1 雩（yú）门：鲁国南城门。
2 晋杜预注：皋比，虎皮。
3 公元前 632 年。
4 下军佐：下军将的副手。
5 《全唐文》卷二百二十八。

的唐军远远望去就像是一群老虎，"胡马奔骇"，皆莫能当，最终"获其二啜，桑干、舍利两部来降"。正是因为虎皮伪装确有奇效，且屡试不爽，所以才有了鲁迅笔下的"拉大旗作虎皮，包着自己，去吓唬别人"[1]。

持节出行与虎符调兵

在周代，不论是诸侯国内，还是诸侯国之间，往来通行都需要持"节"，所谓"凡通达于天下者，必有节……无节者，有几则不达"。"节"是一种凭证，根据出行地点和目的的不同，要使用不同的节。《周礼·地官》中记载了各国设有专门负责管理"节"的"掌节"一职，"守邦节而辨其用，以辅王命"。诸侯派遣卿大夫朝觐周天子，或者诸侯之间互派使者，都需要持节才能出入国境。这种节又分为三种[2]，其中虎节是山地诸侯国的出使凭证（图13-34）。郑玄在《周礼注》中解释为"山多虎……以金为节，铸象焉"。

相比于虎节，虎符更加广为人知。东周晚期，虎符取代了长久以来使用的牙璋[3]，成为君主的发兵信物（图13-35）。《史记·魏公子列传》中"信陵君窃符救赵"的故事是历史上关于虎符的最早记载。魏安釐王

---

1 《且介亭杂文末编·答徐懋庸并关于抗日统一战线问题》。
2 《周礼·地官·掌节》："凡邦国之使节，山国用虎节，土国用人节，泽国用龙节，皆金也，以英荡辅之。"
3 《周礼·春官·典瑞》载："牙璋以起军旅，以治兵守。"

图 13-34 ....

[西汉] 错金铭文虎节
南越王博物院藏

....

　　这件虎节出土于南越文王赵眜墓，是迄今为止发现的唯一的错金铭文虎节。该虎节长19.0厘米、宽12.0厘米、厚1.2厘米，刻画了一只昂首露齿、弓腰卷尾的踞虎形象。虎身铸有弯叶形浅凹槽，内贴金箔表现出虎的斑纹，正面书有错金铭文"王命＝车驲"[1]，也就是凭王命进行驿传的使者。

---

1 "＝"为无意义的羡符。驲（rì）：《春秋左传正义》载，"驲，传车也"。

图 13-35 ....

[战国] **青玉虎符**
　　美国克利夫兰艺术博物馆藏
....

Pair of Jade Plaques, Cleveland Museum of Art, Purchase from the J. H. Wade Fund and the John L. Severance Fund 1991.78

　　这对玉虎符长 22.5 厘米、宽 8.9 厘米，由同一块玉石雕刻而成，采用了完全相同的设计，刻画了一对匍匐的卧虎形象：它们低首弓背，怒目圆睁，屈肢卷尾，张牙舞爪，显得凶猛异常。牌身两面皆刻有纹饰，虎身上饰有谷纹和勾连纹，这不仅仅是作为装饰，更是一种强大的"防伪"手段。通过比对两块玉虎的玉质纹理和上面繁复的纹饰图案，便可以甄别是否为真。然而，由于玉质易碎，不易保管，因此后来逐渐被金属虎符所取代。

二十年（前 255），在长平之战后，时隔五年，秦军兵临赵国都城邯郸，魏王却不敢派兵救援。信陵君看清了"唇亡齿寒"的形势，在门客侯嬴的建议下，求请魏王的宠妃如姬偷取了兵符，"则得虎符夺晋鄙军，北救赵而西却秦"，最终成功调动魏国军队，解了赵国的燃眉之急，从而确保了两国的安全。

然而，虎符并不能独立发挥作用，通常要与玺书或诏书同时使用。《西汉会要·符节》中记载"七国败，弓高侯告胶西王印曰，未有诏、虎符擅发兵，王其自图之，印遂自杀"，也就是胶西王刘印因参与七国之乱的谋反，没有得到朝廷的诏令和虎符就擅自发兵，最终被赐死。从中可以看出，在虎符之外，出兵还需要有朝廷的诏书。这样也很容易理解，毕竟只凭虎符无法知晓调兵的目的、规模，因此要用诏书来"明确统兵长官的职权和任务，以免造成统兵者滥用权力"，因为"铜虎符上是不能补刻文字的，所以必须用诏书加以说明"[1]。没有虎符和诏书私自发兵，后果是很严重的，《汉书·王莽传》中记载了"未赐虎符而擅发兵，此弄兵也，厥罪之兴[2]"，说明擅自发兵是与延误军事行动一样的重罪。

后来，虎符历经秦、汉、魏晋，除唐代避讳李虎名号将虎符改为鱼符、龟符外，始终发挥着调兵遣将的作用。直到宋代，隶属中央的禁军全凭虎符调遣，《三朝北盟会编》卷一百七十四载："今诸州郡隶将兵，用虎符调发者，枢密院之兵也；不隶于将兵者，州郡之兵也。"

---

1 陶新华：《汉代的"发兵"制度》，《史学月刊》，2000 年第 2 期。

2 "之军兴"，官府征集物资叫作"兴"，指耽误军用物资的征集调拨，从而延误了军事行动的罪名。

图 13-36 ....

[秦] 阳陵虎符
中国国家博物馆藏

....

　　这件虎符是秦始皇调动驻扎阳陵军队的凭证，以青铜铸成，可沿虎的背脊方向一分为二，在虎身左右两侧，各有错金篆书铭文 12 字："甲兵之符，右在皇帝，左在阳陵。"古代以右为尊，虎符的右半部分由皇帝保管，左半部分则交与驻守在外的将军。除非遇有紧急军情，凡是超过 50 人的调兵，都需要核验能否与国君的虎符"符合"，这也是"符合"一词的来历。

　　到了元代，圣旨金牌取代了虎符的调兵功能，而虎符则成为区分朝廷官员品阶的信物。《新元史·舆服志》载："正一品，三珠虎符；从一品，二珠虎符；正、从二品，一珠虎符；正、从三品，虎符。"此外，元代的虎符还指乘驿的"圆符"（图 13-37），《元史·兵志》载："遇军务之急，则又以金字圆符为信，银字者次之。"然而，由于管理混乱，"圆符"后来甚至流入了商人手中，"以致泛滥，出而无归"[1]，于是在元武宗至大元年（1308）四月，"命诸王印符各准旧制，并追商人虎符"[2]。元代之后，虎符彻底退出了历史舞台。

1　《元史·武宗本纪》。
2　《续文献通考》卷九十九。

图 13-37 ....

[元] 八思巴文虎头圆符牌
甘肃省博物馆藏

这件虎头圆符牌出自西藏，通高 18.0 厘米、直径 11.7 厘米，重 249 克。牌身为铁质，两面刻有八思巴文镀银文字。八思巴字是忽必烈命西藏萨迦派领袖八思巴根据藏文创制的一种官方文字。国内学者郝苏民对其进行了释读，翻译成汉语大意为："上天眷命，皇帝圣旨；不钦奉者，治罪！"1269 年，忽必烈册封八思巴为"帝师"，并委付他西藏一省 13 万户的政教大权；除此之外，元朝还建立了自上而下的管理机构，对西藏所有高级官员的任命、赏赐、惩处，以及各地人口的统计清查皆由中央统一管理。

图 13-38

〔商〕商王武丁狩猎龟甲卜辞

台湾「中央研究院」历史语言研究所藏

　　这片龟甲出土于河南安阳殷墟 YH127 坑，在这座坑中一共出土了甲骨 17096 片。该龟甲上的卜辞记录了商王武丁时期的一次大规模狩猎，商王在㱃这个地方猎获了 1 只虎、40 只鹿、164 只狐和 159 头麛（未长角的幼鹿）。从猎物的种类和数量上，可以看出猎虎之不易。

与虎斗，其乐融融

虎是百兽之王，与虎搏斗可以彰显个人的武力和英勇，于是长久以来，无数人都热衷于搏虎。夏桀是有史料记载的最早的搏虎国君，《帝王世纪》[1]载，"帝桀淫虐有才力，能伸钩索铁，手能搏熊虎"。商纣王同样擅长徒手搏虎，《史记·殷本纪》载，"帝纣资辨捷疾，闻见甚敏，材力过人，手格猛兽"，他还将战利品的形象制作成玉虎枕传于后世，宋代高承的《事物纪原》中就记载了这样一件玉虎枕，"魏咸熙[2]中，得梁冀玉虎枕，臆下有题曰：'帝辛九年'[3]"。

春秋时期，民间搏虎之风盛行，上自贵族，下至平民，皆以搏虎为乐。《诗经·郑风·大叔于田》中记载了郑庄公的弟弟"叔在薮[4]，火烈具举[5]。袒裼[6]暴虎，献于公所"，《淮南子·缪称训》中记载了晋国大将"中行缪伯，手搏虎"，《晏子春秋》中记载了齐景公的三位臣子"以勇力搏虎闻"。不仅贵族如此，民间百姓亦然，《孟子·尽心下》记载，晋国的一位妇人"善搏虎，卒为善，士则之。野有众逐虎，虎负隅，莫之

---

1 《太平御览》卷八十二《皇王部七》。
2 三国魏元帝曹奂（陈留王）的年号，264–265 年使用。
3 公元前 1067 年。
4 薮（sǒu）：水少而草木茂盛的湖泽。
5 命众人用火把将老虎围起来。
6 袒裼（tì）：脱去上衣。

敢撄[1]。望见冯妇，趋而迎之。冯妇攘臂[2]下车，众皆悦之，其为士者笑之"。这位斗虎达人曾一度为人师表，但一听说有老虎，便奋不顾身前去搏虎，后世用"再作冯妇"比喻重操旧业。但是，孔子却看不惯这类人，《论语·述而》中他对子路说："暴虎冯河，死而无悔者，吾不与也在。"孔子是不会跟这种不把死当回事的人共事的。

　　正因猛虎能够给人们带来感官上的刺激，因而宫廷中很早就开始畜养老虎以供娱乐。《管子·轻重甲》载："桀者……弛牝虎充市，以观其惊骇。"夏桀将驯养的母老虎在市场上放出来，观看人们惊慌害怕的样子以为乐。周穆王也曾将手下猎获的老虎畜养起来，明代彭大翼《山堂肆考》载，"周穆王猎郑圃[3]，七萃之士高奔戎捕虎，生献之。天子命其押养于东虞[4]，因名其地曰'虎牢'"，这便是"虎牢"地名的由来。秦国在咸阳城西设有 50 米见方的 "虎圈"[5]，甚至秦昭王时，曾将魏国的使者扔进了虎圈，《列士传》[6]载，魏使朱亥"嗔目视虎，眦裂，血出溅虎，虎不敢动"，以血出怒目成功吓阻了老虎。

　　到了汉代，宫廷中十分热衷于观看斗兽表演。汉武帝在建章宫以西修建了"数十里虎圈"[7]，《汉书·李广传》中记载，有一次汉武帝下令

---

1 撄（yīng）：触犯。
2 攘臂：捋起衣袖。
3 位于今河南省中牟县西南。
4 位于今河南省泗水镇一带。
5 《长安志》卷三引《汉宫殿疏》载，"秦故虎圈，周匝三十五步，西去长安十五里"。《汉书·食货志》载："六尺为步。"
6 《水经注·渭水》。
7 《汉书》卷二十五《郊祀志第五》。

图 13-39

[东周] 青铜壶
美国克利夫兰艺术博物馆藏

Hu (Jar), Cleveland Museum of Art, Purchase from the J. H. Wade Fund 1975.62

在这件高 25.0 厘米的青铜壶上，壶身上下一共刻有六层浮雕，每一层都由一组重复的图案组成：第一层位于壶颈，以一圈相互缠绕的曲线为装饰；第二层描绘了猎人挥舞矛剑刺虎的场面，长矛直接刺穿了猛虎的咽喉；第三层和第五层是交龙纹；第四层是角兽被猎人刺中后倒地的瞬间；第六层是引吭振翅的飞鸟。壶肩的两个环耳可用于穿系绳子，这应是当时日常所用的器物。

将李广的重孙李禹放入虎圈刺虎，"禹从落中以剑斫绝累，欲刺虎；上壮之，遂救止焉"，最终李禹表现出的英勇无畏让汉武帝深受震撼，下令停止表演。后来，《汉书·循吏传》记载，昌邑王刘贺在位时，"日与近臣饮食作乐，斗虎豹，召皮轩[1]，车九流，驱驰东西"，这位不思朝政、喜欢观看斗兽表演和大摆排场四处游乐的帝王，最终惨遭废黜。汉元帝在位时，《汉书·外戚传》中记载，他曾带后宫嫔妃一同观看斗兽表演："建昭[2]中，上幸虎圈斗兽，后宫皆坐。"在几乎同一时期的西方，古罗马的斗兽场上也上演着相似的一幕，原始斗兽的紧张、刺激给人们带来的血脉偾张，让东西方最强大的两个文明沉迷其中，欲罢不能。

---

1 皮轩车，天子出行车驾之一，此处指四处出行游乐。

2 汉元帝刘奭（shì）的第三个年号，从公元前 38 年至前 34 年，共计使用了五年。

[西汉] 陶灶西壁画像石
美国克利夫兰艺术博物馆藏

图 13-40

Panel from Model Cooking Stove: Lancer Jousting with a Tiger, Cleveland Museum of Art, Charles W. Harkness Endowment Fund 1925.135

这件与第五章中的陶灶构件出土于同一地点的陶灶画像石，上面的浮雕刻画了力士刺虎惊心动魄的一幕：猛虎咆哮而来，正朝着力士飞扑过去；力士脚跨弓步，挥剑直刺猛虎的要害，他的嘴巴大张，让我们仿佛听到了杀虎的呐喊。

图 13-41

[汉] 青铜虎子
美国弗利尔美术馆藏

Pitcher in the form of an animal, Freer Gallery of Art and Arthur M. Sackler Gallery, Gift of Charles Lang Freer, F1916.447

这件青铜虎子高 6.1 厘米、长 9.8 厘米、宽 3.6 厘米。虎子是古代的一种溺器[1]，汉代和魏晋南北朝时期的墓葬中常以虎子作为随葬品。相传"虎子"的由来与西汉名将李广射虎有关，《西京杂记》载："李广与兄弟共猎于冥山之北，见卧虎矣，射之，一矢即毙。断其骷髅，以为枕，示服猛也；铸铜象其形为溲器，示厌辱也。"

---

1 夜壶，用来盛小便的器物。

图 13-42

[西晋] 虎头绞索纹提梁青瓷虎子

邹城博物馆藏

　　《西京杂记》中写道："汉朝以玉为虎子，以为便器，使侍中执之行幸以从。"但目前尚未发现玉虎子，除少数青铜虎子外，这一时期大多为青瓷虎子。这件虎子通体浑圆，造型为一只蹲虎的形象；虎首贴塑于圆形虎口上方，虎鼻朝天，虎牙外露；虎身长有羽翼，虎尾似游蛇贴附于臀部上方，虎腹之下有与身材并不成比例的"缩小版"四足作为底座。

　　汉代以后，与虎搏斗以彰显个人勇武的传统延续了下来。在曹操高陵曾出土两件石牌，分别刻有"魏武王常所用格虎短刀"和"魏武王常所用格虎大戟"。北魏年间，《册府元龟·台省部·忠节》载，"太和二年（478），孝文及文明太后率百僚与诸方客临虎圈，有逸虎登阁道，几至御坐，左右侍卫皆惊靡，睿独执戟御之，虎乃退去"。有趣的是，搏虎在北魏还被当作了惩罚贪官污吏的一种手段，《魏书·尔朱荣传》载："荣性好猎，不舍寒暑……荣便攘肘谓天穆曰，'……今秋欲共兄戒勒士马，校猎嵩原，令贪污朝贵入围搏虎。'"尔朱荣竟下令将贪官污吏赶入围栏搏虎，以示惩戒。

宋辽时期，在每年重阳节，契丹首领都会率众射虎，《辽史·礼志》载："九月重九日，天子率群臣部族射虎，少者为负，罚重九宴。"宋代民间同样流传着各种打虎的江湖传闻。李弥逊在《筠谿集》中记载，他在大宁寺遇到两位打柴人，"短小癯瘠[1]而甚精悍，自言善搏虎……搏虎二十有余年，所遇者何啻百虎而未之失也"。《水浒传》中的"武松打虎"更是妇孺皆知。正因野外老虎众多，搏虎不易，虎口救人便成为具有教化意义的题材，《异苑》载："顺阳南乡[2]杨丰与息[3]名香于田获粟，因为虎所噬。香年十四，手无寸刃，直搤虎颈，丰遂得免。香以诚孝至感，猛兽为之逡巡。太守平昌孟肇之赐贷之谷，旌其门间焉。"年仅 14 岁、手无寸铁的杨香虎口救父，受到了朝廷嘉奖，其事迹后来还被收录在《二十四孝》中。

虎患与九江渡虎

在民间搏虎故事的背后，是社会经济发展所导致的人虎矛盾。长久以来，人虎之间围绕领地的争夺始终在反复上演。通常而言，政治清明带来了社会欣欣向荣，密集的人类活动会让虎群远离，回归野外；反之，苛政、暴政会造成民生凋敝，抑或激化人虎矛盾，让虎重新占据甚至与

---

1 癯（qú）瘠：瘦弱的样子。

2 位于今河南淅川县东南。

3 即息女：亲生女儿。

人类争夺生活空间，这便是《春秋演孔图》[1]中"天命荡，白虎戏朝；其终，白虎在野"的根本原因。

于是，当老虎无端出现在人类生活的空间，就会被视为昏君当道、暴政横行的隐喻。《后汉纪·孝灵皇帝纪》记载，光和三年（180），"夏，虎见平乐观下，又见宪陵"，于是汉灵帝就问司徒杨赐，后者回答道，"虎者，金行参代之精，狼戾之兽也。今在位率多奢暴贪残酷虐乎"，借此讽谏汉灵帝宠幸宦官，荒淫无度，卖官鬻爵。《后汉书·儒林列传》载，"（刘昆）稍迁侍中，弘农太守。先是，崤黾驿道多虎灾，行旅不通。昆为政三年，仁化大行，虎皆负子度河"。暴政所导致的虎患阻断了行旅交通线，刘昆施行仁政，人虎矛盾大大缓和，有人便看到了母虎背着幼虎渡河远去（图 13-43）。

暴政何以会酿成虎患，仁政又何以能让虎群悄然离去，《后汉书·宋均传》中记载的另一个故事或许揭示了其中的缘由。九江郡太守宋均在上任前，"郡多虎暴，数为人患，常募设槛阱[2]，而犹多伤害"。当地百姓因沉重的税赋开垦了山地，使得老虎原本的栖息地被侵占，从而激化了人虎矛盾，造成了虎患；而对于那些缺乏远见卓识的官员而言，他们并不能看到其中的因果联系，反倒劳民伤财想方设法去捕虎。直到宋均到任后，才开始本着生态和谐共生的理念，着手彻底解决问题，他在下达给属地各县的文书中写道：

---

1 《太平御览》卷八百九十一《兽部三》。
2 槛为机以捕兽，阱谓穿地陷之。

图 13-43.............................

［明］朱端《弘农渡虎图》
故宫博物院藏

....

　　这幅绢本设色图轴纵
174.0厘米、横113.6厘米，
描绘了弘农太守刘昆施行仁
政后，母虎背负幼虎渡河远
去的场景。画面中，刘昆头
戴风帽，身穿红袍，骑白马
立于河岸，目光沿侍从所指
望向不远处的河面上：一只
母虎身体半没在水中，正背
负幼虎泅渡，渐行渐远。众
人目睹眼前这一幕，纷纷表
现得讶异而兴奋。

夫虎豹在山，鼋鼍¹在水，各有所托。且江淮之有猛兽，犹北土之有鸡豚也。今为人害，咎在残吏，而劳勤张捕，非忧恤植稻也。其务退奸贪，思进忠善。可一去槛阱，除削课制。

从中可以看出，宋均深知虎患的根源在于人祸，原本山林中有虎是再正常不过的事情，而当地的官吏却偏要将虎赶尽杀绝；于是，他当即下令除去捕虎的所有机关陷阱，并且削减百姓们的赋税。当人们不再对虎构成严重威胁时，"虎相与东游渡江"，后来便有了"九江渡虎"的典故。唐代李白有诗云，"九江皆渡虎，三郡尽还珠"²，以此歌颂官员清正廉明、政通人和的社会景象。

虎可以震敌御鬼

对大多数人而言，畏虎是常态，于是便有人将虎用来看家护院。《癸辛杂识》中记载南宋抗金名将赵葵将虎畜养在住所，用来看守火药库："赵南仲丞相溧阳私第常作圈，豢四虎于火药库之侧"，结果由于赵葵受当时社会重北人、轻南人³的观念影响，因此便将熟谙火药的南方人

---

1 鼋鼍（tuó），巨鳖和扬子鳄。
2 《中丞宋公以吴兵三千赴河南军次寻阳脱余之囚参谋幕府因赠之》。
3 《宋稗类钞》卷一载："艺祖御笔：'用南人为相，杀谏官，非吾子孙。'刻石东京内中。"《续资治通鉴》卷三十二中记载，宰相寇准曾在一次殿试后对宋真宗说："南方下国人不宜冠多士。"

全部换成了对火药不甚了解的北方人，最终有一天，"焙药火作，众炮倏发，声如震霆，地动屋倾，四虎悉毙"，四只可怜的老虎全都殒命在爆炸事故中。

相比于真实的老虎，用石虎来镇守的历史更加悠久。目前所发现的中国历史上最早的石虎是矗立在西汉名将霍去病墓神道上的石卧虎（图 13-44），后来这种传统为历代所延续。明清时期，在帝国高级官员或有功之臣的墓葬前，可以安放石虎。《明实录·太祖实录》中记载明代死后封王的功臣，以及三品及以上的高级官员的墓葬前，可以摆放一对石虎。《清史稿·凶礼志》中也规定，"公至二品，用石人、望柱暨虎、羊、马各二，三品无石人，四品无石羊，五品无石虎"，也就是四品及以上官员的墓葬前，可以摆放一对石虎。千百年来，石虎忠实地守护着墓主人，看似安静的外表下，不怒自威是它们共同的特征（图 13-45、图 13-46）。

之所以在墓葬前安放石虎，这是因为在汉代人眼中，虎可以驱除鬼魅。《风俗通义》载："虎者，阳物，百兽之长也，能执缚挫锐，噬食鬼魅。"这种观念或许源自更为古老的《山海经》[1]：

　　东海中有度朔山，上有大桃树，蟠居三千里，其枝间东北曰鬼门，万鬼出入也。上有二神人，一曰神荼，一曰郁垒。主阅领众鬼之恶害人者，执以苇索，而用食虎。

1《文献通考》卷八十八《郊社考二十一》。

图 13-44

[西汉] 石虎
茂陵博物馆藏

　　在汉武帝茂陵东侧不远的地方，屹立着霍去病墓。霍去病是一代战神，曾发出"匈奴未灭，何以家为"的豪言壮语，他在 16 岁那年被封冠军侯，22 岁在匈奴腹地封狼居胥，为汉帝国建立了赫赫功勋。在他死后，汉武帝命人将他的坟墓修建成祁连山的样子，以彰其功绩。在他的墓葬神道两侧，矗立着 14 件石雕，这尊石虎就是其中之一。

　　传说东海里的仙山桃树上有鬼门，世间所有的鬼都从这里进出，鬼门由两位神仙把守，如果发现有恶鬼出来伤人，就会前去用苇草编成的绳索将它们抓起来喂虎。后来，"黄帝法而象之，因立桃梗于门户之上，画郁垒、苇索，以御凶鬼，画虎于门，当食鬼也"。黄帝根据这个神话传说，将桃木俑立在门上，同时还画上了神仙郁垒、捉鬼的苇索和老虎，用以驱鬼辟邪。从此之后，以虎镇宅除邪的观念代代相传，深入人心。

图 13—45

［唐］献陵石虎 1

原址保存

　　这尊石虎立于陕西咸阳市三原县唐高祖李渊的献陵前，陵园四神门外各置石虎一对，左右分列，守护神道。这尊石虎位于献陵南门，由整块青石雕刻而成，沿袭了汉魏石刻厚重、质朴、雄浑的特点。石虎体形高大，正缓步向前行走，肌肉雄健有力；头部低垂，眼神凝注，虎牙外露，两腮鼓起，似在颤动发出怒吼。

――――――――

1 在唐代为避李虎讳，石虎或被称为驺虞。《毛诗故训传》："驺虞，义兽也。白虎黑文，不食生物，有至信之德则应之。"

图 13-46........................

[金] 石虎
北京石刻艺术博物馆藏
任疆　摄

....

这尊石虎出土于北京海淀区田村，被发现时共有一对，造型基本相同，高 110.0 厘米、长 50.0 厘米、宽 42.0 厘米。石虎直视前方，鼻子微蹙，嘴巴紧闭，嘴角微露一虎齿；虎身前腿直立，后腿弯曲，虎爪尖利外露，虎尾向上扬起，紧贴后背。在对虎的虎身内侧肋胁处各刻有一楷书"官"字。

图 13-47 ....

[东汉]"虎吃女魃"画像石
南阳市汉画馆藏

这件画像石长 154.0 厘米，刻画了虎和另一只神兽，在方相氏的指挥下捕食女魃（bá）的场面。女魃原为天女，《山海经·大荒北经》中记载了她曾为黄帝立下大功："蚩尤请风伯雨师，纵大风雨。黄帝乃下天女曰'女魃'，雨止，遂杀蚩尤。"然而，女魃再也回不去天上，所到之处大旱无雨、赤地千里。后人逐渐淡忘了女魃的功绩，却因她带来的干旱而用"噬食鬼魅"的虎驱赶她。不知在她的心里，是否也曾后悔过？

两汉时期,《风俗通义》载:"县官常以腊(月)除夕饰桃人乘苇茭,画虎于门,皆追效于前事,冀以卫防也。"魏晋时期,《搜神记》中记载,"今俗法,每以腊终除夕……画虎于门,左右置二灯,像虎眼,以祛不祥"。这种传统一直延续到唐代,《酉阳杂俎》中记载,"俗好于门上画虎头,书'聻[1]'字,谓阴刀鬼名,可息疫疠也",也就是将虎头画在门上,可以保佑全家不受疫病的困扰,后来,随着宋代以后雕版套印技术的发展,虎也成为年画的重要题材。

除此之外,虎形枕在历史上也十分流行。早在魏晋时期,在道家典籍中,就出现了虎头枕可治疗噩梦的记载。葛洪在《肘后备急方》中写道:"人喜魇及恶梦者取火死灰著履中、合枕……又方以虎头枕尤佳。"到了宋代,虎形瓷枕十分流行。北宋刘挚《忠肃集》中收录了《虎枕》诗一首,胡宿作《悼往》中也有"凤屏非复旧,虎枕未成眠"的诗句,宋代瓷虎枕也多有出土,甚至还融入了西夏和辽金少数民族的日常生活(图13-48、图13-49)。到了明清时期,还出现了各式各样的虎形布枕头,风靡一时。

---

1 迷信的人称鬼死为聻(jiàn)。

图 13-48..

[金] 磁州窑虎形瓷枕
美国明尼阿波利斯艺术博物馆藏

Tiger Pillow, Minneapolis Institute of Art, Gift of Ruth and Bruce Dayton, 2000.89.1

这件白地釉下黑、褐彩绘虎形枕是磁州窑中的代表作。磁州窑创烧于北宋，因窑址属磁州故名，是中国北方最大的民窑体系，有"南有景德，北有彭城"之说。磁州窑与同时期的五大名窑相比，形神兼备，别开生面，具有官窑所缺乏的奔放、洒脱的自然之美。这件瓷枕高 12.4 厘米、长 37.8 厘米、宽 17.8 厘米，塑造了一只昂首露齿的卧虎，枕身绘有生动的黑色条纹，极富韵律；枕面绘有一圈花环簇拥的画，上面荷花盛开，吸引了蝴蝶纷纷前来，散发出浓郁的生活气息。

图 13-49

[西夏]**磁州窑虎纹瓷枕**
甘肃省博物馆藏

　　这件瓷枕外底戳印"张家造"——磁州窑中的"驰名商标",目前国内出土了大量带有"张家造"标识的白地黑花瓷枕。这件瓷枕的枕面上题写"明道元年巧月造,青山道人醉笔于沙阳"16字,明道元年即1032年,巧月因汉族七月初七"乞巧节"而得名。可以说,这件瓷枕是西夏党项人与北宋汉人之间经济和文化交流的非凡见证。

图 13-50

[清]**仿青铜虎伏澄泥砚**
台北故宫博物院藏

　　这件澄泥砚是乾隆御用之物,以卧虎为造型,上面布满了仿古铜器的锈迹。虎的双耳平贴在头上,虎首依偎在前爪上,目光中充满了温驯,虽然没有了往昔的威严,却多了几分可爱。砚盖打开后,可以看到太极图案的砚池,盖内阴刻乾隆御笔砚铭,书写了他对此物的喜爱之情。

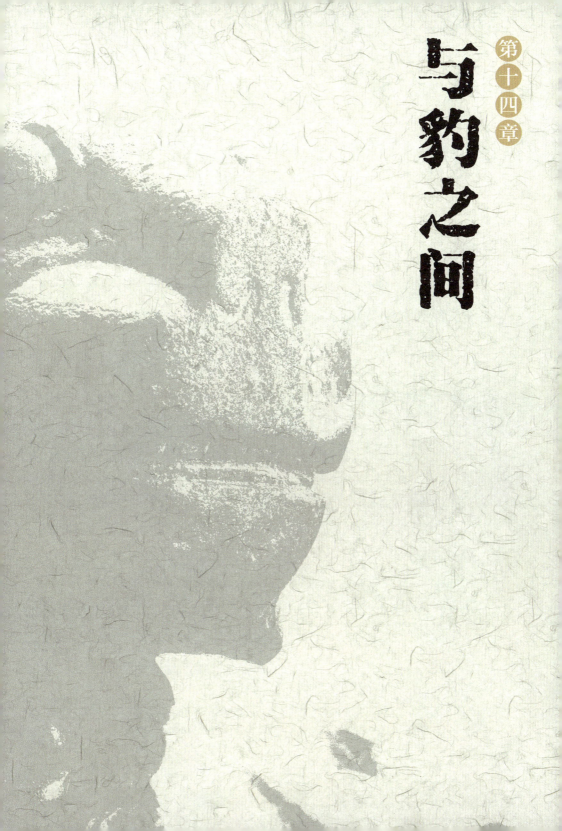

第十四章

与豹之间

豹的"外交使命"

在古埃及，豹是一种通灵的神兽，出现在法老的陵墓中；在古希腊和古罗马，豹作为酒神的宠物，是自由和力量的象征。在古老的中国，豹的角色则更加贴近现实。

早在商周时期，豹就肩负了邦国之间的"外交"使命。《瑞应图》中[1]记载："文王拘于羑里，散宜生于怀途山得玄豹以献纣，免西伯之难。"散宜生凭借向商王进献的黑豹，成功救出了被关押的周文王。西周时期，《诗经·大雅·韩奕》中记载，周宣王将北方的追、貊族赐予韩侯统领，韩侯励精图治，"实墉实壑，实亩实籍"，不仅修筑了城墙与护城河，还对土地人口登记造册，最后"献其貔[2]皮，赤豹[3]黄罴"，将捕获的赤豹和黄熊作为贡品献给周天子。

春秋时期，《管子·大匡》中记载，齐桓公为了交好小诸侯国，在管仲的建议下，"令齐以豹皮往，小侯以鹿皮报"；《管子·小匡》中也记载，"桓公知诸侯之归己也，故使轻其币而重其礼，诸侯以缕帛布、鹿皮四分以为币，齐以文锦虎豹皮报"。齐桓公通过以豹皮换取小国鹿皮的让利，再加上"结之以信，示之以武"的外交方针，获得了小诸侯

---

1 《天中记》卷六十。

2 陆玑在《毛诗草木鸟兽虫鱼疏》中释义为："貔似虎，或曰似熊，辽东谓之白熊。"

3 《毛诗正义》卷十八："毛赤而文黑，谓之赤豹；毛白而文黑，谓之白豹。"

图 14-1..........................

［秦］武士斗兽纹铜镜
中国国家博物馆藏

....

　　这件青铜镜出土于湖北云梦睡虎地秦代小吏墓，是目前考古发现的中国历史上最早的人物镜。该镜直径 10.5 厘米、缘厚 0.2 厘米，圆形三弦钮，方形钮座，外围重缘凹面圆框。在钮座与圆框之间，有一幅中国历史上最早的"连环画"：第一组画面向我们展示了豹子飞身扑来，武士左手持盾，右手挥剑，做防御的姿态；第二组画面中，豹子转身逃跑，回首张望，显然刚刚双方已经交手，但武士仍然保持着防御的姿势，防止豹子假意逃跑，卷土重来。可以说情节扣人心弦，惊心动魄。

国的亲附。在这一时期，戎狄部落也通过向诸侯国进献豹皮来请求和平，《韩非子·喻老》中写道，"翟人有献丰狐、玄豹之皮于晋文公"；《左传·襄公四年[1]》中记载，"无终子[2]嘉父使孟乐如晋，因魏庄子[3]纳虎豹之皮，以请和诸戎"。

射术决定加官进爵

在我们的印象中，选拔官员自然要选贤任能，但在考课制度出现以前的世卿世禄制度下，选拔官员看重的并不是治国安邦的能力，而是"六艺"，即礼、乐、射、御、书、数，其中最重要的是射礼，《礼记·射义》载，"天子以射选诸侯、卿、大夫、士"，射礼是周天子选拔贵族的重要手段。

在当时，射礼是分等级的，以不同材料制成的靶布来进行区分，其中，豹皮靶出现在诸侯以上级别的射礼中。《周礼·天官·司裘》载，"王大射，则共虎侯（靶布）、熊侯、豹侯，设其鹄（靶心）；诸侯，则共熊侯、豹侯"。射术的精湛与否决定了一个人的命运："而中多者，得与于祭，数与于祭而君有庆，数不与于祭而君有让；数有庆而益地，数有让而削地。"也就是在射礼中表现卓著的人才有资格陪同周天子祭祀，从而有

---

1 公元前 569 年。

2 居于今山西太原一带的一支山戎的首领。

3 晋国国卿魏绛。

图 14-2......................................

[战国·秦] **豹纹瓦当**
　　　西安秦砖汉瓦博物馆藏

....

　　这件瓦当出土于陕西西安汉长安城徐家湾遗址，直径 14.5 厘米。瓦当边轮内饰弦纹，当面浅浮雕一金钱豹，它曲身回首，张口伸舌，双目圆睁，凶猛异常。虽然限于有限的空间，但是豹的体态舒展、奔放，像是在无尽的空间中尽情驰骋，自由不羁。

机会得到周天子的赏识，就能获得更大的封地；反之，如果表现不佳，就会被削减封地。

　　东周以后，射礼的礼制内涵明显减弱，更加偏重于实战。汉唐时期，射礼成为展现帝国军威的重要手段：《汉官仪》[1] 中有"大射于曲台"，《开元礼·军礼》中亦有"皇帝射于射宫，皇帝观射于射宫"的记载。直到明代，

1　颜师古注《汉书·艺文志》。

明太祖在洪武三年（1370）才参照《周礼》部分恢复了射礼传统，《明史·军礼志》载"凡郊庙祭祀，先期行大射礼"，除虎鹄、熊鹄分别为皇帝和皇太子所用外，亲王和高级官员皆使用豹鹄："豹鹄五采（五圈彩线），亲王用之。豹鹄四采，文武一品、二品者用之。糁鹄[1]三采，三品至五品用之。"毕竟时过境迁，射术的好坏早已与封地无关了，更多是出于一种军事演练的考核。

豹皮服饰引领时尚

如果有人问周代时兴什么男装，那一定非豹皮服饰莫属。作为君子的象征，豹皮服饰一度引领了当时贵族社会的时尚潮流。《周易·革卦》中有云"君子豹变"，即以幼豹到成豹的成长蜕变，寓意一个人成为谦谦君子。《左传·昭公十二年[2]》中记录了楚灵王在雨雪天时的装束："王皮冠，秦复陶[3]，翠被，豹舄[4]。"唐代钱起在《豹舄赋》中发出这样的感叹："丽哉豹舄，文彩彬彬。豹则雕虎[5]齐价，舄与君子同身。"《诗经·郑风·羔裘》中写道，"羔裘豹饰，孔武有力。彼其之子，邦之司直"，即身穿

---

1 糁（sǎn）鹄：豹鹄麋饰。

2 公元前530年。

3 秦国相赠的羽衣。

4 豹舄（xì）：豹皮鞋。

5 雕虎：虎的身上有斑纹，好像是雕画而成，故称。

豹袖和羊皮袄的人勇武有力量，他们都是正人君子，敢于指正国君的过失。正因如此，到西汉时军中的执法官仍拿着豹皮来整肃队伍、严明军纪，正如《淮南子》[1]中所载："军正[2]执豹皮，以制正其众。"

有周一代，豹皮服饰成了诸侯贵族中的时兴之物，或者更准确地说是必备之物。这源于周武王时颁布的一项规定——"令诸侯之子将委质[3]者，皆以双武之皮，卿大夫豹饰，列大夫豹幨"[4]，也就是各国贵族公子朝觐周天子时，必须身穿豹皮袖和豹皮衣襟的服饰。如此一来，市场上的豹皮供不应求，《管子》[5]中记载，"故豹皮百金，臣家粜千钟，未得一豹皮"，豹皮的溢价高得离谱，有臣下甚至把千钟的粮食卖了仍买不起。然而，在管仲看来，周武王这种行为并非穷奢极欲：

> 大夫散其邑粟与其财物以市虎豹之皮，故山林之人刺其猛兽，若从亲戚之仇。此君冕服于朝，而猛兽胜于外，大夫已散其财物，万人得受其流。此尧舜之数也。
>
> ——《管子·揆度》

原来，经过周武王这样一安排，猎人们纷纷跑进山林中猎杀虎豹，

---

1 《文献通考》卷一百十六《王礼考十一》。

2 春秋始置，汉魏常设，军中执法官。

3 献上礼物。

4 《管子·揆度》。

5 《初学记》卷二十六《器物部》。

图 14-3

［清］康雍年间三品诰命夫人豹纹刺绣补子

加拿大皇家安大略博物馆藏

图 14-4

［清］乾隆年间武官三品豹纹补子

美国芝加哥艺术博物馆藏

图 14-5
［清］道光年间武官三品豹纹刺绣补子
美国大都会艺术博物馆藏

Rank Badge with Leopard, Wave and Sun Motifs, Metropolitan Museum of Art, Bequest of William Christian Paul, 30.75.1025

　　明清的武官补子皆以不同猛兽为图案，以此区分官品高低。《明会典》载，明代武官补子，"一品二品狮子，三品四品虎豹，五品熊罴"。清代略有不同，《钦定大清会典》载，"武职一品麒麟，二品狮，三品豹，四品虎"。即便是同一种动物，在不同时期的纹饰也是不同的；除了主体动物外，往往还饰以祥云、海浪、寿桃、蝙蝠等吉祥图案。值得一提的是，受过诰封的命妇（官吏的母亲及妻子）也可穿补服，她们所用的补子纹样以其丈夫或儿子的品级为准。

老百姓们更安全了；与此同时，卿大夫们把所藏的粮食都卖到市场上，在一定程度上平抑了物价，最终也让百姓们从中受益，可谓一举两得。这也难怪管子给了周武王堪比尧舜之政的极高评价。

虽说豹皮服饰"与君子同身"，但并不是穿上的人就一定是君子；相反，如果不能以君子的标准严格要求自己，反而会落人口实。不信你瞧，《诗经·唐风·羔裘》里晋国人眼中的晋国卿大夫"羔裘豹袪[1]，自我人居居[2]……羔裘豹裒[3]，自我人究究"。那些贵族一副高高在上、傲慢无礼的样子，难怪会招致百姓的不满和嘲讽，真是可惜了穿在身上的豹皮衣。

到了唐代，帝国高级官员的官服上首次出现了动物的装饰图案，其中就有豹。《旧唐书·舆服志》载，"延载元年（694）五月，则天内出绯、紫单罗铭襟、背衫，赐文、武三品以上……左右豹韬卫饰以对豹"。虽然在当时这是基于武官名称的配对图案，但也给后世明清武官的朝服补子提供了灵感（图14-3至图14-5）。

豹尾车和帝王之业

在周代，周天子出行车队中的最后一辆会悬挂豹子的尾巴，被称为"豹尾车"。崔豹在《古今注·舆服》中认为，"豹尾车，周制也，所

---

1 袪（qū）：衣袖。
2 "居居"即"倨倨"，傲慢无礼的样子。
3 裒（yòu），亦作"袖"。

以象君子豹变，尾言谦也"，即延续了豹子象征谦谦君子的寓意。除此之外，《尔雅翼》中还有另一种解释——"豹往而能反，故殿后者尾豹以入焉"，也就是古人认为豹子会记得来时的路，于是便用豹尾寓意天子能够平安归来[1]。

汉魏时期，《通典·礼典·嘉礼》载，"汉制，大驾出，属车八十一乘；法驾出，属车三十六乘，最后一乘悬豹尾"，大驾、法驾是两种规格的天子出行仪仗，但最后一辆车都悬挂豹尾；《晋书·舆服志》载，"义熙五年（409），刘裕[2]执慕容超[3]，获金钲鼓、豹尾，旧式犹存"，也就是刘裕擒获南燕末代皇帝后，发现了旧时的豹尾仪仗。正因如此，"建豹尾""竖豹尾"喻指建立帝王之业，《武昌记》[4]中记载，孙权有一次在樊口山下猎获一只豹子，路遇一个老婆婆劝他说："何不竖豹尾？"于是孙权后来开创了吴国，修建大姥庙作为纪念。《晋书·张骏传》记载了前凉国君张骏"舞六佾[5]，建豹尾"。

唐宋时期，豹尾车依然出现在天子的仪仗队中，《文献通考·王礼考》载，"太宗贞观元年（627）十一月，始加黄钺车、豹尾车，通为属车十二乘，以为仪仗之用"；《宋史·舆服志》中对豹尾车的形制有了更加具体的描述——"上载朱漆竿，首缀豹尾，右武卫队正一人执之。

1　在古人看来，不是所有的动物都认路，同书中就写道"虎出百里外即迷失道路"。

2　南朝刘宋开国君主，420—422 年在位。

3　南燕末代皇帝，405—410 年在位。

4　《水经注·江水》。

5　周代诸侯所用乐舞之规制。

图 14-6.....................................

［清］《大驾卤簿图》（局部）
辽宁省博物馆藏
魏峻生　摄

这幅图与本书第 12 章图 12-22 同属一幅。所表现的
是在皇帝御用玉辇之后的皇家卫队。其中包括手持弓矢、
大刀、豹尾枪的侍卫。

....

驾两马，驾士十五人"。值得一提的是，豹尾也出现在唐代节度使的军
队仪仗中，《通典·兵典》载，"门枪二根，以豹尾为刃楬，出居红旗后，
止居帐门前左右"，也即出征时，悬挂豹尾的门枪紧随军门旗后，驻扎
时则在将军营帐外分立两侧。

　　明清时期，豹尾车不见了踪迹，但是手执豹尾枪和豹尾幡的近卫亲

兵出现在天子出行的仪仗中（图 14-6）。与此同时，豹尾还被用于皇帝行营旗帜上的装饰，据清代允禄等编纂的《皇朝礼器图式·武备》所载，用于皇帝行营的旌门纛[1]、内城旗、行围后防旗，还有八旗士兵的八旗前锋校旗皆为"首冠金盘，上植豹尾，下注朱旄"（图 14-7）。

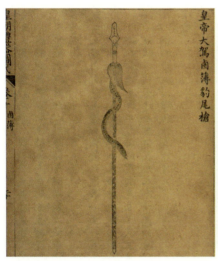
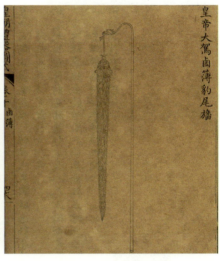

图 14-7

[清] 清代皇帝卤簿豹尾枪和豹尾幡[2]

《清会典·銮仪卫·卤簿》中对豹尾枪和豹尾幡的形制有十分具体的规定：豹尾枪长约四米，枪刃以木头覆盖，上面用黄漆绘有龙纹；刃柄相接的地方有云托，下面饰以红缨和一米多长的豹尾；豹尾幡由柄身向外伸出绿革金叶，下面吊挂着金铃，金铃上系着近三米的豹尾。

---

1 纛（dào）：军中大旗。
2 《皇朝礼器图式·卤簿》。

图 14–8

［西汉］漆木彩绘七豹大扁壶
荆州博物馆藏

这件扁壶是一件汉代大型盛酒水器，高 48.5 厘米、宽 56.0 厘米，出土于湖北江陵凤凰山 168 号汉墓。在器身两面和盖顶，绘有 7 只形态各异的花豹，它们或狂奔，或怒吼，或猎食，或回首，云朵、鸟儿、植物点缀其间，描绘了花豹归隐徜徉山林之间、自由自在生活的场景。

南山豹与避世归隐

豹天性机警敏感，喜欢特立独行（图 14-8）。在屈原的笔下，豹成为山神的坐骑（图 14-9），他在《九歌·山鬼》中写道："**乘赤豹兮从文狸，辛夷车兮结桂旗。**"山鬼作为山神，不会轻易以真面目示人，当他赴约时穿过人迹罕至的山林，便是赤豹拉车、花狸相随。《杂道书》[1]

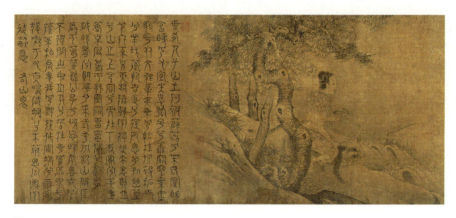

图 14-9...........................

[宋]（传）李公麟《九歌图卷》（局部）
台北故宫博物院藏

这幅描述山鬼的画作相传出自宋代李公麟所绘的《九歌图卷》，最早被收录于宋徽宗《宣和画谱》。南宋张澄《画录广遗》如此评价李公麟："*博古善画，尤长于佛神人物。率不入色，而精微润激，六法该畅。*"元代吴澄在《九歌图卷》画跋中赞叹道："*伯时画妙一世，而或传此画，若有神助。*"

---

1 《太平御览》卷八百九十二《兽部四》。

中所记载的仙人悠游的仙山，同样是远离人烟、栖息有豹兽的乐土："诸仙人所游之山也，上有豹兽。"

久而久之，豹的"避世隐居"之道，在古人眼中成为一种优秀的品质。《庄子·外篇·山木》中写道："夫丰狐文豹，栖于山林，伏于岩穴，静也；夜行昼居，戒也；虽饥渴隐约，犹旦胥疏于江湖之上而求食焉，定也。"花豹为了躲避危险，心甘情愿地隐栖山林，其间所表现出的平心静气、小心机警和心神安定，对身处乱世的人而言，不失为一种"借鉴"：既然江湖纷扰，处处隐藏着危险，何不像豹一样隐居山林？

后来，人们以豹的隐栖以避祸患，创造出了"南山雾豹"的典故。《列女传》记载，陶答子治理陶国三年，一心谋取私利，致使家富国贫。他的妻子怕迟早会招来祸患，就借山中的玄豹劝诫道："妾闻南山有玄豹，雾雨七日而不下食者，何也？欲以泽其毛而成文章也，故藏而远害。"后来，每当人们倦于宦海浮沉，向往远离世事的隐居生活时，便经常会引用这一典故。南朝著名山水诗人谢朓在《之宣城郡出新林浦向板桥》中写道，"虽无玄豹姿，终隐南山雾"。"初唐四杰"之一的骆宾王因不满武则天临朝篡位，便在给朋友的赠诗中写下了"我留安豹隐，君去学鹏抟"[1]，意思就是你去官场奋发有为吧，我就归隐山林了。同样，面对仕途不如意的元稹，白居易在《与元九书》中写下"时之不来也，为雾豹，为冥鸿，寂兮寥兮，奉身而退"，以此宽慰自己的好朋友。

---

[1] 《秋日送侯四得弹字》。

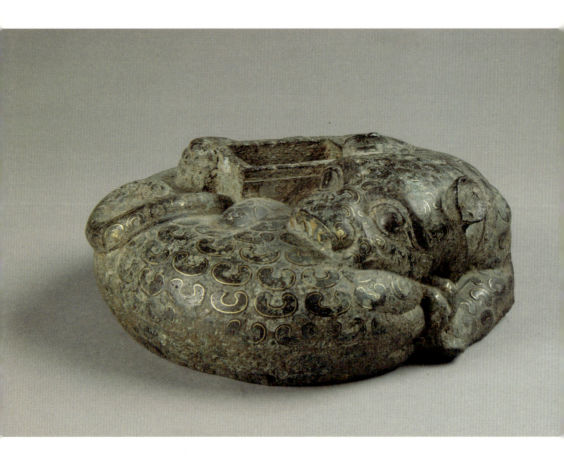

图 14-10...

这件铜豹镇出土于河南三门峡虢国墓地，花豹全身布满错金斑纹，豹头盘卧在身上，平静的目光炯炯有神，从它脖颈上的项圈可以看出这是一只驯豹；在它身体蜷缩的空隙中巧妙地嵌入了帷帐的底座。曾几何时，主人在帐幕里会饮宾朋，它则在一旁安静地守候。

图 14–11......................

[西汉] **豹形金镇**
南京博物院藏

....

　　这件纯金豹形镇出土于江苏省盱眙县南窑庄窖藏，通高 10.2 厘米、长 17.5 厘米、宽 16.0 厘米，空腹厚壁，浇铸成型，通体锤饰圆形斑纹。驯豹蜷伏成一团，豹头枕伏于前腿之上，神态警觉；颈部戴有三轮项圈，圈上有一环钮。金兽含金量 99%，重 9.1 千克，是目前中国所发现的古代金器中最重的一件。

驯豹之风和尚武传统

虽然豹喜欢隐栖于山林，但仍难逃猎人的掌心。人们逐渐发现，豹并不像虎、熊等其他猛兽那样难以驾驭，而是可以通过驯化，将其训练成狩猎时的好帮手。战国时期，虢国墓地出土的一件铜豹席镇，就在豹

图 14-12

[西汉] **豹形石镇**
徐州博物馆藏

这件石豹镇出土于徐州狮子山西汉楚王墓，采用圆雕技法雕刻而成，长23.5厘米、宽13.0厘米、高14.5厘米。豹子侧卧于台座之上，双目直视前方，目光中带着温驯，竖起的双耳又保持了几分警觉；脖颈上佩戴有华丽的嵌贝项圈，项圈上还有用以系绳的钮；豹子身材矫健，身上的云纹飘逸自如，鬃毛清晰可见，它一定是楚王狩猎时的好帮手。

图 14–13..........................

［西汉］西汉错金铜豹镇
河北博物院藏

....

这件铜豹镇出土于河北满城陵山 2 号汉墓，花豹做蜷卧状，脖颈猛向后缩，嘴巴张开，耳朵向后伸平，表现出受到惊吓，随时准备出击的瞬间。豹的双目镶嵌白玛瑙，因黏合剂中的颜料成分而呈现红色。豹身以错金为底，上面布满四叶草状的黑色斑纹，斑纹中央还有金色圆圈，极富艺术美感。

的脖颈处发现了项圈（图 14-10）。到了西汉，驯豹之风在贵族中更为盛行，不论是北方还是南方，在这一时期的墓葬中均出土了大量以驯豹为造型的席镇，足见汉代贵族在狩猎活动中对驯豹的喜爱（图 14-11 至图 14-13）。

不但中原的汉人喜欢驯豹，北方的游牧民族也同样如此。鲜卑人喜欢在狩猎时将猎豹放于马背上骑手的身后，随时听候主人命令，伺机而动。隋代画家展子虔在《北齐后主幸晋阳宫图》中便描绘了这一场景，元代郝经在为这幅画题诗时写道："马后猎豹金琅珰，最前海青侧翅望。"

图 14-14 ....

[唐]彩绘骑马带猞猁狩猎女俑
西安博物院藏

....

这件陶俑出土于唐代金乡县主墓。金乡县主是唐高祖李渊的孙女，她享受着封地的税赋，终生居住在长安，时常参与皇家的狩猎、宴乐和重大节庆活动。这件陶俑所刻画的是一位骑马狩猎的女子形象：她头梳双垂髻，身穿男子的服装，正转身向右望去，似乎发现了什么。在她身后，一只猞猁正机警地蹲在马背上。猞猁与豹一样，也是当时人们狩猎时的好帮手。

图 14-15..........................

[唐] **彩绘骑马带豹狩猎胡人俑**
　　西安博物院藏

....

　　这件陶俑出土于金乡县主墓，刻画了一位胡人狩猎者的形象。只见他头戴幞头，深目高鼻，一脸浓密的络腮胡；身穿缺胯袍，腰间系褡裢，足蹬长筒靴。在他的身后，马背上是一只颈戴项圈的猎豹，它沿着主人的目光，已经锁定目标，四肢蓄力正准备一跃而起，直扑猎物。

图 14-16 ·······························

[唐]彩绘陶胡人骑马斗豹俑
陕西历史博物馆藏
·······························

　　这件陶俑出土于中国历史上唯一的公主陵——唐代永泰公主墓，永泰公主是唐中宗与韦后的女儿。有时猎豹也会野性发作，不仅不听从主人命令，甚至还从背后搞起了"偷袭"，气得主人抡拳挥打。

到了唐代，李唐皇室酷爱狩猎，《唐会要·搜狩》中记载，李世民谈到人生的三件"乐事"："天下太平，家给人足，一乐也；草浅兽肥，以礼畋兽，弓不虚发，箭不妄中，二乐也；六合大同，万方咸庆，张乐高宴，上下欢洽，三乐也。"唐代开明的社会风气，使得许多贵族女性也以狩猎为乐，在她们的墓葬中，便出土了带着猞猁、猎豹狩猎的陶俑（图14-14至图14-16）。

驯养的猎豹被视为狩猎时的好帮手，于是经由西域王国进贡或粟特胡人贩运而源源不断地进入中原。与此同时，西域驯豹师也一同来到了长安（图14-17）。安史之乱后，大唐帝国国力渐衰，贡豹的盛景不再，《唐大诏令集》中记载唐肃宗于乾元元年（758）下诏："诸使应进鹰、鹞、狗、豹、貀等，一切并停"；《白孔六帖》中记载，唐德宗即位（779），"放诸国所献豹、貀[1]之类，悉纵之"，把宫中所圈养的豹全部放归野外。从此以后，贵族狩猎、猎豹跟随的场景化作了记忆的永恒。

宋元时期，在北方游牧民族的部落中，再次见到了驯豹的身影（图14-18）。《续资治通鉴长编》记载，天禧五年（1021），大宋使臣宋绶出使辽国归来后，向宋真宗讲述契丹人的风俗，"国主帐在毡屋西北，望之不见。尝出三豹，甚驯，马上附人而坐，猎则以捕兽"，这与唐代的驯豹场景何其相似。到了元代，《马可·波罗游记》中记载了忽必烈喜欢带着猎豹外出狩猎："大汗蓄有豹子以供行猎捕取野兽之用……汗每周亲往视笼中之禽，有时骑一马，置一豹于鞍后。若见欲捕之兽，则

---

1 貀（nà）：《后汉书》李贤注云："貀似豹，无前足。"

图 14–17...............................

这幅壁画出自唐中宗李显的嫡长子——懿德太子的陵墓，描绘了来自西域的驯豹师牵着驯豹的场景：其中一位驯豹师驻足停留，正朝着观者的方向看去；另一位驯豹师则小心翼翼地牵引驯豹向前。在这些经验丰富的驯豹师的严格训练下，这些驯豹最终成为贵族狩猎时的得力助手。

遣豹往取，取得之后，以供笼中禽鸟之食，汗盖以此为乐也。"耶律楚材的《湛然居士文集》中写道："御闲[1]有驯豹，纵之以抟[2]野兽。"蒙古人是看不起打猎时只会用猎犬和飞鹰的汉人的，他们更喜欢猎豹的威风凛凛，正如王恽在《飞豹行》中所描绘的那样："飞鹰走犬汉人事，

---

1 即皇家马厩。
2 抟（tuán）：搏斗。

图 14-18.....................................

［元］刘贯道《元世祖出猎图》
台北故宫博物院藏

....

　　黄沙浩瀚，朔漠无垠，元世祖忽必烈携皇后及一众随从，奔赴塞外戈壁狩猎。忽必烈骑一匹黑马，身着红衣白裘；皇后身穿白袍陪伴左右。身边的侍从，有的肤色黝黑，有的高鼻深目，体现了元帝国多民族杂居的时代特征。在画面的前方，一位骑士的背后蹲踞一头猎豹，它头戴络头，两条背带通过腋下收束在后背，看上去威风凛凛；另外两位骑士的手臂上，则分别站立着海东青和鹰隼。此时远方天际又飞来两只鸿雁，右后方的骑士旋即弯弓，蓄势待发。

以豹取兽何其雄。"

　　元初的驯豹来自西域商人，这些商人打着皇帝的旗号四处求购驯豹。到了元末，驯豹则基本来自驻扎在西域的宗室进贡。皇帝有时也将驯豹赏赐给有功之臣，《元史·速哥传》中记载，云国公的儿子天德于思"自中山北来，适有边衅，天德于思督造兵甲，抚循其民，无有宁息，形容尽瘁"，于是"帝闻而嘉之，赐驯豹、名鹰，使得纵猎禁地，当时眷顾最号优渥"。

明武宗与豹房

　　在明朝前期的100多年里，皇家畜豹之风风靡一时，至明武宗时为最盛。正德二年（1507），明武宗在畜养豹子的豹舍附近修建了一处富丽堂皇的宫殿"豹房"，《明实录·武宗实录》载："豹房之造，迄今五年，所费价银已二十四万余两，今又添修房屋二百余间。"明武宗在豹房治国理政，使这里成为大明帝国的政治中心。为了护驾之便，豹房常设随驾勇士，他们每人随身佩戴"豹房勇士铜牌"（图14-19）。这些勇士除了护卫皇帝外，兼有驯豹和带豹出猎的职责。

　　明武宗的畜豹行猎，实际上旨在重新恢复明代的尚武传统。盖杰民在《明武宗与豹房》一文中写道："武宗此举，亦在试图恢复一种在16世纪初几乎完全消失的生活方式和政治气氛。他的畜豹行猎，实为恢复明代军力及帝王的勇武作风；在豹房，他可以从事恢复明代军事实力的活动而免受文官之牵制。他亲自挑选在豹房随侍之人，所选大部分是外

图 14-19 ....

[明] 豹房勇士铜牌
中国国家博物馆藏

....

这件铜牌高 9.8 厘米、厚 0.7 厘米，正面铸有一只蹲坐的豹子，坐姿中显现出驯服，目光中透露着机警，上方是这件铜牌的编号："豹字九百五十五号"；背面铸有文字："随驾养豹官军勇士悬带此牌，无牌者依律论罪，借者及借与者罪同。"由于明武宗将朝廷大内"搬"到了豹房，因此身边侍卫都佩戴有这种铜牌，以方便出入宫禁。

国人和武夫，这些人在他指示之下，开始重练明代的官军。"[1]

　　明武宗将越来越多的军政事务移到豹房处理，导致紫禁城中的朝廷大内形同虚设，遭致那些大权旁落的文官不满。正德十四年（1519），太监张永敦促首辅杨廷和前往豹房面谒武宗，杨廷和气愤填膺道："我辈止知圣驾在乾清宫，不知豹房何在。闻公等朝夕奏事豹房，不知所奏

――――――――――――

1 盖杰民（James Geiss）：《明武宗与豹房》，《故宫博物院院刊》1988 年第 3 期。

何事，我辈名为大臣，凡事不得与知。"[1] 既然皇帝的日常起居全都在豹房，宫廷娱乐也就一并搬了过来，那些失势的文官便借机各种挖苦、讽刺，其中便包括添油加醋地演绎出明武宗在豹房中的宫闱风流事，这在《明实录·武宗实录》中比比皆是。

自从明武宗的堂弟明世宗接替皇位后，彻底终结了宫廷畜养驯豹。嘉靖七年（1528），提督豹房太监李宽上奏称：

> 永乐、宣德年间，旧额原养金线豹、玉豹数多，成化间养土豹三十余只。弘治年原养哈喇二只，金线一只，玉豹二十余只。正德等年间原喂养土豹九十余只。嘉靖年原养玉豹七只。旧额设立奉命采取及各处内外守臣进贡豹只给与本房喂养，自立国以来，已经百余十年。非今日之设，非系无益之物。今止有玉豹一只，比旧太少，止费羊酒二斤。伏望圣旨悯念旧规，庶不有负祖宗成宪[2]。
>
> ——《殊域周咨录·西戎》

尽管负责管理豹房的太监历数明朝开国100多年来养豹之传统，甚至将畜养豹子视为祖宗之法，但仍然遭到了明世宗的驳斥，并且明令"今后再不许进收，该科记着"。最终，明武宗寄希望于通过畜养驯豹狩猎以恢复明朝军事传统和帝王勇武作风的努力随着豹房的没落而告终，武宗本人也成为明朝最后一位御驾亲征的皇帝。

---

1 《杨文忠公三录》。
2 成宪：既有的法律和规章制度。

第十五章

与熊之间

永生信仰和驱鬼辟疫

从古至今，人们对长生不死就有一种天然的信仰。在生产力极其低下的远古时代，人的平均寿命不到 20 岁，从那时起，古人就开始了对永生的幻想和探索。在他们看来，熊在每年冬天时会在山洞中"死"去，等来年春暖花开时又会重新苏醒，这便是他们梦寐以求的"死而复生"的神力。在此基础上，原始社会出现了最初的神熊崇拜。在距今 5000 多年的红山文化遗址中，出土了明显带有熊的特征的泥塑和陶塑（图 15-1、图 15-2）；后来，还出现了以熊为原型的玉饰（图 15-3、图 15-4）。

图 15-1...

［新石器］熊首陶罐
　　　　朝阳市德辅博物馆藏
....

这是一件夹砂红陶陶罐，整体以熊首为造型，塑造了一只正在咆哮的神熊形象。熊耳之间钻有两个圆孔，可用于系挂；熊首脸颊两侧还各有一个圆耳，同样可以用来穿绳。熊口是如此夸张，再加上圆孔的限制，不论是平放还是立起来，盛放空间都十分有限。或许这也说明了这件陶罐并非日常所用，更有可能是出现在祭祀等具有象征意义的场合。

图 15–2 ....

[新石器] **熊爪泥塑件**
　　　朝阳牛河梁遗址博物馆
　　　任疆　摄
....

　　这件熊爪泥塑出土于辽宁牛河梁红山文化遗址，出土地点因发现一件面涂红彩的泥塑女像而被命名为"女神庙"，是我国迄今为止所发现的最早的祭祀遗址。在那里同时还发现了鹰爪、鸟翅的泥塑，这也反映出当时图腾崇拜的盛行。

图 15-3 ....

[新石器] 玉龙
上图：上海博物馆藏
下图：辽宁省博物馆藏

....

　　作为红山文化的代表，玉龙已广为人知。有学者根据其造型称之为"玉猪龙"，也有学者结合神熊崇拜的信仰和其他出土遗物，认为应称其为"玉熊龙"[1]，所表现的是冬眠中蜷曲的熊。这两件玉龙都只保留了熊首，而将熊身进行了极大的简化与抽象。第一件比第二件的器形更小，且熊首更接近现实中的熊，历史也更为古老。第二件玉龙高 15.0 厘米、最宽 10.0 厘米，很可能在当时已被作为祭祀仪式中巫觋手捧的"圣物"，是原始神巫时代权力与地位的象征。

---

1 郭大顺：《"玉猪龙"应改名叫"玉熊龙"》，《辽宁日报》，2020 年 7 月 10 日。

图 15–4.............................

［新石器］**熊鸮形玉佩**
　　　　台北故宫博物院藏

....

　　这件玉佩高 7.90 厘米、宽 8.65 厘米、最厚 1.50 厘米，背面横穿一孔用于系挂，属于红山文化晚期的佩饰。从外形上可以看出鸮形的轮廓，主体却是一个双臂向上伸展、张牙舞爪、似乎戴着熊首面具的人，这反映了红山文化的先民们熊和鸮的图腾崇拜，或许也成为后来被称为"方相氏"的巫傩起源。

后来，古人试图在熊的身上寻找永生的秘诀。《庄子·内篇·刻意》中记载了先秦时期，人们通过模仿熊的动作来延年益寿："吹呴[1]呼吸，吐故纳新，熊经鸟申，为寿而已矣。"到了汉代，求仙思想盛行。在神仙的世界里，到处都有神熊活跃的身影（图 15-6 至图 15-8），而那些长生的仙人显然是从熊身上寻找到了长生不老的"秘诀"。《后汉书·方术列传》中记载，华佗认为"是以古之仙者为导引之事，熊经鸱顾，引挽腰体，动诸关节，以求难老"。后来，华佗创立了"五禽之戏"："一曰虎，二曰鹿，三曰熊，四曰猿，五曰鸟。"华佗的徒弟广陵人吴普勤习五禽戏，"年九十余，耳目聪明，齿牙完坚"。

与此同时，自上古时代以来，熊还被视为拥有驱鬼辟疫的"本领"。中国历史上最早的巫觋，他们身披熊皮，头戴熊首面具，在原始的巫乐伴奏下，出现在古老的驱疫仪式上。后来，人们称他们为"方相氏"。《周礼·夏官·司马》中记载，"方相氏掌蒙熊皮，黄金四目，玄衣朱裳，

图 15-5.....................

[春秋] 熊足兽耳青铜铹[2]
台北故宫博物院藏

铹出现于西周，盛行于东周，是羽觞的雏形。这件青铜铹通高 7.8 厘米、长 21.8 厘米，器身呈椭圆形，两侧带錾耳，上面饰兽面浮雕；器身下以四只神熊为器足，它们垂首弓背，双手抱胸，合力扛起了巨大的器身，这也成为后世以熊为器足的滥觞。

---

1 呴（xǔ）：慢慢呼气。
2 铹（hé）：青铜酒器，相传为褎妣所发明。

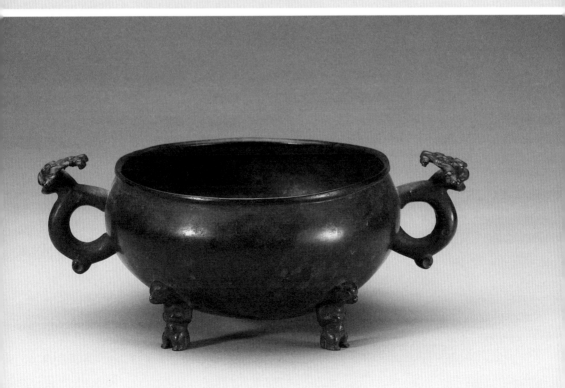

图 15-6...................................

....

　　"樽"是汉代主要的盛酒器，这件筒形樽通高 19.6 厘米，周身以博山为背景，重峦叠嶂间生活着各种各样的珍禽异兽，它们有的恣意奔跑，有的驻足凝望，有的站在山巅远眺；山中还有肩生双翼的羽人在隐居修炼。樽底三足为三只神兽造型，其中一只应为神熊，只见它龇牙咧嘴，一看便是使出了浑身的气力，十分生动有趣。

这件铜鼎可能是迄今为止中国历史上发现的最早的"高压锅"，出土于河北满城刘胜墓，通高 18.1 厘米、口径 17.2 厘米，鼎足是三只蹲坐的立熊。小熊弯腿抚膝，卷耳圆目，咧嘴嬉笑，憨态可掬。鼎盖呈覆盘形，上面有四小兽等距离环立，鼎耳上还有两只可翻转的小兽，用于合盖后卡在鼎盖上，从而将铜鼎紧紧闭锁。

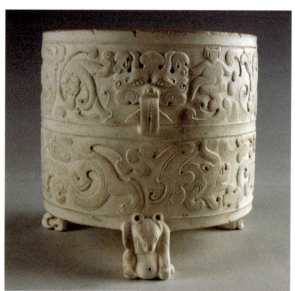

图 15-8

[东汉] 仙人神兽纹玉樽
湖南博物院藏

　　这件玉樽出土于湖南安乡西晋刘弘墓，通高 10.5 厘米、口径 10.5 厘米，以三只圆雕蹲熊作为樽足，器身纹饰被三道凹弦纹分割成上、下两部分。上层浮雕出对称的铺首，一共有三组纹饰：两只螭龙在云海中翻腾，两只长喙独角龙正在对峙，还有西王母与手持芝草的仙人。下层同样有三组纹饰：羽人持芝草戏螭龙，独角兽与螭龙争抢芝草，熊与独角龙在云中嬉戏。这件具有明显西汉晚期至东汉初期特征的玉樽出土于西晋墓中，内部还发现有少许墨迹残留，证明它曾经是墓主刘弘生前珍藏的古物。

执戈扬盾，帅百隶而时傩，以索[1]室驱疫"。到了汉代，人们会在死者下葬时请来方相氏驱鬼，因为相传魍鬼喜好吃死者的身体。《风俗通义》[2]载："方相氏，葬日入圹驱罔象，罔象好食亡者肝脑。"当然，由于方相氏不可能永远停留在墓中，因此人们想出了两种办法：一是在墓葬中的石壁上，刻上神熊或是方相氏的形象（图15-10、图15-11），用来震慑鬼魅，守护亡魂；二是"罔象畏虎与柏，故墓前立虎与柏"，这便是镇墓兽的由来。

图 15-9

[夏] 骨雕
二里头夏都遗址博物馆藏

1 索：藏匿。
2 《封氏闻见记》卷六。
3 猴在中华文化史中最早的意象源于"周穆王南征，一军尽化，君子为猿为鹤，小人为虫为沙"（《抱朴子·内篇·释滞》），也就是战死的军士中，地位高贵的人变成了猿与鹤；汉代墓葬画像石中的猿猴形象很可能就带有此寓意。宋代以后，以猴谐音"侯"寓意官运的实证才开始出现。

这件骨雕高 2.20 厘米、最宽 0.95 厘米，出土时被安放在夭折孩童的胸前。虽然有人将其命名为"骨猴"，但是在夏商文化体系中尚未发现猴的特殊寓意[3]，同时骨雕上也并没有猴的长尾。因此，这并不是猴，而很有可能是身戴熊首面具的方相氏，寄托了父母希望方相氏驱除疫鬼，保佑孩童健康平安的企盼。

［东汉］方相氏画像石

沂南县北寨汉画像石墓博物馆藏

图 15-10

　　在山东沂南北寨汉墓中，出土了大量刻有方相氏形象的建筑石构件，这两件画像石就是其中的一部分。它们的规格完全相同，长 33.5 厘米、高 21.0 厘米，上面均刻有头戴魌头[1]，左手执板斧，右手执锤子的方相氏形象。

---

1 魌（qī）头：古代打鬼驱疫时所用面具。《周礼注疏》中郑玄对方相氏"蒙熊皮"注释为："蒙，冒也；冒熊皮者，以惊驱疫疠之鬼，如今魌头也。"

图 15–11

[东汉]神兽铺首衔环画像石
南阳市汉画馆藏

这件画像石出土于河南南阳方城县城关镇汉墓，高162.0厘米、长70.0厘米。以铺首衔环为界，上面是振翅腾飞的神龙，下面是手舞足蹈的神熊。铺首衔环最早始于商代，出现在祭祀所用的青铜器上；到了汉代，除青铜器、陶器外，还广泛出现在建筑和墓门上，以"辟不祥，示守御之义"(《字诂》)，对后世影响深远。

有熊氏的后人

红山文化的神熊崇拜，让熊成为原始部落最早的图腾，为我们探寻华夏民族的起源提供了有力的线索。苏秉琦曾指出："《史记·五帝本纪》中所记黄帝时代的活动中心，只有红山文化时空框架可以与之相应。"如果结合《史记正义》中"黄帝，有熊国君，号曰有熊氏"的记载，黄帝及其所领导的部落很可能就是以熊为图腾的部族后人。他们以"有熊"为氏，熊首杖成为部落中权力的象征（图15-12）。后来，黄帝率领部族向南迁徙，定都中原，《帝王世纪》[1]载"（新郑）县故有熊氏之墟，黄帝之所都也"，中原这个地方后来便以"有熊氏"为名，被人们称为"有熊"。

身为有熊氏的后人，不论经历多少世代，血脉中始终流淌着神熊崇拜的"基因"，死后还会化身为黄熊。通过对不同时期历史文献记载的"拼贴"，我们可以还原出"有熊氏"从黄帝到禹世代传承的序列：《帝王世纪》[2]中写道，"黄帝有熊氏，少典之子，姬姓也"；《尚书埤传》载，"黄帝至禹皆同姓，而异其国号"。禹作为黄帝的后裔，当他的父亲鲧因治水不力被尧处死后，亡魂化为黄熊。《礼记正义·王制》载，"昔尧殛[3]鲧于羽山，其神化为黄熊，以入于羽渊"。后来，禹治水功成，成为天下的共主。在禹号令四方的旗帜中，代表中央的旗帜上描绘着熊的图案。《容成氏》第20号简记载："禹然后始为之号旗，以辨其左右，

---

1 《水经注·洧（wěi）水》。

2 《艺文类聚》卷十一《帝王部一》。

3 殛（jí）：杀死。

图 15-12............................

[新石器] 熊首石饰
台北故宫博物院藏

....

这件石饰通高 15.0 厘米、宽 3.5 厘米，分为上下两节，以切面相合，中间穿有圆孔，以便利用绳索或木签将两节固定相连。上一节的顶端雕刻有熊首，下一节的底端弯绕成圆凸状。当两节相连后，可以用手执拿，这也许就是有熊氏部落首领的权杖。

图 15-13............................

这件画像石出土于河南南阳唐河湖阳罐山汉墓，长165.0厘米，上面刻画了一熊戏龙虎的生动画面：只见一只体态稍显臃肿的神熊，正直立身体，两只熊爪分别拽住了一条龙和一只虎的尾巴。龙虎回首怒吼震慑，神熊却丝毫不为所动，依然我行我素。如果不是历史上的有熊氏曾率领龙虎部落的兄弟们打遍天下无敌手，恐怕汉代人是无论如何不敢塑造出如此恣意的神熊形象的。

思民毋惑。东方之旗以日，西方之旗以月，南方之旗以蛇，中正之旗以熊，北方之旗以鸟。"

　　当禹征服天下后，会在每年祭祀天地的时候配祭他的父亲鲧，后来的夏、商、西周皆延续了这一传统。对发迹于西北的周王室，他们也试图通过"姬姓"来寻找华夏民族的族源认同。在此基础上，周人开创了礼制时代，而祭祖是礼制中最重要的组成部分；一旦数典忘祖，便会遭到来自祖先的报复，先祖们会化身黄熊，托梦警示后人。《左传·昭公七年[1]》中就记载了这样一个故事：

---

1 公元前 535 年。

　　郑子产聘[1]于晋。晋侯疾，韩宣子逆[2]客，私焉，曰："寡君寝疾[3]，于今三月矣，并走群望，有加而无瘳[4]。今梦黄熊入于寝门，其何厉鬼也？"对曰："以君之明，子为大政，其何厉之有？昔尧殛鲧于羽山，其神化为黄熊，以入于羽渊，实为夏郊，三代祀之。晋为盟主，其或者未之祀也乎？"韩子祀夏郊，晋侯有间[5]。

——《左传·昭公七年》

　　这个故事讲述了郑国大夫子产出访晋国，迎接他的韩宣子私下里告诉他，晋平公卧病在床三个月，没有一点好转的迹象，还梦见黄熊来到他的卧室，不晓得是何方厉鬼作祟。子产向韩宣子解释黄熊是鲧的化身，鲧托梦就是要提醒晋平公祭祀中没有尽到祭祀鲧的义务。原来，自晋文公被周襄王封为诸侯盟主后晋国便开始祭祀天地，也会配祭先祖，到了晋平公时，却忽略了鲧。于是，韩宣子赶忙安排在夏郊祭祀鲧，不久晋平公的病就好了。

　　除此之外，在带有预言性的梦境中，姬姓祖先也以熊的面貌出现。晋定公十二年（前 500），晋国执政赵简子鞅患病不省人事，做了一个漫长而奇怪的梦：

---

1 聘：访问。

2 逆：迎接。

3 寝疾：卧病。

4 瘳（chōu）：病愈。

5 有间：病症痊愈。

图 15-14 ···

[东汉] 雷公出行图画像石拓片
徐州红楼祠堂藏

···

这件画像石出土于徐州铜山县（今为铜山区）红楼祠堂，是墓葬的顶盖石。在画像石上部，三只翼虎驾一云车，云车车轮为两只神龟，云车左右各置一建鼓，分别由一只乌龟背负。神熊交腿盘坐于车舆中，执桴击双鼓，疑为雷公。云车正前方是一引路仙人，他身穿圆领横纹短衫，短裤赤足，双手挥舞着帛带。云车四周簇拥着四足神鱼、禽鸟、骑虎羽人、熊面神兽，好不热闹。

　　简子寤[1]，语大夫曰："我之帝所甚乐……有一熊欲来援[2]我，帝命我射之，中熊，熊死。又有一罴来，我又射之，中罴，罴死。帝甚喜，赐我二笥[3]，皆有副[4]。吾见儿在帝侧，帝属我一翟犬，曰：'及而子之壮也，以赐之。'"

——《史记·赵世家》

——————————

1 简子：赵简子即赵鞅。寤：睡醒。

2 援：拉拽。

3 笥（sì）：用来放置竹简的盒子。

4 《风俗通义校注·皇霸篇》认为"副"指笥中之策（竹简）的副本。

　　赵鞅醒来后，就把梦中所见告诉了身边的近臣：在天帝的居所，赵鞅遇到两只难缠的熊，天帝就命他将熊射杀，还赏给他两个带竹简的盒子；然后嘱咐他等儿子长大后把一条狗赐给他。赵鞅百思不得其解，突然有一天正准备出门时遇到一个奇人，成功帮他解开了这个充满隐喻的梦。那人说"帝令主君灭二卿，夫熊与罴皆其祖也"，原来，两只熊是同为姬姓的范氏和中行氏的先祖，赵鞅梦中射熊意味着赵氏不久将消灭范氏和中行氏；那人又说"翟犬者，代之先也，主君之子且必有代"，也就是赵鞅的儿子未来将占领代地，吞并两个狄人的国家；后来的历史果然如奇人所说的那样真实发生了。

图 15-15

[西汉] 记重铭文兽纹金带扣
徐州博物馆藏

　　腰带牌饰原本是北方匈奴民族的配饰，多为青铜材质，少量鎏金或以金银铸造，后来这种牌饰文化也影响了中原王朝。这件出土于徐州狮子山楚王墓的金带扣，从它的铸造工艺和带扣系结方式来看，应产自中原地区。它由两块长方形金带板和一枚金扣舌组成，带板正面的浮雕表现了两只熊合力捕食一匹马的瞬间，线条遒劲有力，极具动感。

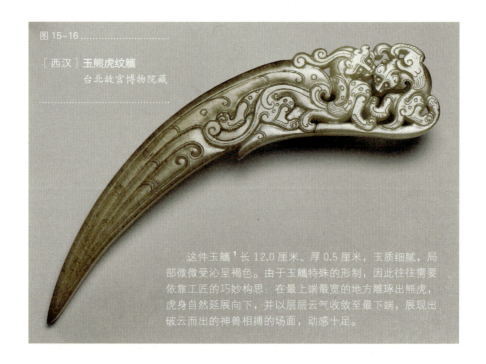

图 15-16

[西汉] 玉熊虎纹觽
台北故宫博物院藏

这件玉觽¹ 长 12.0 厘米、厚 0.5 厘米，玉质细腻，局部微微受沁呈褐色。由于玉觽特殊的形制，因此往往需要依靠工匠的巧妙构思：在最上端最宽的地方雕琢出熊虎，虎身自然延展向下，并以层层云气收敛至最下端，展现出破云而出的神兽相搏的场面，动感十足。

到了汉代，昌邑王刘贺梦见熊，后来登上了帝位，这也是来自祖先的庇佑。历史上，刘氏将其先祖追溯至黄帝。《汉书·高帝纪》载，"汉帝本系，出自唐帝"，唐帝即唐虞；唐虞又可以追溯到尧帝，《西汉会要·帝号》载，"祖自虞以上为陶唐氏"，而《世本·氏姓篇》中写道，"帝尧为陶唐氏……尧是黄帝玄孙"。然而，汉代人似乎已经忘记了自

---

1 觽（xī）：一种玉佩饰。

图 15-17

[西汉] 熊形玉带钩
台北故宫博物院藏

这件玉带钩长约 3.2 厘米，刻画了一只"双手叉腰"的神熊形象。神熊脖颈下弯，天然构成了带钩的形状，熊耳、熊眼等清晰可辨；但从熊身所穿着的宽袍大袖来看，似乎并非真的神熊，而是熊首神人。不论汉室贵族是否还记得神熊祖先，抑或仅仅将神熊作为能够驱疫辟邪的方相氏，在他们心目中，这件玉饰都能够保佑佩戴之人健康平安。

已是有熊氏的后代。《汉书·五行志》中记载了刘贺在昭帝时期，"闻人声曰'熊'，视而见大熊。左右莫见"。对刘贺大白天梦见熊，郎中令龚遂以"熊，山野之兽，而来入宫室，王独见之，此天戒大王，恐宫室将空，危亡象也"加以劝谏，但其实熊预示着刘贺即将成为帝国的天子。尽管即位不久便惨遭废黜，但刘贺一生都没有忘记那只熊，他命人雕琢了一件熊形玉饰，死后随他葬入了陵墓（图 15-18）。

图 15-18

［西汉］熊形石嵌饰

汉代海昏侯国遗址博物馆藏

历史没有绝对的真实，文字有时并不可信。刘贺绝不可能因"受玺以来二十七日"，做下荒唐事"凡千一百二十七事"而惨遭废黜，更有可能是他不甘做一个傀儡皇帝。最终，他不但离开了长安的宫殿，连原本富饶的封地都没能保住，被迫迁居豫章的一片泽国。在那一刻，他一定会想起当年的那只熊：有熊氏的列祖列宗，既然显灵了，为何又不庇佑我？在这件石嵌饰上，神熊举止投足间露出的狡黠和诡异，似乎道尽了他内心的疑惑。

得熊和梦熊的吉兆

正因古人以有熊氏的后人自居，所以，熊就寓意着来自祖先的庇佑，被视为吉兆。《淮南子·道应训》中记载，商纣王把周文王囚禁在羑里城时，"散宜生乃以千金求天下之珍怪，得黄黑，以献于纣。纣见而说（悦）之，乃免其身"，看见黄熊的纣王大喜过望，免除了周文王的牢狱之灾。所谓的"黑"其实也是熊，在古人眼中，它们只是体形大小不同。《钦定盛京通志》卷十五中写道，"小者为熊，大者黑"；郭璞在《尔雅注》中也写道，"（黑）似熊而长头高脚，猛憨多力，能拔树木，关西呼曰黑"。后来，周成王在位时，周边少数民族也曾进献熊，《周书》[1]中就记载有"东胡献黄熊""不屠国进青熊"。

古人视得熊为吉兆，后世在对那段历史进行演绎时，创造出了"飞熊入梦"得贤臣的典故：

> 昔商高宗曾有飞熊入梦，得傅说于版筑之间。
>
> ——《封神演义》第二十三回

> 却说西伯侯夜做一梦，梦见从外飞熊一只，飞来至殿下。文王惊而觉。至明，宣文武至殿，具说此梦。有周公旦善能圆梦。周公曰：

---

1 《天中记》卷六十。

图 15-19

［西周］圆雕玉熊

美国哈佛艺术博物馆藏

Jade Seated Bear in the Round, Harvard Art Museums/Arthur M. Sackler Museum, Bequest of Grenville L. Winthrop, Photo © President and Fellows of Harvard College, 1943.50.307

　　这件玉熊高 5.5 厘米，重 88 克，刻画了一只抱膝踞坐的熊。熊的圆耳竖起，双目圆睁，平视前方，嘴巴微启，以粗阴刻线雕刻出了四肢和熊爪，熊身表面还残留有朱红色的颜料。早在商代武丁时期，殷墟妇好墓中就发现了类似的圆雕玉熊（现藏中国国家博物馆）；在山西曲沃晋侯墓地中也曾出土玉熊（现藏山西博物院），可见熊在商周时期的贵族阶层中广受欢迎。

"此要合注天下将相大贤出世也。梦见熊，更能飞者，谁敢当也？合注从南方贤人来也。大王今合行香南巡寻贤去也。贤不可以伐。"

——《武王伐纣平话》卷上

　　商王武丁梦飞熊而得傅说，周文王梦飞熊而得姜尚（图15-20）。傅说是武丁的重臣，武丁即位后，商朝已经衰败，他想重振国家，在梦见飞熊后不久，就在傅岩这个地方找到了正在筑墙的傅说。在起用傅说为相后，武丁在傅说的建言下，整饬朝纲，惩治腐败，大力推行新政，迎来了商朝的复兴，史称"武丁中兴"。姜尚是著名的姜太公，周文王在梦见飞熊后请周公来解梦，不久便找到了在渭水边垂钓的姜尚。姜尚先后辅佐了文王、武王、成王、康王等四代周王，既主军、又问政，武能安邦，文能治国，在推翻商朝统治、建立周朝，以及后来治理齐地、平定管蔡之乱中立下了汗马功劳。

　　在周代，姬姓作为有熊氏的后裔，将梦熊视为生男孩的吉兆。《诗经·小雅·斯干》是一首庆祝贵族宫室落成的赞歌，其中记录了梦熊的喜悦："吉梦维何？维熊维罴……维熊维罴，男子之祥""乃生男子，载寝之床，载衣之裳，载弄之璋。其泣喤喤，朱芾斯皇，室家君王"。生下男孩要给他睡大床，穿华美的衣裳，还要让他玩耍象征权力的玉璋；他的哭声是多么响亮，在将来一定可以穿上红色蔽膝，成为天子和诸侯。

　　梦熊生男孩的典故流传后世上千年，明代徐应秋《玉芝堂谈荟》中

---

1 元仁宗孛儿只斤·爱育黎拔力八达的年号，1314—1320年使用。

求賢若渴寸心
真早識奇才渭
水濵夢叶祥徵
招大隱卜年七
百首知人

图 15-20

［宋］《非熊叶梦》对页
台北故宫博物院藏

这件宋人所绘的绢本设色画收录于《宋元集绘》册，描绘了周文王率领一行人寻访贤相，在渭水边遇见姜太公的一幕，对页纸本写有嘉庆皇帝的御制诗一首："求贤若渴寸心真，早识奇才渭水滨。梦叶祥征招大隐，卜年七百首知人。"诗后盖有两方印记："日监在兹""典学勤政"。其中，"日监在兹"出自《诗经·周颂·敬之》，意即对臣子的所作所为明察秋毫。

记载"苻健母羌氏梦大熊据户而孕健""雷机母梦黑熊行天而生机"。苻健是前秦的开国皇帝，雷机是元代延祐[1]年间进士。正因如此，有人便将熊的形象绘制在枕头上，希望可以借此保佑生男孩（图15-21）。《旧唐书·五行志》中记载，唐中宗韦后的妹妹韦七姨，嫁给了将军冯太和，"权倾人主，尝为豹头枕以辟邪，白泽枕以辟魅，伏熊枕以宜男"。

赤熊和鼓吹十二乐

在汉代，赤熊是朝廷政治清明的象征。《孝经援神契》[1]中写道，"赤熊见则奸宄[2]自远""赤黑见，奸宄息，佞人离则出"；《金石索·石索四·武氏石室祥瑞图二》所收录的修建于东汉桓帝建和元年（147）的武梁祠画像题铭中也有"赤黑，仁奸明则至"的记载。正因如此，自汉代以来，出现了大量以熊为造型的席镇（图15-22、图15-23）和文房用具（图15-24、图15-25）。

后来，赤熊的寓意与宫廷礼乐相结合，熊成为皇家乐案上的装饰。《文献通考·乐考》记载，南朝梁武帝改革乐制，创立了"鼓吹十二案"："在乐悬[3]之外以施，殿庭宴飨用之，图熊黑以为饰。"虽然没有具体

---

1 《太平御览》卷九百八《兽部二十》。

2 宄（guǐ）：奸诈不法之人。

3 根据《周礼·春官·宗伯》中的记载，宫廷正乐将钟、磬等乐器悬挂在架子上，被称为"乐悬"，其形制根据用乐者身份等级，从周天子的四面悬挂，到诸侯的三面，再到卿大夫的两面和士的一面。

图 15-21........................

[北宋] 白地黑花熊纹瓷枕
大英博物馆藏

....

Cizhou ware ceramic pillow, The British Museum, Purchased from George Eumorfopoulos, Photo © The Trustees of the British Museum, 1936,1012.169

　　这是一件宋代磁州窑瓷枕，采用了典型的白地黑花工艺烧制而成，高 23.4 厘米、宽 33.5 厘米。枕面上绘有一只被绳索拴住脖子的小熊，它不甘被束缚，两只熊掌拄着一根木头正在努力尝试将绳割断，看上去十分有趣。宋人睡在这样的瓷枕上，不知是否还心怀"伏熊枕以宜男"的祈盼？

图 15-22 ·······································

[西汉] 鎏金熊形青铜镇
美国克利夫兰艺术博物馆藏

·······································

Mat Weight in the Form of a Bear, The Cleveland Musuem of Art, John L. Severance Fund 1994.203

这件铜镇高17.3厘米，长、宽大约各15.0厘米，应为汉朝皇室及高级贵族在重要场合中镇席所用。只见熊悠闲地蹲坐在那里，右腿屈膝直立，左腿屈膝平放在地上，身体微微前倾，两只前爪抱地，面带微笑注视着前方，一副憨态可掬的样子。

图 15-23 ....

[西汉] **鎏金熊形青铜镇**
中国国家博物馆藏

....

这对熊镇通高 5.0 厘米，应为贵族日常生活中所使用。小熊蹲坐在那里，昂首张口，脖颈微缩，双手掌心朝外。也许在那一刻，它陶醉于主人宴请宾客时一旁的歌舞，不由得像人一样拍起手掌来。

图 15-24 ....

[西晋] **青瓷熊形灯**
台北故宫博物院藏

....

这件青瓷熊形灯通高
14.5 厘米，由灯盏、灯柱和
三足折沿承盘三部分构成。
一只憨态可掬的小熊蹲坐在
承盘中，它的腹部微微鼓
起，双手托起了一个巨大的
灯盏。永生的神熊托起长明
的灯盏，为墓主点亮了漫漫
长夜。承盘底刻"甘露元年
（265）五月造"铭文，使其
成为目前中国历史上最早有
明确纪年的瓷灯。

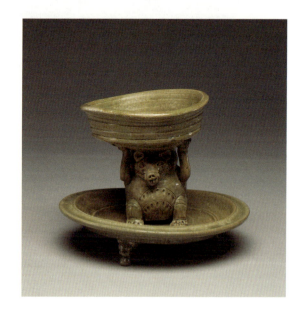

图 15–25 ．．．．．．．．．．．．．．．．．．．．．．．．．．

［元］独占鳌头玉笔筒
美国克利夫兰艺术博物馆藏

．．．．．．．．．．．．．．．．．．．．．．．．．．．．．．．．

Champion Vase, Cleveland Museum of Art, Anonymous Gift 1952.505

　　这件玉笔筒通高 9.2 厘米，正面刻画了赤罴脚踏鳌头的形象。"独占鳌头"的说法最早出自元代杂剧《陈州粜米》楔子——"殿前曾献升平策，独占鳌头第一名"，寓意科举高中，仕途一片光明。赤罴是政治清明的象征，立于鳌头之上，寓意今后为官清正廉洁。有趣的是，笔筒背面刻画了一只脚踩鳌臀的牛首人身形象，那双手叉腰、目中无人的气势，演绎出了登科后的"牛气冲天"。

图 15-26 ·····················

[西汉] 熊雀形铜器足
河北博物院藏

·······················

这件铜器足出土于河北满城刘胜墓，发现时一共有两件，形制大小相同。这也是目前国内发现的唯一熊踏朱雀造型的器物。从熊"长头高脚"的特征可以推断，这便是被汉代人视为政治清明之兆的"赤罴"。只见它蹲立在朱雀之上，弓背鼓腹，左手搭腿，右手上举齐肩，呈托举状；朱雀昂首展翅，长尾上扬，在它们的合力下，案台被稳稳支起。

图 15-27 ·····················

[西汉] 熊形鎏金铜器足
美国旧金山亚洲艺术博物馆藏

·······················

Tubular fixture in shape of a bear, one of a pair, 206 BCE-9 CE. China. Western Han period (206 BCE-9 CE). Bronze. Asian Art Museum of San Francisco, The Avery Brundage Collection, B66B13. Photograph © Asian Art Museum of San Francisco.

这件铜器足高 5.5 厘米，出土时一共有两件，以圆雕的方式刻画了一对憨态可掬的立熊：小熊体态浑圆，双掌抚膝蹲坐，熊首因肩扛重物而几乎贴在了圆鼓鼓的肚皮上；全身以錾刻表现肌肤和毛发的纹理，同时在小熊的眼睛、耳朵、大臂外侧、膝盖、腹部饰有蓝色玉石。

说明如何装饰，但从后来《隋书·音乐志》中所记载的大业年间"依梁为十二案……案下皆熊罴貙豹，腾倚承之"可以推断，乐案应当采用了熊形案足；而早在汉代，熊形器物足已十分常见（图15-26、图15-27）。可以想象，在每个乐案上坐10名乐官，其中"龙凤鼓一、金镯一、羽葆鼓一、歌工三、箫二、笳二"，在音乐表现上层次更加丰富，彰显了政治清明下的煌煌盛世。

后来，鼓吹十二案进一步发展。《乐府杂录·熊罴部》中记载，隋炀帝在桌案原有的熊罴装饰基础上，还增加了虎、豹的形象，以"象百兽之舞"，应和了《尚书·舜典》中"予击石拊石，百兽率舞"的典故；同时演奏《万宇清》《月重轮》[1]等作品，被称为"十二案乐"，从曲目名称上，也可以看出君主仁德、天下太平的美好愿景。到了唐代，鼓吹十二案不再用于普通宴飨，而是"含元殿方奏此乐也"，也就是只有在元旦、冬至等盛大朝贺，或是外邦来朝的时候才会演奏。这一时期的桌案也更加雄伟壮观，"其熊罴者有十二，皆有木雕之，悉高丈余，其上安版床，复施宝帷，皆金彩装之"，所演奏的是《唐十二时》《万宇清》《月重轮》三首乐曲。

《宋史·乐志》载，五代时期，由于当时的分裂政权持续时间都很短，往往都是"三、五之兴"，所以导致了"礼乐不相沿袭……礼乐之器沦陷"，

---

1 崔豹《古今注》载，"（汉）明帝为太子，乐人作歌诗四章，以赞太子之德。其一曰《日重光》，其二曰《月重轮》，其三曰《星重辉》，其四曰《海重润》"，取意"天子之德，光明如日，规轮如月，众辉如星，沾润如海"。之所以以"重"命名，是因为"太子皆比德焉"，也就是太子的德行可以与天子相比拟。

图 15-28 ....

[唐] 铜熊器足
台北故宫博物院藏

....

这件铜熊在乾隆时期被鉴定为唐朝"表木"的底座。晋代崔豹在《古今注·问答解义》中将"表木"解释为"以表王者纳谏也，亦以表识衢路也"。但从熊身上镶满宝石，以及毛发中嵌有金丝和银丝等极其华丽的装饰来看，其实并不适合君王纳谏的场合，而很有可能是流行于唐代的鼓吹十二乐的案足装饰。

最终，宋太祖于乾德四年（969）春，"始令有司复二舞、十二案之制"，重现了昔日的风采："设毡床十二，为熊罴腾倚之状，以承其下；每案设大鼓、羽葆鼓、金镈各一，歌、箫、笳各二，凡九人，其冠服同引舞[1]之制。"

先秦礼制中的熊

在周代，熊皮冠是周天子出行仪仗先导队伍的装束，《尔雅翼》载，"熊……以皮为冠，执罼者冠之，谓之'旄头'，乘舆之出则前旄头而后豹尾"。熊皮冠取熊出行在外不会迷路的寓意："熊出而不迷，故开道者首熊以出焉。"

图 15-29

[西汉] 鎏金熊形节约
河南博物院藏

"节约"，顾名思义即为节制、约束，往往被用于连接马的络头和镳（参见第八章-图3），以达到操纵马的目的。这件节约出土于河南商丘永城芒砀山梁孝王王后李后墓，直径 4.1 厘米、厚 2.6 厘米，以浅浮雕手法铸造出一个身体团起的熊。只见它双耳直立，大眼长鼻，身上的鬃毛清晰可见；上肢自然蜷缩，熊爪一立一收；下肢蜷曲于胸前，一足掌朝下，另一足掌朝外，憨态可掬。节约上铸以熊的图案，以"熊出而不迷"寓意出行平安。

---

1 引舞：舞乐开头部分。

与此同时，熊的元素也出现在射礼中。在大射礼中，诸侯所使用的是熊皮靶，据《三礼图集注》载，"王大射，司裘亦共熊侯，此助祭诸侯所射之侯也，亦以熊皮饰侯侧，兼方制其鹄[1]"。在乡射和燕射礼中，天子使用的是画有熊头的箭靶，《乡射记》[2]载，"凡侯，天子熊侯，白质……白质者，谓以蜃灰涂之，使白为地，正面画其熊之头状，亦象正鹄"，用蜃壳制成的灰料将箭靶涂成白底，上面还要画上一个熊头作为靶心，"王燕射……天子诸侯特射熊麋之首"。

在战场上，熊的图案出现在将军的旗帜上。《周礼·夏官·司马》中记载了周代九旗制度[3]，其中"军吏载旗"；《周礼·春官·司常》对九种旗帜上的图案进行了描述[4]，其中"熊虎为旗"；东汉刘熙在《释名·释兵》中解释道，"熊虎为旗。军将所建，象其猛如虎"，也就是军中将帅的旗帜上画有熊、虎图案，象征着将帅的勇猛。在熊旗上还有六条飘带，《周礼·冬官·鞴人》载，"熊旗六斿[5]，以象伐"，代表了象征战事攻伐的伐星的六颗星。

---

1 鹄：靶心。
2 《三礼图集注》。
3 用九种不同旗帜代表不同身份："王载大常，诸侯载旂，军吏载旗，师都载旜，乡遂载物，郊野载旐，百官载旟。"
4 "日月为常，交龙为旂，通帛为旜，杂帛为物，熊虎为旗，鸟隼为旟，龟蛇为旐，全羽为旞，析羽为旌"。
5 斿（liú）：同"旒"，古代旌旗上的飘带。

熊皮之下的奢华

先秦时期，以熊皮制成的座席就因保暖性好，受到了上层贵族的青睐。寒冬腊月，上自周天子，下至诸侯国君，都喜欢坐在熊席上御寒。《周礼·春官·司几筵》中记载，周天子每逢"甸役[1]，则设熊席，右漆几"。《吕氏春秋·似顺论·分职》中记载，卫灵公有一年冬天要开凿护城河，卫国大夫宛春劝谏道："天寒起役，恐伤民。"之所以卫灵公不觉得天冷，就是因为他"衣狐裘，坐熊席，隩隅[2]有灶，是以不寒"。

到了汉代，熊皮蔽泥和座席依然是顶级奢华的象征，"熊黑毛有绿光，皆都长达二尺，价值百金"[3]。蔽泥就是马鞍下的垫子，《西京杂记》中记载，贰师将军李广利向汉武帝进献大宛国的汗血宝马，汉武帝"以绿地五色锦为蔽泥，后稍以熊黑皮为之"。当汉武帝得知蜀郡富商卓文孙有上百件熊皮蔽泥，心底十分羡慕，于是"诏使献二十枚"。汉成帝在位时，他的宠妃赵合德居住在昭阳殿，平日里就喜欢卧于熊席之上，"席毛长二尺余，人眠而拥毛自蔽，望之不能见，坐则没膝，其中杂熏诸香，一坐此席，余香百日不歇"。古乐府中也记载，洛阳歌女莫愁嫁给卢氏富商后，过上了"膝坐绿熊席，身披青凤裘"[4]的生活。

---

1 贾公彦疏："甸役，谓天子四时田猎。"
2 隩（zōu）隅：室内西南角。
3 《西京杂记》卷二。
4 唐代寒山《诗三百·三首》。

斗熊的尚武传统

斗熊在汉代宫廷中十分流行。对崇尚武力的汉武帝而言，没有什么比在长杨宫斗熊更显帝王风范的了。《史记·司马相如列传》中记载了司马相如经常随同前往："是时天子方好自击熊罴，驰逐野兽。"在当时，能够与皇帝一起斗兽是一种无上的荣耀。唐代李商隐在《献侍郎钜鹿公启》中写道，"承荣内署，柏台侍宴，熊馆从畋[1]"，其中内署是负责商议朝廷机要的翰林院，柏台是掌管官员监察的御史台，将熊馆狩猎与商议机要、陪同宴饮相提并论，足见斗兽在时人眼中的重要性。或许正是为了得到汉武帝的青睐，广陵王刘胥依仗自己身强力壮就开始苦练徒手搏熊，《西京杂记》中记载了他"常于别圃学格熊，后遂能空手搏之，莫不绝脰[2]；后为兽所伤，陷脑而死"，遗憾的是后来他被熊所伤，死状凄惨。

万幸的是，后来的汉朝皇帝不再亲自下场了，但是他们仍然喜欢观看斗熊表演。元延二年（前11），扬雄在《长杨赋》中记载，汉成帝征发民夫"捕熊黑豪猪，虎豹狖玃[3]，狐兔麋鹿，载以槛车，输长杨射熊馆"，然后"以网为周阹[4]，纵禽兽其中，令胡人手搏之，自取其获"。然而，观看斗兽偶尔也会发生意外，《汉书·外戚传》中就记载，"建昭[5]中，上幸虎圈斗兽，后宫皆坐。熊佚出圈，攀槛欲上殿。左右贵人傅昭仪等

---

1 畋（tián）：田猎。
2 绝脰：断颈。
3 狖（yòu）：一种黑色长尾猴；玃（jué）：一种似猕猴的大猴子。
4 阹（qū）：围猎野兽的圈。
5 汉元帝刘奭的年号，公元前38—前34年使用。

皆惊走，冯婕好直前当熊而立，左右格杀熊"，千钧一发之际，众人四处奔逃，唯独冯婕好挺身而出，舍命护驾。后来她的英勇事迹被收录在《列女传》中，传颂后世。

在此之后，射熊传统由尚武的北方少数民族继续发扬光大。《魏书·太宗纪》中记载，北魏神瑞二年（415），明元帝"射白熊于颓牛山，获之"。辽金时期，《辽史·道宗本纪》记载，辽兴宗与辽道宗父子喜好猎熊，甚至连兴宗的皇后也能射熊。咸雍元年（1065 年）秋天，辽道宗"以皇太后射获熊，赏赉百官有差"。金国皇室也同样善于搏熊，《辽史·天祚皇帝本纪》载："（天庆）二年（1112 年）……二月丁酉……其弟吴乞买、粘罕、胡舍等尝从猎，能呼鹿，刺虎，搏熊。上喜，辄加官爵。"金太祖完颜阿骨打的弟弟们曾陪同辽国末代皇帝耶律延禧一同狩猎，他们刺虎搏熊的本领让天祚帝大喜过望，并因此被加官晋爵。

在清代前期，狩猎是帝国对外彰显武力最直接有效的手段，不论是最初的盛京行围还是后来的木兰秋狝，猎熊都是一种无上的荣耀。《钦定盛京通志》载，皇太极"甲戌[1]行围，并曾殪之，黑重千余斤，熊亦及半"，后来皇太极把两张最大的熊皮挂在宫殿里，民间据此杜撰出了"镇殿侯"的传说。清朝皇帝入关后，每年都要在木兰皇家猎场举行规模浩大的围猎活动，被称为"木兰秋狝"。实际上，这是清帝国军事演习的一部分，《清实录·圣祖实录》记载了康熙皇帝的训示："围猎必讲武事，必不可废，亦不可无时。"康熙晚年回顾一生行猎也颇为自豪："凡用鸟枪弓矢，

---

1 即天聪八年（1634）。

图 15-30．

［清］《乾隆殪熊图》

故宫博物院藏

　　这幅绢本设色图轴纵 259.0 厘米、横 172.0 厘米，由清代宫廷画师所绘，描绘了乾隆帝在野外与黑熊相遇的场景。面对黑熊，年轻的皇帝毫无惧色，镇定中正准备张弓拉箭；原本现实中凶猛的黑熊却像只小猫一样躲在了大树后面，畏首畏尾。虽然这是画师们的精心"设计"，但事实上，少年时期的弘历曾跟随祖父康熙帝去围场狩猎黑熊，十分惊险，事后康熙帝曾发出"是命贵重，福将过余"的感慨。

获虎一百三十五、熊二十、豹二十五。"

对乾隆皇帝而言，射熊更具有极其特殊的意义。在弘历 12 岁时，曾跟随祖父康熙在木兰围猎，祖孙二人在永安莽喀[1]与熊相遇，"皇祖御火枪中之，熊伏不动久之"，为了让心爱的皇孙获得猎熊的美誉，康熙命御前侍卫带着弘历去射熊，正当弘历犹豫时，诈死的黑熊突然暴起，幸好康熙是位经验丰富的猎手，在熊反扑上来的瞬间，被他再次用火枪射杀。这次经历成为乾隆个人政治生涯的关键起点，康熙认为他受上天庇佑，从此更加爱重。《钦定热河志》记载了乾隆晚年追忆此事："五十三年事重忆，射熊于此始承恩。"（图 15-30）之所以要冒险让乾隆猎熊，是因为在清朝皇帝的眼中，熊最为凶猛。在《清实录·高宗实录》中就以熊罴比喻八旗兵的神勇："将兹旗兵，羽林神策，其勇熊罴。"然而遗憾的是，晚清八旗兵面对西方列强时的不堪一击，让熊也跟着一起"遭殃"，成为懦弱无能的代名词，后来甚至还出现了"兵熊熊一个，将熊熊一窝"的俗语。

熊与火的前世今生

如今，我们会用"熊熊烈火"来形容火势猛烈。"熊熊"最早出自《山海经·西山经》中的"南望昆仑，其光熊熊"，用来形容光芒闪耀的样子。其实，"熊"字最初是象形字，原本与"能"是同一个字，后来为了区分，

---

1 系满语音译，沙岗之意。

才给熊加上了"火"字底。为什么给熊加上"火"字底？原因或许与楚人有关。黄帝曾孙帝喾的火正祝融被视为楚人的远祖，当楚人的先祖被禹封到了熊地[1]后，整个部族便以熊为氏，于是作为火神的后代，氏上便加上了"火"字。

1000多年后，宋代人将"熊"字拆开为"能火"，继而演绎出见熊有火的典故。历史上，凭借"熊出没"而成功预测火灾的第一人是宋高宗时担任开府仪同三司[2]的高世则：

> 绍兴乙酉[3]，永嘉[4]火灾，前数日有熊自楠溪之江浒跃入小舟，渡至城下。初不惧人，命猎士杀之。时高开府世则寓城中，谓其倅（同"卒"）赵允蹈曰："熊于字为能火，郡中宜慎火。"赵笑不以为然，果延烧官民舍十七八，独州治存焉。
>
> ——《陶朱新录》

明清之际，熊能带来火灾的观念已经流传开来。弘治年间，一位地方官根据高世则的历史经验成功预测了火灾：《明史·五行志》载，"（弘治）十一年（1498）六月，有熊自西直门入城，郎中何孟春曰：'当备盗，亦宜慎火。'……是年，城内多火灾"。近100年后，《定州志》中记载：

---

1 南宋罗泌在《路史·后纪》中记载，"伯禹定荆州，季连实居其地。生附叙，始封于熊，故其子为穴熊"。
2 一品文散官。
3 绍兴为南宋高宗年号，1131—1162年使用，但在这些年份中并无乙酉年；《说孚》中记为己酉年，但绍兴年间亦无，此处存疑。
4 位于今温州市永嘉县。

"（万历）十三年（1585）八月，熊入州境，熊自西山来，至于位村[1]，获之；是岁多火灾，能火之应。"

崇祯末年，时任上犹县[2]知县周婴在熊出没后未加预防，导致新年的第一天城中就燃起大火，火势蔓延烧毁了数百家，差点波及了县衙。而且在接下来的两个多月里，城中时不时就会发生火灾，县衙也未能幸免，直到祭祀各路神仙后，事态才得以平息。《厄林》中详细记载了此事：

崇祯壬午（1642）岁杪[3]，上犹南乡民于大林中搏得一熊，舁[4]致堂下，邑民聚观……致予答言："此熊耳，亟当慎火。"半月许，为癸未（1643）元日朝贺毕，次诣学宫，忽见城东火光烛天，出视之，已延烧百余家，几及县门而止，随而处处火起，廨中亦灾，禜禳[5]于百神，三月乃息。余亦偶忆"能火"之言，不知其又验也。

到了清代，见熊有火的观念依然在民间流行。《扬州营志》记载了扬州城中发生的一件怪事："乾隆九年（1744 年）冬间，居民夜见黑人上屋行走，寻获莫得，始疑盗贼，久亦未闻失窃，或云怪物。及次春二月杪，火燔铺户五百余间，自午至酉，人力不能施其救援。"于是时人就根据《明史》中何孟春所言："熊出主灾，谓能火也"，"忆此黑人恐即熊所化耳"。

---

1 位于今北京市房山区青龙湖一带。
2 位于今江西省赣州市上犹县。
3 岁杪：岁末。
4 舁（yú）：多人共举。
5 禜（yǒng）禳：祭祀禳灾。

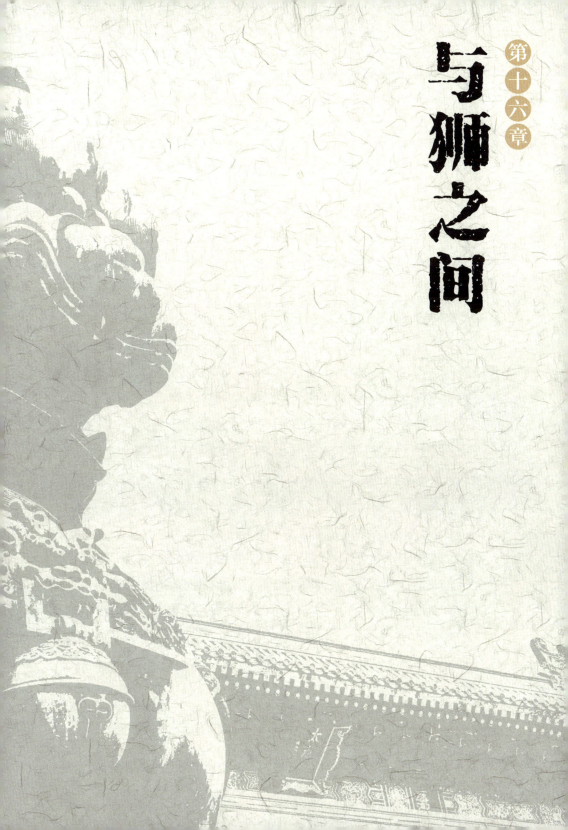

第十六章

与狮之间

镇邪辟凶的神兽

自古以来，中国人对狮子就有一种特殊的情愫。从古至今，这种被视为可以镇邪避凶的神兽，不仅以雕塑的形式出现在建筑场景中，而且还以舞狮的表演，出现在各种庆祝活动中，成为一张独特的"文化名片"。然而，你有没有想过，狮子并非我国的本土物种，这种来自异域的动物，究竟是凭借何种"魅力"，走进了中华民族的历史，我们的祖先又如何演绎出具有中国特色的狮文化？

故事还要从 3000 多年前讲起，早在西周时期，狮子是时人虚构的神兽。《穆天子传》中记载了周穆王西巡拜访西王母时途中所见："名兽使足走千里，狻猊[1]、野马走五百里。"郭璞作注时将狻猊解释为狮子。到了汉代，在《海内十洲记》中，东方朔向汉武帝描述了西海的聚窟洲上，有"狮子、辟邪、凿齿、天鹿，长牙铜头，铁额之兽"，将狮子与辟邪、凿齿、天禄等神兽相提并论。这些神兽都有一个共同的特点，就是皆被视为具有镇邪避凶的本领，《抱朴子·内篇·祛惑》中就记载道："又有神兽，名狮子、辟邪……尽知其名，则天下之饿鬼饿兽，不敢犯人也。"

随着张骞凿空西域，现实世界里的狮子才真正进入了国人的视野。《汉书·西域传》中记载："乌弋山离国[2]……有桃拔、师子、犀子。"

---

1 狻猊（suān ní），中国古代神话中的神兽。

2 位于伊朗高原东部的古国。

图 16-1..............................

[东汉] **狮形水晶兽**
临沂市博物馆藏

....

　　这件水晶兽出土于临沂市吴白庄琅琊王墓，高 2.3 厘米、长 4.0 厘米，通体晶莹剔透，以极其洗练的圆雕刀法雕刻出一只卧狮的形象，狮头前伸，缩颈拱背，四肢屈踞，十分可爱。在狮腰的位置钻一小孔，用于配挂饰链。2000 年前，这应是东汉琅琊王佩戴于身上的心爱之物，用以辟邪防身。

　　季羡林认为，狮子之名源于焉耆语"sisak"的音译。在宋代以前的历代文献中，狮子一直被写作"师子"。汉武帝在位时，《博物志》中记载了"大苑[1]之北胡人有献一物，大如狗，然声能惊人，鸡犬闻之皆走"，最初人们只知其为"猛兽"，尚未与狮子联系在一起；但从它见到老虎时，没有一丝惧色，"此兽见虎甚喜，舐唇摇尾，径往虎头上立，因搦[2]虎面，虎乃闭目低头，匍匐不敢动"，这简直与后来南宋《癸辛杂识·续集》中关于狮子的记载[3]如出一辙，于是，这成为历史上狮子首次"亮相"中原的最早证据。《长安志》中也记载了建章宫[4]西南的虎圈旁建有狮子圈。

　　东汉年间，外邦进贡狮子正式出现在官方史料中[5]；贡狮的络绎不绝让传说中能够镇邪辟凶的神兽走进了国人的视野。帝国的工匠们参照狮子的模样，不仅雕刻出作为护身符的狮形佩饰（图16-1），还雕凿出石狮去守护墓葬（图16-2），甚至还以狮子为原型，将曾经与狮子并列的辟邪、天禄的形象"创造"了出来（图16-3、图16-4）。为了让它们更符合人们对神兽的想象，工匠们给它们"安"上了角[6]，"插"上了翅

---

1 大宛（yuān）国。

2 《说文解字》："搦（nuò），按也。"

3 《癸辛杂识·续集》"贡狮子"条目载："近有贡狮子者，首类虎，身如狗，青黑色，官中以为不类所画者，疑非真。其入贡之使遂牵至虎牢之侧，虎见之，皆俯首帖耳不敢动；狮子遂溺（疑为搦的讹写）于虎之首，虎亦莫敢动也，以此知为真狮子焉。"

4 建章宫始建于汉武帝太初元年（前104）。

5 《后汉书·章帝本纪》记载，章和元年（87），"月氏国遣使献……师子"。《后汉书·和殇帝本纪》记载，汉和帝即位（88）后，"安息国遣使献师子"；永元十三年（101），"安息国遣使献师子"。《册府元龟·朝贡》记载，汉顺帝阳嘉二年（133），"六月，疏勒国献狮子"。

6 通常而言，辟邪双角，天禄单角，以作区分。

图 16-2..........................

[东汉] 刘汉造石狮
山东博物馆藏
....

　　这件石狮于民国初年出土于山东临淄一带，当时一共出土了两件。石狮颈部刻有隶书"雒阳（洛阳）中东门外刘汉所作师子一双"。洛阳作为东汉的都城，这里的工匠有幸目睹了来自西域的贡狮，于是才能够完美地雕凿出它们的模样，甚至被外地的豪门大族邀请到当地去雕刻石狮像。

图 16-3........................

［东汉］石天禄
中国国家博物馆藏
....

这件石天禄出土于河南洛阳孙旗屯，通高 122.0 厘米、长 165.0 厘米。天禄头顶独角，肩生羽翼，正迈步向前，昂首怒吼。在它的颈背阴刻有"緱氏（今河南偃师）蒿聚成奴作"七字，符合秦汉时期流行的"物勒工名"传统。天禄取天赐福禄之意，《论语·尧曰》中有"四海困穷，天禄永终"之语，在汉代常与辟邪配对，作为墓葬的守护神兽。

图 16-4........................

［东汉］石辟邪
洛阳博物馆藏
....

这件石辟邪与"成奴作"石天禄是同时出土于河南洛阳孙旗屯的一对神兽，在它的颈背同样阴刻有"緱氏蒿聚成奴作"七字，可见这两件石兽均出自同一位工匠之手。石辟邪通高 109.0 厘米，较石天禄矮了 13 厘米是因为双角顺伏所致。它肩生羽翼，目视前方，威风凛凛。"辟邪"来自梵语 vasimha 的音译，意为"大狮子"，后被国人赋予了特殊的寓意。颜师古注《汉书·西域传》云，"辟邪，言能辟御妖邪也"。

膀，而且身上还"长"出了绚丽的花纹。到了东汉晚期，墓道上安放石狮、石天禄和石辟邪已十分普遍，《续述征记》[1]中记载，灵帝熹平[2]年间，睢阳县[3]有一位佛教徒在生前给自己修建了浮图塔："隧（墓道）前有狮子、天鹿。"除此之外，狮首还成为民间驱鬼避疫的方相氏所戴面具上的形象，同样也出现在了墓葬的石刻中（图16-5）。

图16-5

［东汉］方相氏画像石

沂南县北寨汉画像石墓博物馆藏

　　自汉代以来，方相氏的装扮已改为了头戴"魌（qī）头"面具，最初"魌头"是熊首形象，沿用了先秦时期方相氏"蒙熊皮"传统；但是，随着民间对狮子镇邪辟凶的推崇，以及真实世界中狮子的传入，狮首的形象也融入了"魌头"中。这件出自沂南北寨汉墓的石构件上便刻有狮首"魌头"，那脖颈处的鬃毛是雄狮独有的特征。

1　《水经注校证》卷二十三《汳水注》。
2　东汉灵帝刘宏的年号，172—178年使用。
3　位于今河南商丘睢阳区一带。

　　正因狮子的神兽身份，南北朝时期，当波斯向北魏进献狮子时，途中被刚建国不久的鲜卑人万俟丑奴扣留。据《资治通鉴》[1]载，万俟丑奴认为这是天降祥瑞，于是便改元"神兽"。然而具有讽刺意味的是，历史上以动物为年号的政权往往都前途黯淡，不论是新莽的"天凤"[2]，三国吴的"凤凰"[3]，还是南北朝的"神龟""神兽""元象""大象"，抑或武周的"神龙"，皆是如此[4]。神兽年号才用了不到一年，万俟丑奴就被北魏尔朱天光所灭，狮子最终成功抵达洛阳[5]。只不过由于当时北魏政局动荡，元恭帝以"禽兽囚之则违其性"为由，下令将狮子送还[6]。

---

1 《资治通鉴》卷一百五十二、一百五十五。

2 新朝王莽的年号，14—19 年使用。

3 凤凰曾是三国吴国孙皓的年号（272—274），也是东晋宗教起义领袖李弘的年号（370），还是十六国时期前凉张大豫的年号（386—387）。

4 历史上王莽改制失败，亡国被杀；吴国的孙皓、前凉的张大豫都成了末代国君，李弘聚众反晋，失败被杀。"神龟"是北魏孝明帝元诩的年号（518—520），元诩后来被自己的生母胡太后毒死；"元象"是东魏孝静帝元善见的年号（538—539），元善见后来让位于高洋后被其毒死；"大象"是北周静帝宇文阐的年号（579—580），宇文阐后来被杨坚派人暗杀，北周灭亡；"神龙"是武周武则天的年号，后来太子李显发动"神龙政变"，逼迫武则天退位，武周灭亡。

5 《资治通鉴》卷一百五十五："尔朱天光之灭万俟丑奴也，始获波斯所献师子，送洛阳。"

6 后来波斯使者"以波斯道远不可达，于路杀之而返"，费尽千辛万苦才来到中原的狮子就这样命丧归途。

西域狮文化的传入

随着中原与西域之间的贸易往来与文化交流，波斯的猎狮文化与佛教的狮文化也进入了中国。《博物志》中记载了曹操北伐乌桓，在白狼山遭遇狮子的故事：

> 后魏武帝伐冒顿，经白狼山[1]，逢狮子。使人格之，杀伤甚众，王乃自率常从军数百击之，狮子哮吼奋起，左右咸惊。王忽见一物从林中出，如狸，起上王车轭，狮子将至，此兽便跳起在狮子头上，即伏不敢起。于是遂杀之，得狮子一。还，来至洛阳，三十里鸡犬皆伏，无鸣吠。
>
> ——《博物志·异兽》

在这则充满奇幻色彩的故事中，曹操所率大军不仅在辽东地区的野外遇见狮子，还有一种像狸猫一样的动物，竟然将狮子驯得服服帖帖。于是，有人就认为曹操野外搏狮其实是基于萨珊波斯文化中的猎狮隐喻杜撰出来的故事[2]。然而，这并不妨碍中国人对于征服这种猛兽的执着，到了晋代，以胡人骑狮和驯狮为造型的文房用具（图16-6、图16-7）

---

[1] 位于今辽宁朝阳喀左县境内。

[2] 尚永琪：《曹操猎狮传说的历史学考察》，光明日报，2012年12月6日。

图 16-6 ....

[西晋] 青瓷胡人骑狮器
临沂市博物馆藏
....

　　魏晋时期，以狮子和胡人骑狮为造型的青瓷水盂十分流行，它们大多出土于水井、砚池和墓葬中的文房用具旁。这件出土于王羲之故居洗砚池的水盂，通高 18.9 厘米、长 14.2 厘米，整体以胡人骑狮为造型。胡人深目高鼻，络腮胡须，头戴卷檐高筒帽，身着对襟裤褶服，左手揪狮耳，右手执便面，骑于狮背上。卧狮膘肥体健，昂首挺胸，獠牙外露，却是一副听命于主人的驯服之相。青瓷釉面光滑，釉色莹润，是一件难得的艺术珍品。

图 16-7......................

....

这件青瓷水注出土于西晋刘宝墓，刘宝卒于西晋永康二年（301），生前因戍边有功，被赐爵关内侯。这件水注高9.8厘米、长13.5厘米，通体施青釉，器体以昂首蹲伏的狮子为造型，项背分披鬃毛，腹部两侧生有羽翼，双目圆睁，张口露齿，四足屈于腹下，尾呈蕉叶状。但也有学者认为，这件辟邪用模印法对接成型，器体厚重，内壁凹凸不平，不像是用来盛水的东西，更像是插蜡烛的烛台。

开始大量涌现。

与此同时，佛教的狮文化深刻地影响了中国。在佛教教义中，狮子是百兽之王，也是佛陀的坐骑。《佛说文殊师利现宝藏经》中记载，"譬如猛师子者，百兽之王，无所惧也"。束皙《发蒙记》[1]中写道："狮子五色，而食虎[2]于巨山之岫。"《南史·刘显传》中记载了天监[3]初年梁武帝与大臣刘显之间的一段对话，其中刘显说道，"黄师子超，不及白师子超"，即黄狮子不如白狮子厉害。这种观点显然来自《大智度论》中"黄师子虽亦能踔，不如白髦师子王"的教义，由此可见这次对话是笃信佛教的梁武帝对臣下的一次考察。

狮子身为佛陀的护法，不仅有石狮立于佛寺守护寺庙（图16-8），而且在佛教造像的佛陀身前也常常见到一对狮子（图16-9、图16-10）。此外，狮子还是文殊菩萨的坐骑。北魏年间，每逢文殊菩萨的诞辰日，洛阳城中都会举行佛像巡游，有人就会扮成狮子给佛像开道。《洛阳伽蓝记》中记载，"四月四日此像常出，辟邪师子导引其前"；在舞狮的后面，还跟随着一支表演杂技的节日队伍，他们"吞刀吐火，腾骧一面；彩幢上索，诡谲不常。奇伎异服，冠于都市"，让原本只是佛教的节日成为洛阳城中万众欢庆的游行盛典。

除此之外，狮子还守护着佛教圣物——莲花灯（图16-11）。莲花是佛法的象征，《摄大乘论释》中写道："以大莲华王，譬大乘所显法

---

1 《太平御览》卷三百五十三《兵部》。

2 或许正因如此，郭璞才在《尔雅注》中将"食虎豹"的狻猊解释为狮子。

3 南朝梁武帝萧衍的年号，502—519年使用。

图 16-8

[西晋] 佛像飞鸟狮座铜香薰
镇江博物馆藏

这件铜香薰由炉体、立柱
和承盘三部分组成。炉盖镂空
饰以游龙，在四个方向上各立
一鸟；炉盖与炉身以合页式轴
连接，启合自如；炉身外部一
周宽沿上铸四尊高髻、结跏趺
坐、手持禅定印的佛像，佛
像之间各有一只举首向佛的飞
鸟；炉身下是一只卧狮底座。
香薰器具上所呈现出的佛教元
素，反映了早期佛教艺术给传
统文化带来的影响。

图 16-9

［北齐］佛教造像碑
美国费城艺术博物馆藏

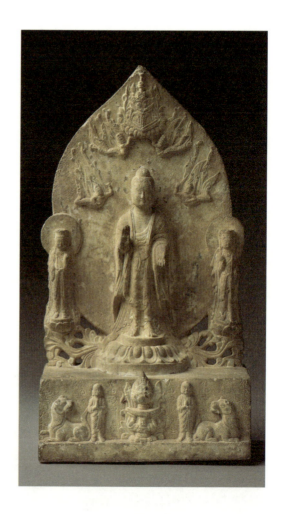

Votive Stele, Philadelphia Museum of Art, Gift of Stanley Griswold Flagg, Jr., Photo © 2023 Philadelphia Museum of Art, 1927-20-2

这件造像通高 56.0 厘米、宽 27.6 厘米。佛祖身着袈裟，站立于莲花座上，手持施无畏印和施愿印[1]；佛祖两侧分立两尊胁侍菩萨，身后上方有四名飞天，其中两名抬着宝冠。佛祖脚下的阶壁上刻有一力士双手举博山炉，香炉两侧有两名护法僧侣和一对卧狮，并附有供养人的文字题记。从记录内容可知，此为一户贾姓人家敬造，愿以此功德资益逝者和庇佑生者。

---

1 在佛教中，手部姿势被称为"印相"或"印契"，按照《造像度量经》中的记载，释迦牟尼五印是一切手印的总纲，包括了转法轮印、施无畏印、禅定印、触地印和施愿印。

图 16-10

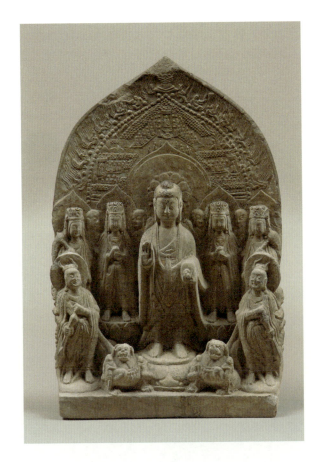

　　这件造像高 40.0 厘米、长 24.4 厘米、宽 10.5 厘米。佛祖身着僧祇支，外披袈裟，跣足立于莲台上，右手持施无畏印。在他身后有四菩萨、四弟子胁侍左右；身前有二力士手握金刚杵分立两侧，与二狮子同为护法。两侧面各雕一护法。佛与菩萨像身后各有莲瓣形背光，其上浮雕佛说法图和飞天。

图 16-11 ....

［北齐］菩萨造像碑
美国费城艺术博物馆藏

....

Votive Stele, Philadelphia Museum of Art, Purchased with the John T. Morris Fund, Photo © 2023 Philadelphia Museum of Art, 1927-20-17

这件造像通高 71.0 厘米、宽 37.0 厘米。三尊菩萨均身穿天衣，从背部绕肩交叉垂下至膝部，遮盖住了束腰裙带；中央主尊颈部饰有项圈，身前天衣交叉处饰有圆环。三尊菩萨右手持施无畏印，左右内扣一物。在他们身后的花瓶中长出了高大的莲花，莲叶和莲花上分别坐有童男童女，象征着灵魂在佛国的重生。在菩萨脚下的阶壁上，刻有一对雄狮，它们分别伸出一爪，守护着佛教圣物莲花灯。

界真如。莲华虽在泥水之中，不为泥水所污；譬法界真如虽在世间，不为世间法所污。"莲花的出淤泥而不染，犹如大乘佛法在纷繁世间的法性不变。后来，狮子和莲花的组合被中国人创造性地赋予了新的寓意：谐音"连登（莲灯）太师（狮）"，成为官运亨通的吉祥祝福；而梦见骑狮子则成为官运亨通的预言，《南齐书·王敬则传》记载，王敬则"梦骑五色师子"，后来官拜太尉、寻阳公。

辟邪去病的画中狮

南北朝时期，狮子辟邪去病的故事开始在民间流传。《八朝画录》[1]中记载，刘宋年间，画师顾光宝听闻朋友"患疟经年，医疗皆无效"，于是"以墨图一狮子，令于外户榜之"，当天晚上，"户外有窸窣之声，良久，乃不闻。明日，所画狮子，口中臆前，有血淋漓，及于户外皆点焉，溉病乃愈"。狮子竟然从画中跑出来吃掉了疫鬼，然后重新回到画里，胸前口中和户外地面上还留下了斑斑血迹，病人便神奇地痊愈了。

《益州名画录》中也记载了两则病人坐在佛寺壁画中的狮子下痊愈的故事：

展氏子虔[2]于金陵延祚寺佛殿之内画此二狮子，患人因坐壁下，

---

1 《太平广记》卷二百十《画一》。
2 展子虔（生卒年不详），历北齐、北周至隋，隋文帝时受诏出仕。他辗转于大江南北，在洛阳、西安、扬州、南京等地的寺观中创作了大量壁画。

图 16-12 ....

[唐] 三彩狮食鬼魅
美国克利夫兰艺术博物馆藏

Lion with Cub in Mouth, Clevel and Museum of Art, Edward L.Whittemore Fund 1940.47

　　这件三彩狮子长 15.3 厘米，塑造了一只嘴叼猎物的公狮形象。它的身材健壮有力，因刚刚捕捉到猎物而显得有几分气喘吁吁。虽然猎物的形象并不清晰，但从狮子叼着四肢而非脖颈（注：猫科动物移动幼兽时的通常做法）可以推断，这是一只猎物无疑，很可能就是附在人身上的疫鬼。

或有愈者。梁昭明太子**1**偶患风恙，御医无减，吴兴太守张僧繇模
此二狮子，密悬寝堂之内，应夕而愈。故名曰"辟邪"，有此神验
久矣。

　　第一则故事讲的是病人坐在延祚寺佛殿内绘有两只狮子的壁画下，
不久就痊愈了；第二则故事讲的是南朝梁昭明太子偶感风邪，御医束手
无策，太守张僧繇就效仿展子虔画了两只狮子，并且将画秘密地放置在
太子寝殿里，当天傍晚太子便痊愈了。然而，如果细究起来，梁昭明太
子去世的时候展子虔很可能还未出生，因此佛寺中的狮子并非出自展氏
之手，但其中反映出狮子辟邪去病的观念是无疑的。

　　五代时期，《益州名画录》中记载，后蜀广政**2**年间，画师蒲延昌
有一次来到福感寺礼塔院，看到僧人们正在大殿的墙壁上摹仿展子虔绘
制狮子壁画，觉得"但得其样，未得其笔耳"，即没有画出狮子的神韵，
他便"画狮子一图献于蜀王"，当时恰逢"昭远公**3**有嬖妾**4**患病"，
于是蜀后主就将这幅狮子图赏赐给王昭远，后者将其挂在爱妾的卧室，"其
疾顿减"。

---

1 萧统（501—531），梁武帝萧衍的长子，他在太子位上广纳人才，《梁书·昭明太子传》
中称其时"名才并集，文学之盛"；他主持编撰的《文选》是我国现存编选最早的诗文总集。
2 后蜀后主孟昶的年号，938—965 年使用。
3 王昭远，后蜀大臣，官至山南节度使、西南行营都统。
4 嬖（bì）妾：爱妾。

图 16-13..

[五代] 耀州窑青釉雕花狮流执壶
美国克利夫兰艺术博物馆藏

Ewer with a Lion-shaped Spout, Cleveland Museum of Art, Purchase from the J. H. Wade Fund 1948.220

　　执壶最早出现于隋代，是一种酒器。这件执壶出土于陕西铜川黄堡镇，通高 18.3 厘米。通体施以青釉，釉上有细小开片。壶为直口，上面的壶盖已佚失；壶身广肩圆腹，在执手的对侧有一只蹲踞的狮子正在咆哮，狮身中空与壶腹连通，狮口为壶的流口。器腹一周雕刻盛开的牡丹，叶上还划有叶脉纹理。

舞狮与五方狮子乐

大唐帝国国力强盛，威仪四方，在西域设立安西都护府，重新打通了连接东西方的丝绸之路，西域舞狮在这一时期大受欢迎（图16-14）。白居易在《西凉伎》中描写了西凉艺人表演舞狮，"假面胡人假狮子，刻木为头丝作尾，金镀眼睛银帖齿，奋迅毛衣摆双耳"；元稹在《西凉伎》中描写了陇右节度使哥舒翰宴请宾客，上演百戏中的舞狮表演："狮子摇光毛彩竖，胡腾醉舞筋骨柔"。不仅如此，帝国的宫廷乐师还将西域舞狮创造性地与中原礼乐相结合，创作了盛大的歌舞表演——"五方狮子乐"：

> 师子鸷兽……缀毛为之，人居其中，像其俯仰驯狎之容。二人持绳秉拂，为习弄之状。五师子各立其方色。百四十人歌《太平乐》，舞以足，持绳者服饰作昆仑象。
>
> ——《旧唐书·音乐志》

> 高丈余，各依方色，每一师子有十二人，戴绯抹额，衣执红拂，谓之列师子郎，舞太平乐曲。
>
> ——《乐书·龟兹部》

在 140 人规模的"国家合唱团"的歌声伴奏下，五只不同颜色、高一丈有余的舞狮闪亮登场。每只狮子由多达 12 人操作，前面还有扮成昆仑奴的两人手拿绳子和拂尘"戏弄"狮子。由于五色代表五方，寓意大唐一统天下，因此，"五方狮子乐"只有在外邦来朝的重大场合才会上演 [1]。《景龙文馆记》[2] 中记载，景龙三年（709），"晏吐蕃使于大庆殿，奏五方师子太平破阵乐"。在五色狮子中，黄狮子是大唐天子的象征，所以只有天子才能观看："黄师子者，非一人不舞也。"[3] 因此，随便舞黄狮是严重的"政治错误"，我们熟知的大诗人王维在担任太乐丞期间就因手下的伶人私自舞黄狮而受到牵连，最后被贬官："为伶人舞黄师子，坐出官。"

图 16-14 ....

[唐] 伶人戏舞狮俑
　　新疆维吾尔自治区博物馆藏
　　任疆　摄

这对伶人舞狮俑出土于新疆吐鲁番阿斯塔纳 336 号墓。伶人圆脸大耳，短发卷曲，皮肤黝黑，厚唇紧闭，一副昆仑奴的面孔。只见他上身裸露，下穿一条橘色短裤，右腿直立，左腿半弓，左手手执拂尘柄（现持木棍为修复时所加，疑有误），右手捋拂尘毛，歪头流盼，正在戏弄一旁的"狮子"。"狮子"双目朝天怒视，张口露齿。舞狮者生动地表现了狮子被昆仑奴"激怒"时的反应。狮身通体刻白色条纹以模仿狮毛的纹理，狮腹之下则露出了舞狮二人的四条腿。

---

1 《新唐书·赵宗儒传》载："太常有《五方师子乐》，非大朝会不作。"
2 《玉海》卷一百五《音乐》。
3 《太平广记》卷一百七十九《贡举二》引《集异记》。

图 16–15 ....

[唐] 狮子纹葵口三足鎏金银盘
中国国家博物馆藏

....

　　这件鎏金银盘高 6.7 厘米、口径 40.0 厘米，出土于陕西西安八府庄东北，唐代时位于大明宫附近。银盘整体为葵花形，下面附有三个浇铸的卷曲足；盘中饰有一头回首怒吼的雄狮，鬃毛舞动，尾巴扬起，展现出不可一世的威严；盘缘饰以松散的牡丹花纹，这是盛唐时期金花银盘所具有的典型特征。

　　到了宋代，尽管没有了大唐五方狮子舞的盛大庄严，但舞狮依然是官中百戏娱乐的一部分。《东京梦华录》中记载，每年农历三月，皇帝会登临宝津楼观看诸军百戏：开场后，先是十几名鼓手簇拥一位歌手出场唱"青春三月驀山溪"曲，然后在鼓笛的伴奏下，一位力士挥舞红色大旗拉开了表演序幕，紧接着便是"狮豹入场，坐作进退，奋迅举止"。在这一时期，狮子滚绣球的表演开始出现（图16-16），这种艺术灵感或许源于驯狮的经验，清代王有光《吴下谚联》中记载："（狮）性喜滚球……惟以小狮入贡，乃取锦绣簇成球团，与之戏弄舞跳，投其好乐，以驯其性，为苑囿珍奇之兽"。

图 16-16

[宋]铜狮舞绣球
南京博物院藏

　　这件脚踩绣球的铜狮高7.4厘米，蠹立在底径8.2厘米的圆盘上。从狮子的体形和脖子上尚未长出鬃毛推断，这应是一只小公狮。只见它俯首弓背，耳朵下垂，目光紧紧锁定右爪下的绣球。绣球上的飘带散落在盘面上，还有一部分被小狮子叼在嘴里，看上去似乎刚刚才被它"捕获"，活灵活现，妙趣横生。

民间狮文化的流行

唐宋时期，狮文化在民间十分流行。每逢春日，唐代的长安城中有互赠狮子造型花束的风俗，《曲江春宴录》[1]中写道："曲江贵家游赏，则剪百花装成狮子相送。遗狮子有小连环，欲送则以蜀锦流苏，牵之唱曰：'春光且莫去，留与醉人看。'"每当重阳节，宋代汴京城的百姓会互相馈赠一种称作"狮蛮"的花馍，《东京梦华录》载："重阳，都人各以粉面蒸糕馈送，上插剪彩小旗，又以粉作狮子蛮王之状，置于糕上，谓之狮蛮。"

图 16–17...................

[唐]青釉褐绿彩兽座瓷枕
长沙市博物馆藏

....

这件长沙窑瓷枕高8.9厘米、长18.0厘米、宽12.9厘米。枕面呈荷叶形，中部微凹，以褐、绿、蓝彩饰满云山纹，云山之间饰两只蜻蜓飞翔；枕座为一卧狮，两眼圆睁，鼻头上翘，嘴角紧闭，双耳竖立稍弯曲，一副驯服的模样；狮背置鞍垫，四周挂饰流苏，四肢匍匐于方形底座；狮身饰以褐、绿相间点彩条纹，额头、面部以浅刻划纹表现出鬃毛的纹理。

---

1 《云仙杂记》"百花狮子"条。

图 16-18.......................................

［辽］三彩三狮枕
　　　美国克利夫兰艺术博物馆藏

Headrest with Three Lions, Cleveland Museum of Art, Gift of Donna and James Reid 2017.15

　　这件辽三彩瓷枕高 13.4 厘米、长 37.9 厘米、宽 18.2 厘米，重 4.9 千克。宋辽金时期，瓷枕是十分流行的夏令消暑寝具。这件瓷枕枕面略呈弧形，下面圆雕三只狮子的形象，公母二狮威猛警觉，母狮一侧的小狮子增添了几分活泼的韵味。辽三彩继承了唐三彩的装饰技法，并将唐三彩以明器为主的局面转变为以生活实用器为主。

....

图 16-19..

[北宋] 青白釉狮形枕
美国克利夫兰艺术博物馆藏

Pillow with Lion Base, Cleveland Museum of Art, Bequest of Mrs. Severance A. Millikin 1989.276

　　这件瓷枕高 12.5 厘米、长 15.0 厘米，塑造了一只铁面獠牙的小狮子形象。青白釉俗称影青釉，是一种釉色介于青白之间的瓷器。张耒在《谢黄师是惠碧瓷枕》中写道，"巩人作枕坚且青，故人赠我消炎蒸，持之入室凉风生，脑寒发冷泥丸惊"，其中就提到了产于巩义窑的青白釉瓷枕。李清照在《醉花阴·薄雾浓云愁永昼》中有"佳节又重阳，玉枕纱橱，半夜凉初透"，所谓"玉枕"，应是与玉颜色相近的青白釉枕。

唐宋之际，狮形瓷枕颇为时兴，既有纳凉消暑之功效，也有辟邪驱疫的"神通"（图16-17至图16-19）。提线狮子木偶大受孩子们欢迎（图16-20），《梦粱录·诸色杂货》中记载："及小儿戏耍家事儿……影戏线索、傀儡儿、狮子、猫儿。"此外，还有一种乳糖狮子风靡上百年。这种糖狮始于五代，据《后汉·显宗集注》[1]载："以糖为狻猊，号曰'猊糖'。"《高斋漫录》中记载，熙宁[2]年间的上元节，宣仁太后邀请外族友人一同登临御楼观灯，还赏赐"大者各与绢两匹，小儿各与乳糖狮子两个"，时人纷纷赞叹与仰慕太后的仁德。

在唐代，石狮出现在佛寺入口用以镇守佛门禁地（图16-23）；自宋代以来，狮子雕像逐渐在民间流行起来。在宋代，铸铁狮最早出现在高门大户的宅邸门前，用以镇宅。清代姚元之《竹叶亭杂记》中记载："南苑新宫门外二铁狮，极有神致，上有'除邪辟恶镇宅大吉'，后有一花押不可识，前有皇祐十年[3]月日……疑是金輦宋物也。"到了元代，除了显赫之家，铁狮、石狮还出现在了商铺和官府门前。据《析津志》载："都中显宦税硕之家、解库[4]门首，多以生铁铸狮子，左右门外连座；或以白石凿成，亦如上放顿；若公府站台上，两南角亦如上制。"明清时期，皇宫大内中不仅以铜狮镇守殿宇（图16-26），而且狮子珐琅器也成为宫廷的室内陈设（图16-27）。

---

1 《全史宫词》卷七《后汉》。
2 北宋神宗赵顼的年号，1068—1077年使用。
3 皇祐是北宋仁宗赵祯的第七个年号，共计使用六年（1049—1054），所以此处皇祐十年的记载存疑。
4 当铺。

　　从唐宋至明清，历代高级武官的官袍上都绣有狮子图案。在唐代，《唐会要·舆服》中记载了延载元年（694），"出绣袍以赐文武官三品已上"，其中"左右监门卫，饰以对狮子"。到了宋代，《宋史·仪卫志》中记载了"金吾以辟邪""领军卫以白泽，监门卫以师子"。明清两代，狮子图案出现在帝国最高品秩武官的官服补子上（图16-28）。《大明会典·常服》载，"（洪武）二十四年（1391）定，武官一品、二品，狮子"；《钦定大清会典·冠服》载，"（顺治）九年（1652），题准官员补服……一品、二品用狮子"。之所以如此，或许是因为"狮"同"师"，公母二狮寓意位居三公[1]首席的太师和三孤[2]首席的少师，是地位最显赫的官员的象征。

　　与此同时，在明清时期的社会生活中，也同样延续着丰富多彩的狮文化。《燕京岁时记》中记载，每年中元节，"例有盂兰会，扮演秧歌、狮子诸杂技"；到了下元节，京城放灯，"又有车灯、羊灯、狮子灯、绣球灯之类。每届十月，则前门、后门、东四牌楼、西单牌楼等处在在有之"；再到腊八节，有人在做腊八粥时"用红枣、桃仁等制成狮子、小儿等类，以见巧思"。可以说，外来的狮文化历经千年的发展演变，创造出众多独具特色的文化内容，已经成为中华文明灿烂遗产中重要的组成部分。

---

1 中国古代地位最尊显的三个官职的合称，即太师、太傅、太保。
2 三公的副职，其官职次于三公，即少师、少傅、少保。

Two boys playing with the puppet of a lion, Freer Gallery of Art and Arthur M. Sackler Gallery, Gift of Charles Lang Freer, F1916.66

这件婴戏图纵159.3厘米、横87.4厘米。婴戏题材画早在唐代就已出现，宋代市民社会发达，婴戏题材画十分流行。在这幅画里，在梧桐树下的假山旁，两小儿正在一起摆弄一只提线狮子。在山石的远处，芍药花时隐时现；在山石的近前，几朵兰花点缀其间。这些植物在中华文化语境中都蕴含着特殊的寓意。

图 16-21.........................

[金] **耀州窑青釉卧狮盏**
甘肃省博物馆藏

这件瓷狮盏出土于甘肃陇南市徽县，通高 9.5 厘米、盏径 10.5 厘米。耀州窑是宋代北方著名瓷窑之一。瓷盏以卧狮为底座，只见它咧嘴露齿，回首左视，目光温和，四肢伏在身下，尾巴向上翘起。狮背上的灯盏呈圆形，盏口以橘瓣形装饰，盏内底以模印的手法制作出浅浮雕风格的折枝牡丹图案。与北宋时出土的耀州窑瓷器相比，这件瓷盏釉色暗灰，从某种程度上，也证实了宋室南迁后耀州窑工艺的衰落。

图 16-22 ....

[辽] 文殊菩萨骑狮铜像
美国克利夫兰艺术博物馆藏

....

Manjusri Riding on a Lion, Cleveland Museum of Art, John L.Severance Fund 1974.90

　　这尊铜像通高 17.0 厘米，在方形的高台上，一只雄狮威武傲立，在它身旁有一位力士，似乎同时扮演了驯兽师的角色。狮子颈部挂有铜铃，背部饰有莲花的锦鞯上立有宝瓶，宝瓶上面连接有莲花宝座，而文殊菩萨就结半跏趺坐于莲花之上。他左手持青莲花，花上有《金刚般若经》卷宝，象征具有无上智慧；右手已佚，原本应持有能斩妖除魔的金刚宝剑。

[唐] 石狮

图 16-23

美国克利夫兰艺术博物馆藏

Guardian Lion, Clevel and Museum of Art, Purchase from the J. H. Wade Fund 1965.473

　　这尊狮子石雕最初被安放于中国的佛寺入口，通高 78.8 厘米。只见它昂首挺胸，高大威猛，目光中透着威严，肌肉强健而有力，是当之无愧的佛教护法，守护着神圣的殿堂。《维摩诘所说经·佛国品》中形容佛陀在讲法时，"演法无畏，犹师子吼，其所讲说，乃如雷震"，或许这只狮子也正向来往的路人传播着佛法教义。

图 16-24.......................

[后周] **沧州铁狮子**
原址保存
陈睿　摄

....

这尊铁狮铸造于五代后周世宗广顺三年（953），高5.78米、长5.34米、宽3.17米，重40吨，采用"泥范明铸法"分节叠铸而成。明代谈迁《枣林杂俎》中记载，"沧州铁狮，周世宗北征契丹驻此地。有罪人善冶，输金铸狮，镇城赎罪"，使其成为中国历史上唯一用于镇守城池的狮子。但也有人认为，在狮子的莲花宝座之上，原本还应有文殊菩萨的雕像。

图 16-25.....................

［元］石狮
　　北京白塔寺藏
　　任疆　摄

....

　　元大都出自汉人的规划，兴建时也动用了大量汉人工匠，虽然在宫殿布局上遵循了《周礼·考工记》中的规制，但对石狮的细节并没有严格的规定，使得元代石狮从形体上更加自然，更趋近于现实中的狮子。这尊石狮矗立于至元十六年（1279）建成的白塔寺天王殿前，与另一尊雌石狮隔空相望，因腰部伸展下弯，民间俗称"塌腰狮子"。狮头鬃毛波浪下垂，脸旁腮边各有五个发卷，与明代以后石狮成排成列的发卷形成了鲜明对比。

图 16-26.....................

[清] 铜狮

故宫博物院藏

任疆 摄

....

　　这尊铜雄狮位于清代皇宫太和门前，为乾隆年间铸造，也是中国现存最大的铜狮，与另一尊铜雌狮共同镇守着帝国政治权力的中心。与元代石狮左雌右雄不同，明清北京城中的铜狮基本为左雄右雌。铜狮头顶螺旋卷毛（螺髻）排列整齐，狮口微张，雄狮右前爪踩镂空绣球，雌狮左前爪踩幼狮肚皮，幼狮仰面朝天，口含雌狮爪尖，给威严肃穆的氛围增添了几分生趣。

图 16-27

[清]铜胎掐丝珐琅对狮
台北故宫博物院藏

这对珐琅狮摆件高约 42.0 厘米，通身施青地珐琅釉，并以掐丝表现狮毛的纹理。狮子的卷曲鬃毛、背爪和尾巴铜胎镀金，脖颈铜环上各悬挂三个铜铃。雄狮右足踩红地掐丝绣球，母狮左足踩幼狮，公母二狮隔空对望。扬州是清代宫廷珐琅器的主要产地，乾隆三十六年（1771），由扬州两淮盐政李质颖进贡的贡品中有"珐琅青狮献宝成对"的记载，或许指的便是这一对珐琅狮。

图 16-28.....................................

[明] 狮子补子
　美国大都会艺术博物馆藏

....

Rank Badge with Lion. Metropolitan Museum of Art, Purchase, Friends of Asian Art Gifts, in honor of Myron S. Falk Jr., 1988.154.1

　　这是一件明代早期一品武官朝服上的狮子补子，长宽各 36.8 厘米，采用宫廷御用缂丝工艺制成。一头威风凛凛的雄狮腾云漫步于海潮之上，海面礁石嶙峋，海浪翻滚，雄狮周围布满祥云。雄狮回首凝望，发出了镇海之吼。

图 16-29.......................................

[清] 蓝缎五彩百子纹对襟女褂
美国费城艺术博物馆藏

....

Woman's Robe, Philadelphia Museum of Art, Gift of Mrs.
Randal Morgan, Photo © 2023 Philadelphia Museum of Art,
1950-87-11

　　这件女褂通身织绣整 100 名孩童，寓意百子千孙、
人丁兴旺。孩童或前额留发，或头顶梳髻，均着袍衫长裤，
快乐地嬉戏玩耍，以衣中线呈对称布局。褂子正面中央
以汉白玉石桥为界，上下有两组主要场景。上方为一群
送官童子：有的坐于马背手执华盖，有的手挥旌旗，还
有的手捧吉祥宝物。下方为一群孩童舞狮：两个孩童扮
作狮子，旁边一孩童手持绣球引导，另外两个孩童敲锣
奏乐。除此之外，还有孩童或是舞刀耍棒，或是摇扇抚琴，
或是手捧荷花，尽显天真烂漫之态。百子之间还饰绣富
贵牡丹、喜上眉梢、福禄南山等吉祥纹样。

609

参考文献

一、传世典籍

（春秋）孙武撰、（三国）曹操注、郭化若今译：《孙子兵法》，上海：上海古籍出版社，2006 年。

（春秋）李耳撰、（晋）王弼注：《老子道德经》，清光绪湖北崇文书局刻本。

（春秋）尹喜撰：《关尹子》，上海：商务印书馆，1936 年。

（战国）（传）管仲撰、（唐）房玄龄注、（明）刘绩补注：《管子》，上海：上海古籍出版社，2015 年。

（战国）韩非著，刘乾先、韩建立等译注：《韩非子译注》，哈尔滨：黑龙江人民出版社，2003 年。

（战国）列御寇撰、（唐）卢重元注：《列子》，北京：中国书店，2019 年。

（战国）吕不韦著、（东汉）高诱注、（清）毕沅校、徐小蛮标点：《吕氏春秋》，上海：上海古籍出版社，2014 年。

（战国）尸佼著、黄曙辉点校：《尸子》，上海：华东师范大学出版社，2009 年。

（战国）文子著，李定生、徐慧君校释：《文子校释》，上海：上海古籍出版社，2016 年。

（战国）荀况著、（唐）杨倞注、耿芸标校：《荀子》，上海：上海古籍出版社，2014 年。

（战国）左丘明著、（晋）杜预注：《左传》，上海：上海古籍出版社，2016 年。

（战国）左丘明著、（三国）韦昭注：《国语》，上海：上海古籍出版社，2015 年。

（西汉）东方朔撰：《海内十洲记》，清光绪湖北崇文书局刻本。

（西汉）董仲舒著：《春秋繁露》，上海：上海古籍出版社，1989 年。

（西汉）桓宽著：《盐铁论》，上海：上海人民出版社，1974 年。

（西汉）贾谊著、卢文弨校：《贾谊新书》；（西汉）扬雄著、李轨注：《扬子法言》；上海：上海古籍出版社，1989 年。

（西汉）焦延寿撰：《焦氏易林》，台北：艺文印书馆，1970 年。

（西汉）刘向辑录、（宋）鲍彪注、（元）吴师道校注：《战国策》，上海：上海古籍出版社，2015 年。

（西汉）刘向撰、钱卫语释：《列仙传》，北京：学苑出版社，1998 年。

（西汉）刘向编著、石光英校释、陈新整理：《新序校释》，北京：中华书局，2001 年。

（西汉）刘向撰、向宗鲁校证：《说苑校证》，北京：中华书局，1987 年。

（西汉）刘歆撰、（晋）葛洪辑：《西京杂记》，北京：中国书店，2019 年。

（西汉）毛亨传、（东汉）郑玄笺、（唐）陆德明音义、孔祥军点校：《毛诗传笺》，北京：中华书局，2018 年。

（西汉）司马迁撰、（南朝·宋）裴骃集解、（唐）司马贞索隐、（唐）张守节正义：《史记》，北京：中华书局，2013 年。

（西汉）扬雄撰、王心湛校勘：《扬子法言集解》，北京：广益书局，1936 年。

（东汉）班固撰、（唐）颜师古注：《汉书》，北京：中华书局，1962 年。

（东汉）班固撰、（清）陈立疏证：《白虎通义》，上海：商务印书馆，1937 年。

（东汉）蔡邕撰、孙星衍校：《琴操》，清嘉庆平津馆刻本。

（东汉）刘熙撰：《释名》，北京：中华书局，2016 年。

（东汉）刘珍等撰、吴树平校注：《东观汉记校注》，郑州：中州古籍出版社，1987 年。

（东汉）宋衷注、（清）秦嘉谟等辑：《世本八种》，北京：中华书局，2008 年。

（东汉）卫宏撰：《汉官旧仪》，清乾隆武英殿刻本。

（东汉）魏伯阳著、朱熹等注：《周易参同契集释》，北京：中央编译出版社，2015 年。

（东汉）许慎撰：《说文解字》，北京：中华书局，1963 年。

（东汉）许慎撰、（清）段玉裁注：《说文解字注》，上海：上海古籍出版社，1981 年。

（东汉）荀悦撰：《前汉纪》，台北：华正书局，1974 年。

（东汉）应劭撰、吴树平校释：《风俗通义校释》，天津：天津人民出版社，1980 年。

（东汉）赵晔撰：《吴越春秋》，上海：商务印书馆，1937 年。

（东汉）郑玄注、（唐）贾公彦疏：《仪礼注疏》，上海：上海古籍出版社，1990 年。

（东汉）郑玄注、（唐）贾公彦疏、彭林整理：《周礼注疏》，上海：上海古籍出版社，2010 年。

（东汉）郑玄注、（唐）孔颖达等正义：《礼记正义》，上海：上海古籍出版社，1990 年。

（东汉）郑玄注、（清）王闿运补注：《尚书大传》，上海：商务印书馆，1937 年。

（三国）曹植撰：《宋本曹子建文集》，北京：国家图书馆出版社，2021 年。

（三国）陆玑撰：《毛诗草木鸟兽虫鱼疏》，上海：商务印书馆，1936 年。

（西晋）陈寿撰、（南朝·宋）裴松之注：《三国志》，北京：中华书局，2006 年。

（西晋）崔豹撰、牟华林校笺：《古今注》，北京：线装书局，2015 年。

（西晋）杜预注、（唐）孔颖达等正义：《春秋左传正义》，上海：上海古籍出版社，1990 年。

（西晋）孔晁注：《逸周书》，长沙：商务印书馆，1937 年。

（东晋）常璩撰、（清）顾广圻校：《华阳国志》，台北：台湾商务印书馆，1976 年。

（东晋）干宝撰、汪绍楹校注：《搜神记》，北京：中华书局，1979 年。

（东晋）葛洪撰：《肘后备急方》，北京：人民卫生出版社，1956 年。

（东晋）葛洪撰、胡守为校：《神仙传校释》，北京：中华书局，2020 年。

（东晋）葛洪撰、张松辉译注：《抱朴子内篇》，北京：中华书局，2011 年。

（东晋）郭璞注：《穆天子传》，台北：台湾中华书局，1978 年。

（东晋）陆翙撰：《邺中记（及其他一种）》，上海：商务印书馆，1937 年。

（东晋）陶潜撰，汪绍楹校注：《搜神后记》，北京：中华书局，1981 年。

（东晋）王嘉撰、（南朝·梁）萧绮录：《拾遗记》，北京：中华书局，1981 年。

（东晋）袁宏撰、周天游校注：《后汉纪校注》，天津：天津古籍出版社，1987 年。

（东晋）张华等撰、王根林等校点：《博物志（外七种）》，上海：上海古籍出版社，2012 年。

（北魏）郦道元撰、陈桥驿点校：《水经注》，上海：上海古籍出版社，1990 年。

（北魏）杨衒之撰、周祖谟校释：《洛阳伽蓝记》，北京：中华书局，2013 年。

（北齐）魏收撰：《魏书》，北京：中华书局，1974 年。

（南朝·宋）范晔撰、（唐）李贤等注：《后汉书》，北京：中华书局，1965 年。

（南朝·宋）刘敬叔撰、范宁校点：《异苑》；（北宋）阳松玠撰，程毅中、程有庆辑校：《说数》，北京：中华书局，1996 年。

（南朝·宋）刘义庆撰、（南朝·梁）刘孝标注、王根林校点：《世说新语》，上海：上海古籍出版社，2012 年。

（南朝·梁）李逻注：《纂图附音增广古注千字文》，日本庆长刊本。

（南朝·梁）任昉撰：《述异记》，清光绪湖北崇文书局刻本。

（南朝·梁）沈约撰：《宋书》，北京：中华书局，1974 年。

（南朝·梁）释慧皎撰、汤用彤校注：《高僧传》，北京：中华书局，1992 年。

（南朝·梁）萧统编、（唐）李善注：《文选》，上海：上海古籍出版社，1986 年。

（南朝·梁）萧绎撰，陈志平、熊清元疏证校注：《金楼子疏证校注（修订本）》，上海：上海古籍出版社，2022 年。

（南朝·梁）萧子显撰：《南齐书》，北京：中华书局，1972 年。

（南朝·梁）宗懔撰、（隋）杜公瞻注、姜彦稚辑校：《荆楚岁时记》，北京：中华书局，2018 年。

（唐）白居易原本、（宋）孔传续撰：《白孔六帖》，上海：上海古籍出版社，1992 年。

（唐）白居易撰：《白氏长庆集》，上海：上海古籍出版社，1994 年。

（唐）陈藏器撰、尚志钧辑释：《〈本草拾遗〉辑释》，合肥：安徽科学技术出版社，2002 年。

（唐）窦维鋈撰、李剑国辑校：《广古今五行记》，北京：中华书局，2020 年。

（唐）杜佑撰：《通典》，杭州：浙江古籍出版社，2000 年。

（唐）段安节撰、亓娟莉校注：《乐府杂录校注》，上海：上海古籍出版社，2015 年。

（唐）段成式著、杜聪校点：《酉阳杂俎》，济南：齐鲁书社，2007 年。

（唐）段公路撰、（唐）崔龟图注、许逸民校笺：《北户录校笺》，北京：中华书局，2023 年。

（唐）房玄龄等撰：《晋书》，北京：中华书局，1974 年。

（唐）封演撰、赵贞信校注：《封氏见闻记校注》，北京：中华书局，1956 年。

（唐）冯贽著：《云仙杂记》，长沙：商务印书馆，1939 年。

（唐）谷神子撰：《博异志》；（唐）薛用弱撰：《集异记》，北京：中华书局，1980 年。

（唐）孔颖达疏：《毛诗正义》，北京：中华书局，1957 年。

（唐）李百药撰：《北齐书》，北京：中华书局，1972 年。

（唐）李延寿撰：《北史》，北京：中华书局，1974 年。

（唐）李延寿撰：《南史》，北京：中华书局，1975 年。

（唐）刘恂著、鲁迅校勘：《岭表录异》，广州：广东人民出版社，1983 年。

（唐）牛僧孺编：《玄怪录》；（唐）李复言编：《续玄怪录》，北京：中华书局，1982 年。

（唐）欧阳询：《艺文类聚》，明嘉靖胡缵宗刊本。

（唐）瞿昙悉达著：《开元占经》，北京：九州出版社，2012 年。

（唐）释元应撰，庄炘、钱坫、孙兴衍校正：《海山仙馆丛书·一切经音义》，清道光番禺潘氏刻本。

（唐）苏鹗撰：《杜阳杂编》，台北：台湾商务印书馆，1979 年。

（唐）唐临撰、方诗铭辑校：《冥报记》；（唐）戴孚撰、方诗铭辑校：《广异记》，北京：中华书局，1992 年。

（唐）魏征、令狐德棻撰：《隋书》，北京：中华书局，1973 年。

（唐）萧嵩等修撰：《大唐开元礼》，北京：民族出版社，2000 年。

（唐）徐坚等著：《初学记》，北京：中华书局，1962 年。

（唐）姚汝能撰、曾贻芬校点：《安禄山事迹》，上海：上海古籍出版社，1983 年。

（唐）张读撰：《宣室志》（附补遗），上海：商务印书馆，1939 年。

（唐）张鷟撰，郝润华、莫琼辑校：《朝野佥载辑校》，济南：山东人民出版社，2018 年。

（唐）长孙无忌等撰、刘俊文点校：《唐律疏议》，北京：中华书局，1983年。

（唐）郑处诲撰：《明皇杂录》，北京：中华书局，1994年。

（五代）孙光宪撰、林艾园校点：《北梦琐言》，上海：上海古籍出版社，2012年。

（五代）王仁裕等撰、丁如明等校点：《开元天宝遗事（外七种）》，上海：上海古籍出版社，2012年。

（后晋）刘昫等撰：《旧唐书》，北京：中华书局，1975年。

（南唐）徐锴撰：《说文解字系传》，北京：中华书局，1987年。

（北宋）蔡绦撰，冯惠民、沈锡麟点校：《铁围山丛谈》，北京：中华书局，1983年。

（北宋）陈师道撰：《后山谈丛》；（南宋）曾慥撰：《高斋漫录》，上海：商务印书馆，1936年。

（北宋）陈旸撰：《乐书》，北京：海豚出版社，2018年。

（北宋）窦仪等撰、吴翊如点校：《宋刑统》，北京：中华书局，1984年。

（北宋）高承撰，（明）李果订，金圆、许沛藻点校：《事物纪原》，北京：中华书局，1989年。

（北宋）何薳撰、张明华点校：《春渚纪闻》，北京：中华书局，1983年。

（北宋）黄庭坚撰，（北宋）任渊、（南宋）史容、（南宋）史季温注：《山谷诗注（内集、外集、别集）》，上海：商务印书馆，1937年。

（北宋）黄休复撰，何韫若、林孔翼注：《益州名画录》，成都：四川人民出版社，1982年。

（北宋）计有功撰：《唐诗纪事》，上海：上海古籍出版社，1965年。

（北宋）李昉等编：《太平广记》，北京：中华书局，1961年。

（北宋）李昉等撰：《太平御览》，北京：中华书局，1960年。

（北宋）李诫编修：《营造法式》，上海：商务印书馆，1933年。

（北宋）聂崇义撰：《三礼图集注》，清乾隆四库全书文津阁本。

（北宋）欧阳修、宋祁撰：《新唐书》，北京：中华书局，1975 年。

（北宋）欧阳修撰、（北宋）徐无党注：《新五代史》，北京：中华书局，1974 年。

（北宋）欧阳修等撰、韩谷等校点：《归田录（外五种）》，上海：上海古籍出版社，2012 年。

（北宋）钱易撰：《南部新书》，上海：中华书局，1958 年。

（北宋）沈括撰、施适校点：《梦溪笔谈》，上海：上海古籍出版社，2015 年。

（北宋）司马光等编：《类篇》，北京：中华书局，1984 年。

（北宋）司马光撰、邬国义校点：《资治通鉴（附考异）》，上海：上海古籍出版社，2017 年。

（北宋）宋敏求编：《唐大诏令集》，北京：中华书局，2008 年。

（北宋）宋敏求撰，（元）李好文撰，辛德勇、郎洁点校：《长安志·长安志图》，西安：三秦出版社，2013 年。

（北宋）苏辙撰：《栾城集》，台北：台湾中华书局，1971 年。

（北宋）陶谷撰，李益民、王明德、王子辉注释：《清异录（饮食部分）》，北京：中国商业出版社，1985 年。

（北宋）王谠撰：《唐语林》，上海：上海古籍出版社，1978 年。

（北宋）王钦若等编：《册府元龟》，北京：中华书局，1960 年。

（北宋）王溥撰：《唐会要》，上海：上海古籍出版社，1991 年。

（北宋）王溥撰：《五代会要》，上海：上海古籍出版社，1978 年。

（北宋）吴淑撰注，冀勤、王秀梅、马蓉校点：《事类赋注》，北京：中华书局，1989 年。

（北宋）乐史撰：《杨太真外传》，清宣统长沙叶氏观古堂刻本。

（北宋）张唐英撰：《蜀梼杌》，清乾隆四库全书文渊阁本。

（北宋）郑居中等撰：《政和五礼新仪》，清乾隆四库全书文渊阁本。

（南宋）高似孙撰：《子略》，台北：中华书局，1968 年。

（南宋）洪皓：《松漠纪闻》，民国南昌退庐刻本。

（南宋）李焘撰：《续资治通鉴长编》，北京：中华书局，1979 年。

（南宋）刘才邵撰：《杉溪居士集》；（南宋）李弥逊撰：《筠谿集》，台北：台湾商务印书馆，1986 年。

（南宋）罗愿撰，石云孙点校，吴孟复、王福庭审定：《尔雅翼》，安徽：黄山书社，1991 年。

（南宋）马纯等撰：《陶朱新录（及其他四种）》，北京：中华书局，1991 年。

（南宋）孟元老撰：《东京梦华录》，郑州：中州古籍出版社，2010 年。

（南宋）普济著、苏渊雷点校：《五灯会元》，北京：中华书局，1984 年。

（南宋）沈该撰：《易小传》，清康熙通志堂刻本。

（南宋）王应麟撰，栾保群、田松青校点：《困学纪闻》，上海：上海古籍出版社，2015 年。

（南宋）王应麟辑：《玉海》，扬州：广陵书社，2016 年。

（南宋）王与之：《周礼订义》，长春：吉林出版社，2005 年。

（南宋）吴自牧著：《梦粱录》，杭州：浙江人民出版社，1984 年。

（南宋）徐梦莘撰：《三朝北盟会编（附索引）》，上海：上海古籍出版社，2019 年。

（南宋）徐天麟撰：《西汉会要》，上海：上海古籍出版社，2006 年。

（南宋）杨仲良撰、李之亮校点：《皇宋通鉴长编纪事本末》，哈尔滨：黑龙江人民出版社，2006 年。

（南宋）叶适撰：《习学纪言》，上海，上海古籍出版社，1992年。

（南宋）袁枢：《通鉴纪事本末》，北京：中华书局，2018年。

（南宋）岳珂撰、朗润点校：《愧郯录》，北京：中华书局，2016年。

（南宋）正觉颂古、（元）万松行秀评唱、李辉点校：《从容庵录》，郑州：中州古籍出版社，2019年。

（南宋）郑樵撰：《通志》，北京：中华书局，1987年。

（南宋）周密撰、吴企明点校：《癸辛杂识》，北京：中华书局，1988年。

（南宋）朱熹集注：《楚辞集注》，上海：上海古籍出版社，1979年。

（南宋）朱熹撰：《四书章句集注》，北京：中华书局，1983年。

（南宋）祝穆撰：《古今事文类聚》，上海：上海古籍出版社，1992年。

（金）元好问撰、常振国点校：《续夷坚志》；无名氏撰、金心点校：《湖海新闻夷坚续志》，北京：中华书局，1986年。

（元）柯九思等著：《辽金元宫词》，北京：北京古籍出版社，1988年。

（元）李翀撰：《日闻录》，清乾隆四库全书文津阁本。

（元）马端临撰：《文献通考》，台北：新兴书局，1963年。

（元）陶宗仪撰、李梦生校点：《南村辍耕录》，上海：上海古籍出版社，2012年。

（元）脱脱等撰：《宋史》，北京：中华书局，1977年。

（元）脱脱等撰：《辽史》，北京：中华书局，1974年。

（元）脱脱等撰：《金史》，北京：中华书局，1975年。

（元）熊梦祥著：《析津志辑佚》，北京：北京古籍出版社，1983年。

（元）耶律楚材著、谢方点校：《湛然居士文集》，北京：中华书局，1986年。

（元）佚名：《武王伐纣平话》，南昌：豫章书社，1981年。

（元）阴时夫、阴中夫撰：《韵府群玉》，元统二年梅溪书院刻本。

（明）陈汝元撰：《金莲记》，明万历陈氏函三馆刻本。

（明）陈耀文撰：《天中记》，上海：上海古籍出版社，1991 年。

（明）陈子龙著、王英志编纂校点：《陈子龙全集》，北京：人民文学出版社，2011 年。

（明）费宏、石瑶等纂：《明实录·武宗实录》，上海：上海书店，2018 年

（明）冯梦龙编、曹光甫标校：《警世通言》，上海：上海古籍出版社，1992 年。

（明）何乔远撰，张德信、商传、王熹点校：《名山藏》，福州：福建人民出版社，2010 年。

（明）洪楩编、王一工标校：《清平山堂话本》，上海：上海古籍出版社，1992 年。

（明）兰陵笑笑生著：《金瓶梅词话》，北京：人民文学出版社，1985 年。

（明）李东阳等撰、（明）申时行等重修：《大明会典》，扬州：广陵书社，2007 年。

（明）李濂撰，周宝珠、程民生点校：《汴京遗迹志》，北京：中华书局，1999 年。

（明）李时珍著、陈贵廷等点校：《本草纲目》，北京：中医古籍出版社，1994 年。

（明）刘侗、于奕正著，孙小力校注：《帝京景物略》，上海：上海古籍出版社，2001 年。

（明）刘基著，吕立汉、杨俊才、吴军兰注译：《郁离子》，郑州：中州古籍出版社，2008 年。

（明）刘若愚著：《明宫史》；（清）高士奇著：《金鳌退食笔记》，北京：北京古籍出版社，1982 年。

（明）陆楫等辑：《古今说海》，成都：巴蜀书社，1988 年。

（明）罗贯中著：《三国演义》，北京：人民文学出版社，1953 年。

（明）彭大翼撰：《山堂肆考》，上海：上海古籍出版社，1992 年。

（明）沈德符撰：《万历野获编》，北京：中华书局，1959 年。

（明）史册撰：《隆平纪事》，清道光吴江沈氏世楷堂刻本。

（明）宋濂等撰：《元史》，北京：中华书局，1976 年。

（明）谈迁撰，罗仲辉、胡明校点校：《枣林杂俎》，北京：中华书局，2006 年。

（明）王祎：《大事记续编》，清乾隆四库全书文津阁本。

（明）谢肇淛著、章衣萍校订：《五杂俎》，上海：中央书店，1935 年。

（明）徐一夔等撰：《明集礼》，明嘉靖内府刊本。

（明）徐应秋撰：《玉芝堂谈荟》，上海：上海古籍出版社，1993 年。

（明）许仲琳编：《封神演义》，北京：人民文学出版社，1973 年。

（明）严从简著、余思黎校：《殊域周咨录》，北京：中华书局，1993 年。

（明）杨慎撰、王大淳笺证：《丹铅总录笺证》，杭州：浙江古籍出版社，2013 年。

（明）杨慎编著、（清）张三异增定、（清）张仲璜注：《廿一史弹词注》，香港：中华书局，1938 年。

（明）杨士奇等纂：《明实录·太祖实录》，上海：上海书店，2018 年。

（明）杨廷和撰：《杨文忠公三录》，清乾隆四库全书文津阁本。

（明）余继登辑：《皇明典故纪闻》，北京：书目文献出版社，1995 年。

（明）张岱撰、孙家遂校注：《西湖梦寻》，杭州：浙江文艺出版社，1984 年。

（明）张宇初编、谢路军主编、郑同校：《正统道藏》，北京：九州出版社，2016 年。

（明）周婴纂：《卮林（附补遗）》，北京：中华书局，1985 年。

（清）阿桂等修撰：《钦定盛京通志》，清乾隆武英殿刻本。

（清）柏鹤亭等集、康维点校：《神仙济世良方》，北京：中医古籍出版社，1988 年。

（清）毕沅校注、吴旭民校点：《墨子》，上海：上海古籍出版社，2014 年。

（清）曹雪芹、高鹗著：《红楼梦》，北京：人民文学出版社，1957 年。

（清）陈述祖撰：《扬州营志》，清道光刻本。

（清）陈元龙撰：《格致镜原》，上海：上海古籍出版社，1992 年。

（清）褚人获撰：《坚瓠集》，杭州：浙江人民出版社，1986 年。

（清）丁耀亢著、孔一标点：《续金瓶梅》，上海：上海古籍出版社，1993 年。

（清）董诰等编：《全唐文》，上海：上海古籍出版社，1990 年。

（清）鄂尔泰、张廷玉等纂：《钦定授时通考》，长春：吉林出版社，2005 年。

（清）鄂尔泰、张廷玉等纂：《清世宗实录》，北京：中华书局，1985 年。

（清）冯云鹏、冯云鹓编：《金石索》，北京：书目文献出版社，1996 年。

（清）富察敦崇：《燕京岁时记》，北京：北京古籍出版社，1981 年。

（清）顾祖禹撰，贺次君、施和金点校：《读史方舆纪要》，北京：中华书局，2005 年。

（清）和珅、梁国治撰：《钦定热河志》，天津：天津古籍出版社，2003 年。

（清）黄生撰、（清）黄承吉合按、包殿淑点校：《字诂义府合按》，北京：中华书局，1984 年。

（清）纪坤著、周林华注：《花王阁剩稿浅注》，北京：中国炎黄文化出版社，2008 年。

（清）纪昀著：《阅微草堂笔记》，上海：上海古籍出版社，1980 年。

（清）柯劭忞撰，张京华、黄曙辉总校：《新元史》，上海：上海古籍出版社，2018 年。

（清）李宝嘉著、张友鹤校注：《官场现形记》，北京：人民文学出版社，1957 年。

（清）刘一明著，羽者、余耳点校：《道书十二种》，北京：书目文献出版社，1996 年。

（清）马国翰辑：《玉函山房辑佚书》，台北：文海出版社，1974 年。

（清）马齐、张廷玉等纂：《清圣祖实录》，北京：中华书局，1985 年。

（清）钮琇撰，南炳文、傅贵久点校：《觚剩》，上海：上海古籍出版社，1986 年。

（清）潘永因编、刘卓英点校：《宋稗类钞》，北京：书目文献出版社，1985 年。

（清）彭定求等编校：《全唐诗》，北京：中华书局，1960 年。

（清）蒲松龄著：《聊斋志异》，上海：上海古籍出版社，2010 年。

（清）庆桂、董浩等纂：《清高宗实录》，北京：中华书局，1986 年。

（清）孙星衍撰，陈抗、盛冬铃点校：《尚书今古文注疏》，北京：中华书局，1986 年。

（清）王国维撰：《古本竹书纪年辑校·今本竹书纪年疏证》，北京：国家图书馆出版社，2021 年。

（清）王韬撰：《淞隐漫录》，北京：人民文学出版社，1983 年。

（清）王筠著：《文字蒙求》，北京：中华书局，1962 年。

（清）魏权等纂、（清）王大年修：《定州志》，清雍正刻本。

（清）徐珂编撰：《清稗类钞》，北京：中华书局，1986 年。

（清）徐世昌编、闻石点校：《晚晴簃诗汇》，北京：中华书局，1990 年。

（清）薛福成著，丁凤麟、张道贵点校：《庸盦笔记》，南京：江苏人民出版社，1983 年。

（清）杨静亭编、（清）李静山增补：《都门纪略》，清光绪北京琉璃厂青云斋刻本。

（清）姚炳撰：《诗识名解》，清康熙听秋楼刻本。

（清）姚之骃辑：《后汉书补逸》，清康熙露滌斋刻本。

（清）佚名：《达摩宝传》，民国上海宏大善书局石印。

（清）佚名：《浙江杭州府钱塘县雷峰宝卷》，清光绪杭州景文斋刻本。

（清）于敏中等编纂：《日下旧闻考》，北京：北京古籍出版社，1983 年。

（清）允禄、弘昼、超圣等纂修：《乾隆大藏经》，北京：中国书店，2009 年。

（清）允禄、蒋溥等纂修：《皇朝礼器图式》，清乾隆武英殿刊本。

（清）允祹等撰：《钦定大清会典》，清乾隆武英殿聚珍版书。

（清）臧琳撰：《经义杂记》，台北：钟鼎文化出版公司，1967 年。

（清）曾衍东著：《小豆棚》，台北：新文丰出版公司，1979 年。

（清）翟灏撰：《通俗编》，京都：中文出版社，1979 年。

（清）张廷玉等编：《骈字类编》，北京：中国书店，1984 年。

（清）张廷玉等撰：《明史》，北京：中华书局，1974 年。

（清）张英等纂辑：《钦定四库全书荟要·御定渊鉴类函》，长春：吉林出版集团，2005 年。

（清）赵翼：《陔余丛考》，北京：中华书局，1963 年。

（清）朱鹤龄撰，钟云瑞、张蕊点校：《尚书埤传》，北京：中国书籍出版社，2022 年。

（清）朱右曾辑录：《汲冢纪年存真》，台北：新兴书局，1959 年。

（民国）刘锦藻撰：《清朝续文献通考》，杭州：浙江古籍出版社，1988 年。

（民国）赵尔巽等撰：《清史稿》，北京：中华书局，1977 年。

北京大学古文献研究所编：《全宋诗》，北京：北京大学出版社，1991 年。

陈直校证：《三辅黄图校证》，西安：陕西人民出版社，1980 年。

程俊英、蒋见元著：《诗经注析》，北京：中华书局，2017 年。

傅乐淑等：《元宫词百章笺注》，北京：书目文献出版社，1995 年。

傅亚庶撰：《孔丛子校释》，北京：中华书局，2011 年。

葛渭君、周子来、王华宝编，周勋初主编：《宋人轶事汇编》，上海：上海古籍出版社，2014 年。

李剑国辑释：《唐前志怪小说辑释（修订本）》，上海：上海古籍出版社，2011 年。

洛阳市地方史志办公室整理：《洛阳十二记》，郑州：中州古籍出版社，2014 年。

马承源主编：《上海博物馆藏战国楚竹书（二）》，上海：上海古籍出版社，2002 年。

吴则虞编著：《晏子春秋集释》，北京：中华书局，1962 年。

徐玉清、王国民注：《六韬》，郑州：中州古籍出版社，2008 年。

徐宗元：《帝王世纪辑存》，北京：中华书局，1964 年。

袁珂校注：《山海经校注》，上海：上海古籍出版社，1980 年。

张双棣：《淮南子校释》（增订本），北京：北京大学出版社，1997 年。

张月中、王纲主编：《全元曲》，郑州：中州古籍出版社，1996 年。

张璋、黄畬编：《全唐五代词》，上海：上海古籍出版社，1986 年。

中国第一历史档案馆、香港中文大学文物馆合编：《清宫内务府造办处档案总汇》，北京：人民出版社，2005 年。

[意] 马可·波罗著：《马可·波罗游记》，苏桂梅译，北京：中国对外翻译出版公司，2012 年。

二、考古报告

河南省文物研究所：《河南舞阳贾湖新石器时代遗址第二至六次发掘简报》，《文物》，1989 年第 1 期。

辽宁省文物考古研究所：《牛河梁红山文化遗址发掘报告（1983–2003 年度）》，北京：文物出版社，2012 年。

三、专著文集

[美] 艾兰著：《龟之谜——商代神话、祭祀、艺术和宇宙观研究》，汪涛译，北京：

商务印书馆，2010 年。

[日] 贝塚茂树编：《京都大学人文科学研究所藏甲骨文字·本文篇》，京都：京都大学人文科学研究所，1960 年。

陈建勤：《中国鸟文化——关于鸟化宇宙观的思考》，上海：学林出版社，1996 年。

丁山：《中国古代宗教与神话考》，上海：上海文艺出版社，1988 年。

[英] J.G. 弗雷泽著：《金枝——巫术与宗教之研究》，汪培基、徐育新、张泽石译，汪培基校，北京：商务印书馆，2013 年。

傅乐淑：《元宫词百章笺注》，北京：书目文献出版社，1995 年。

郭沫若：《郭沫若全集》，北京：科学出版社，1982 年。

[美] 韩瑞亚著：《异类：狐狸与中华帝国晚期的叙事》，籍萌萌译，上海：中西书局，2019 年。

何星亮：《中国图腾文化》，北京：中国社会科学出版社，1996 年。

胡朴安：《中国风俗》，南昌：江西教育出版社，2018 年。

翦伯赞：《中国史纲》，北京：三联书店，1950 年。

金荣权：《先秦淮河流域族群演化与文化融合》，北京：中国社会科学出版社，2020 年。

老舍：《四世同堂》，北京：北京十月文艺出版社，2012 年。

[日] 林巳奈夫著：《神与兽的纹样学：中国古代诸神》，常耀华、王平、刘晓燕、李环译，北京：生活·读书·新知三联书店，2019 年。

刘永华：《中国古代车舆马具》，北京：清华大学出版社，2013 年。

鲁迅：《且介亭杂文末编》，北京：人民文学出版社，2021 年。

鲁迅撰、郭豫适导读：《中国小说史略》，上海：上海古籍出版社，1998 年。

罗振玉著：《罗雪堂先生全集（初编）》，台北：文华出版公司，1968 年。

屈万里：《殷墟文字甲编考释》，台北：联经出版，1984年。

唐作藩编著：《上古音手册》，南京：江苏人民出版社，1982年。

闻一多：《古典新义》，北京：商务印书馆，2011年。

[英]F.W.沃尔班克、A.E.阿斯廷等编，杨巨平等译：《剑桥古代史》（第七卷·第一分册），北京：中国社会科学出版社，2021年。

徐旭生：《中国古史的传说时代》，北京：文物出版社，1985年。

许宏：《何以中国：公元前2000年的中原图景》，北京：生活·读书·新知三联书店，2016年。

杨良志编：《寻味老北京》，北京：北京出版社，2017年。

尹荣方：《神话求原》，上海：上海古籍出版社，2003年。

[美]张光直著：《艺术、神话与祭祀》，刘静、乌鲁木加甫译，北京：北京出版社，2017年。

四、学术论文

安立华：《汉画像"金乌负日"图象探源》，《东南文化》，1992年第Z1期。

白冰：《雷神俑考》，《四川文物》，2006年第6期。

陈伟：《竹书〈容成氏〉所见的九州》，《中国史研究》，2003年第3期。

代岱：《中国古代的蛇崇拜和蛇纹饰研究》，苏州大学，2008年。

丁兰：《试论楚式"镇墓兽"与东周时期楚民族的巫文化》，《中南民族大学（人文社会科学版）》，2008年第3期。

杜晓君：《汉代画像石中"祈雨"图像溯源》，《书画世界》，2018年第9期。

盖杰民：《明武宗与豹房》，《故宫博物院院刊》，1988年第3期。

高崇文：《解"王莽九庙"建制之谜》，《中原文化研究》，2021 年第 6 期。

高广仁、邵望平：《中国史前时代的龟灵与犬牲》，《中国考古学研究——夏鼐先生考古五十年纪念论文集》，北京：文物出版社，1986 年。

郭沫若：《殷彝中图形文字之一解》，《殷周青铜器铭文研究》卷一，北京：人民出版社，1954 年。

郝苏民：《对西藏元代八思巴字蒙古语圆牌的译释兼论其意义》，《西北民族大学学报（哲学社会科学版）》,1979 年第 1 期。

胡厚宣：《气候变迁与殷代气候之检讨》，《中国文化研究汇刊》，1944 年第 4 期。

姜生：《马王堆帛画与汉初"道者"的信仰》，《中国社会科学》，2014 年第 12 期。

李洪周：《浅析中国文学作品中九尾狐形象的起源与变迁》，《汉字文化》，2021 年第 2 期。

李家浩：《南越王墓车驲虎节铭文考释——战国符节铭文研究之四》，《容庚先生百年诞辰纪念文集》，广州：广东人民出版社，1998 年。

李荣才、王兴杰：《关于牛河梁红山文化出土"玉龟"或"玉鳖"的命名问题及其价值的思考》，《辽宁师专学报（社会科学版）》，2013 年第 2 期。

李姗姗：《中国古代文学作品中狐意象文化的嬗变》，《重庆邮电大学学报（社会科学版）》，2010 年第 22 卷第 3 期。

李新伟：《中国史前玉器反映的宇宙观——兼论中国东部史前复杂社会的上层交流网》，《东南文化》，2004 年第 3 期。

林宛萱：《制作太平——清代宫廷"太平有象"陈设》，《故宫文物月刊》，2021 年 4 月第 457 期。

刘慧、赵鹏：《说龟与赑屃》，《民俗研究》，2003 年第 4 期。

刘威韵：《"蹈舞"考论》，《长春师范大学学报》，2019 年第 38 卷第 1 期。

刘信芳、苏莉：《曾侯乙墓衣箱上的宇宙图式》，《考古与文物》，2011 年第 2 期。

刘宗迪：《西王母信仰的本土文化背景和民俗渊源》，《杭州师范学院学报（社会科学版）》，2005 年第 3 期。

聂崇正：《清朝宫廷铜版画〈乾隆平定准部回部战图〉》，《故宫博物院院刊》，1989 年第 4 期。

宁有常：《近代最大的旅蒙商号大盛魁》，《文史精华》，1996 年第 3 期。

任志强：《狐与胡：唐代狐精故事中的文化他者》，《民族文学研究》，2013 年第 6 期。

盛律平：《中国古代崇龟习俗初探》，湘潭大学，2007 年。

宋杰：《"羿射九日"浅探》，《北京师院学报（社会科学版）》，1981 年第 2 期。

孙机：《古文物中所见之犀牛》，《文物》，1982 年第 8 期。

孙机：《唐代妇女的服装与化妆》，《文物》，1984 年第 4 期。

孙作云：《周先祖以熊为图腾考》，《开封师范学院学报》，1957 年。

陶新华：《汉代的"发兵"制度》，《史学月刊》，2000 年第 2 期。

陶贞安：《释乌鸦》，《广西教育学院学报》，2004 年第 1 期。

王琼：《双人首蛇身俑考》，《文物鉴定与鉴赏》，2019 年第 21 期。

王兴国：《龟占著卜解谜——论龟著作为卜筮具及其在古代卜筮中的作用和地位》，《文史哲》，2014 年第 2 期。

谢伟峰：《鸱鸮题材器物及其文化内涵探究》，《文博》，2017 年第 3 期。

熊传新：《记湘西新发现的虎纽錞于》，《江汉考古》，1983 年第 2 期。

徐峰：《中国古代的龟崇拜——以"龟负"的神话、图像与雕像为视角》，《中原文物》，2013 年第 3 期。

严文明：《甘肃彩陶的源流》，《文物》，1978 年第 10 期。

杨甫旺：《蛇崇拜与生殖文化初探》，《贵州民族研究》，1997 年第 1 期。

杨琳：《龟、鸭、王八语源考》，《中国文化研究》，2006 第 2 期。

杨新改、韩建业：《禹征三苗探索》，《中原文物》，1995 年第 2 期。

尹荣方：《"九尾狐"与"禹娶涂山女"传说蕴意考》，《文化遗产》，2017 年第 1 期。

余治平：《董仲舒的祥瑞灾异之说与谶纬流变》，《吉首大学学报（社会科学版）》，2003 年第 2 期。

张居中：《舞阳贾湖遗址出土的龟甲和骨笛》，《华夏考古》，1991 年第 2 期。

赵伟翔、董少昕：《德辅博物馆"熊陶尊"造型考辩》，《海外文摘》，2020 年第 15 期。

钟国豪：《朝宴还是雅宴？——（传）谢时臣〈鹿鸣嘉宴图〉研究》，《议艺份子》，2020 年第 34 期。

朱乃诚：《夏商时期玉虎的渊源与流变》，《中原文物》，2019 年第 2 期。

后记

　　创作这本书的缘起是 2021 年那群因"一路向北"引发全球关注的云南野象。为了探究历史上我国大象的变迁，我当时邀请了南开大学历史学院王利华教授做了一场报告。虽然王教授是从环境史的视角讲述，但从中我惊奇地发现，大象在古人的社会生活与文化中留下了诸多印记。这带给我极大的触动，也启发我将目光投向了更多的动物，随后我便开启了一场有趣的"旅程"。两年来，我从历代文献和文物中寻找所有关于动物的线索，试图去解读动物角色与意象发展变化背后的故事。

　　目前，一共有 16 种真实世界里的动物走进了我的视野，在对这些动物的历史与文化的探索中，我深感古人朴素务实的现实主义精神，同时又叹服于他们天马行空的浪漫主义想象。这项研究的阶段性成果，最初以较为学术化的形式在澎湃新闻臧继贤女士的指导下陆续发表，并在黄雅竹女士的帮助下开设了动物文化主题"问吧"。随着研究的深入与不断积累，我越发感到如果将历史上不同动物的故事串联在一起，它们会拼贴出一幅别开生面的中华文明史画卷。最后，在北京理工大学出版社顾学云女士和大众出版中心王连华总编辑的帮助与指导下，我对原有文本进行了大幅修订，以更加丰富的文物呈现和更加通俗易懂的语言讲述，将这部《此间鸟兽：文物里的中华文明》呈现给各位读者朋友。

　　这本书中所引用的文物涉及了全世界范围内 80 余家博物馆和考古研究机构的收藏，其中不乏"镇馆之宝"。与这些博物馆接洽并申请文物图片使用授权的过程是极其漫长和艰辛的，在这一过程中，我得到了中国科学院数学与系统科学研究院和北京理工大学出版社的大力支持，以及致力于弘扬中华优秀传统文化的博物馆专家与同人的鼎力相助，同时还有国内文物摄影师和插画师的无私奉献。在这本书成书后，我非常有幸得到了章宏伟教授的悉心指导，并且在姜星女士的帮助下，完成了对书稿的校对工作。可以说，这部作品是大家共同努力的成果。除此之外，我也要特别感谢一直以来支持我，并在此书正式出版前作为"种子读者"提出宝贵建议的家人和朋友们。

　　在书的末尾，我谨向他们致以最诚挚的谢意！

国内博物馆及考古机构（72 家）

北京市

故宫博物院
中国国家博物馆
定陵博物馆
周口店北京人遗址博物馆
北京石刻艺术博物馆

河北省

河北博物院
滦平县博物馆

山西省

曲沃县晋国博物馆
临汾博物馆

内蒙古自治区
内蒙古文物考古研究所

辽宁省
辽宁省博物馆
阜新查海遗址博物馆
朝阳市德辅博物馆
朝阳牛河梁遗址博物馆

上海市
上海博物馆

江苏省
南京博物院
淮安市博物馆
徐州博物馆
徐州汉画像石艺术馆
镇江博物馆
睢宁县博物馆

浙江省
慈溪市博物馆
浙江省博物馆

安徽省
安徽省文物考古研究所

淮北市博物馆
天长市博物馆
萧县博物馆

江西省
江西省博物馆
南昌汉代海昏侯国遗址博物馆
丰城市博物馆

山东省
山东博物馆
青岛市博物馆
临沂市博物馆
邹城博物馆
青岛平度市博物馆
沂南县北寨汉画像石墓博物馆

河南省
河南博物院
洛阳博物馆
南阳市汉画馆
济源市博物馆
二里头夏都遗址博物馆
洛阳古墓博物馆

湖北省

湖北省博物馆

荆州博物馆

湖南省

湖南博物院

长沙市博物馆

广东省

南越王博物院

广州市文物考古研究院

重庆市

重庆市文物考古研究院

四川省

成都金沙遗址博物馆

四川博物院

四川广汉三星堆博物馆

成都博物馆

云南省

云南省博物馆

陕西省

宝鸡青铜器博物院

陕西历史博物馆

西安博物院

西安碑林博物馆

陕西省考古研究所

茂陵博物馆

绥德县博物馆

西安秦砖汉瓦博物馆

甘肃省

甘肃省博物馆

天水市博物馆

庆阳市博物馆

高台县博物馆

秦安县博物馆

兰州马家窑文化研究所

甘肃马家窑彩陶文化博物馆

青海省

青海省博物馆

新疆维吾尔自治区

新疆维吾尔自治区博物馆

台湾省

台北故宫博物院

海外博物馆（15家）：

美国旧金山亚洲艺术博物馆（Asian Art Museum of San Francisco）

大英博物馆（British Museum）

美国克利夫兰艺术博物馆（Cleveland Museum of Art）

美国弗利尔美术馆（Freer Gallery of Art）

美国哈佛艺术博物馆（Harvard Art Museums）

美国大都会艺术博物馆（Metropolitan Museum of Art）

美国明尼阿波利斯艺术博物馆（Minneapolis Institute of Arts）

美国费城艺术博物馆（Philadelphia Museum of Art）

美国圣路易斯美术馆（Saint Louis Art Museum）

美国芝加哥艺术博物馆

英国伯明翰艺术博物馆

加拿大皇家安大略博物馆

日本大阪市立博物馆

日本正仓院

日本京都泉屋博古馆

独立摄影师：

陈金廷、陈睿、李国晶、魏峻生、魏力、荀耀阳、遗产君、周森

插画师：

白云飘

种子读者：

白新梅、但诚、吕胜华、闵艳芸、裴蕾、王浩宇、王薇、臧继贤